Herrn Friedrich Schorlemmer

mit Erinnerung an die

Buchmesse 1999

Roland Kaltenegger

ROLAND KALTENEGGER

MACHT- CONTRA SOZIALPOLITIK

Roland Kaltenegger

Macht– contra Sozialpolitik

Von der Ära Schmidt zur Ära Kohl

Gerhard Hess Verlag Ulm / Donau

Die Deutsche Bibliothek – CIP-Einheitsaufnahme

Kaltenegger, Roland:
Macht- contra Sozialpolitik : von Ära Schmidt zur Ära Kohl /
Roland Kaltenegger. – 2,. überarb., erw. und aktualisierte Aufl. –
Ulm/Donau : Hess, 1999
ISBN 3-87336-298-8

1. Auflage 1998
2. überarbeitete, erweiterte und aktualisierte Auflage 1999

Umschlaggestaltung: Medien-Marketing-Team GmbH.
Gesamtherstellung: Gerhard Hess Verlag

Printed in Germany
ISBN 3-87336-298-8

INHALTSVERZEICHNIS

Prolog

Erster Teil
Die sozial-liberale Ära Schmidt 1974 – 1982

Zweiter Teil
Die konservativ-liberale Ära Kohl 1982 – 1998.

PROLOG

1. Kapitel

STATT EINES VORWORTES

"(...) damit die Bürger sich nicht zu leichtfertig darauf einlassen – ja, damit sie lernen möchten, mit der Obrigkeit, die das Schicksal über sie gesetzt hat, sich abzufinden, will ich ausführlich über die Verschwörungen sprechen..."
NICCOLO MACHIAVELLI [1)]

Ein Buch wie ein Paukenschlag. Eine geballte Ladung Dynamit, die mit allen Mitteln – auch finanziellen – entschärft werden sollte! Denn schonungslos wird hier erstmals nach jahrelangen Recherchen ein jahrzehntelang streng gehütetes Geheimnis der sozialpolitischen Lobby und ihrer fragwürdigen Allianzen in der Bundesrepublik Deutschland gelüftet – und zwar auf Grund von Tausenden von skandalträchtigen Geheimakten aus den obersten Chefetagen von Bundes- und Landesministerien, der CDU/CSU, SPD und F.D.P. sowie von Spitzenorganisationen und Interessenverbänden.
Auf Grund eines mehrjährigen Gedankenaustausches als ehemalige Angehörige der deutschen Gebirgstruppe einerseits und auf Grund seines mangelhaften Vertrauens in die PR-Arbeit seines sozialpolitischen Kampfverbandes andererseits hatte mich der seinerzeitige VdK-Präsident Deutschlands und Staatssekretär a. D. Karl Weishäupl ein halbes Jahr vor seinem plötzlichen Tod im Frühjahr 1989 offiziell damit beauftragt, eine Festschrift über seine langjährige Amtszeit unter Auswertung sämtlicher streng geheimer Präsidialakten aus dem Führungszirkel des Verbandes der Kriegs- und Wehrdienstopfer, Behinderten und Sozialrentner Deutschlands sowie der ihm besonders nahestehenden Sozialdemokratischen Partei Deutschlands zu verfassen. Darunter befanden sich hochbrisante Schriftwechsel mit den jeweiligen Bundespräsidenten, den Bun-

destagspräsidenten, den Bundeskanzlern, den Bundes- und Landesministern, den Partei- und Fraktionsvorsitzenden des Deutschen Bundestages und der Landtage sowie mit Hunderten von Spitzenfunktionären aus Staat, Politik, Gewerkschaft und Gesellschaft.

Am Vormittag des 17. Januar 1989 fand ein erstes Treffen mit dem VdK-Präsidenten in dessen Münchner Präsidialbüro in der Schellingstraße statt, um die Planungen für das Buchprojekt festzulegen. Bei einem anschließenden Arbeistsessen wurden dann die Details vereinbart,[2)] nachdem Weishäupl zum einen volle Akteneinsicht, ja sogar die Entnahme von Schriftstücken zwecks Auswertung und Vervielfältigung und zum anderen eine völlige wissenschaftliche Unabhängigkeit zugesagt hatte; und das, obwohl er wußte, daß ich weder seinem Verband noch irgend einer Partei angehöre.

Auf Grund dieser wissenschaftlichen Freizügigkeit, der inneren Unabhängigkeit und der nach dem Artikel 5 des Grundgesetzes garantierten Presse- und Meinungsfreiheit wurden dem Bearbeiter sämtliche Berichte über VdK-Tagungen und der hochkarätige Schriftwechsel des VdK-Präsidenten ebenso zugänglich gemacht wie die streng geheimen Sitzungsprotokolle und vertrauliche Aufzeichnungen aus Verhandlungen des Vorstandes mit den verschiedensten politischen Parteien und Verbänden, denn Weishäupl war nicht nur ein sozialpolitisch sehr engagierter, sondern er war in einem noch größeren Maße ein politischer, vielen sogar ein allzu parteipolitischer Verbandspräsident.[3)]

Als Primärquellen von unschätzbarem zeitgeschichtlichem und politischem Wert zählten in erster Linie der umfangreiche Briefwechsel Weishäupls mit den hohen und höchsten Repräsentanten der Bundesrepublik Deutschland – und zwar unter anderem mit den Bundespräsidenten Gustav W. Heinemann, Walter Scheel, Karl Carstens und Richard von Weizsäcker; mit den Bundestagspräsidenten Annemarie Renger, Karl Carstens, Richard Stücklen, Rainer Barzel, Philipp Jenninger und dem Bayerischen Landtagspräsidenten Franz Heubl; mit den Bundeskanzlern Willy Brandt, Helmut Schmidt und Helmut Kohl; mit den Ministerpräsidenten Ernst Albrecht, Holger Börner, Hans Filbinger, Alfons Goppel, Wilhelm Hoegner, Alfred Kubel, Heinz Kühn, Albert Oswald, Johannes Rau, Franz Josef Röder, Lothar Späth, Franz Josef Strauß und Bernhard Vogel; mit den Regierenden Bürgermeistern von Berlin Eberhard Diepgen, Dietrich Stobbe, Hans-Jochen Vogel und Richard von Weizsäcker; mit den Bundes- bzw. Staatsministern Hans Apel, Walter Arendt, Martin Bangemann, Mathilde Berghofer-Weichner, Norbert Blüm, Herbert Ehrenberg, Katharina Focke, Anke Fuchs, Heiner Geißler, Hans-Dietrich Genscher, Annemarie Griesinger, Hildegard Hamm-Brücher, Volker Hauf, Karl Hillermeier, Walter Hirrlinger, Hermann Höcherl, Antje Huber, Gerhard Jahn, Anton Jaumann, Hans Katzer, Georg Leber, Werner Maihofer, Karl-Heinz Narjes, Fritz Pirkl, Karl Ravens, Helmut Rohde, Peter M. Schmidhuber, Jürgen Schmude, Rupert Scholz, Gerhard Stoltenberg, Hans-Jochen Vogel, Willi Weyer, Wolfgang Wild, Dorothee Wilms, Hans-Jürgen Wischnewski und Manfred Wörner; mit den Parteivorsitzenden Willy Brandt (SPD), Hans-Dietrich Genscher (F.D.P.), Helmut Kohl (CDU) und Franz Josef Strauß (CSU); mit den Fraktionsvorsitzenden Herbert Wehner (SPD), Wolfgang Mischnick (F.D.P.), Karl Carstens (CDU/CSU), Helmut Kohl (CDU/CSU), Alfred Dregger (CDU/CSU), Gerold Tandler (CSU-Landtagsfraktion), Heinrich Köppler (CDU-Landtagsfraktion) und Helmut Rothemund (SPD-Landtagsfraktion). Ferner korrespondierte Weishäupl mit zahlreichen Mitgliedern des Europaparlaments, des Deutschen Bundestages und der Landtage; mit dem Sozialpolitiker Rudolf Dreßler wie mit dem ehemaligen Parlamentarischen Staatssekretär beim Bundesminister für Bildung und Wissenschaft und späteren Bundesgeschäftsführer der SPD, Peter Glotz, mit dem ihm – wie mit vielen anderen – eine jahrelange Freundschaft verband.

Weishäupl pflegte aber auch einen engen Kontakt zur Konrad-Adenauer-Stiftung, zur Friedrich-Ebert- und Hanns-

Seidel-Stiftung, zur Bundeszentrale für politische Bildung, zur Katholischen Akademie in Bayern und zur Evangelischen Akademie in Tutzing. Er besuchte die Parteitage der CDU, CSU und F.D.P. ebenso wie die Landes- und Bundesparteitage seiner eigenen, der Sozialdemokratischen Partei Deutschlands.[4)]

Alle diese – und noch viele andere – Aktivitäten an der Nahtstelle zwischen der Verbandsarbeit und der großen Politik gewährten dem Bearbeiter einen ebenso interessanten wie tiefen Einblick in die umfangreichen Tätigkeiten des VdK-Präsidialbüros, als da wäre die Korrespondenz für und mit folgenden Organisationen und Institutionen im Inland: VdK-Gesamtverband, VdK-Landesverband Bayern, Bayerischer Versehrten-Sportverband, Deutsches Komitee für europäische Zusammenarbeit der Kriegsteilnehmer und der Kriegsopfer und alle Mitgliedsverbände und Vorstandsmitglieder, Deutscher Rat der Europäischen Bewegung, Bayerischer Rat der Europäischen Bewegung, Europa-Union Deutschland, Europäische Akademie Bayern, Bayerisch-Togoische Gesellschaft, Institut für Sozialpolitik und Arbeitsrecht, Verein zur Förderung von Wilton Park (hierzu gehörte auch die Korrespondenz mit den ausländischen Wilton-Park-Vereinigungen in Österreich, der Schweiz, Frankreich und Großbritannien), Bundeswehrführung, Wehrbereichsverwaltung VI und Befehlshaber im Wehrbereich VI, Action Europèenne des Handicapès (AEH). Berufsförderungswerk Nürnberg, Reichsbund, Gewerkschaften, Hamburg-Mannheimer-Versicherungs-AG, Wohlfahrtsverbände, Bundessozialgericht, Landesrat für Freiheit und Recht, Haus der Bayerischen Geschichte, und, und, und.

Die Korrespondenz des VdK-Präsidialbüros erstreckte sich in der Bundesrepublik Deutschland auf folgende Verbände: Ring Deutscher Soldaten, Verband der Heimkehrer, Kriegsgefangenen und Vermißtenangehörige Deutschlands (VdH), Verband Bayerischer Wohnungsunternehmen, Arbeitsgemeinschaft der Reservisten, Soldaten- und Traditionsverbände in Bayern, Verband Deutsches Afrika-Korps,

Verband der Bayerischen Bezirke, Deutscher Soldaten- und Kameradschafts-Bund in Bayern, Verband Deutscher Soldaten, Verband der Reservisten der Deutschen Bundeswehr, Kameradenkreis der Gebirgstruppe (ein eingetragener Verein von Angehörigen der Reichswehr und Wehrmacht, der Waffen-SS und Bundeswehr), Arbeiter-Samariter-Bund Landesverband Bayern, Deutscher Bundeswehr-Verband, Bayerischer Blindenbund, Zentralverband Demokratischer Widerstandskämpfer- und Verfolgtenorganisationen, Volksbund Deutsche Kriegsgräberfürsorge, Vereinigte 131er Angehörige des Öffentlichen Dienstes und der Wehrmacht sowie Vereinigung der Verfolgten des Naziregimes – Bund der Antifaschisten (VVN).
Aber auch mit dem Ausland stand das VdK-Präsidialbüro unter Karl Weishäupl in ständiger Verbindung, und zwar mit dem Weltfrontkämpferverband, Confèdèration Europèenne des Anciens Combattants (CEAC) und sämtlichen Sektionen der CEAC in den verschiedenen europäischen Ländern, Vocational Assistance Commission for Retired Servicemen (VACRS) in Taipei/Taiwan, Royal British Legion in Großbritannien, Union Francaise des Associations de Combattants et de Victiomes de Guerre (UFAC), Union Nationale des Combattants (U.N.C.), Union Federale des Anciens Combattants es Victimes de Guerre, Fèdèration Nationale Andrè Maginot, Mutilès, Victiomes de Guerre et Anciens Combattants, Fèdèration Nationale des Anciens Combattants, Fèdèration Nationale des Dèportès et Internès, Rèsistants et Patriotes in Paris, Associazione Nationale Combattenti e Reduci (ANCR) in Rom, Fèdèration de France des Anciens Combattants Italiens, Associazione Nazionale Mutilati e Invalidi di Guerra (ANMIG), Unione Nazionale Ufficiali in Congedo d'Italia, Südtiroler Kriegsopfer- und Frontkämpferverband, Kameradenkreis Südtirol, Zentralorganisation der Kriegsopferverbände Österreichs in Wien, Oberösterreichischer Kriegsopferverband in Linz, Europäische Föderalistische Bewegung Österreichs, Kameradschaft "Feldmarschall Radetzky", Österreichischer Kameradschaftsbund, Tiroler Kriegsopferverband, Öster-

reichisches Schwarzes Kreuz, Kriegsgräberfürsorge, Ligue Luxembourgeoise des Multilès et Invalides de Guerre 1940-1945, Veteranen Legion Nederland (VLN), Nederlandse Bond van Qud-Strijders, Bond Nederlandse Militaire Oorlogsen Dienstslachtoffers, Verband der Finnischen Kriegsinvaliden, Krigsinvalideforbundet Norwegen, Norwegian Association of Disabled War Veterans, Kamratförbundetför Svenska Koreaambulansen (The Association of the Swedish Field Hospital für Korea), Front de Liberation Nationale, Organisation Nationale des Moudjahidine in Algerien, Nigerian Legion in Lagos, Federation of Associations of Veterans of the People's Liberation War of Yugoslavia (SUBNORJ) in Belgrad, Association des Combattants pour la Libertè et la Democratie (ZBoWiD) in Warschau, The Royal Canadian Legion in Ottawa, The American Legion Department of France in Paris, New Zealand Returned Services Association in Neuseeland.
Die Unmittelbarkeit und Atmosphäre gewinnt diese Dokumentation neben den umfangreichen VdK-Präsidialakten mit ihren Tausenden von Dokumenten, aber auch aus den zahlreichen Gesprächen, Interviews und Schriftwechsel, die der Autor mit Karl Weishäupl und anderen Spitzenpolitikern geführt hat. Sie vervollständigen und interpretieren vielfach das, was wegen seiner Brisanz in einigen Schriftstücken nur angedeutet wurde oder zwischen den Zeilen zu lesen stand. Es handelte sich hierbei oft um Hintergrundinformationen aus dem Nähkästchen, die gewöhnlich nur Insidern oder Präsidiumsmitgliedern von Partei- und Verbandsapparaten zugänglich gemacht werden.
Als ehemaliger Leiter der größten militärsoziologischen Fachbibliothek Europas im Sozialwissenschaftlichen Institut der Bundeswehr in München war es mir darüber hinaus möglich, alle erreichbaren Bücher sowie Zeitschriften und Zeitungsbeiträge über die Macht- und Sozialpolitik, aber auch die Biographien und Memoiren der führenden Politiker der Bundesrepublik Deutschland heranzuziehen, auszuwerten und in die vorliegende Publikation einzuarbeiten.

Auf der Grundlage dieser breiten Quellenbasis entstand das Buch über die unheilvolle Verstrickung der Sozial- und Machtpolitik in Deutschland.

Postskriptum: Der Erscheinungstermin der ersten Auflage dieses Enthüllungsbuches fiel in die letzte Phase des Richtungswahlkampfes 1998. Der Untertitel „Von der Ära Schmid zur Ära Kohl" war nicht zufällig, sondern ganz bewußt gewählt worden, da der Autor schon sehr früh das politische Gespür dafür hatte, daß, weil des Langzeitkanzlers überdrüssig, nach dem Urnengang am 17. September in Deutschland eine neue Politikergeneration an die Macht kommen werde, zumal das alte „Kartell der Mittelmäßigkeit" nach den langen Jahren der Regierungsverantwortung, aber auch einer zunehmenden Stagnation in der Arbeitsmarktpolitik einfach zu verbraucht war, um noch einmal einen frischen Wind in die Bonner bzw. Berliner Amtsstuben bringen zu können. Überdies hatten die Konservativen und Liberalen es in sechzehn Regierungsjahren nicht geschafft, wichtige steuer- und sozialpolitische Reformwerke aus eigener Kraft – und dazu hatten sie in den ersten Jahren auf Grund ihrer Mehrheit durchaus die Möglichkeit! – zu einem guten Abschluß zu führen. So kam dann in der Tat doch das, was zwar nicht wenige prognostiziert hatten, woran aber einige angesichts eines angeblichen Kopf-an-Kopf-Rennens zwischen Helmut Kohl und seinem Herausforderer Gerhard Schröder noch eine Woche vor dem Urnengang und dem Wunsche vieler nach einer Großen Koalition bis zuletzt nicht glauben mochten – und zwar, daß schon kurz nach Schließung der Wahllokale die Ära Kohl endgültig der Vergangenheit angehörte und eine rot-grüne Regierungskoalition unter dem Ex-Jusovorsitzenden Schröder und dem ehemaligen militanten Straßenkämpfer Joschka Fischer unter wohlwollender Duldung der postkommunistischen PDS sehr rasch heraufdämmerte und Deutschland blutrot einfärbte.
Auf Grund des Erdrutschsieges der Linksparteien SPD, Grüne und PDS, die nicht weniger als 53 Prozent der

Wählerstimmen auf sich vereinigen konnten, dem daraus resultierenden Beginn einer neuen Zeitwende in der Bonner Republik und dem Aufbruch in eine neue Epoche deutscher Sozialpolitik und Verteilungskämpfe in der Berliner Republik haben sich Verlag und Autor angesichts der regen Nachfrage und eines allgemeinen Medieninteresses dazu entschlossen, die zunächst als „Wahlkampf-Schnellschuß" gedruckte Paperback-Ausgabe der 1. Auflage nun als überarbeitete, stark erweiterte und aktualisierte Hardcover-Ausgabe neu herauszugeben.

ROLAND KALTENEGGER
Kufstein / Tirol
Jahreswechsel 1998 / 99

2. Kapitel

POLITIKER - EINE MISSRATENE ELITE?

“Manchmal denke ich: Die führenden Politiker der Bundesrepublik sind doch intelligent. Daß sie nicht sehen, was ich zeige und von anderen gezeigt wurde, ist nicht möglich. Wagen sie nicht, zu sagen, was sie denken, und aus ihrem besseren Wissen die Konsequenzen zu ziehen? Verstrikken sie sich in ein Netz von Illusionen, die sie am Ende auf Gegenseitigkeit und durch Gewohnheit fast glauben? Sie riskieren ihr politisches Dasein, wenn sie die Wahrheit sagen. Daß er dieses Dasein einzusetzen wagt, ist aber das Kriterium für den Ernst des Politikers.”
KARL JASPERS [5)]

Einst, als die politischen Sitten und Gebräuche im provinziellen Bonn noch nicht ganz so verkommen waren, rühmten sich die Politiker gegenseitig mit Worthülsen wie: “Klassisch schöne Worte”, so Arndt/SPD an Dehler/F.D.P. - “Herr Kollege Dehler, den ich so hoch achte, wie er hier mit sich gerungen hat”, wiederum Arndt/SPD an Dehler/F.D.P. – “Ergreifendes Wort”, bescheinigte Benda/CDU seinem Kollegen Dehler/F.D.P. – “Seine sehr eindrucksvolle Rede”, lobte Jaeger/CDU seinen Kontrahenten Erler/SPD.[6)]
Derlei Artigkeiten der Bonner Parlamentarier ließen sich sogar während der hitzigen Bundestagsdebatten vom 10. und 25. März 1965 über die Verjährung von Morden des NS-Staates beliebig fortsetzen. Denn, so der scharfsinnige Philosoph Karl Jaspers: “Man sonnt sich gegenseitig in der Vortrefflichkeit seiner Gesinnungen. Man bestätigt sich. Man erlabt sich an der Einmütigkeit. Auch diese Haltung zueinander leitet in noch maßvollem Ton gleich anfangs Benda ein”.[7)] Als er sagte: “Wir brauchen uns, meine Kollegen, nicht gegenseitig die Ehrenhaftigkeit zu versichern. (...) Ich unterstelle keinem hier, der in der Sache anderer

Meinung ist, daß er dies aus Erwägungen täte, die ich nicht für achtbar hielte."[8)]

Dieser kultivierte parlamentarische Ton war noch während der Ära Ludwig Erhards (1963-1966) möglich, als die CDU/CSU und die F.D.P. die Regierung stellten. Auch während der nachfolgenden Ära Kurt Georg Kiesingers (1966-1969), als die CDU/CSU und die SPD die Große Koalition bildeten, gingen die Herren Kiesinger (CDU), Brandt (SPD) und Wehner (SPD) sowie Franz Josef Strauß (CSU) und Karl Schiller (SPD) derart nobel miteinander um, daß man das überaus erfolgreiche finanz- und wirtschaftspolitische Gespann der beiden letztgenannten Bundesminister sogar liebevoll als "Plüsch" und "Plum" bezeichnete. "Denn wir haben gemeinsam eine Rezession – erfolgreich – bekämpft und bei diesem Unterfangen doch wohl die Gebote der ökonomischen und finanziellen Vernunft nicht verletzt", schrieb der spätere Superminister Schiller.[9)]

Die politischen Sitten verfielen jedoch schlagartig, als die Koalitionspartner von gestern nach dem Machtwechsel zu politischen Gegnern wurden. Sehr schnell ließ Herbert Wehner während der sozial-liberalen Ära Brandt/Scheel die Maske des Biedermanns fallen. Folgerichtig schrieb der "Münchner Merkur", daß es sehr zu denken gibt, "wie schnell der Mann, der als einer der Architekten der neuen Ostpolitik gepriesen wird, der unentwegt Geduld und Beharrlichkeit predigt, in einer vergleichsweise harmlosen parlamentarischen Aussprache die Nerven verliert. Sehen so die Männer aus, deren unerschütterliche Zähigkeit angeblich den Ausgleich mit Osteuropa zustande bringen wird?"[10)]

Zeitgleich schrieb die Hamburger "Welt": "Was ist mit dem Fraktionsvorsitzenden der SPD? Reißen ihm die Nerven unter der Belastung persönlicher Art, oder macht ihn das Wissen so reizbar, daß der ostpolitische Weg der Regierung mit Hindernissen, mit Fallgruben, mit Tretminen gespickt ist, die nun keineswegs die Opposition und die publizistische Kritik aufgebaut haben?"[11)]

Wehners hysterische Wutausbrüche vergifteten zusehens die politische Kultur, wenn er seine Gegner über Nacht als "Pappkameraden", "Flegel" und "Strolche", als "Schleimer","Quatschköpfe" und "Drecksäcke", als "Dreckschleuder", "Schweine" und "Säue", als "Lümmel" und "Verbrecher" beschimpfte und die einst so heiß umworbene CDU/CSU plötzlich als "Madig-", "Miesmacher"- und "Schrei-Union" denunzierte.
Wehners verbale Schimpf- und Fluchkanonaden, die wieder den Altkommunisten zutage förderten, entsprachen jedoch nicht einem angeschlagenen Nervenkostüm, sondern sie waren kühl kalkuliert. Daher schrieb die Wochenzeitung "Christ und Welt", über den SPD-Fraktionsvorsitzenden: "Wehner weiß, was er brüllt. (...) Er will den Krach, weil der Krach zum jedermann augenfälligen Bruch führt."[12)]
Schlimmer noch: Was für die politische Kultur und den Staat jedoch viel schwerwiegender ist, das ist die daraus resultierende Politik- und Staatsverdrossenheit breitester Bevölkerungsschichten. Dabei sollten gerade die Politiker jene Elite der Eliten verkörpern, die der Staat und das öffentliche Leben so dringend benötigen, um allgemeinhin anerkannt und geachtet zu werden. Eine Elite der Bestenauslese, die sich durch großartige Leistungen statt durch korruptes Verhalten und Handeln auszeichnet. Es gibt sie in der Tat. Aber "wie vor ihm die Professoren Ralf Dahrendorf und Karl Schiller, Horst Ehmke und Werner Maihofer hat auch Kurt Biedenkopf erlebt, daß intellektuelle Brillanz in der Partei isoliert und bei den Mitmenschen als Arroganz oder Kälte, Eitelkeit und Lebensfremdheit ankommt."[13)] Die politischen Eliten, die im wesentlichen die Willensbildung prägen, sind jedoch keineswegs homogen. "Mannigfache Differenzierungen erscheinen vonnöten. So waren die meisten Funktionseliten in den fünfziger Jahren konservativer orientiert als heutzutage. Man muß vor allem auch die Unterschiede zwischen verschiedenen Bereichen berücksichtigen. Eliten im Bereich der Wirtschaft sind naturgemäß

stärker auf Besitzstandswahrung ausgerichtet als im kulturellen Milieu."[14)]

Ein Kennzeichen der politischen Eliten ist der hohe Grad ihrer Professionalisierung. "Bei diesen Tätigkeiten handelt es sich um ‚full-time-jobs'. So hat das Bundesverfassungsgericht im Jahre 1975 die Arbeit der Bundestagsabgeordneten konsequenterweise in diesem Sinne interpretiert und eine Besteuerung der Diäten gefordert. Auf einem anderen Blatt steht das Problem, ob und inwiefern die Höhe der Diäten, die in der Folgezeit (einschließlich besonderer Vergünstigungen im Hinblick auf die Altersversorgung) durch die einzelnen Landesparlamente festgesetzt wurden, tatsächlich noch als angemessen gelten kann."[15)] Auf Grund der immer rascher um sich greifenden Selbstbedienungsmentalität bleibt hier ein übler Nachgeschmack, so daß sich die Kluft zwischen dem Wahlvolk und den Diätenhaien immer mehr vertieft.

Als ein positives Signal ist dagegen die Zunahme des Bildungsgrades bei den politischen Eliten zu bewerten. "Hatten von den Bundestagsabgeordneten in der ersten Legislaturperiode 42,9 Prozent ein Studium absolviert, so sind es in der 11. Legislaturperiode 67,4 Prozent. Diese ‚Akademisierung der politischen Elite' gilt im besonderen für die administrative Elite, wo noch immer eine Art Juristenmonopol herrscht, weniger für die gewerkschaftliche Elite."[16)] Auf der Verbandsebene herrscht noch weitgehend der hemdsärmelige "Kanalarbeiter" vor, der sich durch einen rücksichtslosen Führungsstil auszeichnet und seinen Verband nicht selten als "Selbstbedienungsladen", "Postenvergabeinstitut" und "Vermittlungsgesellschaft für lukrative Aufträge" betrachtet. Was die soziale Herkunft angeht, so spielt der Adel – im Gegensatz zur Weimarer Republik – derzeit so gut wie keine Rolle mehr. "Selbst im diplomatischen Dienst ist sein Einfluß beträchtlich zurückgegangen. Um in Spitzenstellungen zu gelangen, ist in aller Regel eine parteipolitische Karriere die entscheidende Voraussetzung. Schon insofern ist die Elite keineswegs monolithisch ausgerichtet. Nach Umfragen dominiert im Bereich der Justiz, der Bundeswehr, der Wirtschaft die Neigung für die Union, im Bereich der Gewerkschaften und der Kultur die Affinität zur SPD."[17] Bei den Eliten ist die F.D.P. – wenn auch nicht mehr in dem Maße früherer Jahrzehnte – insgesamt gesehen noch "stärker repräsentiert, als das ihrem Stimmenanteil entspricht."[18]

Sind ihre Spitzenpolitiker damit gleichzeitig auch elitärer als die der übrigen bundesdeutschen Parteienlandschaft? Wohl kaum, wenn man sich den in der Drei-Pünktchen-Partei gepflegten Umgangston vor Augen führt.

"Es war in der Stunde der Niederlage, die Nerven lagen blank. Irmgard Schwaetzer, die Frau, die an einer Männerintrige der F.D.P. scheiterte, machte ihrem Herzen Luft. 'Du intrigantes Schwein', fauchte sie Wirtschaftsminister Möllemann an. Fünf Parteifreunde hörten zu, ungläubig. Die neue Sprache der Liberalen?" frug Florian von Heintze in der "Bild"-Zeitung,[19] die den entlarvenden Ausspruch der ehemaligen F.D.P.-Generalsekretärin über ihren innerparteilichen Brutus in fetten Buchstaben abgedruckt hatte.

"Das hängt ihm die nächsten zehn Jahre an. Und zwar mit erheblicher Breitenwirkung", resümierte der ehemalige F.D.P.-Vorsitzende Erich Mende. Er wußte, wovon er sprach. Denn bis zu seinem Tod mußte er mit einem Zitat leben, mit dem ihm seine Frau Margot angeblich jeden Morgen aus den Federn trieb: "Erich, Aufstehen, Karriere machen!"[20]

Wenig später mußte der ehemalige Volksschullehrer Möllemann wegen eines "pfiffigen Produkts" und Unterstützung seines "Vetters aus Dingsda" als "ein jämmerlicher Lügner"[21] seinen Ministerhut an den Nagel hängen und seine Ambitionen auf den F.D.P.-Parteivorsitz vorzeitig aufgeben.

"Manche Dinge erledigen sich von selbst", schrieb Rudolf Augstein im "Spiegel": "Die personelle Ausdünnung der FDP wurde bereits sichtbar, als Jürgen W. Möllemann zum Bundeswirtschaftsminister avancierte, in ein Amt also, dem Ludwig Erhard und Karl Schiller Ansehen verliehen hatten und das noch nie so drittklassig besetzt war (...)"[22]

Kurz darauf wäre auch die Bundesbauministerin Schwaetzer um ein Haar über eine Briefbogen-Affäre gestrauchelt und unehrenhaft aus dem Staatsamt verjagt worden, als sie für die in die negativen Schlagzeilen geratene Münchner Immobilienfirma "Germania" warb. "Großverdienern und Millionären hilft sie beim Steuertricksen, sie sammelt Geld für gewerbliche Profit-Objekte. Wenn Wohnungen mit ihrem Geld gebaut werden, dann fast nur sündteure und freifinanzierte. In den letzten Jahren machte sie Super-Geschäfte", enthüllte die "Bild"-Zeitung am 11. Januar 1993 auf Seite 1 unter der plakativen Überschrift: "Das ist die Wahrheit, Frau Schwaetzer".[23)]
Im wahrsten Sinne des Wortes abgesoffen ist die resolute Ex-Pharmazeutin dann mit dem ursprünglich auf 468 Millionen Mark festgesetzten und schließlich zum Milliarden-Pool überfluteten Schürmann-Bau im Bonner Regierungsviertel. Seitdem hieß sie in ihrem Ministerium nur noch Frau "Schürmann-Schwaetzer". Nachdem sie, mit diesem Kainsmal versehen, sowohl ihren Ministersessel als auch alle Parteiämter verloren hatte, verschwand sie zutiefst enttäuscht in der politischen Bedeutungslosigkeit.
Ihre politische Unschuld hatte die Dame mit ihrem Abgang allerdings nicht verloren, denn kein geringerer als ihr Parteivorsitzender Otto Graf Lambsdorff, "ein Mann, der seine politische Energie aus der Reibung an anderen (auch und vor allem im eigenen Lager) bezieht",[24)] wurde vor Jahren wegen Steuerhinterziehung von einem ordentlichen deutschen Gericht rechtskräftig abgeurteilt und machte dennoch im Schutze der parlamentarischen Immunität in seiner Partei unaufhaltsam Karriere – und zwar nach dem Motto von Hannah Arendts Essay "Wahrheit und Lüge und Politik": "Wahrhaftigkeit zählte niemals zu den politischen Tugenden, und die Lüge galt immer als erlaubtes Mittel der Politik."[25)]
Die Zeitschrift "Stern" machte eine "Partei ohne Gewissen" aus, als die F.D.P. im Oktober 1988 den wegen massiver Steuerhinterziehung vorbestraften Grafen zu ihrem neuen Bundesvorsitzenden und damit zum Nachfolger des un-

glückseligen Martin Bangemann wählte. Damit wurde erstmals in der Geschichte der Bundesrepublik Deutschland ein einschlägig Vorbestrafter Parteivorsitzender. Empört schrieb Heiner Bremer im "Stern" unter der Überschrift "Macht ist alles – die einfache Moral der Liberalen": "Natürlich gilt auch für ihn der Grundsatz der Resozialisierung. Aber mußte er deshalb gleich Vorsitzender werden?"[26)]

Wie hatte doch Theodor Heuss beim Gründungsparteitag der Liberalen am 12. Dezember 1948 in Heppenheim bekannt: "Wir sind nicht klüger als die anderen Parteien, auch nicht dümmer, auch nicht besser, nicht moralischer als die anderen (...)"[27)] Gleichwohl hielten sich seine Nachfolger und Parteigänger über Jahrzehnte hinweg für die Creme de la Creme der bundesdeutschen Politelite.

Die Skandalfähigkeit der Bonner Politiker läßt sich nach belieben fortsetzen oder zurückverfolgen. Nach Recherchen des "Spiegel" soll das verträumte Bonn 1949 im Wettbewerb mit der weltmännischen Wirtschaftsmetropole Frankfurt nur deshalb mit 200 zu 176 Stimmen zur Bundeshauptstadt auserkoren worden sein, weil Geld im Spiel gewesen war. "Damals soll Abgeordneten – insbesondere der Bayern-Partei – über den ersten Bundesfinanzminister Geld zugunsten der Stimmabgabe für Bonn zugeflossen sein. Dieser Tatbestand wurde zur Geburtsstunde des ersten Untersuchungsausschusses in Bonn. Er brachte ein Ergebnis zustande, in dem das Hilfsverb ‚sollen' (eine starke Vermutung signalisierend) sehr oft vorkommt, dagegen das Hilfsverb ‚ist', das für die Wahrheit steht, praktisch nie."[28)]

Adenauer hatte sich durchgesetzt, daß das nahe seinem Rhöndorfer Wohnsitz gelegene Bonn Regierungssitz wurde. Über die Korruptionsaffäre selbst schweigt er sich in seinen Erinnerungen aus. Ihm genügte, daß sein Vorschlag durchging – und Frankfurt am Main das Nachsehen hatte.

Zu Beginn der 70er Jahre hielt die Steiner-Wienand-Korruptionsaffäre die Bundesrepublik in Atem. Was war geschehen? Am 27. April 1972 wollte der CDU/CSU-Oppositionsführer Rainer C. Barzel den sozialdemokrati-

schen Bundeskanzler Willy Brandt mit Hilfe des Konstruktiven Mißtrauensvotums stürzen und selbst Regierungschef werden. Aber mindestens zwei Abgeordnete aus den Reihen der Union verweigerten ihrem Fraktionsvorsitzenden ihre Stimme, obwohl dieser eine sichere Mehrheit von 249 Stimmen hinter sich wähnte. Fassungslosigkeit bei der Union; Begeisterungsstürme bei den Sozialliberalen, als Brandt gesiegt und damit die noch nicht ratifizierten Ostverträge gerettet hatte.[29)]
Aber schon sprach man von einem Bonner "Watergate". Auf die Frage: "War Korruption im Spiel?" antwortete Willy Brandt am 25. September 1972 in einem "Spiegel"-Interview: "Daran kann für mich kein Zweifel sein."[30)]
Um Bestechlichkeit und Steuerhinterziehung ging es in der Friderichs-Affäre. Dieser F.D.P.-Spitzenpolitiker hatte schon seit geraumer Zeit den Stuhl des Bundeswirtschaftsministers der Regierung Schmidt/Genscher mit dem des Vorstandschefs der Dresdner Bank "gewinnbringend" eingetauscht als ihn 1984 seine Vergangenheit einholte. Er wurde nämlich wegen Bestechlichkeit angeklagt. Es war im Februar 1985, als Friderichs die Dresdner Bank verlassen mußte. Auf Grund seiner offenkundigen Verstrickungen mit der Politik war er für die Chefetage zu einer Belastung geworden.
Bei derart niedrigen moralischen Hemmschwellen wollen selbstverständlich die politischen Eliten in den Bundesländern nicht das Nachsehen haben. So sorgte zunächst der schleswig-holsteinische Landesfürst Uwe Barschel wochenlang für negative Schlagzeilen, als er 1987 im Wahlkampf dubiose Praktiken im Schutze der Immunität zur Bekämpfung der Opposition und ihres Spitzenkandidaten Björn Engholm anwandte. "Watergate in Kiel – Barschels schmutzige Tricks", mit dieser sensationslüsternden Headline erschien 1987 "Der Spiegel" mitte September zur Landtagswahl im nördlichsten Bundesland.[31)] Die Tricks des Uwe Barschel, ein politisches Ziehkind des ehemaligen Bonner Finanz- und Verteidigungsministers Gerhard Stoltenberg, wurden noch am Wahlsonntag vorab veröffent-

licht. Damit taumelte nicht nur das Land zwischen der Ost- und der Nordsee in einen der folgenschwersten Skandale der deutschen Nachkriegszeit.
Es war eine Woche nach seiner Ehrenwort-Erklärung, als der schleswig-holsteinische Ministerpräsident am 2. Oktober von seinem Amt zurücktrat. Doch damit war die Affäre noch lange nicht aus der Welt geschafft. Vielmehr lag die peinlichste Wegstrecke des ganzen Skandals noch vor Uwe Barschel. Als im Untersuchungsausschuß zur Barschel-Pfeiffer-Affäre immer mehr unappetitliche Details ans Tageslicht gezerrt wurden, wurde der gescheiterte Ministerpräsident vor den Ausschuß zitiert. Es sollte aber noch schlimmer kommen, denn am 11. Oktober 1987 fanden Reporter des "Stern" Barschel tot in der Badewanne des Zimmers 317 im Genfer Nobelhotel "Beau Rivage". Für die einen war dieser Mord „eiskalt inszeniert und berechnet",[32)] für die anderen war er das Opfer eines Komplotts. "Von geheimnisvollen Unbekannten war die Rede, von Waffenschiebereien, der heimischen U-Boot-Affäre und internationalen Verschwörern."[33)]
Nachfolger Barschels wurde jetzt Engholm – ein SPD-Shooting-Star, der das Image, Opfer zu sein, bis zu seiner politischen Lebenslüge und dem daraus resultierenden tiefen Absturz wie eine Monstranz vor sich hertrug.[34)] Denn die Affäre Barschel-Pfeiffer wurde nunmehr zu einer Affäre SPD-Pfeiffer. "Der schwarze Sumpf in Kiel," wie ihn einst die Sozialdemokraten beklagten, "ist dabei,sich mehr und mehr rot zu färben,"[35)] frohlockte der "Bayernkurier."
Das Opfer von einst wurde zunächst zum Nutznießer, dann zum Mitwisser der Jansen-Nilius-Pfeiffer-Affäre, in der es unter anderem um 40.000 Deutsche Mark "Schweigegeld" ging, und schließlich zum Komplizen eines Lügengebäudes, das in sich zusammenbrach und den Architekten erschlug. "Aus – Ein Mann am Ende". Mit dieser plakativen Überschrift teilte "Bild" seinen Lesern am 4. Mai 1993 Engholms unehrenhaften Absturz als SPD-Vorsitzender, als SPD-Kanzlerkandidat und als Ministerpräsident von Schleswig-Holstein mit. "Seinen Abgang hat Björn Engholm

vorbildlich inszeniert", konstatierte das politische Wochenmagazin "FOCUS" nach dem bodenlosen Fall: "Tadellose Haltung, gefeilte persönliche Worte und die Ehefrau demonstrativ im Saal. Ein Hauch von Melancholie läßt vergessen, daß ein ertappter Lügner abtritt, dem die allermeisten in Deutschland, vor allem aber in Schleswig-Holstein, 1987 geglaubt haben, als er mit ähnlichem Schmerzenston versicherte, er hätte den Wahlkampf abgebrochen und wäre mit Barschel vor keine Kamera mehr gegangen, wenn er von dessen Intrigen gewußt hätte."[36)]
Und ob er es gewußt hatte! Aber zugeben konnte er es nicht, nachdem er lange Zeit schwadroniert hatte: "Es muß möglich sein, daß diejenigen, die regieren, wieder Beispiel und Vorbild sind." Eine "existentielle Grenzsituation" nannte der smarte Engholm auf der Bonner Pressekonferenz das lange Zeit totgeschwiegene nächtliche Gelage, bei dem er ("Ich war voll.") vom Alkohol schwer gezeichnet, von Barschels Schweinereien gegen ihn erfuhr.[37)] "Engholms Abgang wirkt wie Barschels Tod", schrieb der "Spiegel": "Trunken torkelt die Journaille im Kieler Sumpf herum, glücklich jeder ausgelegten Spur folgend,"[38)] Aus dem "Waterkantgade" des einen war ein politischer "Super-Gau" des anderen geworden.
Gegenüber dem Kieler "Barschel-Engholm-Sumpf" erscheint die Saarbrücker "Bordell-Affäre" Lafontaines wie eine schlecht inszenierte Schmieren-Komödie. "Oh, oh, oh, Oskar, es hat ihn mal wieder erwischt", tuschelte die "Bild"-Zeitung am 18. Januar 1993. "Der saarländische Ministerpräsident und sein engster Freund, der SPD-Fraktionschef im saarländischen Landtag Reinhard Klimmt, sollen merkwürdige Kontakte in die Unterwelt haben. Das berichtet das Magazin ‚Spiegel'. Eine große Rolle in der neuen Affäre spielt eine bekannte Sex-Bar. Die beiden SPD-Politiker sollen oft dort gewesen sein, angeblich existieren kompromittierende Fotos."[39)]
Noch am selben Tage, an dem die "Bild"-Zeitung in ihrer Dienstag- Ausgabe vom 26. Januar 1993 in einer fetten Überschrift feststellte: "Unterwelt erpreßt Lafontaine", stand

anschließend zu lesen: "Brasilien-Affäre – Peinliches Geständnis von Streibl". Womit auch der Bayerische Ministerpräsident unversehens in die negativen Schlagzeilen geraten war. Denn dann stand schwarz auf weiß geschrieben: "Der Kampf hat begonnen. Seit gestern 15.45 Uhr muß Max Streibl (...) um sein politisches Überleben fürchten. Zu dieser Zeit veröffentlichte Streibls Büro ein peinliches Geständnis: Streibl ließ sich von dem Flugzeughersteller Burkhard Grob aus Mindelheim zwei Flugreisen nach Brasilien bezahlen. Einmal war die Tochter, einmal die Ehefrau Streibls dabei. SPD und Grüne rückten Streibl sofort in die Nähe von Lothar Späth. Auch er hatte sich von Unternehmern zu Fernreisen einladen lassen und mußte deshalb zurücktreten."[40)]

Nicht umsonst sagt der Volksmund: "Schmieren und Salben hilft allenthalben." In der Tat finden wir jederzeit und überall in der Geschichte der Menschheit jene besondere Form der Vorteilsnahme, die man Korruption nennt. Sie wird mit den Worten Bestechung, Favoritismus, Ämterschacher, Patronage und Schmiergeld umschrieben. Sie ist so weit verbreitet, daß Korrumpieren und/oder Sich-korrumpieren-lassen geradezu als ein Teil der menschlichen Natur erscheint, deren dunkle Seite zugeordnet wird, denn sie scheut das Licht der Öffentlichkeit. Wird sie bei Politikern und Persönlichkeiten des öffentlichen Lebens publik, so redet man von einem handfesten Skandal oder einer Affäre.[41)]

"Wo und wann immer Korruption Mittel zum Zweck wurde, hatte sie eine Voraussetzung – Macht; die Macht, Privilegien, Ämter oder Aufträge zu vergeben",[42)] konstatierte der Münchner Professor Dr. Paul Noack und fuhr dann fort: "Keine Korruption ohne korrupte Individuen, keine Zersetzung des Staates ohne Verfall individueller Moral, Institutionen können sich nun einmal nicht selbst korrumpieren."[43)]

Das gilt auch im Hinblick auf das Bonner Machtzentrum und die Regierungszentralen in den Bundesländern. Um sich ihre innere und äußere Unabhängigkeit zu bewahren,

müssen zum Beispiel weder der Bayerische Ministerpräsident noch seine Staatsminister und Staatssekretäre am Hungertuch nagen. "Gekoppelt an die Beamtengehälter nach B 11 (Ministerpräsident und Minister) oder B10 (Staatssekretäre, die in Bayern Kabinettsrang haben), aufgebessert durch allerhand Zugaben und Nebenverdienste in staatlichen Aufsichts- und Verwaltungsräten und automatisch nach den heftig bekämpften Tarifrunden im öffentlichen Dienst erhöht, summierten sich z.B. Streibls Bezüge (ohne die Landtagseinkünfte) seinerzeit auf 326.000 Mark jährlich. 3.500 Mark monatlich durfte er aus Einkünften als Aufsichtsrat behalten. Die Minister bringen es jährlich auf 290.000 Mark, die Staatssekretäre auf 260.000 Mark; auch sie können theoretisch noch bis zu 17 Prozent des Grundgehalts als staatliche Aufsichtsräte dazuverdienen. Wer mindestens vier Jahre Kabinettsrang hatte, hat ab dem 50. Lebensjahr Anspruch auf Ruhegeld. Das beträgt zwischen 35 und 75 Prozent eines Amtsgehalts."[44)]
Trotz dieses üppigen Geldsegens sei angesichts der immer häufiger auftretenden Skandale, Affären und Selbstbedienungsmentalitäten der Spitzenpolitiker die Frage erlaubt, ob sie überhaupt unabhängig sein können – und wollen? Nach Ansicht des ehemaligen Stuttgarter Oberbürgermeisters Manfred Rommel können sie es nicht. Denn "unabhängig sein, wenigstens von äußeren Umständen, ist einem reichen Mann möglich, der, von der Welt abgeschieden, für seine Liebhabereien lebt. (...) Ein Politiker will sich aber gerade nicht zurückziehen ins Private. Er will in der Öffentlichkeit auftreten. Er will andere gewinnen, daß sie ihn als Kandidaten aufstellen, wählen, unterstützen, wiederwählen. Der Politiker ist also abhängig – von seinen Freunden ,von seinen Gegnern, von seinen Mitarbeitern, von seinen Wählern (...)"[45)] – und von seinen Amigos.
Im Fall Streibl kam noch etwas anderes hinzu. Eine alte Erfahrung lehrt nämlich, daß kein Außenstehender einem Politiker oder einer Partei, einem Spitzenfunktionär oder einem Verband so viel Schaden zufügen kann, wie ein als Heckenschütze getarnter gewichtiger Parteifreund oder

Genosse aus den eigenen Reihen. Nicht umsonst wuchs der Verdacht von Tag zu Tag, daß Bayerns angeschlagener Ministerpräsident von seinen eigenen CSU-Politikern, die Anschuldigungen ganz gezielt an die Presse und Opposition lancierten, angeschwärzt wurde, um ihn mittels einer würdelosen Kampagne wie Freiwild zur Strecke zu bringen.
Daher wurde vermutet: "Entweder will jemand eine alte Rechnung begleichen oder Kronprinz Edmund Stoiber auf Streibls Thron verhelfen."[46] Denn "es gibt immer welche, die sich ärgern, daß sie nicht befördert werden, und die dann Amok laufen" meinte ein Streibl-Mitarbeiter.[47]
"Adios Amigo", lautete fortan die Parole – bis der Bayerische Ministerpräsident noch vor Pfingsten 1993 entnervt das Handtuch warf. Damit war der Ring für den beispiellosen Diadochenkampf Waigel contra Stoiber freigegeben. Es war jedoch nicht der "Saubermann" Theo Waigel, dessen Privatleben, sein "persönliches Unglück", gnadenlos durch den politischen Sumpf gezogen wurde, sondern der ebenfalls wegen privater Gratisflüge in Bedrängnis geratene Edmund Stoiber, der als strahlender Sieger aus dem tagelangen ""Erbschafts-Tohuwabohu" hervorging. Während der CSU-Parteivorsitzende als gedemütigter "Bundes-Schuldenmacher" wie ein verprügelter Hund wieder Richtung Bonn davonschlich, zog der einstige Musterschüler von Franz Josef Strauß am 28. Mai 1993 als neuer Landesvater in Max Streibls vielverspottetes Zirbelstüberl der 242 Millionen Mark teuren neuen Staatskanzlei, die Kritiker als "Bayern-Kreml" (Hamburger Morgenpost), "Palazzo Prozzo (Abendzeitung) oder ganz einfach, wie der Volksmund, als "Amigodrom" verhöhnen.
Währenddessen schleppte sich vom Schlachtfeld aber nicht nur der öffentlich gedemütigte CSU-Parteivorsitzende, sondern auch "ein in Unehren entlassener Landesvater, der Amigo Max Streibl."[48] Da er aber nicht nur gute Freunde auf den brasilianischen Haziendas, sondern in ganz Südamerika hatte, wurde er in Anerkennung seiner besonderen Verdienste vom bolivianischen Außenminister mit dem

höchsten Orden des Landes, dem "El Condor de los Andes", ausgezeichnet.
Finanziell hatte der entlassene Landesvater ohnehin ausgesorgt. Statt 26.943,01 Mark Ministerpräsidentenbezüge erhielt er für drei Monate ein Übergangsgeld von je 22.625,22 Mark. Hierzu bekam er weiterhin die Hälfte der Abgeordnetendiäten sowie die Unkostenpauschale, so daß rund 31.000,00 Mark auf Streibls Konto landeten. Ab September 1993 reduzierte sich der Betrag auf monatlich 26.000,00 Mark, allein 17.000,00 Mark davon machte die Pension aus.[49)]
So fürstlich kann nur Vater Staat seine entlassenen Diener entschädigen. Kein Wunder, daß beim gnadenlosen Verteilungskampf von unten nach oben für eine Sozialpolitik mit Augenmaß immer weniger Mittel zur Verfügung stehen. Denn jede Million oder Milliarde kann nur einmal ausgegeben werden. Und da die Politiker und Spitzenfunktionäre an der Futterkrippe sitzen, bleibt dann für die sozial Schwachen nicht mehr genügend übrig. Schmerzhafte Einschnitte in das immer löchriger werdende soziale Netz sind dann die unausweichliche Folge.
Man fragt sich mit Karl Jaspers zu Recht: "Wie werden wir regiert? Wer regiert uns? Woher kommen die Politiker? – Wie ist die Struktur der Bundesrepublik, nicht nur juristisch und in der Theorie, sondern im faktischen Geschehen? – Welcher Wandel vollzieht sich in der Struktur der Bundesrepublik? Es scheint: Von der Demokratie zur Parteienoligarchie (...)"[50)]
Und damit steht es nicht zum besten. Denn in einem Klima, in dem die Staats-, Politik- und Parteienverdrossenheit spürbar anwächst, sind nur mehr wenige bereit, in eine Partei einzutreten und in ihr formend zu wirken. "Zu beobachten ist (vielmehr) eine wachsende Distanz zur Politik, zu den Parteien, zu allem Institutionellen."[51)] Daher ist es dann oft nicht sehr viel mehr als der gesellschaftliche Kaffeesatz, der in der ausgebluteten Parteienlandschaft nach oben geschwemmt wird und nun mangels elitärer Nachwuchskräfte rasch die Geschicke in der Kommune, im Land und im

Bund mehr schlecht als recht lenkt. Wer erinnert sich da nicht des spöttischen Dialoges: "Schadet Intelligenz dem Politiker? – Ja, weil er mehr leidet."
"Der Zustand der Bundesrepublik heute liegt zum Teil an der Auslese der politisch führenden Persönlichkeiten. Es sind", stellte schon Jaspers resigniert fest, "wahrscheinlich nicht die besten."[52)] Im Gegenteil: "Die Professionalisierung bringt einen bestimmten – ‚stromlinienförmig' ausgerichteten – Politikertypus hervor, dem es vielfach an Profil mangelt."[53)]
Als Elite derart diskreditiert, herunter- und abgewirtschaftet, verwundert es nicht, daß es so gut wie niemandem mehr gelingt, einen namhaften Wissenschaftler, Forscher oder Wirtschaftsmanager für die große, geschweige denn für die kleine Politik, für Regierungsämter und Ministersessel zu gewinnen. Denn die elitären Eliten aus Wissenschaft, Forschung und Lehre sowie aus dem Bereich der Wirtschaft fürchten nicht zu unrecht um ihren guten Ruf und um ihre weitere Karriere, wenn sie sich allzu leichtfertig in den Dunstkreis der bundesrepublikanischen Politiker begeben, die in beängstigender Geschwindigkeit an Ansehen verloren haben. Nicht umsonst ist die Berufsbezeichnung "Politiker" zu einem Schimpfwort geworden.
Von Autorität weit und breit keine Spur. Dabei wäre gerade sie für das Funktionieren des Staatsgetriebes so unerläßlich. Doch "charismatische Erscheinungen sind seltene Ausnahmen, man kann nicht erwarten, daß sie zu Tausenden auftreten und dann auch noch im Schmuck eines Beamtenverhältnisses daherkommen."[54)] Im Gegenteil: Verbeamtete Staatssekretäre, Ministerialbeamte und Verwaltungsmenschen wirken viel zu bieder, als daß sie die Masse von den Stühlen reißen. In einer Zeit der Beamtenbestechlichkeit sind sie bestenfalls geduldete "Amtsautoritäten". Aber auch diese sind "sehr in Mißkredit geraten. Viele Menschen sind gar nicht mehr in der Lage, der Amtsautorität unbefangen zu begegnen. Sie entwickeln", wie der ehemalige Bayerische Kultusminister Professor Hans Maier

richtig feststellt, "eine geradezu zwanghafte Aggressivität."[55)]
Das ist auch kein Wunder. Denn "Karikatur und Witz, die Welt des Kabaretts und der Glossen, sehen im Beamten seit eh und je kaum etwas anderes als einen faulen, den Büroschlaf pflegenden Trottel, dessen Mangel an persönlichem Mut sich mit Anfälligkeit für Korruption verbindet und der ständig über seine zu geringen Einkünfte klagt. Seine Faulheit scheint auch die ständige zahlenmäßige Ausweitung der öffentlichen Verwaltungsträger zu bestätigen, das ‚Parkinsonsche Gesetz' liefert die ‚wissenschaftliche' Bestätigung dafür."[56)]
Auch aus diesem Grunde sollte sich das Berufsbeamtentum von der Politik fernhalten und sich in seinen muffigen Amtsstuben verkriechen. Denn "es gibt fast nichts in der Politik, was man nicht mit rationalen Mitteln, Mitteln der Logik und des Verstehens angehen und erschließen kann."[57)] Hierzu sind die sach- und fachkompetenten Macher und die hochqualifizierten Seiteneinsteiger die richtigen Männer.
Wie stellte doch Hans Maier fest: "Politik ist ja Handlung",[58)] die auf andere Menschen einwirken soll, also soziale Interaktion und nicht Stagnation oder ein bloßes Aussitzen von anstehenden Problemen.
Bleibt zu hoffen, daß Karl Jaspers Appell eines Tages (höchstwahrscheinlich nicht mehr im biederen Bonn, sondern erst später im weltstädtischen Berlin) doch noch erhört wird, als er zu Recht forderte: Die "Einführung der Tradition, daß der Bundeskanzler, dem nach dem Grundgesetz die Wahl seiner Minister zusteht, nach seinem Ermessen auch parteilose hervorragende Persönlichkeiten oder sogar Männer aus der Oppositionspartei zu Ministern ernennen kann. Der Sinn ist, die besten Männer an die Regierung zu bringen, auch hier die Parteienoligarchie zu durchbrechen."[59)]
In dieselbe Kerbe schlug der ehemalige SPD-Finanz- und Verteidigungsminister Hans Apel, als er betonte: "Die Pflicht der Parteien ist es, so offen, so attraktiv zu sein ,daß

sich dynamische und kenntnisreiche Menschen engagieren wollen und auch können. Anpasser an den trüben Parteiengeist haben wir genug. Wo sind in Bonn die Seiteneinsteiger, die Selbstbewußten, die mit Zivilcourage und Fachwissen? Das ist der ‚Stoff', aus dem Minister werden. Würden Wehner, Strauß, Schmidt heute noch den Weg in die Parlamente finden? Oder würden sie an den örtlichen Kungelgruppen scheitern, die nach pflegeleichten Bundestagsmitgliedern fahnden, die stets ihrer Meinung sind? Das ist der Grund für die verzweifelte Suche nach Politikern, denen wir zutrauen, unser Land in schwierigen Zeiten sicher zu leiten. Wo ist der ‚Talentschuppen' der CDU, wo das überzeugende Schattenkabinett der SPD?"[60)]

Nicht umsonst ist die Staats-, Politik- und Parteienverdrossenheit wegen der verschiedenen politischen Affären und Skandale, der kriminellen Parteispenden und der anrüchigen Parteienfinanzierung allerorten zu spüren. "Mitunter hat man den Eindruck, die Parteien sehen die Politik als einen ‚Selbstbedienungsladen' an."[61)] Infolgedessen wenden sich immer mehr Wähler von den Altparteien ab. Die Partei der "Nichtwähler" ist daher noch vor der CDU/CSU und SPD zur größten politischen Kraft in Deutschland geworden.

Folgerichtig forderte Alt-Bundeskanzler Helmut Schmidt: "Weg mit den vielen Politikern." Und er erläuterte auch warum: "Ein Zeichen der Sparsamkeit könnte der Bundestag selbst noch vor 1994 setzen: seine eigene, zahlenmäßige Verkleinerung beschließen. (...) Des weiteren kann sich das Parlament aus eigenem Entschluß mit Einsparungen im Gesamtbudget und bei den Etats der Fraktionen demonstrativ an die Spitze der Einsparungen stellen, die quer durch den gesamten Bundeshaushalt unerläßlich sind. Schließlich sollte das Parlament aus eigener Initiative die Diäten kürzen oder für eine Reihe von Jahren einfrieren (...). Denn wer von anderen Opfer an Einkommen verlangt, der muß mit gutem Beispiel vorangehen."[62)]

Auch Alt-Bundespräsident Richard von Weizsäcker will an die Politik und ihre Macher strengere moralische Maßstäbe angelegt und eine größere Selbstbeschränkung der Parteien sehen. Seiner Meinung nach sollen die Volksvertreter durch die Wahrnehmung ihrer Führungsverantwortung die Achtung der Bundesbürger zurückgewinnen. Die gegenwärtige Diskussion um Macht und Abhängigkeiten von Politikern zeige, wie wichtig eine “lebhafte Auffrischung des allgemeinen moralischen Bewußtseins” sei, meinte das Ex-Staatsoberhaupt. Er, von Weizsäcker, finde es richtig, daß derzeit im Bundestag überlegt werde, die Bestechlichkeit von Politikern künftig unter Strafe zu stellen. “Ganz gewiß dürfen die Maßstäbe für Politiker nicht nachsichtiger sein als für Beamte”, sagte er. Die Parteien sollten aus dem gegenwärtigen Verdruß über ihre Rolle Konsequenzen ziehen.[63)]

Das ist auch bitter notwendig. Denn weil allerorten und allenthalben von Politikern so unverschämt viel abgesahnt wird, bleibt für eine solide finanzierte Sozialpolitik einfach nicht genug Geld übrig. Damit sind irreparable Interessenkonflikte und gnadenlose Verteilungskämpfe, die an die Substanz der Demokratie gehen, vorprogrammiert. Denn “der moderne Staat ist vor allem Sozialstaat, und er empfängt insbesondere von hierher seine Legitimation. Infolge des Schwindens anderer Kräfte für die Herstellung gesamtgesellschaftlicher Gemeinsamkeit wie z.B. Religion, Ideologie, Sitten, Geschichte, Tradition und Nationalbewußtsein gewinnen Sozialpolitik und soziale Sicherung immens an Bedeutung für den gesellschaftlichen Konsens.“[64)]

3. Kapitel

DER PROTOTYP EINES DEUTSCHEN POLITIKERS

"Als ganz jungen Menschen trieb es mich übrigens zunächst, wie die meisten, mit Eifer zur Politik; dort aber gab es für mich viel Widerwärtiges. Denn statt Taktgefühl, Uneigennützigkeit und Tüchtigkeit herrschten Frechheit, Bestechlichkeit und Raffgier".
SALLUST [65)]

Der Prototyp des bundesdeutschen Politikers ist, Gott sei Dank, noch nicht ganz so schlecht wie Catilina und seinesgleichen – aber austauschbar und raffgierig ist er allemal. Seine Maxime ist nicht nur diese eine und sonst keine andere Partei, sondern er nimmt sich irgendeine, um politische Karriere um jeden Preis machen zu können. Man könnte genausogut sagen, die Partei dient dem Politiker lediglich als Sprungbrett für höhere Weihen, um endlich das zu erreichen, was er sich schon immer am sehnlichsten gewünscht hat: die Macht.
Nach einer Definition des deutschen Soziologen Max Weber "ist Macht das Vermögen, den eigenen Willen gegen den Willen anderer durchzusetzen. Politische Macht wäre dann das Vermögen, im Entscheidungsprozeß, der zu allgemeinverbindlichen Regeln führt, den eigenen Willen gegen den Willen anderer durchzusetzen."[66)] Denn "von den unendlichen Begierden des Menschen zielen die wesentlichen nach Macht und Herrlichkeit. Diese sind nicht identisch, wenn auch eng verbunden: der Ministerpräsident hat mehr Macht als Herrlichkeit, der König mehr Herrlichkeit als Macht. Im allgemeinen führt jedenfalls der Weg zur Herrlichkeit über die Macht. Dies ist besonders der Fall bei Menschen, die im öffentlichen Leben tätig sind. Die Begierde nach Herrlichkeit veranlaßt daher im wesentlichen die

gleichen Handlungen, wie die Begierde nach Macht sie hervorbringt, und die zwei Motive mögen aus praktischen Gründen als eines betrachtet werden."[67)]

Welcher Politiker ist schon frei von den Begierden der Macht und der Herrlichkeit? Um beides zu erreichen, greifen sie zur Ausübung machtpolitischer Funktionen – zuweilen auch zum Parteien-wechsel-dich-Spiel. Beispiele hierfür lassen sich genügend anführen. Greifen wir aus der Fülle des in fünf Jahrzehnten bundesdeutscher Parteienlandschaft Dargebotenen einige prominente Überläufer heraus.

Da wäre zunächst Gustav W. Heinemann, der seine Parteibücher solange wechselte, bis er als Bundespräsident der sozial-liberalen Ära in die Villa Hammerschmidt einziehen konnte, um den Machtwechsel von der CDU/CSU und SPD zur SPD und F.D.P. einzuleiten. Nach seinem Austritt aus der CDU im Jahre 1952 wurde er noch im selben Jahre Mitbegründer der Gesamtdeutschen Volkspartei. Als sich diese im Jahre 1957 auflöste, trat Heinemann der SPD bei.

Der jahrelange SPD-Parteivize und Vorsitzende der SPD-Bundestagsfraktion Herbert Wehner wechselte von der Kommunistischen in die Sozialdemokratische Partei Deutschlands. Aus dem Komintern-Agenten wurde der Strippenzieher der Großen Koalition, nachdem er es als Meister der Anpassung hervorragend verstanden hatte, durch taktische Manöver einen ideologischen Frontwechsel vorzutäuschen und die Sozialdemokraten durch das von ihm maßgeschneiderte Godesberger Programm regierungsfähig zu machen. Von der "halben Macht" der CDU/CSU-SPD-Regierung Kiesinger/Brandt war es dann nur mehr ein kleiner Schritt zur "dreiviertel Macht" der SPD-F.D.P.-Koalition Brandt/Scheel.

Während der Endphase der sozial-liberalen Ära Schmidt/Genscher und nach dem Bruch der SPD-F.D.P.-Regierungskoalition verließen gerade viele Nachwuchspolitiker ihre Drei-Pünktchen-Partei, die bei der nächsten Bundestagswahl unter die gefürchtete Fünf-Prozent-Klausel abzusacken drohte, um fortan in der SPD Parteibuchkarriere zu betreiben. Unter ihnen befand sich der ehemalige F.D.P.Generalsekretär Günter Verheugen, der zunächst in der SPD-Bundestagsfraktion Geschäftsführer und dann Bundesgeschäftsführer der Gesamtpartei wurde, sowie die ehemalige F.D.P.-Jugendvorsitzende Ingrid Matthäus-Maier, die in der SPD-Bundestagsfraktion zur finanzpolitischen Sprecherin und zur stellvertretenden Fraktionsvorsitzenden aufstieg.

Andere Politiker verließen die Alt-Parteien CDU/CSU und SPD, um sich der ökologischen Sammlungsbewegung "Die Grünen" anzuschließen, um dann dort nicht weniger hemdsärmelig Machtpolitik wie in den etablierten Parteien zu betreiben. Wem das Rotationsprinzip ein jähes Ende seiner Karriere zu bereiten drohte, der wechselte noch schnell die Partei, und zwar weg von den "Grünen" und hin zur SPD – wie im Falle des Bundespolitikers Otto Schily.

Aber nicht nur in der linken, sondern auch in der rechten Parteienlandschaft tummeln sich Politiker, die, wenn sie sich einen politischen Aufstieg in den Kopf gesetzt haben, von einer Partei zur anderen wechseln, um ihre Zielvorstellungen zu realisieren, ihre Eitelkeiten zu befriedigen und ihren Machthunger zu stillen. So stieg Franz Schönhuber, der bundesweit durch sein SS-Bekenntnisbuch "Ich war dabei" bekannt wurde, vom CSU-Sympathisanten und Strauß-Bewunderer zum Vorsitzenden der "Republikaner", die bei den Konservativen und Rechtsextremen gleichermaßen verwurzelt sind,[68)] auf, während seine zweite Frau Ingrid von der Münchner SPD-Stadträtin zur Münchner Oberbürgermeister-Kandidatin der "Republikaner" avancierte. Doch damit nicht genug: Für die Bundestagswahl 1998 kandidierte Schönhuber als Parteiloser auf der Liste der rechten Deutschen Volksunion (DVU) seines ehemaligen schärfsten Konkurrenten Gerhard Frey, weil er nach eigenen Angaben „Integrator aller politikfähigen patriotischen Kräfte“ sei.

Nicht viel anders als in den alten Bundesländern verhielten sich die Spitzenpolitiker in der untergegangenen DDR und in den daraus entstandenen neuen Bundesländern. Aus

Funktionsträgern in den "Blockflöten"-Parteien wurden über Nacht Spitzenfunktionäre in den bundesdeutschen Alt-Parteien. Die Namen Lothar de Maizière und Ibrahim Böhme stehen hier stellvertretend für viele weitere "Wendehälse". Die Bürgerrechtler, die eigentlichen Betreiber des unblutigen Umsturzes im ersten deutschen Arbeiter- und Bauernstaat, hatten das Nachsehen.
Wie austauschbar und blutsverwandt die politische Elite ist, das verdeutlichen auch die Gebrüder Vogel. Während der eine, Hans-Jochen, in der SPD über den Münchner Oberbürgermeistersessel, dem Amt des Regierenden Bürgermeisters von Berlin und als Bundesminister der Justiz zum Fraktions- und Parteivorsitzenden der Sozialdemokratischen Partei aufstieg, währenddessen machte sein Bruder Bernhard in der CDU Karriere – und zwar zunächst als Ministerpräsident des Landes Rheinland-Pfalz und später, nach einer Warteschleife in der CDU-nahen Konrad-Adenauer-Stiftung, als Ministerpräsident von Thüringen. Daß er dann ebenfalls sowohl im alten als auch im neuen Bundesland zum Vorsitzenden der jeweiligen Landes-CDU aufstieg, versteht sich bei der geschickten Parteitagsregie, die keine innerparteiliche Opposition duldet, von selbst.
Damit haben wir das nächste Stichwort: Planung von politischen Karrieren. Wie geht man hier am sinnvollsten und effizientesten vor? Man suche sich zunächst einmal eine Partei aus. Denn "der Eindruck, daß Parteimitgliedschaft ein gutes Sprungbrett für Karrieristen bedeutet, kann nicht als ganz falsch zurückgewiesen werden".[69)] Da die deutschen Volksparteien fast deckungsgleich und damit in vielen Bereichen austauschbar sind, spielt deren Auswahl nur insofern eine Rolle, als man vorauszusehen hat, welche von ihnen einen rasanteren politischen Aufstieg in kürzester Zeit ermöglicht. Hat man sich für eine Partei entschieden und den Einstieg geschafft, dann empfiehlt sich auf dem schnellsten Wege eine Ämterhäufung, um sich unentbehrlich zu machen und Sachkompetenz vorzutäuschen. Von Vorteil ist hier in jedem Falle der Eintritt in einen großen Verband oder in die Gewerkschaft; wenn möglich in

beide oder zahlreiche Organisationen. Nicht umsonst "weist die Ämterpatronage inzwischen ein schwer tolerierbares Ausmaß auf".[70)]

Danach vollzieht sich der Aufstieg zum Lobbyisten und als solcher wird man sehr schnell sowohl für die Partei als auch für den Verband oder die Verbände und Organisationen, die man sich mit der Zeit gefügig gemacht hat, unentbehrlich. Denn "in der äußeren Form haben Verbände mit den Parteien vieles gemeinsam, weil auch die Verbände als Aktionsgemeinschaften organisiert sind, um über eine Führungsspitze planmäßig auf Öffentlichkeit und Staat einwirken zu können".[71)] Den Akteuren ist es dabei gleichgültig, daß "diese Verbandszugehörigkeit von Abgeordneten (...) immer wieder kritisiert worden ist, wobei das negative Vorzeichen symptomatisch ist".[72)] Nicht umsonst ist der Einfluß der Verbände im Deutschen Bundestag stetig gewachsen. Dabei ist es auch schon vorgekommen, "daß Lobbyisten mit Bestechungssummen in der Hand auf Abgeordnete lauern, um sie flehentlich zur Stimmabgabe für oder gegen ein Gesetz zu veranlassen".[73)]

Die Methoden, die man hierfür anwendet, und die Voraussetzungen, die man dazu mitbringen muß, um ein erfolgreicher Politiker, Verbandsfunktionär und Lobbyist zu werden, das veranschaulicht uns recht deutlich die Vita des ehemaligen Staatssekretärs und VdK-Präsidenten Karl Weishäupl, der einerseits mit seinem Machtstreben seine persönlichen Gelüste befriedigte und der andererseits auf Grund seiner populistischen Handlungsweise als ein Demagoge der Macht bezeichnet werden kann. Denn "ein Politiker, dessen größtes Geschick darin besteht, daß er sich mit der Masse identifizieren kann, wird im Gegensatz zu einem Kollegen, der über die Fähigkeit verfügt, andere zu überzeugen und zu befehligen, als Demagoge bezeichnet. Man sagt, er ‚redet der Masse nach dem Mund'. Abschätzige Ausdrücke wie dieser beschreiben sein Verhältnis zur Macht korrekt: Seine Persönlichkeit wirkt wie eine Quelle der Macht, ist jedoch in Wirklichkeit gar keine".[74)]

Karl Weishäupl war dieser Politiker- und Spitzenfunktionärstyp. Daß er der SPD angehörte, ist in gewisser Hinsicht ein Zufall. Er hätte, wenn die CSU ihn nach dem Kriege mit offenen Armen aufgenommen, statt ablehnend gegenüber gestanden hätte, genauso gut bei den Christlich-Sozialen Parteikarriere betreiben können. Denn "der Wandel von der Weltanschauungspartei zur Volkspartei trifft für alle deutschen Parteien zu",[75] weil sie dazu neigen, "sich dem erfolgreichen Stil ihrer Konkurrenten anzupassen, (um) am Tag der Wahl gut abzuschneiden, oder weil sie fürchten, Wähler zu verlieren".[76] Damit verwirken sie als "Allerweltsparteien" jedoch immer mehr ihr eigenes Profil und werden damit als "Catch-all-parties" sowohl für den Politiker als auch für den Wähler x-beliebig austauschbar.
Weishäupl, dieser Prototyp eines bundesdeutschen Politikers und Spitzenfunktionärs, wurde am 25. Juni 1916 als Sohn eines Rechtsanwalts im oberbayerischen Rosenheim geboren. Nach dem Besuch der Schule und einer Lehre in einem Rechtsanwaltsbüro mußte er mit 22 Jahren in den Krieg ziehen. So konnte er erst sehr viel später schulisch das nachholen, was er in seiner Jugend versäumt hatte: die Begabtenreifeprüfung, die er mit Auszeichnung bestand, so daß er die vier großen Scheine für das Studium der Rechtswissenschaft an der Universität München erlangte, die es ihm dann ermöglichten, viele juristische Fragen, die die Sozialpolitik und das Verbandsleben berührten, exakt zu beantworten.
Mit der 1. Gebirgs-Division nahm er am Polen- und Frankreichfeldzug teil.[77] Im Rahmen des 18-Tage-Feldzuges gegen Polen jagte General Ludwig Kübler seine Gebirgsjäger als "Bluthund von Lemberg", so Weishäupl über seinen Kommandeur, derart gnadenlos gegen die alte galizische Hauptstadt, daß die Verluste der "Ersten" sage und schreibe 1402 Mann betrugen! Davon waren nicht weniger als 42 Offiziere, 69 Unteroffiziere und 313 Mannschaftsdienstgrade gefallen, so daß die Stammdivision der deutschen Gebirgstruppe eine zeitlang nicht mehr frontverwendungsfähig war.[78]

Während des Frankreichfeldzuges wurde Weishäupl die Exekution des Oberschützen Bachl von der 10. Kompanie des II.Gebirgsjäger-Regiments 100 zu einem Schlüsselerlebnis. Dieser war nach seiner Meinung wegen einer geringfügigen Verfehlung durch das Kriegsgericht zum Tode verurteilt worden. Als Gefreiter verteidigte er seinen Kameraden vor dem Kriegsgericht und machte dabei den § 51/1 bzw. 51/2 wegen Unzurechnungsfähigkeit geltend. Nach der Verurteilung bat er seinen Kompaniechef, dem Divisionskommandeur ein Gnadengesuch vorzulegen. Dieses wurde jedoch von Kübler eiskalt abgelehnt. Schlimmer noch: Auch der katholische Militärpfarrer Lipp, der sich nach Aussage einiger Offiziere viel zu oft in der Quartiermeister-Abteilung bei alkoholischen Getränken aufhielt, sah sich auf Grund seiner devoten Haltung gegenüber dem General außerstande, für Bachl um Gnade zu bitten. So wurde dieser auf dem Wege über Gex nach Fernay-Voltaire am Genfer See am 22. Juli 1940, es war um 7.00 Uhr morgens, auf dem Marsch seiner 10. Kompanie kurz nach Miaux in einer Sandgrube durch ein Erschießungskommando exekutiert. "In tapferer Haltung", so Weihäupl über diesen unmenschlichen Vorfall, "hat Bachl das harte Schicksal über sich ergehen lassen".[79)]
Nach dem Übertritt seines Gebirgsjäger-Regiments 100 von der 1. zur 5. Gebirgs-Division des viel menschlicheren österreichischen Generals Julius Ringel nahm der Gefreite Weishäupl an den verlustreichen Einsätzen in Griechenland, auf Kreta und vor Leningrad teil. Später scheute er sich nicht, Verbrechen der damaligen militärischen Führung in bezug auf den Einsatz der deutschen Gebirgstruppe im Gegensatz zu verklärungssüchtigen Soldatenverbänden auch als Verbrechen zu bezeichnen. So, als das III. Bataillon des Gebirgsjäger-Regiments 100 im Kriegsjahr 1941 mit primitiven Kähnen vom griechischen Festland über die Insel Milos nach Kreta "verschifft" wurde und dabei jämmerlich zugrunde ging, weil die meisten Gebirgsjäger ertranken oder abgeschossen wurden, nachdem die Briten

die "Seelenverkäufer" in Grund und Boden geschossen hatten.[80)]

Zuletzt wurde Weishäupl noch mit der 188. (Reserve)-Gebirgs-Division als Oberjäger zu Sicherungsaufgaben und bei Partisaneneinsätzen in der Operationszone "Adriatisches Küstenland" eingesetzt.[81)] Anfang 1945 stand ihm dafür das Soldatenglück zur Seite, als er von der Partisanenfront nach Mittenwald abgestellt wurde, wo er den Dienstgrad eines Leutnants der Reserve erhielt.[82)]

Das mörderische Schlachtengetümmel mit all seinen menschenverachtenden Schreckensbildern und Horrorvisionen hatte Weishäupl entscheidend und nachhaltig geprägt – so sehr, daß er noch 1945, also unmittelbar nach Kriegsende, in seiner Vaterstadt Rosenheim die erste bayerische Beratungsstelle für Kriegsopfer ehrenamtlich aufbaute. Dort erschien im Jahre 1946 eines Tages auch eine ärmliche, früh gealterte junge Frau mit einer ganz bestimmten Frage. Sie wollte nämlich wissen, ob sie aus dem zukünftigen KB-Leistungsgesetz eine Rente erhalten könne, nachdem ihr Mann 1940 in Frankreich "für Führer, Volk und Vaterland", wie es in der vorgelegten Mitteilung der Wehrmacht so schön hieß, gefallen sei. Weishäupl erkannte sofort, daß es sich bei dem angeblich "Gefallenen" in Wirklichkeit um den exekutierten Oberschützen Bachl handelte. Er brachte es nicht übers Herz, der verbitterten Witwe den wahren Sachverhalt zu schildern. Vielmehr hat er das Begehren der Frau ab 1947 nach besten Kräften unterstützt, ihr eine Witwenrente, die ihr auf Grund des Herganges nach dem KB-Leistungsgesetz gar nicht zustand, zu beschaffen. "Ich hatte", bekannte er später, "keine Bedenken, so zu verfahren".[83)]

1946 übernahm Weishäupl das Referat für Versehrten-, Invaliden- und Hinterbliebenenbetreuung beim Bayrischen Roten Kreuz, war am 4. Dezember 1946 Gründungsmitglied des VdK Bayern und von 1947 bis 1957 Landesgeschäftsführer des bayerischen VdK. Während dieser Zeit wurde sein Landesverband zum mitgliederstärksten Deutschlands. Er wurde nun in Feldmoching bei München ansässig, wo er am 18. April 1947 dem eben erst gegründeten VdK-Ortsverband beitrat. Das war für den karrierebewußten Macher die Basis für seinen unaufhaltsamen, ja rasanten Aufstieg zum Spitzenfunktionär: 1958 Mitglied des VdK-Präsidiums, 1962 bis 1974 Vizepräsident des VdK Deutschland, 1963 Landesvorsitzender des VdK Bayern und schließlich von 1974 bis zu seinem Tode im Jahre 1989 Präsident des Gesamtverbandes.

Aber damit nicht genug: 1950 trat Weishäupl der Sozialdemokratischen Partei Deutschlands bei. Sein politischer Ziehvater war kein geringerer als Waldemar von Knoeringen – neben Georg von Vollmar und Wilhelm Hoegner der bedeutendste Mann der bayerischen Sozialdemokratie und eine der profiliertesten Persönlichkeiten der bayerischen Nachkriegspolitik.[84)] Schon wurde Weishäupl wegen seines starken sozialpolitischen Engagements in den Bayerischen Landtag, dem er 24 Jahre lang von 1950 bis 1974 ununterbrochen angehörte, gewählt. Aber auch hier blieb der "königlich bayerische Sozialdemokrat", wie er sich gerne selbst bezeichnete, nicht lange ohne Amt und Würden. So war er elf Jahre lang Stellvertretender bzw. Vorsitzender des Landtagsausschusses für Sozial- und Gesundheitspolitik und ab 1957 Sprecher der SPD-Landtagsfraktion für den sozialpolitischen Bereich. Darüber hinaus war er lange Zeit stellvertretender Fraktionsvorsitzender seiner Partei und gehörte dem Landesvorstand der bayerischen SPD an.

Die bedeutendste Berufung, die Weishäupl erhielt, ereilte ihn 1954, als Dr. Wilhelm Hoegner, der einzige bayerische SPD-Ministerpräsident der Nachkriegszeit, ihn in der Vierer-Koalition aus SPD, FDP, BP (Bayernpartei) und BHE (Block der Heimatvertriebenen und Entrechteten) als jüngsten Staatssekretär Bayerns in das Bayerische Staatsministerium für Arbeit und Sozialordnung berief. Dort trat der junge Staatssekretär unter anderem dafür ein, alle wesentlichen sozialpolitischen Aufgaben in einem Ministerium zusammenzufassen. Zu seinen wesentlichen Aufgaben gehörte aber auch die Eingliederung der Heimatvertriebenen. 1955 forderte er neue Grundrenten für die Kriegsopfer.

Weishäupls Tätigkeit als Staatssekretär endete 1957 mit dem Rücktritt der Regierung Hoegner, die durch das Ausscheiden der Bayernpartei an der sogenannten "Spielbank-Affäre" zerbrach.

Postskriptum: Wäre der Vollblutpolitiker Weishäupl rund 40 Jahre später zur Welt gekommen und in die Politik eingestiegen, er hätte sich als Sprungbrett für seine gezielte Karriereplanung gewiß ein anderes Betätigungsfeld als die immer unattraktiver werdende und in die Defensive gedrängte Sozialpolitik ausgesucht. "Marktwirtschaftler wie Otto Graf Lambsdorff (...) fallen seit langem über sie her, deuten soziale Errungenschaften als staatliche Wohltaten und zwingen Sozialpolitikern einen bloßen Verteilungskampf auf. Die Aggressivität hat ihre Spuren gezeigt. (...) In dem Maße, in dem die Sozialpolitik ihre Kraft verlor, ist auch die Lust gesunken, sich auf diesem Feld der Politik zu engagieren."[85]
Ludger Reuber, über zwei Jahrzehnte Berater von Bundesarbeitsminister Norbert Blüm, verwundert es nicht, daß das personelle Tableau in der Sozialpolitik immer schmaler geworden ist. Dafür macht er insbesondere zwei Trends verantwortlich: "Sozialpolitiker kamen früher aus der Praxis, rekrutierten sich vornehmlich aus der Gewerkschaftsarbeit vor Ort oder waren Betriebsräte. Bei der Kandidatenauswahl der Parteien haben die heute kaum noch eine Chance." Und, so Blüms ehemaliger Ministeriumssprecher weiter: "Gehen Sie in eine beliebige Stadt und schauen Sie sich das Amt für Wirtschaftsförderung und das Sozialamt an. Schon auf den ersten Blick ist die Prestigerangordnung ersichtlich. Kann man es da einem karrierebewußten Kommunalpolitiker verdenken, daß er sich gegen sozialpolitisches Engagement entscheidet?"[86]
Infolgedessen setzen die Politiker, die in den großen Volksparteien ganz nach oben wollen, schon lange andere Prioritäten bei ihrer Karriereplanung.

4. Kapitel

DIE INTHRONISATION EINES SPITZENFUNKTIONÄRS

"Es ist notwendig, daß wir uns nach wie vor als Kampfverband verstehen. Wir müssen die härtesten Bretter so lange bohren, bis sie durch sind."
KARL WEISHÄUPL [87)]

Weishäupl, unser Paradebeispiel, war Politiker und Lobbyist in einer Person – und zwar sowohl als Macht- wie auch als Sozialpolitiker; als Verbandspräsident in verschiedenen Organisationen ebenso wie als instinktsicherer Macher und geschickter Weichensteller. Als seine Hausmacht und Kampftruppe wählte er sich hierfür den über eine Million Mitglieder zählenden Verband der Kriegs- und Wehrdienstopfer, Behinderten und Sozialrentner Deutschlands aus.
Als Interessenverband vertritt der VdK die Ansprüche seiner Mitglieder gegenüber der Öffentlichkeit und nimmt über seine Lobby Einfluß auf die Gesetzgebung und Verwaltung des Bundes und der Länder. Zur scheinbaren Unabhängigkeit zu den Parteien tritt eine ebenso scheinbare Unabhängigkeit zum Staat und seinen Repräsentanten. Lobbyismus wird nicht zugegeben, aber praktiziert.
Zwei Jahre nach den glanzvollen XX. Olympischen Sommerspielen von 1972 fand zum ersten Male ein Ordentlicher Verbandstag des VdK Deutschlands in München statt. Das hatte einen handfesten Grund, denn auf ihm, so wollte es die geschickte Regie der Spitzenfunktionäre, sollte kein geringerer als der sozialdemokratische Staatssekretär a. D. Karl Weishäupl die Nachfolge des VdK-Präsidenten Dr. jur. Friedrich-Wilhelm Weltersbach antreten. So war es kein Wunder, daß die dominierende Persönlichkeit des 7. Ordentlichen Verbandstages nicht der wohlbeleibte und daher

behäbig-bonzenhaft wirkende Weltersbach war, sondern der quecksilbrige, ja umtriebige Weishäupl. Er war von dem Wunsch beseelt, daß dieser Verbandstag in der bayerischen Landeshauptstadt ein weiterer Meilenstein sowohl in seiner Karriere als auch in der Geschichte seines Verbandes sein sollte - und zwar mit einer modernen Zielsetzung in der Sozialpolitik, mit konkreten Aussagen über das Verhältnis des VdK zu Staat und Gesellschaft und nicht zuletzt mit einem konstruktiven Beitrag zu einem vereinten Europa in Frieden und Freiheit.
Weishäupl, der schlaue Fuchs, beherrschte die Rituale der Politik, als da wären Konferenzen, Verbandstage, Audienzen und der notwendige Applaus, aus dem "Ef-Ef". "Man könnte hier vom Schauspieler-Effekt sprechen. Der politische Redner verkündet seine Thesen regelmäßig vor Zuhörerschaften, deren Überzeugungen schon längst völlig konditioniert sind, und er richtet sich oft ganz automatisch verbal und gedanklich nach seinen eigenen Vorstellungen von diesen Überzeugungen. Der Applaus für seine Rede gilt dann als Gradmesser seines Einflusses und seiner Macht, und den eigentlichen Ursprung letzterer sieht man in seinen hervorragenden Charaktereigenschaften, daß heißt in seiner Persönlichkeit. In Wirklichkeit zeigt er lediglich, daß er es versteht, sich dem konditionierten Glauben seiner Wählerschaft anzupassen. Seine Macht ist die Macht des Priesters, der mit kundigem Blick auf die Wolken sein Gebet um Regen fortsetzt."[88)]
Weishäupl war in allem und jedem einer dieser Gurus. In diesem Sinne hatte der neu gewählte VdK-Präsident dann auch seine programmatische Schlußansprache abgefaßt und rhetorisch geschickt vorgetragen, als er ausführte:

"In zweitägigen intensiven Beratungen haben die Delegierten dieses 7. Ordentlichen Verbandstages des VdK Deutschlands die sozial- und gesellschaftspolitischen Zielvorstellungen des VdK erarbeitet und die Weichen gestellt für die Verbandsarbeit der kommenden Jahre. Auf der heutigen Schlußkundgebung haben uns berufene Sprecher des

Bundestages, der Bundesregierung und auch der Bayerischen Staatsregierung die gegenwärtige sozialpolitische Situation erläutert. Der gute Wille, für den großen Personenkreis der Kriegs- und Wehrdienstopfer, der Behinderten und Rentner, den der VdK vertritt, etwas zu tun, ist unverkennbar. Wir konnten auch mit Genugtuung feststellen, daß Bundestag und Bundesregierung, aber auch die Parlamente und Regierungen der Bundesländer die Zeichen der Zeit verstanden haben. Eine konsequente Hinwendung zur Eingliederung der Behinderten in Arbeit, Beruf und Gesellschaft ist aus allen Reden deutlich geworden. Der VdK hat diese erweiterte Zielsetzung in der Sozialpolitik vorausschauend eingeleitet. (...)
Wir werden im VdK zielstrebig eine fortschrittliche Sozialpolitik betreiben und uns den Forderungen und Notwendigkeiten der Zeit stellen. Auch uns ist bekannt, daß Staat und Gesellschaft nicht unbegrenzt leistungsfähig sind. Wir wissen, wo die Grenzen sind und wir haben diese Grenzen immer respektiert als eine staatserhaltende Organisation, die den demokratischen Rechts- und Sozialstaat bejaht. (...)
Wir werden mit Leidenschaft – aber immer auf die Sache bezogen – um unser Recht kämpfen. Auch wenn wir Partner des Staates und der Sozialbehörden sind, so bleiben wir – selbstverständlich unter Einhaltung der demokratischen Spielregeln – doch auch das soziale Gewissen und ein ständiger Mahner für Regierungen, Parlamente, Parteien und Behörden. Wir werden argumentieren und demonstrieren, wenn es nötig sein sollte."[89)]

Jetzt wollen wir sehen, auf welche Art und Weise und mit welchen propagandistischen Mitteln Weishäupl als Spitzenpolitiker und mit allen Wassern gewaschener Spitzenfunktionär mit seinem Kampfverband versucht hat, seine sozialen und machtpolitischen Vorstellungen während seiner Präsidentschaft in die Tat umzusetzen. Wenn wir die Augen offen halten, stoßen wir dabei auf einige aufschlußreiche, ja hochbrisante Dokumente und Vorgänge.

Erster Teil

DIE SOZIAL-LIBERALE ÄRA SCHMIDT

1974 - 1982

1. Kapitel

VON WILLY BRANDT ZU HELMUT SCHMIDT

"Wer heute Regierungsverantwortung trägt, muß sich gegen alle Kritik damit bescheiden können, daß er meist nur kleine, mühselige Schritte tun kann. Viele der nächsten Entwicklungen sind nur schwer vorherzusehen. Wer Regierungsverantwortung trägt, muß jedoch gerade in diesen Zeiten kurzfristiger Änderungen und oft überraschend auftauchender Schwierigkeiten an dem Konzept festhalten, das seiner Arbeit zugrunde liegt. Gerade wer nüchtern die Grenzen unserer Möglichkeiten sieht, darf die grundsätzliche Orientierung nicht verlieren."
WILLY BRANDT [1)]

Mit dem Slogan "Wir müssen mehr Demokratie wagen" hatte die sozial-liberale Koalition unter dem Gespann Brandt/Scheel am 28. Oktober 1969 ihre Regierung angetreten. "Diese Formel ist – sei es mit oder ohne Absicht – auch mißverstanden, sie ist teilweise mißbraucht, verballhornt und verlästert worden", beklagte sich Brandt in seiner Zwischenbilanz "Über den Tag hinaus".[2)]
Mit Wahlparolen wie "Wir schaffen das moderne Deutschland" und "Auf die Mannschaft kommt es an" hatten die Sozialdemokraten und Liberalen die Bundestagswahl mit einer knappen Mehrheit von 254 gegenüber 242 der Union gewonnen, nachdem sich der Machtwechsel von 1969 bereits im März mit der Wahl des SPD-Kandidaten Gustav W. Heinemann mit den Stimmen der F.D.P. zum Bundespräsidenten angekündigt hatte. Aber danach sah es nicht immer aus. Denn "Wehner ließ gegenüber prominenten Christdemokraten nach 1966 erkennen, daß für ihn eine Koalition zwischen SPD und F.D.P. keine echte Alternative zur Großen Koalition sei. Als sie dann 1969 dennoch kam, war ihm bei diesem Bündnis mit den Liberalen unwohl zumute."[3)]

Mit den Worten "Wir machen es" avancierte Brandt im dritten Anlauf doch noch vom Außenminister der Großen Koalition zum ersten sozialdemokratischen Kanzler der Bundesrepublik Deutschland, nachdem er zuvor sowohl Konrad Adenauer als auch Ludwig Erhard als Kandidat unterlegen war und entnervt das Handtuch geworfen hatte. "Meine Frau hat vor Jahren einmal gesagt, ich hätte Lust an der Macht", bekannte er im März 1970, "und das erschreckte sie etwas."[4)]
Nun machte sich Brandt unter dem anspruchsvollen Motto "Ich will ein Kanzler der inneren Reformen sein" daran, einige Marksteine zu setzen, nachdem einige Reformprojekte, wie das Raumordnungsprogramm, schon von der Großen Koalition unter Kiesinger begonnen worden waren. Andere, wie das neue Betriebsverfassungsgesetz, das 1971 verabschiedet wurde, und die betriebliche Mitbestimmung, gehörten zum Programm des sozial-liberalen Regierungsbündnisses. Obwohl die F.D.P. in den Koalitionsgesprächen die Ausdehnung des paritätischen Mitbestimmungsmodells der Montanindustrie auf andere Sparten verhindert hatte, war die Regelung von 1971/72 ein Fortschritt gegenüber dem Gesetz von 1952. Später wurde die Mitbestimmung auch im überbetrieblichen Bereich erweitert.[5)]
"Mit dem Anspruch auf Herstellung von Chancengleichheit, der Gleichwertigkeit allgemeiner und beruflicher Bildung und der Erweiterung des Bildungsangebots kam Anfang der siebziger Jahre eine Bildungsreform in Gang, die mit dem Bildungsgesamtplan von 1973 die Weichen für eine langfristige Bildungspolitik stellte. (...) Zur Vermehrung des Bildungsangebots gehörten der Bau- und Gründungsboom von Hochschulen und das Bundesausbildungsförderungsgesetz."[6)]
Auch auf dem Gebiet des Rechtswesens wurden wichtige Reformen realisiert: "Vor allem das Sexualstrafrecht, der Abtreibungsparagraph und das Scheidungsrecht wurden - zum Teil nach langen Auseinandersetzungen - geändert. Die Möglichkeiten der Resozialisierung nach dem Strafvoll-

zug wurden verbessert, aber auch der Wirtschaftskriminalität galt erstmals die Aufmerksamkeit des Gesetzgebers, ebenso dem verbesserten Verbraucherschutz."[7)]

Rückblickend kann man feststellen, daß keine andere Regierung zuvor oder danach mit einem so weitgehenden Anspruch auf die Umgestaltung des Sozialstaates durch "innere Reformen" angetreten ist wie die sozial-liberale unter Willy Brandt und Walter Scheel. "Die Koalition thematisierte erstmals in großem Umfang Politikfelder, die nicht unmittelbar auf ökonomische Erfordernisse ausgerichtet waren. Indem Reformpolitik zum zentralen Thema erhoben wurde, wurde das Sozialstaatsprinzip als zentraler normativer Bezugspunkt neu ‚entdeckt' und die sozialstaatliche Substanz des Grundgesetzes dynamisiert. Die neuen sozialstaatlichen Zielsetzungen korrespondierten zwar mit einer gewandelten postmateriellen, auch Gemeinschaftsinteressen stärker berücksichtigenden Bewußtseinsstruktur in der Öffentlichkeit, fanden aber bald Grenzen ihrer Realisierung in einer Anzahl von Restriktionen und Widerständen in den verschiedenen gesellschaftlichen Subsystemen."[8)]

Die Euphorie der Reformpolitik fand jedoch ihre Grenzen nicht nur dort, sondern auch im permanenten Widerstand der CDU/CSU-Opposition, die der "Koalition der Verlierer", wie der verbitterte Alt-Bundeskanzler Kurt Georg Kiesinger das sozial-liberale Bündnis nannte, sowohl im Bundestag als auch im Bundesrat mit einer beachtlichen Stärke gegenüberstand. Darüber hinaus fielen wichtige sozialpolitische Projekte wie Steuersenkungen oder der geplante Bildungsurlaub schon sehr früh den finanziellen Engpässen zum Opfer. Überdies bewirkte die Auswirkung der weltweiten Wirtschaftskrise nach dem Ölpreisschock und der Zusammenbruch der internationalen Währungsordnung wegen des schwachen Dollars im Jahre 1973 spätestens ab Mitte der 70er Jahre das Ende der Reformpolitik der sozialliberalen Regierungskoalition. Dabei hat sich insbesondere gezeigt, "daß eine Reformpolitik ohne langfristig angelegte konzeptionelle Politikmuster sehr schnell zum Scheitern verurteilt ist."[9)]

Denn “sozialpolitische Maßnahmen und Institutionen müssen im Kontext gesamtgesellschaftlicher – ökonomischer, sozialer, politisch-administrativer und wissenschaftlicher – Entwicklungen gesehen werden. Zu den zentralen Fragen einer Theorie der Sozialpolitik gehört deshalb die Frage nach den dominanten gesellschaftlichen Kräften und Entwicklungstendenzen, gehört die Frage nach der Authentizität und Effektivität sozialpolitischer Willensbildung, gehören die immanenten Probleme staatlicher Sozialpolitik.”[10)]

Da das erste sozial-liberale Kabinett nicht all seine Energie in die “inneren Reformen” einbrachte, blieb letztlich auch ein Teil ihrer Sozialpolitik nur ein Torso. Denn mehr und mehr widmeten sich Brandt und Scheel der “neuen Ostpolitik”, die mit dem Moskauer Vertrag (August 1970), dem Warschauer Vertrag (Dezember 1970) und dem Grundlagen-Vertrag mit Ost-Berlin (Dezember 1972) ihren krönenden Abschluß fand.

Aber innenpolitisch hatte Brandts Satz in der Regierungserklärung vom Oktober 1969: “Auch wenn zwei Staaten in Deutschland existieren, sind sie doch füreinander nicht Ausland”,[11)] die Gemüter erhitzt und die Nation gespalten, obwohl er hinzufügte, eine “völkerrechtliche” Anerkennung der DDR komme nicht in Frage. “Die Opposition warf der Regierung den Ausverkauf deutscher Rechtspositionen vor; die Bundestagsdebatten im Februar 1972 über die Ostverträge spiegelten in tumultartiger Atmosphäre die Polarisierung. Für die Regierungskoalition, die mit der knappen Mehrheit von zwölf Stimmen begonnen hatte, wurde nun jede Landtagswahl zum Existenzproblem. Durch die Übertritte konservativer F.D.P.-Abgeordneter (unter ihnen der frühere Parteichef Mende) zur CDU, denen sich auch der Vertriebenenfunktionär Hupka aus der SPD anschloß, schrumpfte die Regierungsmehrheit schließlich auf vier Stimmen.”[12)]

Im Frühjahr 1972 war es endlich soweit. Die Union, die von Anfang an den Rücktritt der Regierung Brandt/Scheel und eine Wende der F.D.P. zur CDU/CSU angepeilt hatte, hielt den Sturz des Bundeskanzlers durch ein konstruktives

Mißtrauensvotum für gekommen. Die Bundestagssitzung am 27. April 1972 war voller Dramatik, denn der Fraktionschef der Union, Rainer Barzel, erhielt wider Erwarten nicht die erforderliche Mehrheit von 249 Stimmen, um Kanzler zu werden, weil ihm zumindest zwei Abgeordnete aus der CDU/CSU die Gefolgschaft verweigert und damit die sozialliberale Regierungskoalition gerettet hatten. Es war für Brandt/Scheel jedoch nicht viel mehr als ein Pyrrhussieg, denn das Patt im Bundestag machte sie handlungsunfähig. Überdies haftete dem Abstimmungsergebnis schon sehr schnell der Geruch einer Korruptions-Affäre an, weil Geld im Spiel war. Als einzige und sauberste Lösung blieben daher nur mehr Neuwahlen, die unter außerordentlich großer Beteiligung von 91,2 Prozent im November 1972 die Koalition sowie deren Ost- und Deutschlandpolitik bestätigten. Mehr noch: Die SPD wurde mit 45,8 Prozent der Stimmen gegenüber "nur" 44,9 Prozent für die CDU/CSU sogar stärkste Partei. Für die Liberalen stimmten 8,4 Prozent der Wähler.
Daß die Tage der Regierung Brandt/Scheel dann doch sehr rasch gezählt waren, dafür sorgte ein DDR-Spion namens Günter Guillaume,[13)] der lange Zeit als Brandts persönlicher Referent und enger Vertrauter im Bundeskanzleramt unbefangen schalten und walten konnte. Zu denen, die dem Regierungschef davon abrieten, zählte auch sein Außenminister. Er, Scheel, hat, "wie er sagt, lange gerungen mit ihm, Bundeskanzler zu bleiben. Denn er war davon durchdrungen, es sei ein Fehler, wenn Brandt das Amt aufgebe. Wegen solcher Sachen, sagte der F.D.P.-Vorsitzende seinem sozialdemokratischen Kollegen, würde er sich ,nicht an den Allerwertesten fassen.'"[14)]
Trotz dieses und anderer Versuche, den Kanzler zum Verbleiben im Amt zu bewegen, trat er im Mai 1974 auf Betreiben des SPD-Fraktionsvorsitzenden Herbert Wehner, der froh war, "daß nun der Weg frei wird für Schmidt, den erfahrenen, international respektierten Wirtschaftsexperten,"[15)] zurück, nachdem auch aus den eigenen Reihen Brandts Führungsstil und Autoritätsverfall in zunehmendem Maße

kritisiert worden war. "Die reformatorischen Verheißungen einer erneuerten, gesteigerten Qualität von Demokratie und gesellschaftlichen Fortschritts standen im Kontrast zur Unentschlossenheit des Regierungsalltags. Der Energieschock vom Herbst 1973 erwies sich schließlich mit seinen ökonomischen Konsequenzen als das eigentlich politikbestimmende Element, das alle Reformträume verdrängte."[16)]
Wenn die Guillaume-Affäre auch kein gutes Licht auf Brandts Lebensstil und Integrität warf und infolgedessen auch die frisch vernarbten Wunden aus der doppelten Emigrationszeit des Herbert Frahm aufriß, so bildete sie während der Ära Brandt/Scheel dennoch eine Ausnahme. Für viele Bundesbürger blieb die vollzogene "geistig-moralische Wende" dieser Regierungskoalition, die im Bereich der Bildungs- und Sozialpolitik am augenfälligsten zutage trat, als positives Signal im Gedächtnis haften.
Das Krisenmanagement des Mai 1974 stand schon ganz im Zeichen einer neuen Ära. "Walter Scheel, noch Außenminister und Vizekanzler, aber schon im Aufbruch zum Amt des Bundespräsidenten, in das er als eine der Symbolfiguren der sozial-liberalen Koalition im Mai 1974 gewählt wurde, führte als amtierender Regierungschef in den Tagen des Übergangs die Geschäfte. Der Ankündigung von Brandts Rücktritt folgte – fast unmittelbar – die Mitteilung, daß Helmut Schmidt der Nachfolger sein werde, und Tage später war der Wechsel von Brandt/Scheel zu Schmidt/Genscher vollzogen, war der geschäftsmäßig-reibungslose Übergang geglückt. Gefragt waren jetzt Handlungsfähigkeit, Entschlossenheit, Führungskraft und Durchsetzungsvermögen."[17)]
Während Brandt den Visionär verkörperte, so symbolisierte Schmidt den Macher und Pragmatiker. "Hatte Willy Brandt in einer Euphorie des Aufbruchs die Intellektuellen, Aufgeschlossenen und Jungen auf seiner Seite, so wurde Helmut Schmidt für sein leistungsorientiertes, technokratisches und diszipliniertes Auftreten gerühmt."[18)] Im Ausland genoß Schmidt weltweites Ansehen, im Inland polarisierte er – wie zum Beispiel bei der Frage über den weiteren Ausbau der

Atomenergie, beim NATO-Doppelbeschluß, bei der Stationierung neuer atomarer Mittelstreckenraketen und bei der Bekämpfung der rapide ansteigenden Arbeitslosigkeit. Mehr noch: „Die Gründung der Partei der ‚Grünen' war letztlich eine Antwort von links der Mitte auf die Politik Schmidts, auf den Technologie-Glauben der offiziellen SPD."[19)]
Überdies zogen sich Politaffären wie die Pest durch die sozial-liberale Ära Schmidt/Genscher. Bedeutende Minister wie Georg Leber von der SPD und Werner Maihofer von der F.D.P. wurden in den Strudel von Skandalen gerissen und mußten deshalb zurücktreten. Mitglieder der Regierung waren mehr oder weniger stark in den Parteispenden-Skandal verwickelt. Immer augenfälliger waren auch Sozialdemokraten in dubiose Geschäfte verstrickt. Unrühmliche Beispiele hierfür waren unter anderem die Berliner Bauskandale und die Affäre um die "Neue Heimat". Nicht umsonst notierte die Publizistin Marion Gräfin Dönhoff die folgenden Helmut-Schmidt-Zitate in der "Zeit": "Politik ohne Gewissen tendiert zum Verbrechen." Und: "Nach meinem Verständnis ist Politik pragmatisches Handeln zu sittlichen Zwecken."[20)]

2. Kapitel

DIE WAHL HELMUT SCHMIDTS ZUM BUNDESKANZLER

"Zur Erfüllung wachsender Staatsaufgaben sind solide finanzielle Voraussetzungen unabdingbar. Ich bekenne mich uneingeschränkt zur Mitverantwortung der öffentlichen Haushalte für das gesamtwirtschaftliche Gleichgewicht, für Vollbeschäftigung und Preisstabilität. Diese Politik sozialer Stabilität und konkreter Reformen wird auf der Grundlage einer umfassenden Politik des Friedens zielstrebig fortgesetzt."
HELMUT SCHMIDT [21)]

Kaum war Weishäupl zum Präsidenten des VdK Deutschlands gewählt worden, schon eilte er am 9. Mai 1974 hastig nach Bonn, wo die SPD auf Vorschlag von Willy Brandt den amtierenden Bundesminister der Finanzen für die Wahl zum neuen Bundeskanzler nominierte. Dort führte er im Anschluß an eine Sitzung der Bundesarbeitsgemeinschaft für Städtebau und Wohnungswesen der SPD im Bundeshaus ein erstes Gespräch mit dem VdK-Hauptgeschäftsführer Lothar Franke – und zwar über sozialpolitische Fragen, über die Arbeitsteilung des VdK-Präsidiums, über die Zusammenarbeit zwischen dem Präsidium und der Hauptgeschäftsstelle sowie über eine wirksame Selbstdarstellung des Verbandes in der Öffentlichkeit.
"Hier geht es um die persönliche Verbindungsaufnahme der neuen VdK-Spitze mit maßgeblichen gesellschaftspolitischen Kräften, wie DGB und DAG, den Spitzenvertretern der beiden christlichen Kirchen, dem Bundesverteidigungsminister und den führenden Persönlichkeiten der drei Bundestagsfraktionen", erläuterte Weishäupl seine Vorstellungen. "Die Gründe für die bisherige Zurückhaltung auf diesem Gebiet lagen allein in dem Problem der personellen

Repräsentation, um nicht statt des angestrebten Zieles unnötige Negativeffekte zu provozieren. Der Einsatz des Fernsehens bedarf auch von unserer Seite der Dosierung, um den Goodwill der Fernsehanstalten zu erhalten. Eine Seifensiederpolitik, bei der man nur um jeden Preis auf die Mattscheibe will und alle vier Wochen ein Windei legt, zahlt sich nicht aus, sondern untergräbt nach kurzer Zeit das Ansehen des Verbandes. Die Zielrichtung der Verbandsarbeit muß langfristig und in sich folgerichtig angelegt sein und darf nicht nur um der Massenmedien willen einen scheinbaren Knüller nach dem anderen produzieren, der sich dann als Seifenblase entpuppt."[22)]
Wie gezielt man unter der neuen Führung im PR-Bereich vorging, darüber gab der VdK-Präsident später folgende Auskunft: "Seit dem Verbandstag wurde der VdK in der ARD 17 mal erwähnt, der Reichsbund 4 mal. Die mir vorliegende Aufstellung aller Fernsehsendungen umfaßt den Zeitraum vom 1. Mai bis 15. Oktober dieses Jahres. Unsere Arbeit im VdK strahlte auch verstärkt aus durch die Regionalsendungen, die in meiner Addition nicht enthalten sind. Wir brauchen, wenn wir gute Sendungen erhalten wollen, immer einen geeigneten Aufhänger. Der Besuch bei einem Minister allein genügt nicht. Daß das VdK-Präsidium am letzten Montag beim Bundespräsidenten war, genügte dem Fernsehen nicht, dagegen die Tatsache, daß Kleine (Reichsbund) aus Bulgarien zurückkehrte und einen Erholungsaustausch für je 10 Kriegsopfer vereinbarte."[23)]
Auf Weishäupls Tagesordnung stand aber auch der Antrittsbesuch beim Bundesarbeitsminister Walter Arendt. "Sozialpolitik ist für ihn nicht Weltanschauung, sondern Teil einer Gesellschaftspolitik, die neben Alterssicherung, Tarifpolitik und Vermögensbildung auch Berufsförderung, Bildungspolitik und betriebliche Mitbestimmung umfaßt."[24)]
Bedeutungsvoller war jedoch, daß der VdK-Präsident noch am 9. Mai 1974 einen Brief an den designierten Bundeskanzler sandte, um Schmidts Aufmerksamkeit auf sich zu lenken. Darin hieß es unter anderem:

"Wie Sie wissen, hat der VdK Deutschlands in der Zeit vom 4. bis 6. Mai 1974 in München seinen 7. Ordentlichen Verbandstag abgehalten, auf dem ich zum neuen Präsidenten des VdK gewählt wurde. Die Vertreter von 1,2 Millionen Mitgliedern des VdK haben sich in ihren Beratungen den ganzen zweiten Verhandlungstag hindurch mit der gegenwärtigen sozial-politischen Lage auf den Gebieten der Kriegsopferversorgung, der gesetzlichen Rentenversicherung, der Unfallversicherung, der Krankenversicherung und des Behindertenrechts beschäftigt und dazu rund dreihundert Verbesserungsvorschläge in Form von Anträgen verabschiedet. Dabei wurde einstimmig auch der hochaktuelle Antrag gestellt, die Vorziehung der Rentenanpassung in der Kriegsopferversorgung nicht, wie im 6. Anpassungsgesetz vorgesehen, am 1. 10., sondern bereits am 1. 7. 1974 beginnen zu lassen. Die aus dem gesamten Bundesgebiet nach München angereisten Delegierten des 7. Ordentlichen Verbandstages des VdK Deutschlands machten dabei übereinstimmend geltend, daß die besonders die Lebenshaltung erheblich belastende Preisentwicklung die einmalige Leistung einer dreimonatigen Vorziehung als absolut notwendig erscheinen lasse. Damit würde verhindert werden, daß die deutschen Kriegsopfer, die schon durch die im Jahre 1972 erfolgte Abkoppelung ihrer Rentenanpassung vom zeitlichen Turnus der Sozialversicherung rund 800 Millionen Rentenmindereinnahmen als von ihnen erbrachtes Stabilitätsopfer bis heute zu verzeichnen hatten, angesichts der nicht nachlassenden Preissteigerungen eine weitere Minderung ihres Lebensstandards hinnehmen müssen. Durch diese einmalige Maßnahme würden weder die Stabilitätsbemühungen der Bundesregierung beeinträchtigt noch der Bundeshaushalt ungebührlich belastet."[25)]

Weishäupl vergaß nicht, hinzuzufügen, daß der designierte Bundeskanzler dieser Frage seine besondere Aufmerksamkeit widmen und bereits in seiner Regierungserklärung hierzu ein Wort der Zustimmung finden möge. Denn "die deutschen Kriegsopfer wären dankbar, wenn die von Ihnen

geführte neue Bundesregierung diesem berechtigten Anliegen entsprechen würde."[26)]
In diesem Sinne verfaßte der VdK-Präsident – nachdem der Deutsche Bundestag am 16. Mai 1974 mit 267 von 492 abgegebenen Stimmen (bei 225 Gegenstimmen) Helmut Schmidt zum Bundeskanzler gewählt und dieser "dann ohne formelle Beteiligung des Bundestages die Bundesminister dem Bundespräsidenten zur Ernennung"[27)] vorgeschlagen hatte – auch zahlreiche Glückwunschschreiben an die neuen Bundesminister des ersten Kabinetts Schmidt,[28)] und zwar an den Vizekanzler und Bundesminister des Auswärtigen Hans-Dietrich Genscher, an den Bundesminister der Finanzen Dr. Hans Apel, an den Bundesminister des Innern Prof. Dr. Werner Maihofer, an den Bundesminister der Verteidigung Georg Leber, an den Bundesminister der Justiz Dr. Hans-Jochen Vogel, an den Bundesminister für Arbeit und Sozialordnung Walter Arendt, an den Bundesminister für Raumordnung, Bauwesen und Städtebau Karl Ravens, an den Bundesminister für Bildung und Wissenschaft Helmut Rohde sowie an den Parlamentarischen Staatssekretär im Bundesministerium für Bildung und Wissenschaft Dr. Peter Glotz. All diese Glückwunschreiben verband Weishäupl mit der Hoffnung auf ein baldiges persönliches Zusammentreffen mit den jeweiligen neuen Amtsinhabern.
Aber lesen wir selbst zwei dieser hochkarätigen Briefe, denn sie zielen nicht nur auf das Seelen- und Gemütsleben der jeweiligen Minister, sondern sie sind auch ein wichtiges Instrumentarium eines großen Verbandes in der psychologischen Auseinandersetzung um den Machteinfluß und Machterhalt. An Arendt, den "Graukopf mit der typischen Gewerkschaftskarriere",[29)] schreibt er am 15. Mai 1974: "Lassen Sie mich Ihnen auf diesem Wege im Namen des Präsidiums des VdK Deutschlands, aber auch persönlich zu Ihrer Wiederbetrauung mit dem Amt des Bundesministers für Arbeit und Sozialordnung herzlich gratulieren. Das Präsidium des VdK Deutschlands erblickt darin eine wohlverdiente Bestätigung Ihrer bisher in diesem Amt vollbrachten

sozialpolitischen Leistungen und freut sich auf die weitere Zusammenarbeit mit Ihnen und Ihrem Hause. Es ist für uns besonders beruhigend zu wissen, daß durch Ihre Person die Kontinuität der von der Bundesregierung vertretenen Sozialpolitik erhalten bleibt und damit auch die Beharrlichkeit des Willens, soziale Gerechtigkeit herbeizuführen und zu sichern, sichtbar dokumentiert wird."[30)]

"Für die Bundesregierung gibt es keinen Stillstand in der Sozialpolitik", schrieb Walter Arendt. "Wir werden den eingeschlagenen Kurs zum Ausbau der sozialen Sicherung und zur Verbesserung der Lebensqualität zielstrebig weiterverfolgen."[31)]

In die gleiche Richtung wie der an den Bundesminister für Arbeit und Sozialordnung gerichtete Brief zielten auch die Ergebenheitsschreiben an die Minister Georg Leber, "ein Mann großer Eigenart, voll konstruktiver Ideen und mit außergewöhnlichem Verantwortungsbewußtsein für das Ganze",[32)] an Werner Maihofer, den Intellektuellen unter Bonns Politikern, an Hans-Jochen Vogel, den verdienstvollen ehemaligen Münchner Oberbürgermeister, sowie an Hans-Dietrich Genscher, der den "großen Ruf als Parteitaktiker und Tagungsregisseur genießt und weder den ‚Linken' noch den ‚Rechten' seiner Partei zugeordnet werden kann."[33)]

„Sehr verehrter Herr Vizekanzler!

Im Namen des Präsidiums des VdK Deutschlands, aber auch persönlich möchte ich Ihnen zu Ihrer Ernennung zum Vizekanzler und zu Ihrer Berufung als Bundesminister des Auswärtigen herzliche Glückwünsche übermitteln. Möge Ihnen in Ihrem neuen schwierigen und sehr verantwortungsreichen Aufgabengebiet zum Wohle unseres Staates reicher Erfolg beschieden sein.

Der VdK steht aufgrund seiner eigenen vielfältigen und weitgefächerten internationalen Arbeit seit vielen Jahren in engem Kontakt mit dem Auswärtigen Amt und möchte diese vertrauensvolle Zusammenarbeit mit Ihrer Hilfe noch weiter vertiefen. Dadurch, daß der VdK seit dem Jahre

1953 Mitglied des Weltfrontkämpferverbandes und seit rund zehn Jahren Mitglied des Europäischen Frontkämpferverbandes ist, ergeben sich außer den vielen hundert Partnerschaften, die der VdK mit westeuropäischen Kriegsopferverbänden unterhält, zahlreiche Aspekte gemeinsamen Bemühens, die deutsche Außenpolitik dadurch ideell zu unterstützen, daß wir zwischen den Angehörigen der Kriegsgeneration hüben und drüben Brücken der Verständigung und der Freundschaft bauen. Dazu kommt das energische Eintreten des VdK sowohl innerhalb der Bundesrepublik als auch besonders in den beiden großen internationalen Verbänden, denen er angehört, für ein freies vereinigte Europa.
Ich darf zu Ihrer Kenntnis einen Abdruck der Erklärung beilegen, die ich im Namen des VdK Deutschlands auf dem 7. Ordentlichen Verbandstag des VdK am Europatag am 5. Mai in München abgegeben habe.
Ich füge weiter die Empfehlungen des VdK für eine europäische Sozialpolitik bei. Daraus wird ersichtlich, daß es uns nicht nur um Lippenbekenntnisse, sondern um echte Anstöße zu konkreter Politik geht, die geeignet ist, trotz aller Widrigkeiten und Hemmnisse den Gedanken der europäischen Einheit zu stärken und zu einer unwiderstehlichen Kraft werden zu lassen."

Nachdem Schmidt am 17. Mai 1974 die von ihm gebildete sozial-liberale Koalitionsregierung vorgestellt hatte, gab er vor dem Deutschen Bundestag seine erste Regierungserklärung ab. Darin betonte er unter anderem:
"Die neue Regierung der Bundesrepublik Deutschland setzt das sozial-liberale Bündnis fort. Der Wechsel im Amt ändert nichts an der fortgeltenden Richtigkeit und Notwendigkeit sozial-liberaler Politik in unserem Lande. Diese Leitlinie werden wir konsequent weiterverfolgen. In einer Zeit weltweit wachsender Probleme konzentrieren wir uns in Realismus und Nüchternheit auf das Wesentliche, auf das, was jetzt notwendig ist, und lassen anderes beiseite. Kontinuität und Konzentration – das sind die Leitworte dieser Bundes-

regierung. Wir sind uns der Leistung bewußt, die Willy Brandt für unser Land erbracht hat. Was Brandt getan hat, um der Bundesrepublik eine geachtete und zugleich eine beachtete Stellung zu verschaffen, war ein hervorragender Dienst an unserem Volk, auf den sich die deutsche Politik fürderhin stützen kann. Wir danken ihm für die schöpferische Kraft, mit der er unser Land auf einen neuen Kurs innerer Reformen gebracht hat. Die Reformpolitik seiner Regierung hat in einem knappen halben Jahrzehnt mehr an gesellschaftlichem Fortschritt gebracht als je vorher eine andere Regierung in einem gleichen Zeitraum. Die Ostpolitik und die Deutschlandpolitik seiner Regierung war mutig, und sie war erfolgreich. Wir sind Willy Brandt dankbar. Wir wissen, daß wir weiterhin seinen Rat brauchen und daß wir auf seinen Rat zählen können. Unsere Freunde und Nachbarn, unsere Bündnis- und Vertragspartner in der Welt sollen wissen, daß die Position unserer Außen – und Sicherheitspolitik unverändert bleiben. Wir werden die Politik der Friedenssicherung fortsetzen und die Sicherheit unseres Landes wahren und festigen."[34)]
Als kühn erwies sich Schmidts Feststellung, die wirtschaftliche Lage sei gut, obwohl die Weltwirtschaftskrise und ihre Folgen auch die Bundesrepublik Deutschland und ihr soziales Gefüge erfaßt hatte. “Die Situation war gekennzeichnet durch hohen Inflationsdruck, der durch die Explosion der Ölpreise jäh gesteigert wurde, durch Nachfragemangel gegenüber der Industrie und durch eine stetig wachsende Arbeitslosigkeit. Die Wirtschaftspolitik, das Ringen um Stabilität, bildete deshalb den roten Faden aller Politik in den siebziger Jahren, und auf diesem Gebiet war der Kanzler ein Fachmann von hohen Graden. Hatte Brandt einmal erklärt, daß fünf Prozent Inflation besser seien als fünf Prozent Arbeitslosigkeit – das war bis Anfang der siebziger Jahre das Credo der Sozialdemokratie gewesen - , so bestand diese Wahlmöglichkeit in der Rezession ab 1973/74 gar nicht mehr, da Stagnation und Inflation gleichzeitig auftraten. Auch die meisterhafte Anwendung ökonomischer Konzepte – wie einer restriktiven Geld- und Finanzpolitik

und von Investitions- und Stützungsprogrammen – konnte nicht verhindern, daß die Investitionen zurückgingen, die Wachstumspotentiale erlahmten und die Arbeitslosigkeit ständig stieg."[35)]
In dieser Epoche tiefgreifender ökonomischer und sozialer Veränderungen waren mehr denn je Schmidts Tugenden wie Führungskraft, Entschlossenheit und politisches Durchsetzungsvermögen gefragt. "Unter dem Leitmotiv ‚Kontinuität und Konzentration' brannte (er) ein Feuerwerk von nationalökonomischen Daten und Fakten ab, das seinen Höhepunkt im Postulat einer ‚Modernisierung der Volkswirtschaft' hatte, wie es aufgrund der dramatischen Veränderungen der zurückliegenden zwölf Monate geboten schien. ‚Durch Energiekrise, Rohstoffverknappung und durch die veränderten Preisrelationen sind wir vor neue Aufgaben gestellt worden,' lautete einer der Kernsätze der Regierungserklärung. Trotz schwieriger weltwirtschaftlicher Lage wurden Kontinuität und Konzentration als Leitlinien angekündigt. Hinter diesen Formulierungen blieb nicht verborgen, daß eine Ära des permanenten Krisenmanagements angebrochen war."[36)]
Kaum hatte der Kanzler am 17. Mai 1974 den letzten Satz seiner Regierungserklärung ausgesprochen, erfuhr er, daß der VdK seinen Stabilitätskurs begrüßt und daß diesem Ziel alles andere unterzuordnen sei, weil von Kaufkraftverlusten und ständigen Preissteigerungen niemand so lebensbedrohlich betroffen werde, wie die sozialschwachen Schichten der Bevölkerung. Nur zwei Stunden später wurde die Öffentlichkeit über Presse, Rundfunk und Fernsehen über die Erklärung des VdK Deutschlands zu Schmidts Regierungserklärung unterrichtet:

"Der VdK ist bereit, eine solche Stabilitätspolitik mit Blick auf das Gesamtwohl des Staates und seiner Bevölkerung voll zu unterstützen. Das setzt aber voraus, daß sich auch die anderen Gruppen des Volkes stabilitätskonform verhalten und die zu tragenden Lasten gleichmäßig auf alle Schultern verteilt werden. So erwartet der VdK von der

geplanten Steuerreform zugunsten der Arbeitnehmer und des Mittelstandes, daß sich diese Maßnahmen auch entlastend für Kriegsopfer, Behinderte und Rentner auswirken, um ihre besonders verschärfte Lebenssituation zu erleichtern.
An dem vom Bundeskanzler erwähnten Ausbau unserer sozialen Sicherung, wie er sich u. a. in der Dynamisierung der Kriegsopferversorgung, der Einführung der flexiblen Altersgrenze und der Eingliederung der Behinderten in Beruf und Gesellschaft darstellt, wird der VdK auch weiterhin aktiv mitarbeiten. Schwerpunkte sind dort zu bilden, wo noch erhebliche soziale Mängel und Ungerechtigkeiten bestehen. So sollte die Gleichbehandlung in der Rentenanpassung der Kriegsopfer und Sozialrentner schon jetzt durch das 5. Anpassungsgesetz verwirklicht werden. Die Fortentwicklung der Kriegsopferversorgung nach entschädigungsrechtlichen Grundsätzen hält der VdK für dringlich. Dabei stehen die lineare Ableitung der Beschädigtengrundrenten, die Freilassung der Witwengrundrenten beim Schadensausgleich und die Einführung einer 13. Monatsrente im Vordergrund."[37)]

Am 20. Mai 1974, an dem Tage, als die Außenminister der USA und Portugals zu Gesprächen nach Bonn gekommen waren, empfing der Bundeskanzler das Präsidium des Verbandes der Kriegs- und Wehrdienstopfer, Behinderten und Sozialrentner Deutschlands. In dem eineinhalbstündigem Gespräch betonte Weishäupl den Vorrang der Stabilitätspolitik vor "Wünschen und Forderungen". Die Lasten müßten jedoch gleichmäßig und gerecht auf alle Schultern verteilt werden.
Schmidt begrüßte diese Einstellung und wies darauf hin, daß der Kriegsopferetat einschließlich der Fürsorgeleistungen 1975 zehn Millionen Mark übersteige. Er sagte zu, daß er sich wie bisher auch in Zukunft für berechtigte Anliegen des Verbandes einsetzen werde. Abstriche an Leistungen für Kriegsopfer, über die in letzter Zeit spekuliert wurden, seien nicht beabsichtigt. Hierüber, so der Kanzler, sei im

Kabinett überhaupt nicht gesprochen worden. Bei strukturellen Verbesserungen müßten jedoch die Leistungsfähigkeit der Volkswirtschaft beachtet und die Anspannung der Bundesfinanzen gesehen werden.
In dem freimütig geführten Gespräch wurden dann mehrere Probleme des sozialpolitischen Bereichs angesprochen und die Möglichkeiten der Weiterentwicklung des Sozialrechts diskutiert. Von den Vertretern des VdK wurden dabei insbesondere folgende Themen zur Diskussion gestellt: Die Entwicklung des sozialen Entschädigungsrechts im Zusammenhang mit der Schaffung des Sozialgesetzbuches; die Verbesserung der Hinterbliebenenversorgung; die Beseitigung der Minderung des Schadenausgleichs bei Erreichen des 65. Lebensjahres des verstorbenen Ehegatten; die Nichtanrechnung der Anpassungsbeträge der Witwengrundrenten als erster Schritt zur Nichtanrechnung der Grundrente; die Probleme der Arbeitslosigkeit der Schwerbehinderten, insbesondere der jugendlichen Behinderten und die Schaffung von zusätzlichen Ausbildungsplätzen für junge Behinderte im Öffentlichen Dienst sowie, last not least, die Schwierigkeiten beim Vollzug des Schwerbehindertengesetzes durch eine ungenügende personelle Ausstattung der Hauptfürsorgestellen.
Gewiß, Schmidt hatte seinem Parteigenossen Weishäupl zwar zugesagt, diese Probleme genauer unter die Lupe zu nehmen und für Abhilfe zu sorgen, aber er durfte bei all diesen kostenintensiven Maßnahmen die finanzielle Lage des Bundes nicht aus den Augen verlieren. Damit stieß er natürlich bei den VdK-Funktionären auf wenig Gegenliebe, so daß diese im Herbst 1975 hart zur Sache gingen. Nachdem der Verband inhaltlich gleichlautende Fernschreiben an die Vorsitzenden der SPD- und F.D.P.-Bundestagsfraktion und ein etwas abgewandeltes an den Vorsitzenden der CDU/CSU-Bundestagsfraktion abgesetzt hatte, schrieb er am 4. November 1975 einen diesbezüglichen Brief an den Bundeskanzler. In ihm hieß es einleitend:

"Tiefe Betroffenheit und Verbitterung haben die mit dem Haushaltsstrukturgesetz geplanten Rechtsverschlechterungen im Bereich des Bundesversorgungsgesetzes bei den im VdK Deutschlands vereinten 1,2 Millionen deutschen Kriegs- und Wehrdienstopfern hervorgerufen. Bei allem Verständnis dafür, daß in Zeiten einer angespannten Finanzsituation des Staates keine öffentlichen Gelder verschwendet werden dürfen und bestehende Gesetze auf mögliche Auswüchse oder sogenannten Wildwuchs sorgfältig überprüft werden müssen, sind die deutschen Kriegsopfer jedoch der Überzeugung, daß zeitbedingte Haushaltsschwierigkeiten nicht durch schwerwiegende Eingriffe in die Rechtssubstanz des Bundesversorgungsgesetzes behoben werden dürfen. (...)
Bei sorgsamer Abwägung und Gegenüberstellung der vermuteten Einsparungseffekte auf der einen Seite und der mehr als bedenklichen politischen und psychologischen Auswirkungen solcher Maßnahmen auf die Betroffenen andererseits läßt sich unschwer erkennen, daß die Kriegsopferversorgung ein denkbar ungeeigneter Ansatzpunkt für den fiskalischen Rotstift ist und das tatsächliche Ergebnis nur Enttäuschung und Vertrauensverlust bei der Bevölkerung sein kann."[38)]

Schmidts Antwortschreiben vom 17. November 1975 war im Ton bewußt moderat gehalten. "Kein Öl ins Feuer gießen!" lautete in jenen frostigen Tagen die einzig richtige Parole des Bundeskanzleramtes.

BUNDESREPUBLIK DEUTSCHLAND
DER BUNDESKANZLER

Bonn, den 17. November 1975

An den
Verband der Kriegs- und Wehrdienstopfer
Behinderten und Sozialrentner Deutschlands e.V.
Herrn Präsidenten
Staatssekretär a. D. Karl Weishäupl

8 München 45
Mitteisstraße. 19

Sehr geehrter Herr Weishäupl,

vielen Dank für Ihr Schreiben vom 4. November 1975.
Ich habe Verständnis dafür, daß Sie vor Verschlechterungen der Kriegsopferversorgung warnen. Allerdings gehe ich davon aus, daß Sie die nunmehr vom Deutschen Bundestag beschlossenen Änderungen des Bundesversorgungsgesetzes sorgfältig prüfen und sich nicht auf eine pauschale Ablehnung aller Bestimmungen beschränken. Sie werden dann sicher zu einer anderen Bewertung des Haushaltsstrukturgesetzes kommen, zumal noch im Ausschuß für Arbeit und Sozialordnung des Deutschen Bundestages nach intensiven Gesprächen mit den Kriegsopferverbänden Verbesserungen zugunsten der Kriegsopfer vorgenommen wurden.

Die Bundesregierung ist auch bei der Durchforstung der Kriegsopferversorgung von dem Grundsatz ausgegangen, das Netz der sozialen Sicherheit in seiner Substanz zu erhalten und zu festigen.

Sie hat noch während der Ausschußberatungen zum Haushaltsstrukturgesetz das Achte Gesetz über die Anpassung der Leistungen des Bundesversorgungsgesetzes im Kabinett verabschiedet, durch das die Versorgungsleistungen vom 1. Juli 1976 an um rund 11 v.H. erhöht werden. Von dem Gesamtansatz der Kriegsopferversorgung von 11.269 Millionen DM für 1976 entfallen auf die vorgesehenen Einsparungen 152 Millionen DM, dies entspricht 1,3 v.H.

Auch diese Zahlen beweisen, daß die Bundesregierung darauf geachtet hat, daß die Kriegsopferversorgung so wenig wie irgend möglich angetastet wird.

Die Leistungen und Opfer der vom Krieg besonders hart betroffenen Menschen werden auch in Zukunft von der Bundesregierung vorbehaltlos anerkannt und gewürdigt. Gerade diese Bundesregierung und die sie tragenden Koalitionsparteien haben zum wesentlichen Ausbau der sozialen Sicherung der Kriegsopfer und Behinderten entscheidende Schritte getan. Ich darf nur an die Einführung der Dynamisierung in der Kriegsopferversorgung erinnern, die dazu geführt hat, daß die neuen Rentensätze weit mehr als das Doppelte des Standes von 1969 betragen.

Ich möchte deshalb alle Kriegsopfer bitten, nüchtern und mit Augenmaß den sie betreffenden Teil der Einsparungen zu prüfen und bin überzeugt, daß die Mehrheit der Kriegsopfer bereit ist, diese Änderungen im Interesse des Ganzen solidarisch mitzutragen.

Mit freundlichen Grüßen
(gez.:) Schmidt)

Als Weishäupl Schmidts Brief in seinem Münchner Heim in Empfang genommen und gelesen hatte, blieb sein Blick noch lange wie angewurzelt am letzten Satz des Bundeskanzlers hängen.
"Nüchtern und mit Augenmaß", stand dort, mit einem erhobenen Zeigefinger geschrieben, zu lesen. Das sollte er sich doch gefälligst hinter die Ohren schreiben!

3. Kapitel

DIE WAHL WALTER SCHEELS ZUM BUNDESPRÄSIDENTEN

"Der Bundespräsident hat nach dem bisherigen Grundgesetz keine eigentlich politischen Aufgaben und Rechte. Er steht über den Parteien. Er darf nicht eingreifen zugunsten einer bestimmten politischen Auffassung. Denn die Richtlinien der Politik bestimmt allein der Kanzler. (...) Einem Mann, der als Minister das Parlament belogen hat, könnte und dürfte er nicht ein zweites Mal die Ernennungsurkunde überreichen (auch wenn die Parteien erklären, es sei vergessen). (...) In der Demokratie würde er dafür sorgen, daß nur sittlich hochstehende oder doch einwandfreie Menschen die führenden Stellen erhalten."
KARL JASPERS [39)]

Weishäupls VdK-Präsidentschaft hatte mit einem wahren Feuerwerk bedeutender politischer Ereignisse begonnen. Am 6. Mai 1974 erklärte Willy Brandt im Zusammenhang mit der Guillaume-Affäre seinen Rücktritt. Tags darauf überreichte Bundespräsident Gustav W. Heinemann den Mitgliedern des Kabinetts Brandt die Entlassungsurkunden und forderte Walter Scheel auf, die Geschäfte des Bundeskanzlers und des Außenministers vorerst weiterzuführen, und zwar bis zum 15. Mai. An diesem Tage wurde Scheel, "der ‚schöne Walter', ein Mann von bestechendem Charme, Witz und beachtlichen Parkettmanieren",[40)] in der Bonner Beethovenhalle von der 6. Bundesversammlung im ersten Wahlgang mit 530 Stimmen bei fünf Stimmenthaltungen zum neuen Bundespräsidenten gewählt und am 1. Juli 1974 vereidigt. (Auf seinen angesehenen Gegenkandidaten Richard von Weizsäcker von der CDU/CSU entfielen angesichts der SPD/F.D.P.-Mehrheitsverhältnisse 498 Stimmen.)

“Schon früh hatte der F.D.P.-Vorsitzende und Außenminister Scheel erkennen lassen, daß er am Amt des Bundespräsidenten interessiert sei. Als der Verzicht Heinemanns auf eine zweite Amtsperiode endgültig geworden war, stand Scheels Kandidatur fest. Die SPD respektierte die Entscheidung ihres Koalitionspartners, zumal dieser ja mit der Wahl Heinemanns ein ‚Stückchen Machtwechsel‘ eingeleitet hatte.”[41)] Einer der SPD-Wahlmänner war der VdK-Präsident, der, wie er freimütig bekannte, seine Stimme für den Liberalen abgegeben hatte. In seinem Brief vom 15. Mai 1974 schrieb er diesem daher voller Überschwang:

“Hochverehrter Herr Bundesminister!
Zu Ihrer heutigen so überzeugenden Wahl zum Präsidenten der Bundesrepublik Deutschland möchte ich Ihnen im Namen des Präsidiums des VdK Deutschlands, aber auch persönlich aufrichtige Glückwünsche aussprechen.
Wir freuen uns, in Ihnen künftig einen Mann an der Spitze des Staates zu sehen, der selber als Soldat am letzten Weltkrieg teilgenommen hat und von daher auch zu würdigen weiß, welche Leistung gerade die Kriegsgeneration beim Aufbau unseres neuen demokratischen und sozialen Rechtsstaates vollbracht hat. Deshalb sind wir fest davon überzeugt, daß Sie in Ihrem neuen hohen Amt den Fragen der Kriegs- und Wehrdienstopfer mit großer innerer Aufgeschlossenheit begegnen und im Sinne Ihres Amtsvorgängers, des Herrn Bundespräsidenten Dr. Heinemann, sich engagiert für die Eingliederung der Behinderten in Beruf und Gesellschaft einsetzen werden.
Das Präsidium des VdK Deutschlands würde es dankbar begrüßen, wenn Sie es nach Übernahme Ihres Amtes zu einem Ihnen genehmen Zeitpunkt zu einem Antrittsbesuch empfangen wollten, bei dem die uns berührenden Fragen kurz mit Ihnen erörtert werden könnten.
Mit ausgezeichneter Hochachtung
Ihr Ihnen sehr ergebener (gez.) Karl Weishäupl”[42)]

Da dieser Weishäupl ein hochpolitischer Spitzenfunktionär war, packte er sogleich die Gelegenheit beim Schopfe und führte als Mitglied der Bundesversammlung gleich eine Reihe von hochkarätigen Gesprächen – und zwar mit dem Bundesminister für Arbeit und Sozialordnung, damit er demnächst das VdK-Präsidium empfange; mit dem neuen Bundeswohnungsbauminister Karl Ravens, ein Autodidakt von natürlicher, unverbildeter Intelligenz und Redegewandtheit, "verbunden mit Spezialkenntnissen von den Aufgaben regionaler Strukturpolitik",[43)] die ihm einen starken Einfluß auf seinem Sachgebiet sicherten. Er machte die Zusage, das VdK-Präsidium wegen des Bauens von behindertengerechten Wohnungen und der Situation der VdK-Bauträger zu empfangen. Ein Parallelgespräch führte Weishäupl mit dem Parlamentarischen Staatssekretär des Wohnungsbauministeriums Dr. Dieter Haack. Der Gedankenaustausch mit dem Bundestagsabgeordneten Hans Heinrich Schmidt (Kempten) war dem VdK-Präsidenten ebenso wichtig, ja gewinnbringend, denn der Abgeordnete war daran interessiert, daß der Parlamentarische Beirat des Verbandes aktiviert wird. Daher erklärte sich der Mandatsträger bereit, ein Gespräch mit dem neu gewählten Bundespräsidenten und ein weiteres mit der F.D.P.-Bundestagsfraktion zu vermitteln.
Die gleiche Zusage erhielt Weishäupl wenig später bei einer Begegnung mit dem F.D.P.-Fraktionsvorsitzenden Wolfgang Mischnick. "Mit nimmermüder Verstandesschärfe versteht er es, auch komplizierte Detailfragen, etwa der Sozialpolitik, zu durchdringen und als Entscheidungshelfer der Parlamentskollegen zu präsentieren."[44)]
Ziel des Gespräches mit dem Bundestagsabgeordneten Franz-Xaver Geisenhofer und dem ehemaligen Bundesarbeitsminister Hans Katzer war es, eine Zusammenkunft des VdK-Präsidiums mit dem Fraktionsvorsitzenden der CDU/CSU, das in absehbarer Zeit zustande kommen sollte, zu vereinbaren. Katzer war noch immer ein politisches Schwergewicht. "Der Parteilinke repräsentiert sozialpolitisch das Fortschrittliche innerhalb der Christunion. Gele-

gentlich hat man ihm vorgeworfen, er sei in der falschen Partei. Seine sozialpolitischen Auffassungen beziehen die evangelische Sozialethik ein und wurzeln in der katholischen Soziallehre von Ketteler und Kolping bis zu Nell-Breuning und Wallraf. Sozialpolitik soll sich demnach nicht in Wohltätigkeit für Bedürftige erschöpfen, sondern ein Höchstmaß sozialer Sicherheit für die Wechselfälle des Lebens (Alter, Krankheit, Arbeitslosigkeit) anstreben, gegen die der einzelne allein sich nicht sichern kann. Sie ist", nach Katzer, "zugleich auch Gesellschaftspolitik für ‚eine offene solidarische Gesellschaft'."[45)]
Ein Gespräch mit dem Bundesfinanzminister Hans Apel wurde ebenfalls mit dem Hintergedanken eingefädelt, daß dieser in absehbarer Zeit den VdK zu empfangen habe. Denn "der rührige Jungparlamentarier gilt seinen Fraktionsgenossen als ‚Mehrzweckwaffe'. In der Tat ließ er sich als schlagfertiger und spontaner Redner auf nahezu allen Gebieten der Politik parlamentarisch einsetzen. Obgleich politisch eher am rechten Parteiflügel angesiedelt, kam er mit den Stimmen der ‚Kanalarbeiter' in den SPD-Parteivorstand. Mit viel Sinn für Publizität weiß er sich stetig weiter nach vorn zu spielen."[46)] Weishäupl schmeichelte seinem Parteigenossen, daß er es begrüße, das Finanzressort in seiner Hand zu wissen. Und als er sah, daß Apel diese Bemerkung mit seinem unverwechselbarem Lachen quittierte, hob er sogleich zu einem Seitenhieb gegen den Reichsbund aus, indem der VdK-Präsident darauf hinwies, welche Schwierigkeiten eine Organisation wie die seine hat, wenn sich andere Verbände bezüglich der finanziellen Forderungen im Interesse der Allgemeinheit nicht zurückhalten können.[47)]
In einem Gedankenaustausch mit Helmut Rohde, dem bisherigen Parlamentarischen Staatssekretär im Bundesministerium für Arbeit und Sozialordnung und neuem Bundeswissenschaftsminister, drückte Weishäupl sein Bedauern darüber aus, daß dieser Experte das Arbeitsministerium verlasse, nachdem er doch der geistige Inspirator für die modernen Sozialreformen, die Humanisierung des Ar-

beitslebens und der Idee einer Sozialpolitik im europäischen Rahmen gewesen sei. "Zwölf Jahre lang hat er bei dem SPD-Sozialprofessor Ernst Schellenberg das Handwerk gelernt. Schließlich war er die rechte (oder linke?) Hand des Meisters. Der Fachmann aller Sparten der Sozialpolitik entwickelte frühzeitig Sinn für das Programmatische seines Fachs, das die Strukturen der Gesellschaft von morgen in Rechnung stellt. Engagiert an sozialen und demokratischen Zielen der Gesellschaftspolitik behielt er Sinn für das Machbare und blieb frei von missionarischem Eifer."[48)]

Von Rohde stammten im Hinblick auf die Sozialpolitik Aussprüche wie diese: "Unter der Decke der technisch-industriellen Gesellschaft klaffen ungeheure Widersprüche zwischen privatem Reichtum und öffentlicher Armut", stellte er im April 1964 fest. "Moderne Sozialpolitik ist heute keine Notstandspolitik, sondern Wohlstandspolitik", bekannte er im November 1964 "Das Konzept der Volksversicherung wird der Sozialpolitik in den nächsten Jahren das Profil verleihen", sagte er im September 1965. "Wir wollen nicht die Sanitätskolonne sein, die mit dem Pflasterkasten den auf der Strecke Gebliebenen zu Hilfe eilt", konstatierte Rohde im Dezember 1968. "Wir meinen vielmehr, daß der gesellschaftliche Wohlstand auch in einer allgemeinen qualitativen Verbesserung der sozialen Sicherung ihren Ausdruck finden muß und nehmen es sehr ernst mit unseren Bemühungen, gleiche Chancen zur Selbstbehauptung und Entfaltungsmöglichkeit für jeden einzelnen zu gewährleisten."[49)]

Sehr schmeichelhaft verlief das Gespräch Weishäupls mit der Bundestagspräsidentin Annemarie Renger. Nach eigener Auskunft wurde die einstige First Lady der SPD "als Sozialdemokrat in der zweiten Generation geboren".[50)] Die Privatsekretärin Kurt Schumachers "trat unermüdlich für die Gleichberechtigung der Frau in Politik und Gesellschaft ein und bemühte sich, das Interesse der Frauen an politischer Bildung und Mitarbeit zu erwecken. (...) Während der Diskussion um die Notstandsgesetze focht sie leidenschaftlich

gegen alle Pläne zur Dienstverpflichtung von Frauen."[51)]
Die einst dunkelhaarige und schon längst erblondete ehemalige "Miss Bundestag" gratulierte Weishäupl zu dessen Wahl zum VdK-Präsidenten und entsprach seiner Bitte, die Spitze seines Verbandes zu empfangen, um die Beziehung zwischen einer sozialen Organisation und dem Deutschen Bundestag öffentlich, das heißt publikumswirksam, zu bekunden.

Fürwahr: Die politische Konstellation konnte in den 70er Jahren für den VdK und seinen SPD-Präsidenten nicht günstiger sein. Nicht nur der Bundeskanzler war ein Sozialdemokrat, sondern auch die Präsidentin des Deutschen Bundestages. Verständlich, daß auch sie von Weishäupl für dessen machtpolitische Ziele voll vereinnahmt wurde. Nach einem entsprechendem Anschreiben teilte Annemarie Renger ihrem Parteigenossen am 14. April 1975 mit, "daß sie gerne bereit sei, die Frauenvertreterinnen aus Frankreich, England, Holland, Italien, Österreich und Finnland in ihren Diensträumen zu einem Gedankenaustausch zu empfangen."[52)] Mehr noch: Die Bundestagspräsidentin erklärte sich auch bereit, die Schirmherrschaft des Bundesfrauenkongresses 1975 des VdK Deutschlands zu übernehmen.

Diesem Kongreß wohnten über 900 Teilnehmer bei. Die Ansprachen von Annemarie Renger und Katharina Focke beschränkten sich nicht nur auf reine Unverbindlichkeiten. Daher konnte man am Schluß der Kundgebung feststellen, daß man sich im Jahr der Frau nicht mehr nur mit nichtssagenden Proklamationen zufrieden geben wollte, sondern stattdessen Untersuchungen über die wirkliche Situation der Frauen im sozialen Leben anstellen werde. Die Referenten stellten besonders heraus, in welchen Bereichen und in welchem Ausmaße die Frauen gegenüber den Männern eindeutig benachteiligt sind.

"Wenn auch nach meiner Meinung bisher keine Partei genug getan hat, um die tatsächliche Chancengleichheit der Frau herzustellen, so hat die SPD nachdrücklicher als andere gleiche Bildungschancen für Mädchen angestrebt und

versucht, gesellschaftliche Maßnahmen zur Erleichterung der immer häufigeren Doppelrolle der Frau in Haushalt und Beruf durchzusetzen: so durch die Einrichtung von Tagesschulen, durch Vermehrung der Kindergärten, durch verstärkte Möglichkeiten zur Fortbildung und Umschulung", stellte Frau Focke fest.[53)]
Da zwischen dem VdK-Präsidenten und der Bundestagspräsidentin ein jahrelanges freundschaftliches Verhältnis bestand, nahmen beide immer wieder die Gelegenheit wahr, um bei dieser oder jener Veranstaltung einen regen Meinungsaustausch zu pflegen. Anlässe, um sich zu treffen oder einander zu schreiben, gab es in jener bewegten Zeit der sozial-liberalen Regierungskoalition Schmidt/Genscher in der Tat mehr als genug – wie zum Beispiel anläßlich des 60. Geburtstages der späteren Vizepräsidentin des Deutschen Bundestages, als Weishäupl am 5. Oktober 1978 unter anderem schrieb:

"Liebe Annemarie,
recht herzlichen Glückwunsch zu Deinem runden Geburtstag. Was Du weiterhin brauchst, ist eine kräftige Gesundheit, damit Du Deine vielfältigen hohen politischen Aufgaben so wie bisher erfüllen kannst. Dein unbändiger Wille, mitzuhelfen, daß sich die Lebensbedingungen und Lebensverhältnisse der Bürger in unserem Staate verbessern, wird dafür mit die Voraussetzung sein. Du wirst Deinen Geist und Deine Seele kneten durch unablässige schöpferische Aktivität, wobei sicherlich die Gleichstellung von Mann und Frau im sozialen Leben eine überragende Rolle spielen wird.
Ich kann Dir nur empfehlen, auch im ‚goldenen Alter' Ideen zu entwickeln oder für Ideen aufgeschlossen zu sein. Dazu gehört aber, daß Du mit den verbliebenen Kräften keinen Raubbau treibst und daß Du weiterhin Selbstachtung und volle Würde Deiner Person als Höhepunkte des Lebens betrachtest. – Ich freue mich immer wieder, wenn ich in den Zeitungen lese, daß Annemarie Renger wieder einmal eine ‚fixe Idee' gehabt hat."[54)]

Es waren aber nicht nur Politiker und Lobbyisten, die Weishäupl am Rande der Bundespräsidentenwahl um diese oder jene Gefälligkeit gebeten hatte. Mit Heinz-Oskar Vetter, dessen Gewerkschafter in allen wichtigen Bonner Gremien an den politischen Entscheidungen mitwirken, und Gerd Muhr vereinbarte er ein Spitzengespräch zwischen dem DGB und dem VdK, das zu einem gegebenen Zeitpunkt durchzuführen sei, um Probleme der sozialpolitischen Zusammenarbeit zu besprechen und die beiderseitigen Standpunkte kennenzulernen. Außerdem hielt er es für notwendig, bei passender Gelegenheit auch mit dem Vorsitzenden der Deutschen Bischofskonferenz, dem Münchner Erzbischof Josef Kardinal Döpfner, und dem Vorsitzenden des Rates der Evangelischen Kirche Deutschlands, dem Bischof Helmut Claas, einen Gedankenaustausch über Fragen von beiderseitigem Interesse zu führen.[55)]
Von sich Reden machen, die Aufmerksamkeit prominenter Persönlichkeiten aus Staat, Politik, Gesellschaft und Kirche auf sich zu ziehen, so lautete Weishäupls Credo. Unter diesem Gesichtspunkt tat er am 21. Oktober 1974 genau wieder das, was er seinem Verbands-Konkurrenten, dem Reichsbund, erst jüngst vorgehalten hatte, nämlich eine selbstgerechte Selbstdarstellung par exellence. Da jener Verband beim Bundeskanzler die Nase vorn hatte, wollte der VdK nun beim Bundespräsidenten als erster den Fuß über die Türschwelle der Villa Hammerschmidt setzen.
Scheels Lebensstil entsprechend, wurde das Gespräch beim Staatsoberhaupt in einer lockeren und freimütigen Form geführt. Es diente zum einen zur Selbstdarstellung des VdK und zum anderen zur Information des Bundespräsidenten. Da dieser dem Verband politisch nicht durch eigene Aktionen helfen konnte, sollte er nach Meinung Weishäupls wenigsten erfahren, wie sein Verband zum Staat und seinen Organen steht und welche Wertvorstellungen er vertritt. Dabei klang der Wunsch durch, daß der Bundespräsident von Zeit zu Zeit aus gegebenem Anlaß zur Bevölkerung der Bundesrepublik spricht und dabei verloren-

zugehende Maßstäbe menschlichen Verhaltens innerhalb der Volksgemeinschaft geraderückt und die Tugend des Füreinander-Stehens als verpflichtendes Leitbild dem Volke in Erinnerung ruft. Denn, so Weishäupl, die Zeit des In-Frage-Stellens von allem und jedem, was in Jahrhunderten dem deutschen Volke teuer und verpflichtend war, muß zu Ende gehen und durch eine Konsolidierung und Rückbesinnung auf jene Tugenden ersetzt werden, ohne deren verpflichtende Kraft kein Volk auf die Dauer existieren kann.
An konkreten Besprechungspunkten hatte der Verband dem Bundespräsidenten mit seinem Schreiben vom 4. Oktober 1974 vorab drei Themen genannt, und zwar:

1. Die Sozialpolitik im Rahmen der Bemühungen um eine Währungs- und Wirtschaftsstabilität.
2. Die Aktivitäten des VdK beim Ausbau internationaler Beziehungen zur Unterstützung der Friedens- und Europapolitik.
3. Die Verleihung des Friedenspreises des VdK Deutschlands an den Alt-Bundespräsidenten Dr. Dr. Gustav W. Heinemann.

Zunächst zum ersten Thema: Hier verwies Weishäupl auf die durchaus schwierige politische Situation seines Verbandes in der gegenwärtigen Phase der Stabilitätspolitik der Bundesregierung, weil einerseits die Wünsche seiner Mitglieder, die unter der Teuerung stöhnen, nach weiteren Leistungsverbesserungen der Versorgung drängend vorgetragen werden, und weil andererseits die Verbandsführung davon überzeugt ist, daß der Stabilität der Währung absoluter Vorrang eingeräumt werden muß, da bei weitergehender Geldentwertung und Verteuerung am Ende die Rentner aller Kategorien die Zeche am bittersten zu bezahlen haben. Die Verbandsarbeit wird jedoch zusätzlich durch die politische Polarisierung erschwert, erfuhr Scheel, weil nicht wenige Mitglieder glauben, daß die Verbandsführung durch eine beschwichtigende Haltung aus einer zu einseitigen parteipolitischen Sympathie heraus der gegenwärtigen Bundesregierung Entlastung verschaffen will. Dennoch ist klar, daß trotz der Notwendigkeit einer konsequenten Stabilitätspolitik die Sozialpolitik nicht auf Eis gelegt werden kann, sondern daß sie schrittweise und mit Augenmaß weiterentwickelt werden muß. Beim zweiten Themenkomplex verwies Weishäupl auf die nun schon zwei Jahrzehnte laufenden Bemühungen des Verbandes, durch seine Mitgliedschaft im Weltfrontkämpferverband und später in der CEAC konsequent an der Unterstützung der Friedens- und Europapolitik durch eine Aussöhnung der ehemaligen Kriegsgegner mitzuwirken. Dabei erwähnte er die vielen unmittelbaren Partnerschaften zwischen dem VdK und den französischen, holländischen, belgischen, italienischen, österreichischen und Südtiroler Kriegsopferorganisationen.

Das Thema Nummer drei war das heikelste der ganzen PR-Show in der Villa Hammerschmidt. Es war für die Selbstdarstellung des VdK jedoch das wichtigste, denn hier wurde dem Staatsoberhaupt über die Verleihung des Friedenspreises des VdK an den Alt-Bundespräsidenten Gustav W. Heinemann berichtet (Man ist geneigt zu sagen, das Blaue vom Himmel heruntergelogen!).Vorsichtig, als schlüge ihm doch noch so etwas wie das schlechte Gewissen, frug Weishäupl Scheel, ob er bereit wäre, seinem Amtsvorgänger die Freude zu machen, im Rahmen dieses Festaktes eine Ansprache über die deutsche Friedenspolitik zu halten. Als der Bundespräsident nachhakte, wie er das zu verstehen habe, bekam er zur Antwort, daß er nicht die Laudatio für Heinemann halten solle, sondern daß er zu den Bemühungen der deutschen Politik seit dem Ende des Zweiten Weltkrieges um die Erhaltung des Friedens – und mit einem Seitenblick auf die Bemühungen der Friedensforschung – etwas sagen könnte. Um den ahnungslosen Scheel jedoch besser ködern zu können, wurde ihm suggeriert, daß dieser Festakt für den Bundespräsidenten eine günstige Gelegenheit wäre, um in Hinblick auf die KSZE-Verhandlungen zum einen ein Bekenntnis zum Selbstbestimmungsrecht des deutschen Volkes abzulegen und zum anderen verbesserte menschliche Beziehungen mit den Bürgern der DDR herbeizuführen. Was Weishäupl dem deutschen Staatsoberhaupt jedoch arglistig verschwieg, das war die Peinlichkeit, daß Scheel für die Heinemann-Rede nur mehr die vierte Wahl gewesen war, nachdem sowohl die erste als auch die zweite und sogar die dritte Garnitur aus begründeten Anlässen abgewunken hatte. Wie es dazu gekommen ist, das erfahren wir jetzt.

4. Kapitel

DAS POSSENSPIEL UM DEN FRIEDENSPREISTRÄGER HEINEMANN

"Ich möchte alles, was ich tun kann, in den Dienst der Bemühungen um eine Friedensregelung stellen, die unser ganzes Volk einschließt. Auf dem weiten Weg bis zu diesem Ziel gilt es, die Lebensverbundenheit der Menschen unseres Volkes zu stärken und zu verbessern. Hilfreich wäre es, wenn auch wir der Friedensforschung, das heißt einer wissenschaftlichen Ermittlung nicht nur der militärischen Zusammenhänge zwischen Rüstung, Abrüstung und Friedenssicherung, sondern zwischen allen Faktoren, also z. B. auch den sozialen, den wirtschaftlichen und den psychologischen, die gebührende Aufmerksamkeit zuwenden würden."
GUSTAV W. HEINEMANN [56)]

Heinemann war nicht nur eine der ungewöhnlichsten, sondern auch eine der umstrittensten Gestalten während der ersten 25 Jahre des Bestehens der Bundesrepublik Deutschland, an deren politischem Geschehen er von Anfang an aktiv beteiligt war.[57)] "Seine menschliche Schlichtheit und Integrität und seine besondere Bindung an die Verpflichtung des Gewissens sichern ihm auch eine politische Führungsrolle hohen Grades."[58)] Ihm ging es unter anderem auch darum, das demokratische Bewußtsein der Deutschen zu festigen. "Ein guter Deutscher kann kein Nationalist sein. Ein nationalbewußter Deutscher kann heute nur Europäer sein," bekannte er am 20. Juli 1969.
So konnte Günter Grass im Jahre 1969 über Heinemann sagen: "Ich wüßte niemanden, der befugter wäre, das verkrampfte Verhältnis der Deutschen zum Staat zu lockern. Ich wüßte niemanden, der geeigneter wäre, die überlieferte

Staatsgläubigkeit durch immer noch mangelnden Commonsense zu ersetzen."[59)]
Es waren gerade die Schriftsteller, Professoren und Intellektuellen, die in Heinemann einen Anwärter der kritischen Jugend sahen. "Das war auf den ersten Blick verblüffend, war er doch (...) im Wesen ganz unjugendlich, vielmehr steif, nüchtern, knochentrocken."[60)]
Selbstkritisch sagte Heinemann nach zweijähriger Amtsführung in einem Interview: "Ich weiß, daß ich nicht unfehlbar bin. Deshalb habe ich zu Beginn meines Amtes gebeten, mich kritisch zu begleiten. Natürlich gibt es, wie Sie sagen, gelegentlich Kritik. Aber die Zustimmung überwiegt weitaus."[61)]
Was lag da also für Weishäupl und seinen Verband näher, als sich die Popularität des Bundespräsidenten zunutze zu machen? Was jedoch eine außergewöhnliche Auszeichnung hätte sein sollen, das geriet zu einem provinziellen Possenspiel. Denn Weishäupl hatte sich auf Teufel komm raus in den Kopf gesetzt, seinen Parteigenossen Heinemann medienwirksam mit dem im Jahre 1957 gestifteten Friedenspreis seines Verbandes auszuzeichnen. Dieses Anliegen trug er am 1. Juli 1974 wie folgt vor:

"Sehr geehrter Herr Bundespräsident,
der Hauptvorstand des VdK Deutschlands hat einstimmig den Beschluß gefaßt, Ihnen einen Tag nach Ihrem Ausscheiden aus dem höchsten Amt, das die Bundesrepublik Deutschland zu vergeben hat, für Ihre großen Verdienste um die Friedensforschung den Friedenspreis des VdK zu verleihen
Sie haben sich bei Ihrem Amtsantritt vor fünf Jahren verpflichtet, dem Frieden zu dienen und zur Erhaltung des Friedens in Europa beizutragen. Sie waren in vorbildlicher Weise um die Aussöhnung u. a. mit Holland und Großbritannien bemüht und haben sich beispielsweise auch für die Gründung der ‚Deutschen Gesellschaft für Friedensforschung' eingesetzt sowie für eine wissenschaftliche Erforschung des Friedens, das heißt seiner Voraussetzungen

einschließlich der sozialen und wirtschaftlichen Strukturen sowie der psychologischen Faktoren.
Der VdK und seine zahlreichen Mitglieder, die unter den Kriegen besonders gelitten haben, sind die nachdrücklichsten Befürworter der Erhaltung des Friedens und der Einheit Europas. Immer wieder haben in der Vergangenheit Kriege großes Leid und sinnlose Zerstörung über die Völker Europas gebracht. Gerade heute ist jedoch der Frieden die Bedingung des Lebens: Ein neuer Krieg mit den Waffen der modernen Technik könnte totale Vernichtung und das Ende des Lebens bedeuten, weshalb wir auf den Frieden mehr denn je angewiesen sind. Miteinander zu reden genügt aber nicht mehr, die europäischen Staaten müssen es lernen, ‚mit einer Stimme' zu sprechen, mehr Gemeinsamkeit zu üben und das Zurückstellen der Einzelinteressen praktizieren.
Der VdK will Ihre hervorragenden Verdienste um die Eingliederung der Behinderten in die Gesellschaft und damit Ihre Bemühungen als Staatsoberhaupt um den sozialen Frieden in unserem Lande mit der Verleihung seines Friedenspreises würdigen. Dieser Friedenspreis des VdK wurde bisher nur dreimal verliehen, und zwar an einen Ihrer großen Vorgänger, Prof. Theodor Heuss, an Albert Schweitzer und den Volksbund Deutsche Kriegsgräberfürsorge.
Die Verleihung des Friedenspreises soll in einem würdigen Akt in der Paulskirche zu Frankfurt vollzogen werden, und zwar vorzugsweise an einem Freitag vormittag der ersten beiden Wochen im September dieses Jahres.
Ich darf Sie namens und im Auftrag des VdK-Präsidiums darum bitten, die Auszeichnung anzunehmen und sich hierzu alsbald zu äußern, unter Angabe des Ihnen genehmen Verleihungstermin.
Mit ausgezeichneter Hochachtung
(gez.) Weishäupl, Präsident"[62]

In seinem Antwortschreiben vom 9. Juli 1974 hatte Heinemann zwar den Beschluß des VdK, ihn mit dessen Friedenspreis auszuzeichnen, angenommen, aber die Absicht des Verbandes, den Festakt in der traditionsreichen Frankfurter Paulskirche vorzunehmen, versetzte ihn in arge Verlegenheit. "Solche Aufwendigkeit liegt mir nicht", schrieb er zurück. "Ich bleibe den Zielen des VdK ohnehin verbunden und schlage Ihnen vor, daß Sie und einige Mitglieder Ihres Verbandes mir eine Urkunde in Essen oder in Bonn in schlichter Form überreichen. Das würde mir am besten gefallen."[63)]

Aber gerade die schlichte Form, die der bescheidene Heinemann anmahnte, paßte Weishäupl ganz und gar nicht in sein Konzept, denn er wollte sich durch die Verleihungsfeier wieder einmal mehr medienwirksam selbst darstellen, und der Alt-Bundespräsident sollte hierfür als hochkarätige Kulisse dienen. Auch von anderer Seite erhielt der VdK eine Absage nach der anderen. Zunächst von dem Friedensforscher Professor Carl-Friedrich Freiherr von Weizsäcker, den er am 10. Juli 1974 gebeten hatte, anläßlich der Feierstunde in der Frankfurter Paulskirche einen Festvortrag zum Thema "Friedensforschung – Utopie oder Realität?" zu halten.

Von Weizsäckers Absage war einleuchtend. "Gustav Heinemann", schrieb er am 22. Juli 1974, "war deshalb der beste Präsident, den wir gehabt haben, weil er ständig unangenehme Wahrheiten ausgesprochen hat. Ich weiß nicht, ob Preisverleihungen die adäquate Form sind, ihn zu ehren, obwohl ich den Wunsch, ihn zu ehren, voll verstehe und teile."[64)]

Damit steckte der VdK, wie er selbst bekannte, in einem tiefen Dilemma. "Meine Bemühungen, Professor von Weizsäcker aufzustöbern und eine Antwort über unser Ansuchen an ihn zu erhalten, führten schließlich zu dem Ergebnis (...), daß Prof. v. Weizsäcker schon zweimal bei ähnlichem Anlaß für Bundespräsident Heinemann als Festredner aufgetreten ist und es dabei nun endgültig bewenden lassen will", schrieb der VdK-Hauptgeschäftsführer Franke am 1. August 1974 seinem Präsidenten und fuhr dann jammernd fort: "Gustav Heinemann möchte möglichst kein

Aufsehen. Damit ist uns leider nicht gedient. Wenn wir ihn dennoch für eine offizielle öffentlich wirksame Veranstaltung gewinnen wollen, können wir das sicher nur, wie auch von Dir schon richtig vermutet, durch einen entsprechenden Rahmen mit Persönlichkeiten, die er nicht enttäuschen kann, tun. Weizsäcker wäre ein solcher gewesen, sieht sich aber außerstande. Wer käme demzufolge in Frage?"[65)]

Der rhetorische Fragesteller schob sogleich die Antwort nach. "1. Professor Heisenberg (...), weil er nicht nur ein genialer Physiker ist, das würde uns hier nicht weiterhelfen, sondern sich in den letzten Jahren mit bedeutsamen philosophischen Schlußfolgerungen aus seinen naturwissenschaftlichen Erkenntnissen befaßt und dazu ganz erstaunliche Aussagen gemacht hat, die auch der Religion und dem Glauben ihren festen Platz im Leben des Menschen und der Menschheit zugewiesen haben. Er wäre also von seinen eigenen Überzeugungen her ein durchaus geeigneter Mann, in einer solchen Veranstaltung eine Rede zu halten, die zu einem Ereignis im Geistesleben wird. Heisenberg wäre auch deshalb gut für den Verband, weil er nicht politisch abgestempelt ist." Und 2.: "Meines Erachtens käme auch Prof. Carlo Schmid in Betracht, weil er nicht mehr parteipolitisch abgestempelt ist, sondern inzwischen den Rang eines der großen weisen alten Männer in unserem Staate innehat. In dieser Richtung läßt sich also sicher etwas unternehmen."[66)]

Carlo Schmid war in der Tat ein Glanzpunkt. "Der Grundseigener der Sozialdemokratie nahm vom ersten Tage an bestimmenden Einfluß auf die deutsche Nachkriegspolitik. Weltgewandt und von umfassender, immer präsenter Bildung ließ er die Gestaltung der politischen Dinge als ästhetische Arbeit an einem Kunstwerk erscheinen. Man hat ihn ‚ein Leitfossil in den geologischen Schichten der Sozialdemokratie' genannt. Dem Humanismus verpflichtet, gehörte er zu den entschiedenen Reformern der SPD. Dem Deutschen Bundestag diente er von Anbeginn an als Vizepräsident mit Ausnahme von drei Jahren, in denen er Bundesminister war."[67)]

Doch der ehemalige Bundesratsminister, der sich während der Großen Koalition als "so eine Art Außenminister im Innern" betrachtete, winkte ab. In Betracht zog man daher auch Professor Golo Mann, den der VdK noch am 22. August 1974 vor dem Nobelpreisträger Werner Heisenberg für den Festvortrag zu gewinnen versuchte.

"Er hatte es nie leicht", schrieb der Bayerische Staatsminister für Unterricht und Kultus Professor Hans Maier über den politischen Autor. "In seiner Familie war er – vorsichtig gesagt – ein spät entdeckter Schatz. Unter so vielen Berühmten, unter wortmächtigen Magiern und Geschichten-Erfindern wirkte er mit seinem Realitätssinn fast glanzlos, bescheiden, trocken - ein Historiker eben, einer, der sich von der Wirklichkeit etwas sagen läßt, statt sie durcheinanderzuwirbeln mit seiner Phantasie."[68)]

Es ist interessant, daß auch bei den Bemühungen um diesen renomierten Historiker wieder einmal mehr der Hauptgeschäftsführer und nicht der Präsident des Verbandes federführend war.

"Der VdK plant", schrieb Franke an Golo Mann, "diese Verleihung in einer würdigen Form, die der Bedeutung der zu ehrenden Persönlichkeit und des Preises gerecht wird, vorzunehmen. Es ist daran gedacht, den Verleihungsakt selber in der Frankfurter Paulskirche unter Beteiligung hoher Ehrengäste aus Staat und Gesellschaft und von Hunderten von Delegierten des VdK aus dem ganzen Bundesgebiet zu veranstalten. Dabei wäre es nach Meinung des Präsidiums des VdK aber unerläßlich, daß vor der Verleihung und der Laudatio für den Preisträger ein herausragender Vertreter des deutschen Geisteslebens bei dieser Gelegenheit über ein selbstgewähltes Thema eine Festansprache hält, die in gewisser Weise in Beziehung zu dem Sinn dieses Preises und zu dem Bemühen der auszuzeichnenden Persönlichkeit steht. Da Ihr bisheriges Wirken, hochverehrter Herr Professor, in Ihrer Eigenschaft als Historiker in besonderer Weise von dem Suchen nach den Gründen und Folgen kriegerischer Auseinandersetzungen und von der Erforschung der Voraussetzungen des Friedens geprägt ist, sind wir überzeugt, daß Sie zu dem großen Thema des Friedens und des Unfriedens unter den Menschen und Völkern dieser Welt eine Aussage zu machen vermögen, die über den Tag hinauswirkt. Ich wäre Ihnen herzlich dankbar, wenn Sie unsere Bitte erfüllen könnten und wollten. Schließlich", so Franke in seinem Brief vom 22. August 1974, "wird die Veranstaltung einen Rahmen haben, der sowohl des Preisträgers als auch Ihrer würdig ist."[69)]

Golo Mann weiß zu genau, "wie Geschichte entsteht, er kennt die Abläufe der Politik – und so fehlt ihm die Scheu vor dem Geschehenden." Mehr noch: "Die Nähe zu Politik und Geschichte schützt (ihn) auch vor Generalisierungen, vor schnellen moralischen Urteilen, vor Kurzschlüssigkeit und Konformismus. Manche drücken das so aus, daß sie sagen, Golo Mann sei im Lauf der Zeit mit Fleiß allen politischen und publizistischen Richtungen auf die Füße getreten."[70)]

Er ist es auch dem PR-süchtigen VdK und seinem selbstherrlichen Präsidenten. Denn sowohl Werner Heisenberg und Carlo Schmid als auch Golo Mann erteilten "begründete Absagen". Erst jetzt – und nicht früher! – wandte man sich in seiner Not an den amtierenden Bundespräsidenten, ob er bereit wäre, in einer Feierstunde einen Festvortrag zu halten.

Diese Frage wurde von dem völlig ahnungslosen Scheel bejaht und vom Verband jubelnd aufgenommen. "Wir sind uns der Auszeichnung bewußt, die damit unserem Preisträger und dem größten deutschen Kriegsopferverband zuteil wird", frohlockte Weishäupl, dem es endlich gelungen war, einen kapitalen Fisch an Land zu ziehen – und zwar den ersten Mann im Staate, den er jetzt nach Belieben für seine Selbstdarstellung einspannte und ausnutzte.

Nun konnte der Friedenspreis des VdK Deutschlands am 13. März 1975 zwar weder in der Frankfurter Paulskirche noch in der Bonner Beethovenhalle, dafür aber in der Stadthalle zu Bad Godesberg verliehen werden. Zugegen waren unter anderem der Doye des Diplomatischen Korps

Nuntius Bafile, die Bundestagspräsidentin Renger und die Bundesminister Ravens und Rohde. Die Laudatio hielt der VdK-Präsident, der sich auch die medienwirksame Übergabe des Preises vorbehielt.
Heinemann, der zu ehrende Alt-Bundespräsident, war seinerzeit aus Protest gegen die Wiederbewaffnungspolitik Adenauers als dessen Bundesminister zurückgetreten. Am 29. November 1952 gründete er die neue, neutralistisch orientierte Gesamtdeutsche Volkspartei, mit deren Hilfe er in dem für 1953 bevorstehenden Bundestagswahlkampf eine politische Position gegen die Wiederaufrüstung aufbauen wollte. 17 Jahre später würdigte er als Bundespräsident dennoch den Verteidigungsauftrag der Bundeswehr, durch den verhindert werden sollte, "daß uns Gewaltlösungen von fremder Seite aufgezwungen werden."
Jetzt rühmte Weishäupl Heinemanns Bemühungen, durch persönliches Beispiel im Denken und Handeln die Tugenden der Toleranz, der Versöhnlichkeit und des Ausgleichs im politischen Leben zur Geltung zu bringen und damit Wege zum Frieden zwischen den Menschen und den Völkern aufzuzeigen. Die Gründung einer Friedenseinrichtung durch den Alt-Bundespräsidenten und sein Engagement für die Behinderten haben den VdK zur Verleihung bewogen.
Starke Beachtung fand im In- und Ausland die Rede Walter Scheels, die der Verband dem Bundespräsidenten im wahrsten Sinne des Wortes untergeschoben, ja untergejubelt hatte. In ihr betonte Scheel, an Heinemann gewandt, unter anderem:

"Sie waren immer ein Mann des Friedens. Sie hassen den Krieg. Sie haben gegen den Krieg gekämpft, bevor er kam, als er schreckliche Wirklichkeit wurde – bis heute.
So will auch ich jetzt einige Bemerkungen über den Frieden machen. Oder besser; ich möchte sprechen über die Außenpolitik als Friedenspolitik. Hierüber ist schon viel geredet worden. Man darf nicht aufhören, hierüber zu reden. Heut nicht und morgen nicht und nie.

Die Friedenspolitik ist nicht der Einfall irgendeiner Regierung. Man kann nicht ein paar Jahre Friedenspolitik machen und dann etwas anderes. Sie ist keine Mode. Vielleicht ist das Wort ein Modewort geworden – zu der Sache, die es bedeutet, gibt es keine Alternative.
Die Alternative hieße Krieg. Die Schrecken eines neuen Krieges sich auch nur vorzustellen, dazu reicht unsere Phantasie nicht hin. Wissenschaftler haben versucht darzustellen, welche Folgen ein Atomkrieg in Europa hätte. Man legt eine solche Analyse nahezu ungerührt aus der Hand. Das Entsetzen ist zu groß, als daß es noch jemanden bewegen würde. (...)
Meine Damen und Herren: Wo Hunger herrscht, da ist kein Frieden. Es nützt nichts, dies nur einzusehen, wir müssen das wahrnehmen, wir müssen die Folgerungen daraus ziehen. Erst dann werden unsere Worte in der Welt glaubwürdig. Wir, die Industrieländer, sind keine Auserwählten, denen von Schicksals wegen ein besseres Leben als anderen zusteht. Und wir können etwas tun. Wir können den Völkern der Dritten Welt helfen, indem wir mit ihnen zusammenarbeiten. Aber dieses Angebot der Kooperation darf nicht der Deckmantel für den Wunsch sein, im Grunde alles beim alten zu lassen. Diese Völker haben in kurzer Zeit ein starkes eigenes Selbstbewußtsein entwickelt. Sie prüfen uns. Wenn sie uns unaufrichtig finden, ist eine große Chance des Friedens verspielt.
Es gibt die riesigen Probleme der Armen – es gibt gleichermaßen die Probleme der Reichen. Den Ölstaaten ist mit Milliardenbeträgen auch Macht zugeflossen. Plötzliche Machtveränderungen aber sind immer gefährlich für den Frieden. Auch hier ist die Gefahr nur zu bannen durch Kooperation, die gegenseitiges Vertrauen voraussetzt.
Unsere Friedenspolitik ist daher: Integration in Europa und in der Atlantischen Allianz, Kooperation nach Osten, Kooperation mit den Armen der Dritten Welt, Kooperation mit den Reichen der Dritten Welt."[71)]

Nach der Preisverleihung herrschte jedoch nicht nur der allgemein erwartete eitle Sonnenschein, sondern es kam umgehend Kritik auf, weil gewisse Umstände bekannt wurden, die dem Preisträger da und dort abträglich waren. So kam zum Beispiel die einmalige finanzielle Unterstützung der Familie Dutschke heraus, die zu diesem Zeitpunkt als Folge der schweren Kopfverletzung ihres Ernährers, die ihm ein Geisteskranker zugefügt hatte, verarmt und ohne eigenes Einkommen war. Einwände wurden ebenso gegen den Brief erhoben, den Heinemann an die "Sehr geehrte Frau Meinhoff" geschrieben hatte. In jenem Schreiben hatte er ihr und ihren Mithäftlingen dringend empfohlen, den Hungerstreik einzustellen. Kritisiert wurde aber auch, daß der Friedenspreis des VdK mit einer Dotation von 10.000,00 Mark verbunden war, die man, da ja Beitragsgelder, sinnvoller für die Linderung der Not in den eigenen Reihen hätte verwenden sollen, ja müssen.
Trotz allem: Mit dieser Kritik konnte Weishäupl angesichts der Bedeutung der Ansprache des Bundespräsidenten, der für seinen Verband im wahrsten Sinne des Wortes seinen Kopf hingehalten hatte, gut leben. Mit stolz geschwellter Brust berichtete der Hauptgeschäftsführer in seinem Schreiben vom 17. März 1975 dem Präsidenten, dem Hauptvorstand und dem Verbandsausschuß:
"Die Ansprache von Bundespräsident Walter Scheel, den wir expressis verbis gebeten hatten, zur deutschen Friedenspolitik eine substanzielle Aussage zu machen und dabei auch in einer ihm geeignet erscheinenden Form durchblicken zu lassen, daß es im Laufe der überschaubaren Geschichte noch kein Volk gegeben hat, das wie das Deutsche, nach dem Zweiten Weltkrieg, bereit war, seine Kriegsschuld auf sich zu nehmen, Wiedergutmachung bis an die Grenze des Tragbaren zu leisten und seine eigenen Kriegsverbrecher abzuurteilen, hat sich zweifellos als Politikum eigener Art erwiesen und wird sicher noch seine Nachwirkungen haben. Damit ist die Veranstaltung des VdK in eine besondere Dimension politischer Aktualität und Bedeutung gehoben worden."[72)]

Der Jubel des Verbandes der Kriegs- und Wehrdienstopfer, Behinderten und Sozialrentner Deutschlands darüber war dem amtierenden deutschen Staatsoberhaupt jedoch entschieden zu laut. Er hätte nach der Preisverleihung an seinen Vorgänger lieber leisere Töne vernommen statt eines unerträglichen Triumphgeschreies, das bis in die Villa Hammerschmidt drang. Nein, bei derartigen PR-Veranstaltungen wollte Scheel so schnell nicht wieder als Festredner in Erscheinung treten. In der Tat: Als ihn gut ein Jahr später die Einladung zu einem Festakt anläßlich des 30jährigen Bestehens des VdK Deutschlands erreichte, nahm er diese der Konversation halber zwar dankend an, aber am Schluß seines Briefes vom 15. September 1976 schrieb er unmißverständlich. "Haben Sie aber bitte Verständnis dafür, daß ich von einer Ansprache absehen möchte."[73)]
Die vorübergehende Verstimmung zwischen dem Verband und dem Bundespräsidenten war unübersehbar. Erst der 20. Mai 1977 wurde für den VdK Deutschlands wieder einer jener Tage, an dem er vor den Augen der Öffentlichkeit seine Bedeutung, ja seine Macht eindrucksvoll unter Beweis stellen konnte. Denn neben rund 10.000 Mitarbeitern aus sämtlichen Landesverbänden waren an jenem Freitag auch zahlreiche Persönlichkeiten aus Staat, Politik und Gesellschaft in die Münchner Olympiahalle gekommen, um das Verbandsjubiläum gebührend zu feiern.[74)]
"Es ist für uns alle im VdK eine besondere Auszeichnung, daß der höchste Repräsentant unseres Staates, Herr Bundespräsident Walter Scheel, bei der Feier in unserer Mitte weilt", betonte Weishäupl gleich zu Beginn seiner Rede mit stolzgeschwellter Brust und fügte dann hinzu: "Wir begrüßen Sie, Herr Bundespräsident, mit Herzlichkeit und großer Freude. Wir haben Grund zur Freude. Denn Ihnen wurde gestern in Aachen der Internationale Karlspreis 1977 verliehen. Wir gratulieren!"
Nachdem der Beifall verrauscht war, betonte Weishäupl: "Alle Ihre Vorgänger, Herr Bundespräsident, haben dem VdK bei besonderen Anlässen ihre Wertschätzung bekun-

det. Professor Theodor Heuss und Dr. Gustav Heinemann wurden mit dem Friedenspreis des VdK ausgezeichnet. Bei der 10-Jahres-Feier, vor 20 Jahren, hat der erste Bundespräsident hier in München das Wort geprägt: ‚Die Demokratie lebt elementar aus dem Ehrenamt!‘ Und er hat den Mitarbeitern des Verbandes zugerufen: ‚Hier darf der Bundespräsident, hier muß er einfach danken, den Ungezählten und Unzählbaren, die ehrenamtlich in der Kriegsopferversorgung stehen‘."

Und da Scheel sich aufgrund der unrühmlichen Vorgänge nach der Friedensverleihung an Heinemann geweigert hatte, hier, in München, das Wort zu ergreifen, beeilte sich der VdK-Präsident hinzuzufügen: "Herr Bundespräsident, auch Ihre Anwesenheit werten wir in diesem Sinne!"

5. Kapitel

DIE INTRIGENSPIELE DER INTERESSENVERBÄNDE

"Die Hauptwirksamkeit der Verbände im politischen System ist eher unauffälliger Art. Sie betrifft auch nicht so sehr die Gesetzgebung als die Durchführung (Implementation), und gerade in diesem Bereich sind die Behörden zunehmend auf die Kooperation von Verbänden angewiesen. (...) Konflikte gibt es nicht nur zwischen Parteien und neuen sozialen Bewegungen, sondern auch zwischen diesen und den etablierten Verbänden."
DEUTSCHES HANDBUCH [75)]

Die Deutschen – ein Volk von Vereinsmeiern? Meist wird diese Frage aus gegebenem Anlaß bejaht. Insbesondere dann, wenn man zu den landläufigen Vereinen der Sportler und Skatbrüder, der Kaninchen- und Mohrrübenzüchter auch die vielfältigen Vereinigungen der Soldatenverbände sowie die politischen, sozialen und gesellschaftlichen Organisationen hinzurechnet. In der Tat ist der Grat der Interessenverbände in Deutschland im internationalen Vergleich hoch. Mehr noch: "In ihrer Organisationsmacht und Finanzkraft sind die deutschen Spitzenverbände im Ausland vielfach bewundert und beargwöhnt worden; letzteres vor allem dort, wo sie in internationalen Zusammenschlüssen einen beträchtlichen Teil der Finanzen aufbringen und einen gewissen Einfluß auf die Richtung des jeweiligen Verbandes ausüben."[76)]
Aber nicht nur das Ausland blickt gebannt auf die deutsche Verbandslandschaft. In Deutschland selbst werden die verschiedenen Interessenverbände von den Politikern in einer Art Haßliebe umworben. Denn "im Grundgesetz sind die Parteien als systemtragendes Element hervorgehoben worden (Art. 21), nicht hingegen die Verbände. (...) Andererseits erleichtern das Wahlrecht und die Organisation des

Deutschen Bundestages eher Einflußnahme der Verbände. Das zweistufige Kandidatenaufstellungsverfahren und die Listenplatzvergabe begünstigen die Plazierung von Verbandsvertretern, die Teilinteressen verfolgen."[77)]

Das bedeutet im Klartext: Man ist aufeinander angewiesen, um erfolgreich zu sein. Das führt nicht selten zu einem reinen Opportunismus. Denn "die Verbandsaffinität von Abgeordneten ist nicht immer durch die berufliche Bindung an Interessengruppen bestimmt."[78)] Im Gegenteil: "Viele Abgeordnete sind Mitglieder in Verbänden, ohne in ihnen eine führende Rolle zu spielen."[79)] So zum Beispiel "die Gewerkschaftsmitgliedschaft (...) eher ein Mittel der Abgeordneten, wichtige Zielgruppen bei der Kandidatenaufstellung für sich zu gewinnen, und kein Beweis dafür, daß der Gewählte im Bundestag Gewerkschaftspolitik treibt."[80)]

Das sind Fakten, die nicht nur für sich sprechen, sondern von den Politikern und den Verbandsführern aufmerksam studiert, registriert und analysiert werden, um daraus die richtigen Schritte und Verhaltensnormen abzuleiten. Denn "Deutschland gehört zu den Ländern, in denen eine Kooperation wichtiger Verbände mit dem Staat schon vor längerer Zeit entstanden ist."[81)]

Daraus ergibt sich, daß derjenige, der möglichst nahe an den Funktions- und Entscheidungsträgern von Staat und Gesellschaft sitzt, auch einen großen machtpolitischen Einfluß ausübt. Da das allen Verbänden und Interessenvertretern geläufig ist, buhlen diese nicht nur unablässig um den besten Platz in den Machtzentren, sondern sie stellen sich auch, wo immer es geht, gegenseitig ein Bein oder treten einander vor das Schienbein, um den lästigen Konkurrenten loszuwerden.

So hatte einst der niedersächsische Ministerpräsident das Faß zum Überlaufen gebracht, als er sich auf dem 9. Reichsbund-Landesverbandstag Niedersachsens im Frühjahr 1974 in einer für einen Regierungschef ungewöhnlich umfassenden Weise nicht nur zugunsten der Behinderten einsetzte, sondern auch ganz freimütig bekannte: "Schließt Euch dem Reichsbund an!"

Aber das war nur die Schlußfolgerung seiner Ausführungen. Zuvor hatte Alfred Kubel in seiner stark beachteten Rede ausgerufen: "An dieser Stelle möchte ich gegenüber dem Reichsbund besonders anerkennen, daß er sich bemüht hat, sich im sozialpolitischen Bereich gesamtgesellschaftlich zu orientieren und zu verhalten. Er hat sich nicht darauf beschränkt, nur die Interessen seiner großen Mitgliedergruppen zu vertreten. Was der Reichsbund durchgesetzt hat, ist zum größten Teil auch Menschen zugute gekommen, die nicht Mitglieder des Reichsbundes sind. An dieser Stelle darf ich im Namen des Landes den Mitgliedern und Mitarbeitern des Reichsbundes dafür danken. Bestimmte Interessen zu vertreten, ist in einer pluralistischen Gesellschaft berechtigt und notwendig. Noch notwendiger aber ist es, daß die Schwachen und Benachteiligten Sprecher und Anwälte finden, damit sie nicht vernachlässigt werden im Kampf der Gruppeninteressen. Ich fordere alle, die in unserer Gesellschaft zu kurz gekommen sind, auf: schließt Euch den entsprechenden Verbänden, schließt Euch dem Reichsbund an! Die Solidarität verlangt es, dort auch Mitglied zu werden, wo ohnedies bereits seit langem die eigenen berechtigten Interessen vertreten werden."[82)]

Damit hatte der sozialdemokratische Ministerpräsident dem VdK den Fedehandschuh vor die Füße geworfen. Rasch hob der SPD-Staatssekretär a. D. Karl Weishäupl diesen auf und schrieb seinem Genossen am 21. Mai 1974 einen geharnischten Brief:[83)]

"Ich habe in meiner nunmehr immerhin 28-jährigen Arbeit für den VdK noch niemals festgestellt, daß offizielle Regierungsvertreter, die schließlich keine Verbandsinteressen vertreten, in dieser Weise beispielsweise Werbung für den VdK gemacht hätten. Solche Versuche hat es nicht einmal von seiten der CSU vor Wahlkämpfen gegeben und das will immerhin einiges heißen!

Der VdK ist parteiunabhängig, allerdings nicht neutral, wenn Sachzwänge dies verhindern. Die vielen Mandatsträ-

ger, Minister, Ministerpräsidenten bzw. Landtagspräsidenten, die dem VdK als Mitglied angehören, haben dies auch immer respektiert, was durchaus in Ordnung ist.
Wenn der Ministerpräsident des Landes Niedersachsen sich nunmehr öffentlich für die Mitgliedschaft gerade im Reichsbund stark macht, könnte dies konsequenterweise bedeuten, daß er eine Mitgliedschaft im VdK für nicht ratsam hält. Ferner könnte außerdem der Eindruck entstehen, daß er und seine Landesregierung einen ganz bestimmten Verband für hoffähiger halten als andere. Dies wäre ein erheblicher Vertrauensbruch gegenüber all den anderen Behinderten, Kriegsopfern und Sozialschwachen, die es sozusagen ‚wagen', nicht dem Reichsbund anzugehören.
Ich kann nicht glauben, verehrter Genosse Kubel, daß dies im Sinne gerade eines sozialdemokratischen Ministerpräsidenten liegt, der unabhängig über Interessenverbänden stehen sollte, vielleicht mit einer Ausnahme: den Gewerkschaften.
Da der VdK ebenfalls die sozialen Leistungen des Landes Niedersachsen anerkennt, sehe ich keinen Grund, den VdK so vor den Kopf zu stoßen."

Schon lange war dem Verband der Kriegs- und Wehrdienstopfer, Behinderten und Sozialrentner Deutschlands ein Dorn im Auge, daß der Reichsbund der Kriegsopfer, Behinderten, Sozialrentner und Hinterbliebenen, der sich später Reichsbund der Kriegs- und Wehrdienstopfer, Behinderten, Sozialrentner und Hinterbliebenen nannte, offenbar in den Bundesländern, in denen der VdK schwach vertreten ist, systematisch versucht haben soll, den VdK bei Parteifreunden der SPD in Mißkredit zu bringen.
"Wir sollten doch einmal im Präsidium uns mit diesem Dilemma befassen", riet Weishäupl am 4. Oktober 1974 seinem Hauptgeschäftsführer Franke, "denn auf die Dauer könnte es schädlich sein, wenn bei der SPD der Eindruck entstehen sollte, als ob der VdK besonders die Interessen der CDU vertritt."[84)]

Das Verhältnis zwischen diesen beiden Kriegsopferverbänden glich zuweilen einem Hase-und-Igel-, aber auch einem Katz-und-Maus-Spiel; jedenfalls aus der Sicht des VdK. Doch es war stets sehr viel mehr als nur ein Spiel, nämlich eine knallharte Auseinandersetzung zur sozialpolitischen Machterhaltung und –ausübung. So verfolgte der VdK mit Ingrim, daß der Reichsbund-Vorsitzende Rudolf Kleine und dessen stellvertretender Vorsitzende Hermann Meyer rund drei Wochen nach einem VdK-Fernschreiben an Kanzler Schmidt und die daraufhin erfolgte Regelung im Kabinett (bei der es darum ging, daß 12 Millionen aus dem Haushalt dem Bundesarbeitsministerium zur Berufsausbildung behinderter Jugendlicher zur Verfügung gestellt wurden) am 12. Februar 1975 ein persönliches Gespräch beim Regierungschef eingefädelt hatten.
Mehr noch: In dem Gespräch wies Kleine darauf hin, daß die Zahl arbeitsloser Schwerbehinderter jetzt 20.000 überschritten habe und bat Schmidt um eine Initiative der Bundesregierung zur beispielhaften Erfüllung der gesetzlichen Pflicht zur Beschäftigung Schwerbehinderter bei mindestens sechs Prozent der Arbeitsplätze aller öffentlichen und privaten Arbeitgeber mit mindestens 16 Beschäftigten. Wenn die Bundesregierung hier ein Zeichen setzen würde, so der Reichsbund, könnte das auch ein Ansporn für die Privatwirtschaft sein. Der Bundeskanzler wies nun seine Mitarbeiter an, ihm unverzüglich Zahlenmaterial vorzulegen, ob und in welchem Umfang die Bonner Ministerien und andere Behörden des Bundes die Beschäftigungspflicht für Schwerbehinderte erfüllen.[85)]

"Das ganze Verfahren als solches, das Kleine an den Tag legt, läßt eine Methode und Richtung erkennen, die so vom VdK nicht länger hingenommen werden sollte", beschwerte sich der Hauptgeschäftsführer am 17. Februar 1975 bei seinem Präsidenten. "Während der VdK aus Anstand und Rücksicht auf wichtigere Aufgaben des Bundeskanzlers ihm nicht ständig auf den Leib rückt und statt dessen jene Wege einschlägt, die dann auch wirklich zum Erfolg führen, und zwar in dem Augenblick, wo sie aktuell sind, geht Kleine weiter den Weg der Schaustellung und der billigen Propagandaeffekte zur Aufwertung seiner eigenen Person. Er tut dies ganz bewußt unter Ausnützung eines von ihm selber genährten Images, daß der Reichsbund der Verband der SPD sei – obwohl es ihm gar nichts ausmacht, die Regierung mit unwahren Tartarenmeldungen (20.000 arbeitslose Schwerbeschädigte!!) zu gegebener Zeit in die Pfanne zu hauen – während es sich beim VdK um eine Gruppierung handele, die in die rechte Ecke der politischen Feinde gehöre. Dabei findet er immer wieder offensichtlich auch im neuen Bundeskanzleramt – im alten war es Staatssekretär Ravens, der darauf hereinfiel – maßgebliche Personen, die noch nicht zur Kenntnis genommen haben, daß sie hier bewußt und zum Schaden der Regierung hinters Licht geführt werden. Dabei muß man sich folgendes vor Augen halten:

Kleine hat beispielsweise im Gegensatz zu Dir in der Regierungspartei SPD außer seiner bloßen Mitgliedschaft noch nie ein Amt gehabt oder etwas geleistet. Auch der von ihm geleitete Verband, der weniger als die knappe Hälfte des VdK an Mitgliedern umfaßt, ist beim besten Willen nicht als Hausorganisation der SPD zu betrachten, wie es der Reichsbund nach dem 1. Weltkrieg war. Ich meine, es wird Zeit, und das könntest nur Du persönlich und vertraulich machen, den Bundeskanzler Helmut Schmidt und seine Umgebung darüber aufzuklären, daß man in voller Ahnungslosigkeit drauf und dran ist, um des persönlichen Propagandabedürfnisses eines Mannes willen sich die überwiegende Mitgliedschaft des mehr als doppelt so großen Verbandes ohne Not zu verprellen. VdK-Mitglieder, die die Zusammenhänge nicht kennen können, müssen aus der Bevorzugung und der Wichtigtuerei, die mit Hilfe offizieller Stellen Rudolf Kleine zuteil wird, den Schluß ziehen, daß die Regierung von dem weitaus bedeutenderen Verband, der noch dazu von einem profilierten Sozialdemokraten geführt wird, nicht viel wissen will. Dabei sind wir, um nur etwas Aktuelles zu betonen, diejenigen gewesen, die als einzige trotz steigender Arbeitslosigkeit bei den Schwerbeschädigten und Behinderten das Schwerbehindertengesetz und seine Wirksamkeit öffentlich verteidigt haben, während Kleine negative Erscheinungen, aufs Doppelte vergrößert, in Panikmache umsetzte. Vom Bundeskanzler ist nicht zu verlangen, weil er weiß Gott andere Sorgen hat, daß er solche Zusammenhänge auf Anhieb durchschauen kann. Aber es muß merkwürdig berühren, wenn unsere Demarche zwar in der Sache richtig, sofort berücksichtigt und ihr gemäß entschieden wird, Kleine anschließend hingeht, nachdem die wirkliche Arbeit vom VdK gemacht wurde, sich fotografieren läßt, als wäre er der Retter des Vaterlandes, den VdK aber bis heute nicht einmal eine Bestätigung unseres Fernschreibens erreicht."[86)]

Nun, wenn es darum ging, dem Reichsbund auf die Füße zu treten, dann war der VdK sogar bereit, sich hierfür mit dem Heimkehrerverband zu verbünden. Ein reines Zweckbündnis zum jeweils eigenen Machterhalt, denn auch der ehemalige geschäftsführende Präsident jenes Verbandes machte in seinem Gespräch mit dem VdK-Präsidenten am 21. Oktober 1974 in Bad Godesberg aus seiner Abneigung gegen den Reichsbund-Vorsitzenden kein Hehl. Kießling bemängelte insbesondere Kleines Stil, seinen Verband nur als Staffage für seine eigenen Auftritte und seine "Publizitätssucht", wie er sich ausdrückte, zu benutzen.
"Bei der vom Reichsbund eingeschlagenen internationalen Politik sei der prononcierte Zug nach Osten zu den kommunistischen Staaten und ihren staatlichen Kriegsopfer-Komitees nicht zu übersehen", erfahren wir aus einem VdK-Kurzbericht. "Innenpolitisch habe er, Kießling, den Eindruck gewonnen ‚als ob Kleine durch die immer wieder, zuletzt in Bremen lauthals vorgetragene Forderung nach einem Bundesbeauftragten für Rehabilitation, für sich selbst einen solchen Posten suche."
Gewiß, diese Vermutung darf angestellt werden. Jedoch sollte man sich hüten, sie auszusprechen, denn diesbezügliche Überlegungen sind, wie wir noch mit Erstaunen sehen

werden, dem VdK alles andere als fremd, wenn es darum geht, den jeweiligen Bundes- bzw. Landesregierungen eigene Leute als Beauftragte für diesen oder jenen Funktionärsposten vorzuschlagen, ja aufzuschwatzen. So schrieb der VdK-Präsident zum Beispiel am 23. Oktober 1974 an die Bundesministerin für Jugend, Familie und Gesundheit Katharina Focke frank und frei:

"Sehr verehrte Frau Bundesminister!
Aus den ‚Informationen' Ihres Hauses vom 16.10.1974 entnehme ich, daß Sie im Zusammenhang mit dem von den Vereinten Nationen ausgerufenen ‚Internationalen Jahr der Frau' zwei Aufklärungskampagnen über spezielle Frauenprobleme planen und zu ihrer Unterstützung ein Kuratorium berufen wollen, in dem alle gesellschaftlich relevanten Gruppen vertreten sind. Dieses Kuratorium soll sich am 19. November in Bonn konstituieren. Leider muß ich feststellen, daß der VdK Deutschland bisher keine Aufforderung erhalten hat, in diesem Kuratorium mitzuarbeiten. Ich vermute, daß bei der Vorbereitung für dieses Kuratorium übersehen worden ist, daß der Vdk innerhalb seiner 1,2 Millionen Mitglieder allein 600.000 Frauen, nämlich vorwiegend Kriegerwitwen zählt und damit in seinen eigenen Reihen wohl im Vergleich zu anderen Frauenorganisationen die weitaus meisten weiblichen Mitglieder hat.
Ich möchte Sie daher herzlich bitten, auch weibliche Spitzenvertreter des VdK in dieses geplante Kuratorium zu berufen und schlage dazu die Vizepräsidentin des VdK Deutschlands, Frau Rosel Schmitt (...) vor. Ihr wurde in Würdigung ihrer hervorragenden Leistungen für die Versorgung der Kriegshinterbliebenen und der internationalen Arbeit für Europa und den Frieden am 19. September dieses Jahres von Ministerpräsident Albert Oswald das Große Verdienstkreuz des Verdienstordens der Bundesrepublik Deutschland verliehen.
Mit ausgezeichneter Hochachtung
Ihr Ihnen sehr ergebener (gez.) Karl Weishäupl"[87)]

Doch zurück zum Verhältnis zwischen dem VdK und dem Reichsbund. Hier hegte der Verband der Kriegs- und Wehrdienstopfer, Behinderten und Sozialrentner Deutschlands den Verdacht, "daß Kleine und seine Helfer gezielt im Inland gegenüber Regierungsstellen und Behörden als auch im Ausland versuchten, den VdK in die rechte Ecke zu stellen, worunter im Inland der verlängerte Arm der Opposition und im Ausland Revanchismus zu verstehen sei. Er", Weishäupl, "habe sich bemüht, in einem sehr eindringlichen Gespräch mit Kleine ihn darauf zu verpflichten, daß bei allem Wettbewerb beider Organisationen eine gegenseitige Desavouierung in den internationalen Beziehungen nicht stattfinden dürfe, damit nicht zum Schaden der deutschen Sache ein Auseinanderdividieren der deutschen Mitgliederverbände und ein gegeneinander Ausspielen möglich sei."[88)]

Aber gerade das war der Fall und wurde sowohl von der einen als auch von der anderen Seite aus machtpolitischen Gründen permanent betrieben. So ging der Diadochenkampf zwischen den verschiedenen Verbänden der Kriegsopfer, Heimkehrer, Behinderten, Sozialrentner und Wehrdienstopfer mit unverminderter Härte weiter, denn schließlich geht es all diesen Interessenvertretern letztlich um Marktanteile an einer Bevölkerungsgruppe, die auf Grund des Generationswechsels von Jahr zu Jahr immer kleiner wird. Um hier die eigenen Mitglieder und treuen (oder soll man sagen dummen?) Beitragszahler bei der Stange zu halten oder gar neue hinzuzugewinnen, wird der Kampf gegen die Konkurrenz gnadenlos ausgetragen; nicht selten auch auf dem Rücken derjenigen, die man vorgibt, selbstlos zu vertreten!

Das war aber nicht immer so. Noch am 6. März 1975 versuchte der Verband der Heimkehrer, Kriegsgefangenen und Vermißtenangehörigen Deutschlands einen Konsens zwischen ihm, dem VdK und dem Bund der Vertriebenen herbeizuführen.

"Als Vertriebene werden diejenigen Deutschen bezeichnet, die im Zusammenhang mit dem Zweiten Weltkrieg ihre

Heimat im alten Reichsgebiet jenseits der Oder-Neiße-Linie oder im Ausland durch Flucht oder Vertreibung verloren haben. Dies geschah überwiegend von Ende 1944 bis 1947. Die Zahl der Vertriebenen – bis heute sind mehr als 9 Millionen in das Gebiet der Bundesrepublik Deutschland gekommen – und das Ausmaß der Schädigung hatte zur Folge, daß die Eingliederung dieser Gruppe der Geschädigten sich als die umfangreichste und schwierigste Aufgabe erwies."[89)]
Nachdem die Anfangsschwierigkeiten mit Erfolg überwunden worden waren und man die große soziale Not in den Griff bekommen hatte, betrieben die Verbandsfunktionäre mehr und mehr eine lupenreine Machtpolitik. Hierbei ging es unter anderem auch um die "Vorbereitung für einen Entwurf zur Sicherheitslage" auf der Grundlage eines Vermerks des BdV-Präsidenten Dr. Herbert Czaja vom 4. Februar 1975 zur Bewertung der KSZE im Ostblock.

Nach dem Studium dieses Dokumentes kam es zu einem ausführlichem Gespräch zwischen dem geschäftsführenden Präsidenten des VdH und dem Präsidenten des BdV. Dabei vertrat Kießling gegenüber Czaja die Ansicht, daß im Falle einer gemeinsamen Entschließung zur Sicherheitslage zwischen ihren Verbänden auch dem VdK Deutschland der Zutritt gestattet werden müßte, denn "der VdH wünscht (...) keine vertriebenen-spezifische Entschließung mitzutragen, sondern eine Entschließung staatsbürgerlicher Mitverantwortung für unser Land."[90)]
In diesem Sinne übersandte der Verband der Heimkehrer, Kriegsgefangenen und Vermißtenangehörigen Deutschlands dem Verband der Kriegs- und Wehrdienstopfer, Behinderten und Sozialrentner Deutschlands sein Strategiepapier zur Sicherheitslage mit der Bitte um eine Äußerung des VdK bis zum 1. April 1975, "die den Entschließungs-Entwurf zum Inhalt hat." Darin hieß es unter anderem:
"Die Sicherheit des Staates ist nicht gewährleistet ohne ausreichende Verteidigungskräfte und wirksame Bündnisse der freien Staaten und Völker zur Selbstverteidigung. Jeder

Bürger soll seine Pflichten im Rahmen der Verteidigung der freiheitlichen und sittlichen Rechtsgemeinschaft erfüllen. Sie läßt einzelnen die Gewissensfreiheit, statt dem Dienst mit der Waffe einen Ersatzdienst zu leisten. Doch ist dies ausschließlich nur aus überzeugenden, nachweisbaren, dauerhaften und echten Gewissensgründen zulässig."[91)]

Die Antwort des VdK ließ an Deutlichkeit nichts zu wünschen übrig. Wie unter dem Skalpell eines Chirurgen wurde Punkt für Punkt des VdH-Entwurfes zur Sicherheitslage messerscharf seziert. Voltaire, der große französische Denker und Spötter der Aufklärung, hätte seine helle Freunde an der beißenden Kritik des VdK gehabt, denn da stand unter anderem zu lesen:

"Überflüssige Feststellung. Die Begründung ist schwach. (...) Der VdH hinkt da einfach weit hinter der tatsächlichen Entwicklung her. Man ist geneigt, an einen Langschläfer zu denken, der plötzlich, durch ein einziges Ereignis aus dem Schlaf gerissen, in Panik Zeter und Mordio schreit. (...) So undifferenziert kann man das Problem (...) nicht abtun. (...) Blödsinniges 'Bla-Bla'. Was ist denn eine 'sittliche' Rechtsgemeinschaft? Weder eine Rechtsgemeinschaft noch der Staat haben irgendwelche 'sittliche' Aufgaben; sie haben eine 'soziale' Funktion. Das Gerede von den 'ausschließlich, überzeugenden, nachweisbaren, dauerhaften und echten Gewissensgründen' ist völliger Nonsens. Wie soll das denn überhaupt nachgeprüft werden? Gerade die Unmöglichkeit dessen ist es doch, die zur entsprechenden Diskussion geführt hat." Die Gesamtbeurteilung des VdK zum VdH-Papier fiel vernichtend aus. "Der VdH", heißt es darin, "nimmt zu Themen Stellung, mit denen er eigentlich von seiner Aufgabenstellung her so gut wie nichts zu tun hat. Die Folge ist bedeutungsloses Geschwätz, das zudem teilweise um Jahre zu spät kommt, unausgegoren, überholt, wenig durchdacht und überhaupt nicht konkret ist. Man zeigt sich einseitig und absolut kompromißlos, obwohl man genau weiß, daß man damit überhaupt nichts erreicht. Gerade wer etwas für die Menschen tun will, muß eben einen modus vivendi finden, auch mit Staaten, deren Gesellschaftsordnung uns nicht paßt. Aber umgekehrt ist das eben auch so. Die Zeit der großen Worte, so gut sie auch gemeint sind, ist vorbei. Man kann nicht immer alles fordern. Damit erreicht man nichts."

In Wahrheit ging es jedoch um sehr viel mehr. Da der Bund der Heimatvertriebenen mit seinem Präsidenten Herbert Czaja an den Vorbereitungen für einen Entwurf zur Sicherheitslage beteiligt war, gab der VdK die Parole aus: "Allerhöchste Vorsicht geboten!" Und bemäntelte seine Zurückhaltung mit dem Hinweis, die Verbände sollten darauf achten, daß sie sich nicht anmaßen, eine Art Ersatz-Partei sein zu wollen. Außerdem sollten sie nicht in die Aufgabe anderer Verbände, Vereinigungen und Organisationen hineinpfuschen.

Dieser Seitenhieb hinderte den VdK Deutschlands allerdings nicht daran, dem VdH umgehend ein Zuckerbrot unter die verschnupfte Verbandsnase zu halten, und zwar in der Form eines Glückwunschschreibens vom 4. April 1975, nachdem dem Präsidenten des Verbandes der Heimkehrer durch den Sozialminister von Nordrhein-Westfalen, Werner Figgen, in Gegenwart des Justizministers Dr. Posser das Große Verdienstkreuz des Verdienstordens der Bundesrepublik Deutschland überreicht worden war.[92)] Denn was schmeichelt einem Politiker und Verbandsfunktionär schon mehr, als sich wie ein Pfau mit Orden und Ehrenzeichen, mit erkauften oder verliehenen Titeln schmücken zu dürfen? Die sozialpolitischen Lobbyisten, die Anwälte des kleinen Mannes, der Sozialhilfeempfänger und Have-not-Peoples bilden da keine Ausnahme.

"Ich freue mich über diese Ihre persönliche Ehrung um so mehr", schrieb Weishäupl scheinheilig "weil ich weiß, welche ungewöhnlichen Verdienste Sie sich an der Spitze des Heimkehrerverbandes durch Ihr energisches und unbeirrbares Eintreten für einen Frieden in Freiheit, für die Bewahrung unveräußerlicher Werte und für die Aufrechterhaltung von Recht und Ordnung erworben haben. Würden sich alle Bürger unseres Staates mit der gleichen Unerschrockenheit und Konsequenz wie Sie öffentlich zu dem bekennen, was für eine lebendige und lebensfähige Demokratie unabdingbar ist, dann wäre es sicher besser für unser Land."[93])

Das Dankschreiben des VdH-Präsidenten vom 10. April 1975 traf postwendend beim VdK ein. In ihm betonte der Generalstaatsanwalt a. D. Erich Heimeshoff: "Ich weiß nicht, ob ich Ihre überaus wohlwollenden Worte verdient habe. Wir alle stehen in der Verantwortung, unserem Staat zu dienen und die Demokratie funktionstüchtig zu erhalten. Ich glaube, die Kriegsgeneration trägt dabei eine besondere Verpflichtung. Der zweite Versuch der Etablierung der Demokratie in Deutschland darf nicht erneut scheitern. Ich bin sehr dankbar, daß unsere beiden Verbände so vertrauensvoll zusammenarbeiten und ich hoffe, daß diese Zusammenarbeit noch lange gegeben sein möge. Ich werde mich jedenfalls immer für möglichst viel Gemeinsamkeit einsetzen."[94])

Dieses Wunschdenken war jedoch eine Einbahnstraße von Seiten des Verbandes der Heimkehrer als auch von Seiten des Reichsbundes. Der VdK nahm dagegen jede sich bietende Gelegenheit wahr, um seinen Konkurrenzverbänden – insbesondere jedoch dem Reichsbund – wann und wo immer es ging, auf die Finger zu klopfen, wie zum Beispiel im März 1981, nachdem die "Frankfurter Rundschau" folgenden Artikel abgedruckt hatte:

"Fast 2000 Behinderte aus 30 Nationen warben am Wochenende im Genfer UN-Palast für ein weltweites Bewußtsein ihrer Probleme und für ihre volle Integration. Die vom 'Weltverband der Behinderten' erhobenen Forderungen reichen von der Verbesserung der Lebensqualität und umfassender Sozialpolitik für Behinderte über Zollfreiheit für alle Heil- und Hilfsmittel, einheitliche internationale Behindertenausweise und die Beseitigung baulicher Hindernisse bis zur weltweiten Abrüstung. Der Vizepräsident des Behinderten-Weltverbandes und Vorsitzende des 'Reichsbundes der Kriegsopfer, Behinderten, Sozialrentner und Hinterbliebenen' in der Bundesrepublik Deutschland, Hermann Meyer, warnte in seiner Rede vor neuen Rüstungsbemühungen."[95])

In einem vertraulichen Brief vom 24. März 1981 schrieb der VdK-Präsident dem Leiter seiner Presseabteilung Faustmann: "(...) es ist unglaublich, wie der sogenannte 'Weltverband der Behinderten' operiert. Jetzt hat er sogar im UN-Palast seine Stimme gegen die Aufrüstung erhoben. Sie wissen genauso wie ich, daß dieser 'Weltverband' gar kein Weltverband ist, sondern daß ihm allenfalls vier oder fünf Organisationen aus Europa angehören und somit keine Organisation aus Afrika, Asien, Australien und Amerika. Wie hier der Reichsbund den sogenannten Weltverband aufbläst, grenzt an Hochstapelei und maßlose Übertreibung. (...) Ich empfehle Ihnen – weil ich selber ja nicht gut tätig werden kann – einen dem VdK geneigten Journalisten ausfindig zu machen, der den Bundesvorsitzenden des Reichsbundes, Hermann Meyer, über den sogenannten Weltverband interviewt. Der Interviewer kann dann ja die geeigneten Fragen stellen über Größe, Umfang, Konzeption und Satzung des sogenannten Weltverbandes der Behinderten."[96)]
Dem Intrigenspiel der sozialpolitischen Interessenverbände war und ist wirklich keine Grenze gesetzt. Der Reichsbund sollte geleimt und bloßgestellt werden, damit der eigene Verband in der Öffentlichkeit und bei den Politikern um so mehr glänzen kann. Mit Sozialpolitik hatten (und haben) derlei Auseinandersetzungen bei weitem nichts mehr zu tun. Hier geht es nur mehr um eine knallharte Machtpolitik zur Sicherung seiner eigenen Pfründe. Man kann sich daher sehr gut vorstellen, wie der VdK frohlockte, als der Reichsbund mit seinem ehemaligen Vorsitzenden Hermann Meyer, einst Angehöriger der Waffen-SS, im Jahre 1989 wegen rund 1500 verkaufter Wohnungen und Häuser in die negativen Schlagzeilen geriet. Das war eine Affäre, die der Verband der Kriegs- und Wehrdienstopfer, Behinderten und Sozialrentner Deutschlands nicht besser hätte inszenieren können, um dem ungeliebten Konkurrenten eines auszuwischen.
"Zum 31. Dezember dieses Jahres kündigte der Rentner Heinz Grossmann aus der Schwarzastraße in Berlin-

Neukölln seine langjährige Mitgliedschaft", schrieb "Der Spiegel" 1989 über die Affäre des Reichsbundes. "Grossmann ist nicht der einzige Mieter, der sich von dem Sozialverband verschaukelt fühlt, seit der sich im September 1987 von den rund 1500 Wohnungen der Gemeinnützigen Reichsbund Wohnungsbau- und Siedlungsgesellschaft mbH (GRW) Berlin trennte. Ein Großteil der Wohnungen, der damals an die Gemeinnützige Wohnungsgenossenschaft Neukölln ging, befindet sich inzwischen in Privatbesitz. Aber beim Verkauf hatte der Reichsbund das Nachsehen. Nach Schätzungen von Experten verlor er mindestens 75 Millionen." Doch "der Reichsbund war nie klamm. Er hatte viele Millionen Mark auf seinen Sparkonten – nach Meinung der Finanzbehörden sogar zu viele. Wegen satzungswidriger Verwendung von Mitgliedsbeiträgen beim Bau und Betrieb des Berliner Hotels 'Mondial' wurde dem Verein inzwischen die Gemeinnützigkeit aberkannt."[97)]
Als eine Hausfrau aus dem schleswig-holsteinischen Heide im Jahre 1989 eine Strafanzeige wegen Bilanzfälschung und Steuerhinterziehung gegen ihren eigenen Sozialverband, den Reichsbund, erstattete, rieb man sich in der VdK-Chefetage zu Bad Godesberg aus lauter Schadenfreude abermals die Hände förmlich wund. "Unter anderem sollen 1,2 Millionen Mark, die das Erholungsheim in Büsum 1987 erwirtschaftet hat, in der Bilanz des Bundesverbandes nicht auftauchen. Die Anzeige aus Heide ist nur eine von 'zahlreichen Strafanzeigen', wie vom Landgericht Bonn mitgeteilt wurde."[98)]
Wie es um die Bilanzen des VdK steht, das erfahren wir noch an anderer Stelle.

6. Kapitel

HERBERT WEHNER, EIN MEISTER DER ANPASSUNG

"Kaum ein anderer deutscher Politiker hat so viele Deutungen, Mutmaßungen, Interpretationen aushalten müssen wie Herbert Wehner. Und er hat sie herausgefordert, durch seine Person, seine Politik, auch durch Schweigsamkeit. Über sich selber mag er nicht reden, und was er sagen will, verbirgt er in schwer zu entschlüsselnden Schachtelsätzen, gefürchtet von Parlaments-Stenopraphen wie von Übersetzern – oder er schreit."
FREUDENHAMMER / VATER [99)]

Wehner, "der interessanteste Mann in Bonn, verketzert, gehaßt aber auch verehrt; ein homo politicus, der wohl den größten Einfluß auf die Bonner Politik der Nach-Adenauer-Ära ausgeübt hat",[100)] war sowohl ein gewiefter Taktiker als auch ein weitsichtiger Stratege der Macht und ein Meister der Anpassung, der dennoch nirgendwo ganz hineinpaßte.[101)] Er war Sozialist, Anarchist und Kommunist, Komintern-Agent, Sowjet-Spion und Verräter, Tyrann und Demokrat, Apparatschik und Minister, Atheist und Protestant. Noch in den ersten beiden Ausgaben des Bundestags-Handbuches von 1949 und 1953 war seine Mitgliedschaft in der Kommunistischen Partei Deutschlands vermerkt. Denn dort stand zu lesen:
"Wehner, Herbert, Redakteur, Hamburg (...) SPD. Geboren am 11. Juli 1906 in Dresden. Ausbildung als Industriekaufmann, volkswirtschaftliche und betriebswirtschaftswissenschaftliche Studien. Seit 1926 neben- und dann hauptberuflich journalistisch und publizistisch tätig, vor 1933 hauptsächlich auf dem Gebiete des Betriebsräterechts und der gewerkschaftlichen Praxis. Von 1930 bis 1932 Abgeordneter des Sächsischen Landtags. Von 1923 bis 1937 Mitglied der SPD, dann bis 1942 der KPD. Auslandsaufent-

halte seit 1935, u. a. in der Sowjetunion. Von 1944 bis 1946 in Schweden Tätigkeit als Viskosearbeiter und dann als wissenschaftlicher Hilfsarbeiter. Seit September 1946 als Redakteur in Hamburg. Mitglied des Landesvorstandes der SPD."[102] Bald darauf stieg er unaufhaltsam in der Partei hoch und höher: 1958 zum stellvertretenden Parteivorsitzenden gewählt, übernahm er schließlich die Führung der SPD-Bundestagsfraktion.

Später, als es für ihn zweckmäßig erschien, verschwieg Wehner seine KPD-Mitgliedschaft. Er verstand sich bestens darauf, jederzeit durch einen taktischen Winkelzug einen ideologischen Frontwechsel zu vollziehen. Als "Sowjetagent" und "Moskaus Fünfte Kolonne" wurde Wehner unter Hinweis auf seine Exiljahre in Moskau immer wieder öffentlich angegriffen. Was sich wirklich in dieser Zeit abgespielt hat, enthüllt die geheime Kaderakte des ehemaligen kommunistischen Funktionärs, dessen Deckname "Kurt Funk" lautete und erst jetzt erstmals in der russischen Hauptstadt zugänglich gemacht worden ist. Sein Gewicht im Apparat und sein Anteil bei den Parteisäuberungen, als er Genossen belastete, die dann der sowjetischen Geheimpolizei zum Opfer fielen, waren bedeutender als bisher angenommen. Er selbst wurde 1937 einem lebensbedrohlichen Inquisitionsverfahren ausgesetzt.[103]

Welch eine außergewöhnliche Vorgeschichte zu einer einzigartigen politischen Karriere in der Bundesrepublik Deutschland. Aber was heißt hier Karriere? Es war ein Leidensweg, den Wehner gegangen ist, gehen mußte. Er war verdächtigt und geschmäht und erkämpfte sich dennoch jenen Respekt in der SPD, um die Partei zu einem Pfeiler der Demokratie zu machen. So wie er ihr Kärner und Stratege, ihr Apparatschik und Genie war, so war er die gnadenlose und unerbitterliche, die scharfzüngige und grausame Geißel der Opposition. Er war ein Mann mit tausend Eigenschaften und blieb auf Grund seines Charakters zeitlebens ein Fremdkörper sowohl im nationalsozialistischen Dritten Reich und in der kommunistischen Sowjetunion als auch in der konservativen Bundesrepublik Deutschland.

“Alle seine Kräfte flossen der SPD zu”, stellte der Politologe Arnulf Baring fest. “Ihr hing er rückhaltlos loyal an; sie war die Heimat, die er erst nach langen Irrfahrten gefunden hatte.”[104)]
Mit dem Godesberger Programm[105)] für eine “neue und bessere Ordnung der Gesellschaft”, so die Präambel von 1959, machte er die SPD regierungsfähig. Dabei buhlte er solange um die Union, bis er sie ins Bett der Großen Koalition gezerrt hatte. Als diese ihren Sinn und Zweck für die SPD erfüllt hatte und die Sozialdemokraten zusammen mit der F.D.P. eine, wenn auch nur hauchdünne, Mehrheit bei den Bundestagswahlen von 1969 erreicht hatten, zog er alle Register, die ihm aus dem Sprachschatz seiner kommunistischen Vergangenheit zur Verfügung standen, um die CDU/CSU madig zu machen, um ihre Parlamentarier zu provozieren.
Nach dem Machtwechsel hatte Wehner, ohne zu zögern, die Regierung verlassen und stattdessen die beiden wichtigsten De-Fakto-Schaltstellen der Regierungspartei übernommen, und zwar die Führung der SPD, über die er als zweiter Vorsitzender schon längst verfügte, und die Führung der SPD-Bundestagsfraktion. Damit war er in der SPD praktisch mächtiger als der SPD-Vorsitzende und Bundeskanzler Willy Brandt, der mit den Regierungsgeschäften voll ausgelastet war. Wehner konnte dagegen nun völlig frei von jeder staatsmännischen Verantwortung schalten und walten wie er wollte. Seiner Machtbesessenheit waren keine Grenzen mehr gesetzt.
War es nun dieser reine Machthunger, der beide miteinander verband, oder ihr instabiler Gesundheitszustand, der sie einander näher kommen ließ? Denn sowohl Wehner als auch Weishäupl litten einerseits unter einer jahrelangen Diabetes mellitus, was gegenseitigen Respekt abnötigte; andererseits lag dem Vorsitzenden der Sozialdemokratischen Bundestagsfraktion genauso an einem ungetrübten Verhältnis zum VdK Deutschlands wie diesem an einem ausgezeichneten Draht zum Zuchtmeister der SPD, der sich immer wieder für die Belange jener Klientel, um die der

VdK massiv warb, stark machte. So bedauerte es Wehner ausdrücklich, daß er nicht persönlich auf der Abschlußkundgebung des 7. Ordentlichen Verbandstages am 6. Mai 1974 erscheinen konnte. Nachdem auch der Stellvertretende Vorsitzende der SPD-Bundestagsfraktion Professor Dr. Ernst Schellenberg, der "Sozialpapst" der SPD, wegen Erkrankung seine Reise nach München absagen mußte, sandte Wehner dem Verbandstag am 2. Mai 1974 das folgende Grußwort, in dem er die sozialpolitischen Initiativen der letzten Jahre zusammenfaßte:[106)]

"Wer in der politischen Verantwortung steht, hat die zumeist undankbare Aufgabe, die unterschiedlichen Interessen und Kräfte, die in der Gesellschaft wirksam werden, zu einem gerechten Ausgleich zu bringen und Schwerpunkte zu bilden. Wir Sozialdemokraten und die Bundesregierung der sozialliberalen Koalition haben der Sozialpolitik insgesamt und der Kriegsopferversorgung im besonderen einen hohen Rang eingeräumt. Natürlich bleiben noch immer Wünsche offen. Ich darf Sie bei der Beurteilung unserer Politik zugunsten der Kriegsopfer jedoch darum bitten, auch einmal Rückschau zu halten und dann zu ermessen, was seit dem Amtsantritt der Regierung Brandt im Vergleich zu früherer Zeit geleistet werden konnte.
Über die Kriegsopferversorgung hinaus hat die sozialliberale Koalition erhebliche Fortschritte gerade in der Sozialpolitik für Behinderte erreicht. Die Behinderten sind jahrzehntelang Stiefkind der deutschen Sozialpolitik gewesen. Sie sind die größte und wohl noch immer die am meisten benachteiligte Randgruppe unserer Gesellschaft. Erst nachdem die sozialliberale Koalition mit ihren Regierungserklärungen von 1969 und 1972 und ihrem Aktionsprogramm von 1970 der Sozialpolitik für Behinderte eine besondere Priorität eingeräumt hat, ist die Öffentlichkeit auf die Probleme der ungefähr 4 Millionen Behinderten aufmerksam geworden, die in unserem Lande leben.
Im Jahre 1969 stand die Koalition vor großen, nur schrittweise und langfristig lösbaren Problemen. Mittlerweile ha-

ben unsere Bemühungen zu einem großen, aus vier Einzelgesetzen bestehenden Reformwerk zur Rehabilitation geführt. Dieses Paket erfaßt das neue Schwerbehindertengesetz und die Dritte Novelle zum Bundessozialhilfegesetz, die bereits in Kraft getreten sind, ferner das Gesetz zur Angleichung der Leistungen zur Rehabilitation und das Gesetz über die Sozialversicherung der Behinderten.

Mit dem neuen Schwerbehindertengesetz haben wir auf dem Gebiet der Hilfe zur Beschaffung und Erhaltung eines Arbeitsplatzes den Grundsatz der Finalität zur Geltung gebracht. Dieser Schritt zur Überwindung des Kausalitätsprinzips und damit der Ungleichbehandlung der Behinderten wird über den Bereich des Schwerbehindertengesetzes hinaus große Bedeutung haben. Der neue Grundsatz der Finalität wird sich insbesondere in einer Neuordnung des Ausweis- und Vergünstigungswesens niederschlagen, die noch in dieser Legislaturperiode in Angriff genommen werden soll.

Das Rehabilitations-Angleichungsgesetz wird die bislang unkoordinierten Leistungen der Kriegsopferversorgung, der gesetzlichen Renten- und Unfallversicherung, der Bundesanstalt für Arbeit und der neu als Träger hinzukommenden gesetzlichen Krankenversicherung vereinheitlichen, aufeinander abstimmen und in vielen Punkten, insbesondere durch die Dynamisierung des Übergangs- bzw. Krankengeldes, verbessern. Der wichtigste Fortschritt dieses Gesetzes besteht darin, daß künftig auch die gesetzliche Krankenkasse Rehabilitationsträger sein wird. Der Personenkreis, der Zugang zu den Rehabilitationsleistungen der Sozialversicherungsträger hat, wird dadurch außerordentlich erweitert. Die meisten derjenigen Behinderten, die bislang auf die Sozialhilfe angewiesen waren, nämlich die jugendlichen Behinderten und die erwerbstätigen Frauen, werden nun auf dem Weg über die Familienhilfe in den Genuß der Rehabilitationsleistungen der Krankenkassen kommen.

Obwohl durch das Angleichungsgesetz die Rehabilitationsleistungen der Sozialhilfe eher an Bedeutung verlieren werden, sind in der Dritten Novelle zum Bundessozialhilfegesetz die Eingliederungshilfe und die Hilfe zur Pflege ganz erheblich verbessert worden. Das betrifft sowohl die Ausweitung des berechtigten Personenkreises als auch die Verbesserung der Leistungen. Die in der Sozialhilfe maßgeblichen Grundsätze der Anrechnung von Einkommen und Vermögen des Hilfbedürftigen wurden spürbar gelockert. Die Einkommens- und Vermögensgrenzen wurden erhöht und dynamisiert, Enkel und Großeltern nicht mehr von Sozialhilfe zur Kostenerstattung herangezogen. Die Rehabilitationsleistungen für jugendliche Behinderte werden künftig in den allermeisten Fällen nicht mehr von Einkommen und Vermögen der Eltern abhängig gemacht.
Das vierte Reformgesetz, das Gesetz über die Sozialversicherung der Behinderten, wird allen Behinderten, die in Behindertenwerkstätten arbeiten, vollen Sozialversicherungsschutz garantieren. Die Beitragsleistungen werden von Bund und Ländern subventioniert. Das verhindert, daß die Kosten allein von der Versichertengemeinschaft getragen werden.
Diese vier Gesetze werden in ihrem Zusammenwirken für die Behinderten in unserem Lande einen ganz großen Fortschritt bedeuten. Zwar wird auch in Zukunft noch viel zu tun sein. Aber ein Anfang ist gemacht und ein Weg ist eingeschlagen, auf dem wir konsequent weitergehen sollten. Ich bitte Sie, uns in unserem Bemühen auch weiterhin im Interesse des von Ihrem Verband repräsentierten Personenkreises kritisch zu unterstützen."

Wehners Ausführungen wurden mit Beifall und breiter Zustimmung aufgenommen. Von Kritik an seinem Führungsstil und Altersstarrsinn keine Spur. Doch ein Jahr später vermerkte der VdK-Hauptgeschäftsführer in einem vertraulichen Schreiben vom 21. April 1975 an seinen Präsidenten: "Herbert Wehner wird offensichtlich ernsthaft alt und ist andererseits in der Beurteilung oder in dem Mut, noch

seine wahre Meinung zu sagen, so unsicher geworden ,daß nach (...) vagen Auslassungen überhaupt kein Mensch mehr erkennen kann, was er eigentlich meint."[107)]
Das Verhältnis – besser gesagt die Achse – Weishäupl/Wehner war dennoch intakt geblieben. Wann immer es ging, gratulierte der VdK-Präsident dem SPD-Fraktionsvorsitzenden zu dieser und jener Ernennung oder zu besonderen persönlichen Anlässen, wie zum Beispiel zu Wehners überraschender Hochzeit mit seiner Stieftochter. Für diese Aufmerksamkeit einer Jahrzehnte währenden Verbundenheit bedankte sich der ebenso konfliktreiche wie gefühlsstarke Poltergeist der SPD dann nicht selten mit ein paar handschriftlichen, fast kindlich wirkenden Zeilen.

Herbert Wehner

Dankbar
für das liebenswürdige Gedenken und viele gute Wünsche, die uns aus Anlaß des 11. Juli zuteil geworden sind,

grüßt herzlich
die Familie

(gez.:) Herbert Wehner

Gewichtiger waren jedoch die "liebenswürdigen Aufmerksamkeiten", wie Wehner sie nannte, anläßlich seiner Wiederwahl als Vorsitzender der Sozialdemokratischen Bundestagsfraktion. So zum Beispiel am 5. Juni 1979, als Weishäupl in seinem Gratulationsschreiben an "Onkel Herbert" freimütig bekannte: "Ich bin sehr froh darüber, daß die Leitung und Führung der SPD-Bundestagsfraktion in Ihren bewährten Händen bleibt, da die immer schwieriger werdenden Probleme, die von Regierung und Gesetzgeber gemeistert werden müssen, mehr den je eines erfahrenen

und energischen Führers der größten Regierungsfraktion bedürfen."[108)]
Oder wie im November 1981, nachdem die SPD-Bundestagsfraktion in geheimer Abstimmung ihren seit 1969 amtierenden Fraktionsvorsitzenden Wehner bestätigt hatte. Bei einer Wahlbeteiligung von 200 der 228 Abgeordneten erhielt er 171 Ja-Stimmen und 22 Nein-Stimmen bei sieben Enthaltungen. Bei der ersten Wiederwahl war Wehner im Oktober 1980 noch mit 185 von 211 abgegebenen Stimmen bestätigt worden. Die meisten Nein-Stimmen hatte er 1979 hinnehmen müssen. 1977 hatten 13 gegen ihn gestimmt und zu Beginn der 8. Periode im Dezember 1976 waren es 20. Das unterwürfige Gratulationsschreiben des VdK-Präsidenten vom 19. November 1981, in dem er gleich eingangs auf Wehners "furchtbare Krankheit" einging, hatte folgenden Wortlaut:[109)]

"Der VdK und ich hoffen zuversichtlich, daß sich Ihre Diabetes mellitus stabilisiert. Es ist wichtig, daß Sie mit voller Kraft an die Probleme herangehen können, die die Bundesrepublik Deutschland zur Zeit hauptsächlich berühren. Der VdK ist der Meinung, daß trotz aller Schwierigkeiten ein Abbau der hohen Arbeitslosigkeit mit Mitteln der Politik und der Wirtschaft möglich sein muß, auch wenn auf Jahre hinaus an die Rückkehr zu Vollbeschäftigung (relativ) nicht zu denken ist. Es bedrückt den VdK, daß zur Zeit über 94 000 Schwerbehinderte vom Arbeitsleben ausgeschlossen sind. Die Bedeutung der Arbeit ist für Behinderte noch größer als für Nichtbehinderte. Wir stellen ein doppeltes Stigma fest: Behindert sein und arbeitslos.. Es ist trostlos, wenn die arbeitslosen Schwerbehinderten ihre Kenntnisse und Fähigkeiten nicht in das Arbeitsleben einbringen können. Arbeitslosigkeit Schwerbehinderter ist ein Widerspruch zu den Rehabiltiationsbemühungen der Bundesregierung und der Länder. Die Beseitigung der Schwierigkeiten auf dem Arbeitsmarkt muß nach Meinung aller Fachleute im VdK in der Politik die Priorität Nr. 1 haben.

Der VdK sieht in Ihnen auch einen Garanten dafür, daß das Netz sozialer Sicherheit, das vor allem die sozialliberale Koalition geschaffen hat, nicht durchlöchert wird. Der Mißbrauch sozialer Einrichtungen und Maßnahmen sollte nicht zu stark in den Vordergrund gestellt werden, denn in allen Gruppierungen gibt es schwarze Schafe. Warum redet man nicht über die Steuerhinterziehungen, die womöglich in die Milliarden gehen?"

Wehner, mit den Jahren immer müder geworden, ließ sich dieses Mal auf kein langatmiges Dankschreiben ein. Kurz und bündig antwortete er "(...) für Ihre Gratulation zu meiner Wiederwahl zum Vorsitzenden der SPD-Bundestagsfraktion und für den ermutigenden Zuspruch danke ich sehr. Er hat mir wohl getan."[110)]

Je mehr der alte Fuhrmann sich zurückzog und sich nicht mehr so bereitwillig vor den Karren der sozialpolitischen Lobby spannen ließ, umso mehr wurde nun der ausgewiesene Sozialpolitiker Rudolf Dreßler hofiert. Schon der Vater und Großvater des 1940 in Wuppertal geborenen waren überzeugte Sozialdemokraten. So zog es auch ihn nach einer Schriftsetzerlehre in die SPD, wo er sich von Anfang an beim Arbeitnehmerflügel engagierte. 1980 wurde er überraschend Parlamentarischer Staatssekretär im Arbeitsministerium. Nach der Wende wurde er 1987 sozialpolitischer Sprecher der SPD-Bundestagsfraktion, wo er sich insbesondere bei der Gesundheitsreform und Pflegeversicherung profilierte.[111)]

"Die Sozialpolitik darf nicht zu einem Ausbesserungswerk für die Folgen verfehlter Wirtschaftspolitik werden", geißelte der parlamentarische Hauptkontrahent von Norbert Blüm den Sozialabbau der konservativ-liberalen Regierungskoalition.

Diesem "lieben Rudolf Dreßler" gratulierte der Parteigenosse Karl Weishäupl am 25. Juni 1987 zur Wahl zu einem der stellvertretenden Fraktionsvorsitzenden der SPD-Bundestagsfraktion und zur Übernahme des Fraktions-Arbeitskreises für Sozialpolitik. "Es ergibt sich hier eine günstige Verbindung Deiner Ämter, denn Du bleibst ja weiter Vorsitzender der SPD-Arbeitsgemeinschaft für Arbeitnehmer-Fragen." Der VdK, so sein Präsident weiter, "wünscht, daß mit Dir die gleichen guten Beziehungen unterhalten werden können wie mit Deiner tüchtigen Vorgängerin Anke Fuchs. Dir ist ja bekannt, daß wir einige Sorgen haben. Dies sind die immer noch hohe Arbeitslosigkeit ganz allgemein und im besonderen die Arbeitslosigkeit Schwerbehinderter, die Verbesserungen in der Kriegsopferversorgung, die Risikoabsicherung bei Pflegebedürftigkeit usf. Es wäre mein Wunsch, daß sehr bald ein weiteres Kontaktgespräch zwischen Dir und dem VdK Deutschland (...) stattfindet."[112)]

Dreßlers Antwort bestand zwar nur aus ein paar Zeilen, aber diese hatten es in sich, denn er signalisierte einen Schulterschluß mit dem Lobbyisten Weishäupl, als er am 6. Juli 1987 schrieb: "Gern gehe ich auf Dein Angebot ein, ein Kontaktgespräch mit Dir und dem Hauptgeschäftsführer Waldemar Brümmendorf zu führen. Wegen eines Termins wird sich mein Büro in den nächsten Tagen mit Dir in Verbindung setzen."[113)]

Das sozialpolitische Gespräch fand dann am 23. September 1987 im Alten Hochhaus des Deutschen Bundestages statt. Dabei wurden die Themen Abbau der Arbeitslosigkeit Schwerbehinderter, Verbesserung des Kriegsopferrechts, Reform der gesetzlichen Kranken- und Rentenversicherung sowie die Absicherung des Risikos der Pflege diskutiert.

Derartige Verbindungen zwischen den Genossen Dreßler und Weishäupl existierten bereits seit geraumer Zeit. So teilte der VdK-Präsident dem Sozialpolitiker am 22. September 1981 in einem vertraulichen Schreiben mit:

"Als langjähriges Mitglied der SPD – seit 1950 – möchte ich Dir heute mitteilen, daß es in der SPD viele gibt, die Eigentore schießen. Ich meine damit zum Beispiel den Experten der SPD für die Arbeitsmarktpolitik Egon Lutz aus Nürnberg, der einen anonymen Brief an eine sehr linkslastige Zeitung weitergegeben hat. Dieser Vorgang ist im

Fernsehen am letzten Samstag hinreichend kritisiert worden. Viele Bürger unseres Staates werden aufgrund dieser Sendung gesagt haben: solche Leute sind bei der SPD Experten!
Ich stimme dieser Meinung zu, denn die SPD-Bundestagsfraktion darf diesen so fatalen Vorgang nicht als ungeschehen übergehen und sollte dem Abgeordneten eine Rüge erteilen. Ich bin geneigt, zu behaupten, daß die SPD aufgrund dieser und anderer Vorgänge in Nürnberg möglicherweise bei den nächsten Kommunalwahlen den Oberbürgermeister verlieren wird, ebenso wie dies in München der Fall war. –
Und der Vorgang mit den Jusos in Berlin (Demonstration gegen die U.S.A.) ist auch nicht geeignet, die SPD auszuzeichnen. Sie hat offenbar keine Möglichkeit gehabt, den Jusos die Beteiligung an dieser merkwürdigen Demonstration zu verbieten."[114)]

Wußten die Beteiligten es nicht oder wollten sie es nicht sehen. Je mehr sie sich von ihrem eigentlichen Aufgabengebiet entfernten und auf andere Felder der Politik wagten, je mehr kristallisierte sich auch bei den Sozialdemokraten von Jahr zu Jahr ein Ansehensverlust der Sozialpolitik heraus. Er war "bei der Wahl des Fraktionsvorsitzenden greifbar. Es war ein Lehrstück der besonderen Art, wie Rudolf Dreßler bei seiner mißlungenen Bewerbung um das Amt insbesondere damit beschäftigt war, sich gegen den Ruf zu verteidigen, 'nur' Sozialpolitiker zu sein. Der Einfluß der 'Sopos' hat abgenommen in einer SPD, die sich als Partei der Wirtschaft auszuweisen versucht und sich vom Geruch befreien will, Partei der kleinen Leute zu sein. 'Von Wirtschaft versteht er mehr', mit diesem Slogan wollte Gerhard Spöri in Baden-Württemberg in diese Richtung vorstoßen. Vergeblich. Denn wahlentscheidend waren sozialpolitische Themen, bei denen sich die Bürger von den großen Parteien allein gelassen fühlten: Wohnungsnot, Angst vor dem Fall in die finanzielle Abhängigkeit vom Staat, Altersarmut."[115)]

7. Kapitel

DER WENDEHALS

"'Ein garstig Lied! Pfui! Ein politisch Lied!' - so unerfreulich schallt es seit Luthers und Goethes Zeiten hinter Juristen und Politikern her. Zwistspinner, Zwietrachtwirker, falsche Gesellen oder schlichte Narren – so erscheinen die Politiker seit der frühen Neuzeit im Sprichwort und in der Literatur. (...) Kein Zweifel: politisch, das heißt über lange Strekken unserer Geschichte im Volksmund so viel wie listig, verschlagen, unehrlich, betrügerisch – und ist es für viele wohl auch heute noch."
HANS MAIER [116)]

Wie alle windschnittigen und aalglatten Politiker und Funktionäre, so verstand auch Weishäupl es meisterhaft, alle Türen zu öffnen und, was ihm noch wichtiger erschien, sie offen zu halten. Er war in seinen Aktivitäten sowohl nach der einen als auch nach der anderen Seite weit ausholend und in der Mitte einladend. Das bedeutete allerdings nicht, daß er sich parteipolitisch völlig neutral verhielt. Sein Herz schlug zeit seines Lebens in erster Linie sozialdemokratisch.

Wenn es jedoch darum ging, Glückwünsche an den Mann bzw. an die Frau zu bringen, um dadurch die Aufmerksamkeit des hofierten Mandatsträgers auf den VdK zu lenken, dann war sein Präsident nach allen Seite unterwürfig wie ein Hund.

So sandte er am 26. Juni 1975 ein Glückwunschreiben an Heinz Kühn anläßlich dessen Wiederwahl zum Ministerpräsidenten des Landes Nordrhein-Westfalen. Nach dem Bundesparteitag der CDU in Mannheim sandte er unter anderem Glückwunschschreiben an den rheinland-pfälzischen Ministerpräsidenten Dr. Helmut Kohl zu dessen Wiederwahl als Vorsitzender der Union. "Mit unkonventionellem

Schwung hat er nicht nur in seinem Stammland Rheinland-Pfalz, sondern auch in der Bundes-CDU große Karriere gemacht. (...) Er gibt sich ungezwungen und hemdsärmelig (...) und macht gern 'enner druff'."[117)] Das an Kohl gerichtete Schreiben vom 26. Juni 1975 hatte folgenden Wortlaut:[118)]

„Sehr geehrter Herr Ministerpräsident!
Zu Ihrer eindrucksvollen Wiederwahl auf dem 23. Bundesparteitag der CDU in Mannheim zu deren Vorsitzendem möchte ich Ihnen im Namen des Präsidiums des VdK Deutschland, aber auch persönlich die herzlichsten Glückwünsche aussprechen.
Lassen Sie mich mit diesen Glückwünschen den Wunsch verbinden, daß Sie auch in der Zukunft Ihr besonderes Interesse den Anliegen der Kriegs- und Wehrdienstopfer, Behinderten und Sozialrentner schenken, die mehr als andere der Sorge und Hilfe nicht nur des Staates, sondern aller Politiker bedürfen. Ich bitte Sie herzlich darum, auch die zu schützen und zu verteidigen, die für die Gemeinschaft unseres Volkes die größten Opfer gebracht haben.
Mit ausgezeichneter Hochachtung
Ihr
(gez.:) Karl Weishäupl"

Ähnlich abgefaßte Glückwunschreiben erhielten auch Kohls Stellvertreter Hans Katzer und Hans Filbinger sowie Heinrich Köppler, ein Pragmatiker, der sich seit Jahren berufsmäßig mit der Staats- und Verbandspolitik beschäftigte, und Gerhard Stoltenberg, ein fleißiger "Allround-Spezialist", der "sich schnell zum wirtschaftspolitischen Widerpart der Regierung aufgeschwungen hatte."[119)]
Weishäupl hatte einen angeborenen Instinkt für politische Machtstrukturen und Veränderungen. Darauf ließen auch die verstärkt aufgenommenen Kontakte zum CDU-Vorsitzenden Kohl schließen. In seinem Schreiben vom 3. Oktober 1979 nahm der Vorsitzende der CDU/CSU-Bundestagsfraktion bezug auf einen Brief und die geschickt

lancierte Kopie eines Fernschreibens des VdK Deutschlands an den Bundeskanzler anläßlich der Rentendiskussion:[120)]

"Ich teile Ihre Auffassung", so Kohl, "daß die derzeitige Rentendiskussion zu einer erheblichen Verunsicherung und Beunruhigung der Rentner geführt hat. Die CDU/CSU tritt für die Rückkehr zur Bruttolohnanpassung ab Januar 1982 ein. Sie hat sich schon in der Debatte zum 21. Rentenanpassungsgesetz gegen die willkürliche Festsetzung von Anpassungssätzen und damit gegen die Abkoppelung der Rentenanpassung von der Bruttolohnentwicklung ausgesprochen. Es war die FDP, die durch Äußerungen ihres sozialpolitischen Sprechers, Hans-Heinrich Schmidt (Kempten) die gesetzlich vorgeschriebene Rückkehr zur Bruttoanpassung in Frage stellte. Wir haben seitens der CDU/CSU-Bundestagsfraktion in verschiedenen Presseerklärungen hierzu Stellung genommen.
Zu Fragen der stärkeren Besteuerung der Renten aus der gesetzlichen Rentenversicherung ist unsererseits anzumerken, daß die Verunsicherung der Rentner durch Äußerungen der Staatssekretärin im Bundesarbeitsministerium, Frau Anke Fuchs, vor der SPD-Fraktion hervorgerufen wurde. Die eindeutige Aussage von Frau Fuchs für eine stärkere Besteuerung der Renten ist wegen der Brisanz des Themas natürlich nicht geheim geblieben. Seitens der CDU/CSU haben wir auch zu dieser Maßnahme Stellung genommen. Die CDU/CSU lehnt eine stärkere Besteuerung der Renten ab.
In der Haushaltsdebatte habe ich selbst den Bundeskanzler gebeten, zu der Rückkehr zur Bruttolohnanpassung ab 1. 1. 1982 eine eindeutige Aussage für die Regierung zu machen. Der Kanzler hat es vorgezogen, zu schweigen und den Bundesarbeitsminister und Herrn Mischnick die Angelegenheit behandeln zu lassen. Meines Erachtens besteht nach wie vor ein Dissens zwischen SPD und FDP über die gesetzlich vorgeschriebene Rückkehr zur Bruttolohnanpassung in der gesetzlichen Rentenversicherung.

Bei der Verteidigung der Grundsätze und Prinzipien der brutto-lohnbezogenen dynamischen Rente können Sie immer davon ausgehen, daß die CDU/CSU ihre Bemühungen unterstützt."

Mit diesem Faustpfand des Oppositionsführers des Deutschen Bundestages in der Hand konnte Brutus Weishäupl in den Reihen seiner sozialdemokratischen Lobbyisten nach belieben wuchern. Ja, er konnte, wenn er die Sache nur geschickt genug einfädelte, die Regierungskoalition in gewisser Hinsicht sogar gefügig machen. Am 4. Oktober 1979 erhielt sein Kampfverband diesbezüglich auch "grünes Licht" vom Vorsitzenden der F.D.P.-Bundestagsfraktion Wolfgang Mischnick. Der bekundete, "daß wir Freien Demokraten die dynamischen Rentenanpassungen erhalten und die gleichberechtigte Teilnahme der Rentner am allgemeinen Einkommenszuwachs sicherstellen wollen. Behauptungen, wir wollten das 21. Rentenanpassungsgesetz ändern, die Renten kürzen oder von der bruttolohnbezogenen Rentenformel abgehen, sind unrichtig."[121)]
Nachdem Weishäupl sein kühl kalkulierendes Herz auch für Kohl und jener seines für den Verband der Kriegs- und Wehrdienstopfer, Behinderten und Sozialrentner Deutschlands entdeckt hatte, wurden fortan bei jeder sich bietenden Gelegenheit Dank- und Ergebenheitsschreiben hin- und hergesandt. So erhielt ausgerechnet am 1. April 1980 der Bundesvorsitzende der CDU zur Vollendung seines 50. Geburtstages einen Brief, in dem der VdK-Präsident unter anderem betonte:

"Ich möchte Ihnen bei dieser Gelegenheit nicht nur für Ihr künftiges politisches Wirken guten Erfolg wünschen, sondern Ihnen gleichzeitig auch Dank und Anerkennung dafür sagen, daß Sie in Ihren verschiedenen hohen politischen Ämtern, schon beginnend als Fraktionsvorsitzender im Mainzer Landtag, dann als Ministerpräsident von Rheinland-Pfalz und der CDU/CSU-Bundestagsfraktion, ein gutes und herzliches Verhältnis zum VdK Deutschland auf-

rechterhalten und den Anliegen der Kriegsgeneration Verständnis und Aufgeschlossenheit entgegengebracht haben. Ich freue mich deshalb sehr auf unser nächstes Wiedersehen, von dem ich hoffe, daß es bereits am 6. Mai 1980 bei einem Sonderkongreß des VdK in Bonn-Bad Godesberg, spätestens aber, wie von Ihrem Büro bereits zugesagt, am 11. Juni 1980 im Gespräch mit der Fraktionsführung, stattfinden wird.
Mit allen guten Wünschen für eine weiterhin gute Gesundheit und mit dem sehr persönlichen Wunsch, daß Ihnen das neue Lebensjahr nicht mehr Ärger bringt als im politischen Geschäft nun wirklich unvermeidlich ist (...)"[122)]

Das waren Worte, die Helmut Kohl derart schmeichelten, daß sie ihn zu der Hoffnung verleiteten, der VdK würde ihm im bevorstehenden Bundestagswahlkampf den Rücken freihalten. Aber weit gefehlt. Das Gegenteil war, wie wir noch erfahren werden, der Fall.
Zunächst buhlte am 16. Oktober 1975 der Bundesvorsitzende der F.D.P. mit einer persönlichen, nicht übertragbaren Einladung um die Gunst des VdK-Präsidenten. Der schlagfertige und sachkundige Genscher zählte zu den machthungrigsten Bonner Politikern. "Publizitätsbewußt machte er sich durch zahlreiche Fernsehauftritte bekannt."[123)]
"Sehr geehrter Herr Weishäupl", schrieb Genscher, "ich freue mich, daß Sie als unser Ehrengast am 26. Ordentlichen Bundesparteitag der Freien Demokratischen Partei in Mainz teilnehmen. Im Namen des Präsidiums meiner Partei darf ich Sie zu einem Mittagessen sehr herzlich einladen, und zwar für Montag, den 27. Oktober 1975, 13 Uhr, Hotel Hilton, Goldsaal."[124)]
Nachdem Weishäupl am 21. Oktober 1975 zugesagt hatte, stand der persönlichen Begegnung nichts mehr im Wege. Der gegenseitige Meinungsaustausch verlief derart harmonisch, daß nun auch engere Kontakte zum liberalen Koalitionspartner gepflegt wurden. In seinem Glückwunsch-

schreiben vom 21. März 1977 schrieb der VdK-Präsident Genscher zu dessen 50. Geburtstag:
"Der VdK Deutschlands ist glücklich über die Standhaftigkeit und Standfestigkeit, die Sie in der Vertretung der Lebensrechte des deutschen Volkes auch in den schwierigsten Verhandlungen bis zur Stunde bewiesen haben und hofft mit Ihnen, daß Ihre auf Ausgleich und Frieden gerichtete Politik sich weiterhin durchsetzt."[125)]
Anläßlich der Vorstandswahlen auf dem Bundesparteitag der SPD in Mannheim sandte Weishäupl am 21. November 1975 Glückwünsche an den ehemaligen Bundeskanzler Willy Brandt zu dessen Wiederwahl als Vorsitzender der Sozialdemokratischen Partei, an den Bundeskanzler Helmut Schmidt und den Bremer Bürgermeister Hans Koschnick zu deren Wahl zu stellvertretenden Vorsitzenden der SPD.
In seinem Glückwunschschreiben vom 27. Februar 1976 an Ernst Albrecht zu dessen Wahl zum Ministerpräsidenten von Niedersachsen nutzte der umtriebige Weishäupl wieder einmal mehr die Gelegenheit, um auf die bedeutende Rolle seines Kampfverbandes im sozial-politischen Bereich hinzuweisen:
"Für den VdK Deutschlands, der ja seinerzeit seit seinem Bestehen parteipolitisch und religiös neutral ist und sein eigenes politisches Wirken immer nur auf sachbezogene Anliegen und Vorstellungen gründet, sind Ihre Erklärungen, in solchem Sinne auch künftig die niedersächsische Regierung zu betreiben, deshalb besonders bemerkenswert. Sie werden sich daher bei allen Bemühungen, besonders im sozialpolitischen Bereich, auf die Mitarbeit des VdK dann verlassen und stützen können, wenn die vorgesehenen Lösungen in der Sache überzeugend sind." Und weiter: "Ich würde mich freuen, wenn sich demnächst ein persönliches Zusammentreffen mit Ihnen ergeben könnte, an dem auch die Mitglieder des Vorstandes unseres Landesverbandes Niedersachsen-Bremen beteiligt sind. (...) Bitte lassen Sie mich wissen, wann Ihnen ein Besuch des VdK angenehm wäre."[126)]

Es war immer das gleiche Strickmuster, nach dem der Verband der Kriegs- und Wehrdienstopfer, Behinderten und Sozialrentner Deutschlands verfuhr: Locken, ködern und fangen. Oder anders herum ausgedrückt: Sein Licht nicht unter den Scheffel stellen; stets im Gespräch bleiben. Wann immer es geht, zu versuchen, nicht nur eine sanfte Sozial-, sondern vornehmlich eine knallharte Machtpolitik zu betreiben.
Am 5. März 1976 richtete der VdK eine Empfehlung an die CDU/CSU betreffend Punkt IV 5 des Antrages an den Deutschen Bundestag zum "Bericht Tindemans über die Schaffung der Europäischen Union" wegen einer Einschaltung der Behindertenverbände und nicht nur der sogenannten Sozialpartner. Hierauf erfolgte mit Schreiben vom 16. März 1976 eine für den Verband befriedigende Antwort des CDU/CSU-Fraktionvorsitzenden, den Weishäupl als künftigen Bundespräsidenten unter allen Umständen verhindern wollte. Der arglose Karl Carstens teilte mit, "daß die CDU/CSU-Fraktion und ihre Mitglieder im Europäischen Parlament die Gelegenheit wahrnehmen werden, die Anregungen des VdK zur Sozialpolitik aufzugreifen und zu berücksichtigen."[127]

8. Kapitel

SCHMIDTS WIEDERWAHL ZUM BUNDESKANZLER 1976

“Mit einem Wort: wer als Politiker sich zu entscheiden hat, der muß sich bei der Kalkulation der erstrebten Folgen wie der abgelehnten Folgen zunächst der vernunftgemäßen Analyse bedienen, um erst anschließend die durch die Analyse klargestellten Ziele, Mittel und Nebenwirkungen sittlich bewerten und gegeneinander abwägen zu können. Dabei ist die vorweggehende, die theoretische Analyse unverzichtbar. Aber diese Analyse kann den Politiker nicht bewahren vor der Notwendigkeit zum ethisch begründeten eigenen Werturteil. Mit anderen Worten: Der Politiker muß, ehe er handelt, auch prüfen, wieweit seine moralische Legitimation reicht, um die Folgen seines beabsichtigen Handelns verantworten zu können.”
HELMUT SCHMIDT [128)]

Die Bundestagswahl 1976 warf bereits ihre überlangen Schatten voraus. Daher richtete der VdK-Präsident am 13. Juli einen Brief an den Bundeskanzler, in dem er einen weiteren Abbau der Arbeitslosigkeit Schwerbehinderter forderte, nachdem sich, so Weishäupl, “die Mitglieder der konzertierten Aktionen (...) in ihrer gestrigen Sitzung Pressemeldungen zufolge unter anderem auch mit Fragen befaßt (haben), die den Abbau der Arbeitslosigkeit betreffen. Dabei sollen Erwägungen der Bundesregierung erkennbar geworden sein, noch vor den Bundestagswahlen am 3. Oktober ein weiteres Sonderprogramm aufzulegen.”[129)] Dieses Schreiben wurde am 2. August 1976 von Maria Schlei, der Parlamentarischen Staatssekretärin beim Bundeskanzler, für den in Urlaub befindlichen Regierungschef dahingehend beantwortet, daß “bei einer Entscheidung

hierüber die Organisationen der Behinderten und damit auch der VdK maßgeblich beteiligt werden."[130)]
Der Wahlaufruf des Verbandes der Kriegs- und Wehrdienstopfer, Behinderten und Sozialrentner Deutschlands vom 12. August 1978 trug ganz eindeutig die parteipolitische Handschrift seines sozialdemokratischen Präsidenten, denn dieser forderte unmißverständlich: " Im Innern geht es um die Aufrechterhaltung des Netzes der sozialen Sicherung aller Bürger auf der Basis sozialer Gerechtigkeit. Es geht z. B. um die Beseitigung der Arbeitslosigkeit, sowie eine kontinuierliche Stärkung unserer Wirtschaft und unserer Staatsfinanzen. (...) Insgesamt erwarten wir vom 7. Deutschen Bundestag energische sozialpolitische Aktivitäten zur Erhaltung des inneren Friedens. Dafür die richtigen Frauen und Männer als Abgeordnete zu wählen, ist unser aller gemeinsame Aufgabe am Wahltag."
Diese richtigen Frauen und Männer als Abgeordnete konnten nach Ansicht Weishäupls selbstverständlich nur aus den Reihen der deutschen Sozialdemokraten kommen. Hier tauchte sie also wieder auf, die Frage nach der angeblichen parteipolitischen Neutralität des Verbandes der Kriegs- und Wehrdienstopfer, Behinderten und Sozialrentner Deutschlands. So gab auch der Wahlaufruf zur Bundestagswahl 1976 wieder all denjenigen Recht, die in Weishäupl einen äußerst politischen Verbandspräsidenten sahen, dem alle Mittel recht waren, um Machtpolitik – an der er sich nicht genug berauschen konnte – optimal betreiben zu können. Bei den dann erfolgten Wahlen zum Deutschen Bundestag behauptete die sozial-liberale Regierungskoalition Schmidt/Genscher ihre Mehrheit nur knapp. Der unterlegene CDU/CSU- Kanzlerkandidat Helmut Kohl, der für seine Partei mehr als einen Achtungserfolg erzielt hatte, bekam dennoch Schwierigkeiten mit der bayerischen Schwesterpartei, als diese im November 1976 im oberbayerischen Wildbad Kreuth die Fraktionsgemeinschaft zwischen der CDU und CSU aufkündigte.
Nach wechselseitigen Drohgebärden wurde der Beschluß noch im Dezember wieder zurückgenommen. Drei Tage

später, am 13. Dezember 1976, wurde Helmut Schmidt zum zweiten Male mit 250 gegen 243 Stimmen zum Bundeskanzler gewählt.
Das bedeutete für den Verband der Kriegs- und Wehrdienstopfer, Behinderten und Sozialrentner Deutschlands, daß er weiterhin mit den Herrschenden im selben Boote saß. "Hauptziele der zweiten Regierung Schmidt waren die Fortsetzung der bisherigen Außenpolitik, die Sicherung der Arbeitsplätze, die Bewahrung von sozialem Frieden und innerer Sicherheit sowie die Lösung grundsätzlicher Probleme, wie sie im 'ökonomisch-politischen Orientierungsrahmen' der SPD als Langzeitprogramm Ende 1975 festgelegt waren. Frieden durch internationale Zusammenarbeit, paritätische Mitbestimmung, Humanisierung der Arbeitswelt."[131)]
Die letzten Stimmzettel waren kaum ausgezählt, schon sandte Weishäupl eine Anzahl von Glückwunschschreiben an die Bundesminister der sozial-liberalen Regierungskoalition. Derartige Ergebenheitsbriefe erhielten unter anderem der Bundesminister für Arbeit und Sozialordnung Walter Arendt, der Bundesminister für Bildung und Wissenschaft Helmut Rohde, der Bundesminister für Raumordnung, Bauwesen und Städtebau Karl Ravens sowie wenig später der neue Bundesminister für Arbeit und Sozialordnung Herbert Ehrenberg, die Bundesministerin für Jugend, Familie und Gesundheit Antje Huber und die streitbare Staatsministerin Hildegard Hamm-Brücher. "Sie ist von ihrem Thema hingerissen, engagiert sich heftig und sagt dann 'freche Sachen'," heißt es. "Doch bleibt sie stets charmant und elegant."[132)]
Kaum hatte Weishäupl von seinen Parteigenossen erfahren, daß Schmidt mit den Vorbereitungen für die neue Regierungserklärung begonnen und die jeweiligen Ressortchefs gebeten hatte, ihm hierzu ihre Vorstellung aus den verschiedenen Sachgebieten zu unterbreiten, schon nahm er die frühestmögliche Gelegenheit wahr, um den Bundesarbeitsminister bereits am 8. Oktober 1976 zu bitten, bei der Ausarbeitung des Beitrages seines Hauses für

Schmidts Regierungserklärung die nachstehenden Wünsche und Vorstellungen des VdK in seine Erwägungen miteinzubeziehen:

1) Gezielte Maßnahmen zum Abbau der immer bedrohlicher werdenden Arbeitslosigkeit der Schwerbehinderten, wobei unseres Erachtens die Vorziehung des Altersruhegeldes für Schwerbehinderte auf das 60. Lebensjahr bei gleichzeitigem Versicherungszeitausgleich auch arbeitsmarktpolitisch eine sicher willkommene Erleichterung bringen könnte.
2) Es sollte erreicht werden ,daß die Leistungseinbußen im Versorgungs- und Kriegsopferfürsorgerecht, die das Haushaltsstrukturgesetz gebracht hat, wieder beseitigt werden.
3) Das von der Bundesregierung ausgearbeitete und im Bundesrat hängen gebliebene Gesetz über die Freifahrt Schwerbehinderter im Nahverkehr sollte in jedem Fall in Vollzug des im Schwerbehindertengesetzes ausgesprochenen Auftrags erneut vorgelegt und verabschiedet werden, um diese bisherige Gesetzgebungslücke auszufüllen.
4) Von großer Bedeutung erscheint uns auch die Inangriffnahme einer umfassenden Neuordnung des Kriegsopferfürsorgerechts, um jene bedenkliche Entwicklung zu beenden, daß das bisherige qualifizierte Kriegsopferfürsorgerecht Schritt für Schritt durch die laufend gestiegenen Leistungen des Bundessozialhilferechts überholt wird.
5) Zur Zeit in der öffentlichen Erörterung stehende Vorschläge zur Leistungsminderung in bestimmten Bereichen des Bundessozialhilferechts beschwören die Gefahr herauf, daß hier versucht werden soll, vornehmlich zu Lasten Schwerbehinderter, die in Wirklichkeit der besonderen Hilfe bedürfen, Kostenverringerungen zu erreichen.

In seinem Antwortschreiben vom 26. Oktober 1976 versicherte der Bundesarbeitsminister dem VdK-Präsidenten zwar, "daß ich mich nach wie vor dem Anliegen der in Ihrem Verband zusammengeschlossenen Personengruppen widmen werde", aber das schien dem Verband der Kriegs- und Wehrdienstopfer, Behinderten und Sozialrentner Deutschlands nicht zu genügen, denn exakt einen Monat später richtete das VdK-Präsidium, das am 26. November 1976 in Düsseldorf tagte, einen Appell an den Bundeskanzler, in dem darauf hingewiesen wurde, daß durch bestürzende Nachrichten die schon "im Wahlkampf aufkommende Unruhe und Verwirrung mit ihren Zweifeln an der Sicherheit unseres sozialen Systems wieder neu entflammt sei." Damit spielte Weishäupl auf die sogenannte "Rentenlüge" an. Wie es dazu gekommen war, das entnehmen wir dem "Politischen Tagebuch" Hans Apels:

"In den letzten Monaten dieses Wahlkampfes hatte ich ein Schlüsselerlebnis. Arbeitsminister Walter Arendt hatte uns versichert, wir würden bei den Rentenfinanzen auch nach den Bundestagswahlen keine Probleme bekommen. Eine seiner Annahmen war wohl dabei, die Arbeitslosigkeit würde deutlich zurückgehen und so große Mehreinnahmen in die Rentenkasse spülen. Ich komme Anfang August 1976 aus dem Urlaub ins Ministerium zurück. Einer unserer Mitarbeiter, eingeschriebenes CDU-Mitglied, solide und verschwiegen, meldet sich bei mir, um mir klarzumachen, daß die Rentenfinanzen auf ein Desaster zusteuern. Ich rufe Helmut Schmidt am Brahmsee an. Per Kurier schicke ich ihm unsere Berechnungen. Arendt und ich werden an den Brahmsee zitiert. Da sitzen wir nun, rechnen und reden. Das Abendbrot im Restaurant des Freiluftmuseums Wolfsee schmeckt uns nicht. Denn das Finanzministerium hat recht.
Wir versprechen uns, nichts über diese Misere verlauten zu lassen, sehr vorsichtig zu argumentieren und die massiven Vorwürfe von CDU und CSU einfach ablaufen zu lassen. Ich halte mich daran. Helmut Schmidt packt aber in der

Hitze des Wahlkampfes zu. Er erklärt: "die Renten sind sicher". Für ihn ist die Kampagne der Opposition verantwortungslos. "Was soll denn diese Angstmacherei, die ich notabene für unchristlich halte", sagt er in der Fernsehdebatte am 1. Oktober 1976. Im Wahlkampf geht der Kanzler noch einen Schritt weiter und fragt sich angesichts des Wahlkampfs der Union: "Was darf in Deutschland noch alles gelogen werden im Namen Jesu Christi?" Die "Rentenlüge" ist geboren.
Nach den Wahlen sitzen wir tagelang im Kanzlerbungalow, um aus dieser Misere rauszukommen."[133)]

Vergeblich, wie sich schon bald herausstellte.
Denn am 9. Dezember 1976 informierte der VdK-Präsident die Öffentlichkeit über die Abwehrmaßnahmen seines Verbandes und kündigte weitere Schritte gegen die seiner Meinung nach entstandene bedrohliche soziale Lage an. Noch am selben Tage sandte er ein Telegramm an Walter Arendt, in dem er seiner Empörung und Enttäuschung über den "Beschluß der Koalitionäre", die Sozialrenten am 1. Juli 1977 nicht anzupassen, freien Lauf ließ.
"Das ist Betrug am Wähler und an den Sozialrentnern, denn es werden jetzt die vor der Bundestagswahl abgegebenen Versprechen gebrochen. Mein Verband und ich", so Weishäupl erbost, "lassen sich eine solche Behandlung nicht gefallen. (...) Ich habe an das Versprechen der Koalition und der Regierung geglaubt, daß die Renten und damit auch die Kriegsopferrenten am 1. Juli 1977 ganz sicher angepaßt werden. Deshalb habe ich im September, im Vertrauen auch auf die Aussage des Bundesministers für Arbeit und Sozialordnung, in den Verbandsorganen des VdK einen Artikel geschrieben mit der Überschrift: 'Keine Angst - die Renten sind sicher', und ich habe mich darauf bezogen, daß der jetzige Bundesminister für Arbeit und Sozialordnung immer Wort gehalten hat. Sorgen Sie beim Bundeskanzler dafür", mahnte der VdK-Präsident seinen Parteigenossen, "daß das negative Ergebnis von gestern keinen Eingang findet in die Regierungserklärung." [134)]

Weishäupls Drohgebärde hatte Erfolg. In seinem Telegramm an Herbert Wehner dankte er daher dem Zuchtmeister der SPD, “daß Sie in der gestrigen Sondersitzung die Glaubwürdigkeit der sozial-liberalen Koalition wiederherzustellen versuchten und ebenso wie der VdK hartnäkkig das Ziel verfolgen, die geplante Rentenverschiebung in der Rentenversicherung, die sich auch auf die Kriegsopfer nachteilig auswirken würde, rückgängig zu machen."[135)]
Seine Glückwünsche an Helmut Schmidt zu dessen Wiederwahl zum Bundeskanzler verband Weishäupl am 20. Dezember 1976 mit einem Angebot zur Zusammenarbeit, indem er schrieb: “Möge es Ihrer Tatkraft und Ihrer reichen politischen Erfahrung gelingen, die schweren Aufgaben erfolgreich zu bewältigen, die vor uns liegen. Der VdK Deutschlands ist bereit, Ihnen nach besten Kräften im Interesse unseres Staates und des deutschen Volkes dabei zu helfen und seinen fachlichen Rat dazu beizutragen, daß es gelingt, für die Bewältigung der insbesondere bei der Sanierung der Rentenfinanzen entstandenen Probleme ausgewogene Lösungen zu finden, die unser soziales Sicherungssystem auf Dauer festigen."[136)]
Das neue Jahr hatte schon wieder mächtig Tritt gefaßt, da ereilte den VdK-Präsidenten am 24. Januar 1977 ein Brief des Bundeskanzlers, in dem sich der Regierungschef “für die (...) erklärte Bereitschaft des VdK, mit fachlichem Rat zur Festigung unserer sozialen Sicherheit beizutragen”, bedankte. Gedankt hatte an jenem Januartag aber auch Antje Huber für die Glückwünsche Weishäupls anläßlich ihrer Amtsübernahme als Bundesministerin für Jugend, Familie und Gesundheit, indem sie die Hoffnung äußerte, “daß es mir in diesem Amt gelingt, die von mir vertretenen Bereiche in der Gesundheits- und Sozialpolitik den gegenwärtigen und künftig auf uns zukommenden Bedürfnissen entsprechend weiterzuentwickeln."[137)]
Doch der Schein über die wiederentdeckte Harmonie trog. Denn schon am 16. Februar 1977, als im Bundeskabinett die Referentenentwürfe zur Renten- und Krankenversicherung beraten wurden, trat zum gleichen Thema und am

selben Ort, nämlich in Bonn, das vom VdK einberufene "Parlament der Kriegsopfer und Sozialrentner" zusammen. In Anwesenheit von zahlreichen Politikern und Persönlichkeiten des öffentlichen Lebens, von Delegationen anderer Sozialverbände und unter den kritischen Augen der Journalisten kündigte der Verband der Kriegs- und Wehrdienstopfer, Behinderten und Sozialrentner Deutschlands weitere Abwehraktionen an.
Daher kam es am 9. März 1977 zu einer Protestkundgebung des VdK Hessen in der Wiesbadener "Rhein-Main-Halle". Vor 1200 Teinehmern und zahlreichen Politikern übte der Landesverband scharfe Kritik an den seiner Meinung nach unausgewogenen Rentenplänen der Bundesregierung. In dieser aufgeheizten Atmosphäre fand am 10. März 1977 eine sozialpolitische Gesprächsrunde beim Bundesminister für Arbeit und Sozialordnung statt. Ehrenberg erläuterte dabei dem VdK die Beschlüsse zur Konsolidierung der Renten- und Krankenversicherung und berichtete über Initiativen für mehr Arbeitsplätze.
Am 18. März 1977 traf das Antwortschreiben des baden-württembergischen Staatsministeriums auf die beiden Fernschreiben des VdK vom 7. und 8. März 1977 ein, in denen der Verband darum gebeten hatte, "bei der Behandlung des Rentenpakets der Bundesregierung im Bundesrat den Empfehlungen des Sozialausschusses zu folgen."[138)] Man beachte, wie ausgezeichnet auch die Verbindungen in die Stuttgarter Staatskanzlei waren! Man bediente sich ihrer, um seine sozial- und machtpolitischen Vorstellungen zu verwirklichen. "Der Herr Ministerpräsident", ließ Filbinger mitteilen, "möchte betont wissen, daß ihm die Sicherung der Kriegsopferversorgung ein großes Anliegen ist."[139)] Mit diesem Faustpfand in der Hand gab der Hauptgeschäftsführer den Teilnehmern der 24. Sitzung des VdK-Präsidiums in Kassel einen als vertraulich eingestuften Überblick zur sozialpolitischen Situation:
"Der Bundestag" begann Franke mit seinen Ausführungen, "habe in erster Lesung am 17. März 1977 die Regierungsentwürfe zur Kriegsopferversorgung und zur Renten- und

Krankenversicherung behandelt. Bei der Erörterung über die Konzeption der Stabilisierungs- und Dämpfungsmaßnahmen sei es zwischen der Regierung und der Koalition einerseits und der Opposition andererseits zu heftigen Auseinandersetzungen gekommen. Bundesarbeitsminister Dr. Ehrenberg habe in seiner Einbringungsrede die Konzeption der Bundesregierung erläutert und verteidigt und sich gegen die Vorschläge der Bundesratsmehrheit in der Plenarsitzung vom 11. 3. 1977 gewandt, die er als sozial unausgewogen bezeichnete. Die sozialpolitischen Sprecher der CDU/CSU-Fraktion hätten ihrerseits dagegen die Ausgewogenheit des Regierungskonzepts bezweifelt. Die Opposition habe sich für den Bereich der Rentenversicherung mit Entschiedenheit dafür ausgesprochen, die bruttobezogene dynamische Rente beizubehalten. Eine Teilaktualisierung oder eine Anpassung an die Veränderungen der Nettolöhne werde von ihnen abgelehnt. Ferner hätten sie sich gegen das Einfrieren des Kinderzuschusses und gegen die beabsichtigten Einschränkungen im Bereich der Rehabilitation ausgesprochen. Nach ihren Vorstellungen sollte die berufliche Rehabilitation der Versicherten weiterhin von den Versicherungsträgern durchgeführt werden. Bezüglich des Beitrages der Rentenversicherung zur Rentner-Krankenversicherung habe man dessen Dynamisierung gefordert. Kritisch hätten sich aber auch die Sprecher der Opposition mit der Absicht der Bundesregierung auseinandergesetzt, die Rentenversicherung zunächst nur für einen mittelfristigen Zeitraum zu sanieren."[140]

In der Argumentation wurde mehrfach auf den Auftrag des Bundesverfassungsgerichts hingewiesen, der bis 1984 zu erfüllen sei und erhebliche strukturelle Veränderungen in der sozialen Sicherung erfordere. Demgegenüber habe die Koalition das Programm der CDU/CSU-Bundestagsfraktion als ein Programm der Halbherzigkeiten und Halbwahrheiten bezeichnet. Es würde nicht ausreichen, um damit die Rentenversicherung zu konsolidieren und in der Krankenversicherung zu einer Kostendämpfung zu kommen. Der Opposition warf man vor, sie wolle die Last der Konsolidie-

rung allein den Rentnern aufbürden, während die Anbieter von Gesundheitsleistungen geschont würden. Diese nur stichwortartig wiedergegebenen Auffassungen der Bundestagsfraktionen würden ebenso harte Auseinandersetzungen bei den bevorstehenden Ausschußberatungen wie auch in der zweiten und dritten Lesung des Rentenpaketes erwarten lassen. Dann ging Franke auf die den Mitgliedern des Präsidiums vorliegende Stellungnahme des VdK ein, die dem Vorsitzenden des federführenden Bundestagsausschusses für Arbeit und Sozialordnung, Hermann Rappe, am 17. März 1977 zugeleitet worden sei. In dieser Eingabe seien die Ergebnisse der Sondersitzung des Präsidiums am 13. März 1977 verarbeitet worden, so daß diese Eingabe mit den entsprechenden Änderungsvorschlägen als offizielle Stellungnahme des VdK zum Rentenpaket gewertet werden kann.[141)]
Der VdK-Präsident ergänzte den Bericht seines Hauptgeschäftsführers durch einen Beitrag über den Verlauf der sozialpolitischen Gesprächsrunde im Bundesministerium für Arbeit und Sozialordnung am 10. März 1977. "An diesem Tage", so Weishäupl, "hätten sich in Bonn die Vertreter der großen gesellschaftlichen Gruppen zu einem weiteren Gespräch über vorrangige sozialpolitische Gegenwartsaufgaben und deren Lösung zusammengefunden. Neben Fragen der Rentensanierung und der Kostendämpfung in der gesetzlichen Krankenversicherung hätten auch die Änderungen des Kriegsopferrechts sowie die Bekämpfung der Arbeitslosigkeit auf der Tagesordnung gestanden. In seiner Begrüßung habe Bundesarbeitsminister Dr. Ehrenberg unter anderem die Beseitigung der Arbeitslosigkeit und die berufliche Ausbildung der Jugendlichen als besondere Probleme herausgestellt. Zu diesen beiden Punkten hätten den Gesprächsteilnehmern Arbeitsunterlagen vorgelegen, über die diskutiert worden sei. Der Minister habe auch die Ansichten der Bundesregierung zu den vorliegenden Gesetzentwürfen erläutert und die Meinung vertreten, daß diese Konzeption sozial ausgewogen sei. Dieser Feststellung habe man entschieden widersprochen.

Er habe für den VdK unter anderem darauf hingewiesen, daß die Renten bruttolohnbezogen sein müssen und der Anpassungstermin in der Kriegsopferversorgung nicht verändert werden sollte. Falls das Parlament dem letzteren Anliegen nicht entsprechen sollte, müsse in jedem Falle aber sichergestellt sein, daß zumindest die eingesparten Beträge für strukturelle Verbesserungen im Bereich der Kriegsopferversorgung verwendet werden. Ferner habe er, Weishäupl, auf die besondere Problematik der noch immer steigenden Arbeitslosigkeit Schwerbehinderter hingewiesen, an deren alsbaldiger Lösung alle Beteiligten gleichermaßen mitwirken müßten. Bei dieser soizialpolitischen Gesprächsrunde, die trotz aller kontroversen Auffassungen in einer guten Atmosphäre verlief, sei für ihn erstaunlich gewesen, daß seitens des Reichsbundes nur dessen Bundesgeschäftsführer Wilhelm Detrois teilgenommen habe."[142]

Nach diesem Seitenhieb auf den Intimfeind nahm der Verband die vertraulichen Berichte seines Präsidenten und Hauptgeschäftsführers als Beschlußfassung zur Kenntnis. Weishäupl hatte damit für die nächsten Monate einen Joker in der Hand, mit dem er nach Belieben bei den Herrschenden wuchern konnte - und wollte.

Das Jahr 1978 war knapp drei Tage alt, da sandte er ein mehrseitiges Schreiben an den Bundeskanzler, und zwar bezüglich einiger sozialpolitischer Fragen, da sich seiner Meinung nach für die betroffenen Kriegs- und Wehrdienstopfer, Behinderten und Sozialrentner folgende Probleme, die besonders auf den Nägeln brennen, herauskristallisierten:[143]

1) Die Arbeitslosigkeit unter den Schwerbehinderten hat ein bedrückendes Ausmaß angenommen. Bei den Maßnahmen zur Bekämpfung der allgemeinen Arbeitslosigkeit sollte auf diesen Personenkreis im besonderen Bedacht genommen und dafür gesorgt werden, daß die öffentlichen Arbeitgeber wenigsten ihre Plichteinstellungsquote erfüllen.

2) Der schon zu lange andauernden und durch immer neue Alarmnachrichten verstärkten Beunruhigung der Bevölkerung hinsichtlich der Rentenfinanzen muß ein Ende gesetzt werden. Durch ein sozial ausgewogenes verläßliches Finanzierungskonzept sollte sowohl den Beitragszahlern als auch den Rentenempfängern die Gewißheit gegeben werden, daß sie sich um ihre soziale Sicherheit im Alter oder bei vorzeitiger Invalidität nicht länger Sorge zu machen brauchen.
3) Entsprechend der einstimmig gefaßten Entschließung des Deutschen Bundestages, der sich auch der Bundesrat anschloß, sollten unter Verwendung der durch die Hinausschiebung des Anpassungszeitraumes in der Kriegsopferversorgung freigewordenen Haushaltsmittel jene strukturellen Verbesserungen des Bundesversorgungsgesetzes vorgenommen werden, die schon seit längerer Zeit dringend erforderlich sind. Der VdK hat dafür sowohl der Bundesregierung als auch dem Deutschen Bundestag bereits im September 1977 seine detaillierten Vorschläge unterbreitet. (...)
4) Der VdK hält die Verbesserung der Begünstigungsregelungen im öffentlichen Personenverkehr für Schwerbehinderte für nicht länger aufschiebbar und bittet Sie herzlich, Ihren Einfluß dahin geltend zu machen, daß der auf Eis gelegte frühere Gesetzentwurf ohne weitere Verzögerung wieder aufgegriffen wird.
5) Die im Prinzip von allen Kennern der Materie aus sozialpolitischen Gründen für gut gehaltene Herabsetzung der flexiblen Altersgrenze für Schwerbehinderte von jetzt 62 Lebensjahren auf 60 Lebensjahre sollte möglichst bald in der gesetzlichen Rentenversicherung eingeführt werden.

Anke Fuchs, die Staatssekretärin im Bundesministerium für Arbeit und Sozialordnung, empfand es als eine schallende Ohrfeige, daß ausgerechnet ihr Parteigenosse Weißhäupl zu einem Zeitpunkt, als er seine Forderungen gerade erst ins Bundeskanzleramt abgesandt hatte, nichts eiligeres zu

tun hatte, als ihren Resortchef umgehend massiv anzugreifen, weil Herbert Ehrenberg sich in einem Interview des "Kölner Stadt-Anzeigers" zur Sozialpolitik geäußert hatte. Daraufhin lancierte der VdK postwendend eine überscharfe Reaktion an die Presse, die diese auf dem schnellsten Wege veröffentlichte und damit eine Lawine ins Rollen brachte.
"Bei unseren guten Kontakten", so Frau Fuchs, die sich nach ihrer Amtsübernahme vorgenommen hatte, "fröhlich an (ihre) Aufgaben zu gehen",[144] "wäre es sicherlich angemessen gewesen, sich bei uns über den Inhalt des Interviews zu informieren."[145]
Mochte die sozialdemokratische Staatssekretärin auch verstimmt sein, Weishäupl hatte wieder einmal mehr sein Ziel erreicht. Denn am 22. Februar 1978 teilte der Chef des Bundeskanzleramtes mit, daß der "Herr Bundeskanzler den Wunsch hat, sich mit Ihnen über Fragen der mittelfristigen Finanzierung der Rentenversicherung und das anstehende 21. Rentenanpassungsgesetz zu unterhalten." Und zwar in Anwesenheit von Anke Fuchs. "Der Bundeskanzler würde sich freuen", schrieb Dr. Schüler, "wenn dieses Gespräch in einer offenen Atmosphäre stattfinden kann, die nicht durch öffentliche Festlegungen ihres Verbandes beeinträchtigt ist."[146]
Da dieses Spitzengespräch erst Mitte März stattfinden sollte, griff der umtriebige VdK-Präsident zunächst einmal zur Feder, um Schmidt seine sozialpolitischen Positionen darzulegen:[147]

"Da ich Ihre Zeit nicht über Gebühr in Anspruch nehmen möchte", schrieb Weishäupl am 6. März 1978, " erkläre ich vorab, daß es aus der Sicht des VdK beim 21. Rentenanpassungsgesetz nicht um das Was, sondern um das Wie geht. Es besteht volle Übereinstimmung darüber, daß die Rentenfinanzen geordnet werden müssen und daß das nicht ohne Opfer der Beteiligten und Betroffenen möglich sein kann. Offen ist lediglich die Frage, ob es ein richtiger und verantwortbarer Weg ist, zur Lösung des Problems

das Wertsystem der gesetzlichen Rentenversicherung scheinbar nur vorübergehend, in Wirklichkeit aber, und das würde die kommende Entwicklung sehr schnell zeigen, irreversibel außer Kraft zu setzen. Wenn erst einmal die bruttolohnbezogene Rentenformel für drei Jahre durch rechnerische Meßzahlen, die sich aus der Größe des abzudeckenden Defizits ergeben, ersetzt worden ist, dürfte es in Zukunft sehr schwer werden, zu einer verläßlichen und dauerhaften Wertordnung in der Rentenversicherung zurückzukehren. Die Absicherungsklausel ist nur der Punkt aufs "i" für diese Feststellung. Es trifft nicht zu, daß der Vorschlag, die Bruttolohnbezogenheit beizubehalten und statt dessen die Rentner an den Aufwendungen der Versicherungsträger für den Krankenschutz zu beteiligen, nur ein buchhalterischer Trick sei, der ja im Endeffekt zu den gleichen Belastungen für die Betroffenen führe. Daß die fehlenden Mittel aufgebracht werden müssen ist unstreitig. Aber es ist nicht dasselbe, ob der allgemeingültige und nachprüfbare Wertmaßstab erhalten bleibt oder ob praktisch die jeweilige Kassen- und Wirtschaftslage darüber entscheidet, wie sich die nominale Höhe der Renten weiter entwickelt.
Um zu verstehen, was mit der jetzt verfolgten Konzeption den Rentnern in Wirklichkeit zugemutet wird, kann man als fiktiven Parallelfall anführen, wie es aussähe, wenn man auch die Beamtenpensionen von der jeweiligen Haushaltslage des Bundes, der Länder oder der Gemeinden abhängig machen würde. Ich kann mir nicht vorstellen, daß ausgerechnet eine sozial-liberale Regierung, die maßgeblich von der SPD getragen wird, sehenden Auges und ganz bewußt auf solche Weise das entschwindende soziale Sicherungssystem von 90 Prozent unserer arbeitenden Bevölkerung aushöhlen und zu einem Element der sozialen Unsicherheit machen möchte. Fast noch bedenklicher muß aber die zweite Konsequenz erscheinen, die sich aus einem so angelegten 21. Rentenanpassungsgesetz für die Kriegs- und Wehrdienstopfer ergibt. Diese Gruppe schwergeprüfter Bürger, die ihre Opfer an Leben und Gesundheit

für die Allgemeinheit gebracht hat, soll nun, und dafür sind mit Vorbedacht die Weichen im 9. Anpassungsgesetz (KOV) durch die dort erfolgte Änderung des § 56 gestellt worden, in einem Atemzug doppelt zur Kasse gebeten werden. Während einerseits die meisten Kriegsopfer (85 Prozent der Witwen, mehr als 50 Prozent der kriegsbeschädigten und 100 Prozent der Eltern) bereits als Sozialrentner ihren Beitrag zur Sanierung der Rentenfinanzen leisten müssen, werden sie andererseits in gleicher Form noch einmal aber zugunsten des Bundeshaushalts durch dieselbe Maßnahme in ihrer Kriegsopferversorgung geschmälert. Wenn im Zusammenhang mit den Schwierigkeiten der Rentenversicherung an ein Notopfer der Bevölkerung zugunsten des Staates oder des Bundeshaushalts gedacht wäre, dann müßte das nach meiner Meinung alle Bürger betreffen und nicht ausgerechnet nur die Kriegs- und Wehrdienstopfer.
Da ich nicht weiß, inwieweit Sie über diese Konsequenzen voll unterrichtet worden sind, teile ich Ihnen hierdurch mit, daß durch die mit dem 20. und mit dem 21. Rentenanpassungsgesetz vorgenommenen oder geplanten Maßnahmen im Bereich der Kriegsopferversorgung in den drei Jahren 1979 bis 1981 nach sorgfältiger Berechnung etwas mehr als 2 Milliarden DM zugunsten des Bundeshaushalts und zu Lasten der Kriegsopfer eingespart werden. Dabei sind die jetzt im 10. Rentenanpassungsgesetz (KOV) vorgesehenen Strukturverbesserungen in Höhe von ca. 156 Millionen DM bereits für diese drei Jahre abgerechnet. Ich kann mir nicht vorstellen, daß die gegenwärtige Bundesregierung das allen Ernstes will.
Ich bitte Sie daher, diese aufgezeigten Konsequenzen voll zu bedenken und in Ihre Überlegungen und Entscheidungen mit einzubeziehen. Sie werden nun verstehen, warum ich mich für verpflichtet hielt, Ihnen diese Tatsachen mitzuteilen, damit Sie nicht eines Tages sagen müssen: "Wenn ich das gewußt hätte, würde ich es niemals zugelassen haben."

Weishäupl fühlte sich derart mächtig, daß er glaubte, Schmidt seine Meinung aufzwingen oder gar den Kanzler unter massiven Druck setzen zu können. Bei den Fragen der mittelfristigen Finanzierung der Rentenversicherung und dem anstehenden 21. Rentenanpassungsgesetz ging es ihm nicht sosehr um das Was, sondern mehr um das Wie – und das sollte gefälligst in seinem Sinne gestaltet werden. Unter dieser Prämisse fand am 13. März 1978 das sozialpolitische Spitzengespräch im Bundeskanzleramt statt.

Nachdem Schmidt anhand des Jahreswirtschaftsberichtes 1978 die Eckwerte bekanntgegeben hatte, nannte er das Ziel seiner Regierung: die Sicherung eines Wirtschaftsaufschwungs, nachhaltige Belebung der Wirtschaft, Abbau der Arbeitslosigkeit, expansive Impulse durch extensive Haushalte sowie Entlastung der Steuerpflichtigen um 11 ½ Milliarden Mark. Dann wurde festgestellt: Bis 1982 fehlen der Rentenversicherung 32 Milliarden Mark. Der Fehlbetrag ist auszugleichen, die Finanzlage ist in Ordnung zu bringen, die Einnahmen sind zu erhöhen und die Ausgaben zu kürzen. Die Koalitionsvereinbarung und das 21. Rentenanpassungsgesetz sehen nur zwei Maßnahmen der Konsolidierung vor, und zwar einerseits eine Verlangsamung des Zuwachses der Renten und andererseits eine Beitragserhöhung im Jahre 1981.[148)]

Dieser Vorschlag des Kanzlers war nach Meinung des VdK-Präsidenten deshalb nicht ausgewogen, weil von 1979 bis 1981 nur die Rentner Opfer bringen müssen, weil die 1957 eingeführte Rentenformel außer Kraft gesetzt wird, weil drei Jahre lang die Entwicklung der Renten von der Entwicklung der Löhne abgekoppelt wird, weil die Berechnung der Renten im Gesetz festgeschrieben wird, weil die Anpassungssätze willkürlich erscheinen und sich allein an der Finanzlage der Rentenversicherung orientieren, weil die Ansprüche der Rentner in drei Jahren um 32 Milliarden Mark verringert werden, weil die Arbeitnehmer bis 1981 ungeschoren bleiben, weil die dynamische Koppelung Altersruhegeld und Einkommen (Brutto) abgeschafft wird, weil die Bestandsrenten langsamer als Netto-Bezüge der Arbeitnehmer wachsen werden und weil das durchschnittliche Rentenniveau im Jahre 1981 von 55,5 Prozent auf 49 Prozent fallen wird. "Das heißt", so Weishäupl, "es dürfen nicht nur die Rentner belastet werden! Eine Meinung, die auch der DGB, die DAG, die BAG Arbeitnehmerfragen der SPD und andere Verbände vertreten." Aus diesem Grunde plädierte er weiterhin für die lohn- und beitragsgerechte Rente, "denn die Beiträge wurden in der Erwartung geleistet, daß sie die Alterssicherung auch künftig gewährleisten und im gewissen Umfang verbessern."[149)]

Auf Einwände des Bundeskanzlers drohte Weishäupl mit der CDU/CSU-Opposition. Als Schmidt Nerven zeigte, beschwichtigte er sogleich wieder, indem er bemerkte, die Alternative der Union sei in Wirklichkeit gar keine, weil sie von der Vollbeschäftigung ausgehe, die zur Zeit nicht erreichbar sei, weil die Opposition nicht in der Lage sei, die Wirtschaftsschwäche zu beseitigen, weil die Einführung eines Rentner-Krankenversicherungs-Beitrages allein ohne andere Maßnahmen nur die Rentner belasten würde und weil die Sanierung der Rentenversicherung auch ohne einen wirtschaftlichen Aufschwung und ohne einen Abbau der Arbeitslosigkeit bewältigt werden müsse.[150)]

Am Ende des Spitzengespräches gab Weishäupl dem Kanzler den Rat, "die Renten-Diskussion endlich zu beenden, nicht mehr vor den Bundestagswahlen zu entfachen und daran zu denken, daß in diesem Jahr noch vier Landtagswahlen stattfinden! Da die Rentner und Kriegsopfer verunsichert sind, muß die Regierung wieder Vertrauen schaffen, sonst laufen ihr die Rentner und Kriegsopfer als Wähler weg! Und das kann", so der Sozialdemokrat Weishäupl, "weder im Interesse der SPD noch in dem des VdK liegen."[151)] Und da beide Seiten zu genau wußten, daß sie aufeinander angewiesen waren, verabschiedete man sich an jenem 13. März 1978 im Bundeskanzleramt letztendlich doch im besten Einvernehmen.

Der Verbandspräsident war zufrieden, daß sein sozialpolitisches Muskelspiel den Kanzler beeindruckt hatte. Schmidt brauchte Ruhe an der innenpolitischen Front, denn im Juli 1978 trafen sich die Staats- und Regierungschefs der sieben wichtigsten westlichen Industrienationen zum Weltwirtschaftsgipfel in Bonn, um eine gemeinsame Politik gegen die weltweite Rezession abzustimmen.

9. Kapitel

IM SPANNUNGSFELD ZWISCHEN SOZIAL- UND MACHTPOLITIK

"Das System der Sozialleistungen in der Bundesrepublik Deutschland weist eine große Vielfalt von Regelungen und Einrichtungen auf. Das Verständnis für die Fortentwicklung der Sozialpolitik hängt weitgehend davon ab, wie vertraut jedem Bürger das heutige Recht und die Wirklichkeit der sozialen Sicherung sind."
HERBERT EHRENBERG [152)]

Diese Kernaussage hatte auch Ehrenbergs Vorgänger als Bundesminister für Arbeit und Sozialordnung gemacht. In ihrem Resort bleibt den jeweiligen Amtsinhabern auch gar nichts anderes übrig, wenn sie verhindern wollen, daß das soziale Netz nicht dermaßen löchrig wird, daß viele Bevölkerungsgruppen hindurchfallen und dann vollends der Sozialhilfe zur Last fallen – eine Hilfe, die ins Gerede gekommen ist, so daß nicht wenige schon das Ende dieser Fürsorge aus den öffentlichen Geldtöpfen sehen. Denn "wie überall bei öffentlichen Hilfestellungen gibt es auch auf diesem Gebiet Zeitgenossen, die auf den Mißbrauch spezialisiert sind und die ihn sogar als ein Kavaliersdelikt abtun wollen. Schätzungsweise verursacht der Mißbrauch der Sozialhilfe einen Schaden von rund 600 Millionen DM im Jahr."[153)] Ein weiteres Ärgernis: Wenn sich jährlich rund 5000 Deutsche ihre Sozialhilfe unter die wohltuende Sonne nach Florida, Bangkok, Südafrika oder auf die Kanarischen Inseln überweisen lassen.[154)]
Trotz dieses Mißbrauchs dürfen die jeweiligen Resortminister nie aus den Augen verlieren, daß sie es bei der praktischen Sozialpolitik mit zwei Zielrichtungen zu tun haben, "nämlich 1. Die Verbesserung der wirtschaftlichen Lage und der sozialen Stellung solcher Personenmehrheiten, die

in einer Gesellschaft absolut oder relativ, d. h. im Vergleich zu anderen, als wirtschaftlich und / oder sozial schwach gelten; 2. Die Sicherung der wirtschaftlichen Lage und der sozialen Stellung für den Fall des Eintritts existenzgefährdender Risiken für solche Personenmehrheiten, die nicht in der Lage sind, auf sich gestellt für diese Risiken Vorsorge zu treffen. In diesem Sinne läßt sich praktische Sozialpolitik definieren als jenes politische Handeln, das darauf abzielt, erstens die wirtschaftliche und soziale Stellung von wirtschaftlich und / oder sozial absolut oder relativ schwachen Personenmehrheiten durch den Einsatz geeignet erscheinender Mittel im Sinne der in einer Gesellschaft verfolgten gesellschaftlichen und sozialen Grundziele (freie Entfaltung der Persönlichkeit, soziale Sicherheit, soziale Gerechtigkeit) zu verbessern und zweitens den Eintritt wirtschaftlicher und / oder sozialer Schwäche im Zusammenhang mit dem Auftreten existenzgefährdender Risiken zu verhindern."[155)]

Das ist jedoch leichter gesagt als getan, denn "das Wettbewerbssystem und die industrielle Entwicklung schafft aufgrund der ihnen innewohnenden Dynamik laufend neue Risiken für Teile der Gesellschaft, filtert Gruppen und soziale Schichten aus, die systematisch benachteiligt werden und nur ungenügend am materiellen Fortschritt teilhaben."[156)]

Um hier entgegenzusteuern, brauchen die führenden Sozialpolitiker und Lobbyisten der sozialpolitischen Spitzenverbände schon eine kräftige Statur, Nerven wie Drahtseile und allzeit aufgekrempelte Hemdsärmel, um sich erfolgreich durchzuboxen. Denn die "Sozialpolitik ist das vom Grundgesetz gebotene Gemeinschaftshandeln, das unter Berücksichtigung des Gemeinwohls in das Spannungsverhältnis sozialer Gruppen eingreift, zum materiellen Nutzen der wirtschaftlich schwachen Gruppen."[157)] Sie bedürfen einer starken Interessenvertretung, da eine lupenreine Sozialpolitik, deren Begriff sich erst in der zweiten Hälfte des 19. Jahrhunderts herausgebildet hat,[158)] ohne eine entsprechende Machtpolitik wirkungslos verpufft. Das veranschaulicht uns folgender Vorgang sehr deutlich, bei dem der VdK Deutschlands eine treibende Kraft war. In einem Schreiben an den Bundeskanzler forderte er die Bundesregierung auf, schnell einen Gesetzesentwurf zur Verabschiedung vorzulegen, der an wirtschaftlich schwach gestellte Haushaltungen Zuschüsse zu den drastisch gestiegenen Heizölkosten vorsieht. So weit so gut, wenn der Verband bei diesem Vorgang die Kleiderordnung beachtet und eingehalten hätte. Aber noch bevor Schmidt sich mit dieser Angelegenheit befassen konnte, wurden am 23. Juli 1979 alle Landesverbände vorab informiert, um an der Basis Stimmung gegen die Regierung zu machen. In einem Schreiben an die "lieben Kameradinnen und Kameraden" hieß es:

"Die drastische Ölverteuerung hat innerhalb kurzer Zeit zu einer Verdoppelung der Preise für leichtes Heizöl und zu einer erheblichen Anhebung der Preise für Vergaser- und Dieselkraftstoffe geführt. Auch die Lebenshaltungskosten sind, u. a. bedingt durch den Preisauftrieb der Produkte auf Ölbasis und durch die Erhöhung der Mehrwertsteuer in Bewegung geraten.
Diese Ölverteuerung hat zur Folge, daß ein Teil des Einkommens der Bürger, das bislang zur Sicherung ihrer Lebenshaltung verwendet oder angespart wurde, nunmehr zur Deckung der Heizöl- bzw. Treibstoffkosten eingesetzt werden muß.
Für die wirtschaftlich schwachen Gruppen unserer Bevölkerung, die zur Beheizung ihrer Wohnräume auf Heizöl angewiesen sind, führt die enorme Preissteigerung zu erheblichen Einschränkungen in ihrer Lebenshaltung.
Sozialpolitisch kommt es unseres Erachtens zunächst darauf an, daß diesen Gruppen, zu denen auch Kriegsopfer, Behinderte und Sozialrentner gehören, bei der Beschaffung von Winterbrand wirksam geholfen wird. Dies kann insbesondere dadurch geschehen, daß die Bundesländer jetzt schon die sogenannte Winterbrandbeihilfe zur Auszahlung bringen und den Beihilfebetrag entsprechend der

Verteuerung des Heizöls erhöhen. Wie uns bekannt ist, haben die Länder Baden-Württemberg und Niedersachsen bereits entsprechende Regelungen getroffen.
Wir empfehlen Ihnen daher, soweit das noch nicht geschehen ist, dieserhalb mit Ihrer Landesregierung Verbindung aufzunehmen und darauf zu drängen, daß eine vorzeitige Auszahlung der Winterbrandbeihilfe erfolgt. Da diese Beihilferegelungen auch die Möglichkeit geben, im Rahmen der Kriegsopferfürsorge Leistungen zu gewähren, kann ebenfalls den Kriegsopfern sowie den Gruppen geholfen werden, die in Anwendung der Bestimmungen des Bundesversorgungsgesetzes versorgt werden.
Im Hinblick darauf, daß von den Beihilferegelungen nur ein Teil der Bürger erfaßt wird, die von der Heizölverteuerung wirtschaftlich besonders hart betroffen werden, hat sich der VdK Deutschlands an den Herrn Bundeskanzler gewandt und ihn gebeten, für eine Regelung einzutreten, die auch anderen wirtschaftlich schwachen Bevölkerungsgruppen eine wirksame Hilfe bei der Deckung ihres Heizölbedarfs bzw. bei den Aufwendungen für Sammel- oder Fernheizungen bietet.
Wegen der Teuerungsrate sollte der Zuschuß wesentlich über dem Zuschuß liegen, der 1973 im Gesetz über die Gewährung eines einmaligen Heizölkostenzuschusses festgelegt war.
Außerdem wurde beim Herrn Bundesminister für Arbeit und Sozialordnung angeregt, darauf hinzuwirken, daß die Regelungen über die Gewährung von Kraftfahrzeugbeihilfen im Hinblick auf die Verteuerung des Treibstoffes geändert werden."

Erst nachdem der VdK in seinen eigenen Reihen und durch gezielt an die Presse lancierte Verlautbarungen die Verteuerung des Heizöls und der Lebenshaltungskosten publik gemacht hatte, wurde am 25. Juli 1979 das Schreiben an den Bundeskanzler und seinen Arbeitsminister abgesandt. Aus ihm konnte Schmidt dann entnehmen:

KARL WEISHÄUPL Staatssekretär a.D.
Präsident

An den
Bundeskanzler der Bundesrepublik Deutschland
Herrn Helmut Schmidt
Adenauerallee 141

5300 Bonn 25. Juli 1979

Sehr geehrter Herr Bundeskanzler!

Die Auswirkungen der drastischen Preiserhöhungen bei Heizöl veranlassen den VdK Deutschlands, Sie für besonders hart betroffene Bürger um Hilfe zu bitten.

Vor allem die wirtschaftlich schwachen Gruppen unserer Bevölkerung, zu denen der größte Teil der Sozialrentner, aber auch nicht wenige Kriegs- und Wehrdienstopfer sowie Behinderte gehören, sind gezwungen, ihre Lebenshaltung über längere Zeit in einen für ihre wirtschaftliche Lage unzumutbaren Umfange einzuschränken, wenn sie ihren Bedarf an Winterbrand in Form von Heizöl decken müssen. Diese Einschränkungen erfordern eine durchgreifende staatliche Hilfe in Form von Zuschüssen, um die Belastungen dieser Gruppen, die sich aus der Versorgung mit dem notwendigen Brennstoff ergeben, in angemessenen Grenzen zu halten. Die Hilfsmaßnahmen der angeführten Art bleiben trotzdem notwendig, auch wenn sich herausstellen sollte, daß eine gewisse Preisberuhigung auf dem Ölmarkt eintritt, da davon auszugehen ist, daß das jetzt erreichte Preisniveau in der Bundesrepublik nicht wesentlich gesenkt und schon gar nicht wieder den Stand erreichen wird, den es vor der Verteuerung hatte.

Verschiedene Bundesländer haben die Kommunen angewiesen, bereits jetzt schon an hilfsbedürftige Bürger im Rahmen des Bundessozialhilfegesetzes eine erhöhte Winterbrandbeihilfe auszuzahlen. Diese Maßnahme, sehr geehrter Herr Bundeskanzler, hilft einem begrenzten Personenkreis, unter möglichst günstigen Bedingungen bereits jetzt ihren Bedarf an Heizöl für den kommenden Winter zu decken. Sie reicht aber unseres Erachtens nicht aus, da angesichts der Teuerungsrate für Öl und der dadurch bedingten finanziellen Belastungen der Haushalte beim Heizöleinkauf bzw. bei der Wohnraum-Wärmeversorgung sich auch Personengruppen, deren Einkommen über den maßgebenden Grenzen des Sozialhilferechts liegen, in ihrer Lebenshaltung nicht nur vorübergehend erheblich einschränken müssen. Zur Vermeidung von Härten bedürfen sie ebenfalls ausgleichender Hilfen.

Wir halten daher eine bundesgesetzliche Regelung für dringend geboten, nach der zum Ausgleich für die durch den Preisanstieg für leichtes Heizöl verursachten höheren Heizungsaufwendungen ein Zuschuß gewährt wird und bitten Sie, sehr geehrter Herr Bundeskanzler, alles zu tun, damit ein entsprechender Gesetzentwurf vorgelegt wird.

Bei der Abgrenzung des berechtigten Personenkreises sollte allerdings die Einkommensgrenze für den Alleinstehenden bzw. den Haushaltsvorstand gegenüber den Regelungen des Gesetzes über die Gewährung eines einmaligen Heizölkostenzuschusses vom 21. Dezember 1973 verbessert werden. Außerdem erscheint es uns angezeigt, bei der einkommensorientierten Abgrenzung des Personenkreises den Schwerbehinderten einen Mehrbedarfszuschlag einzuräumen, um einen gerechten Ausgleich gegenüber den nichtbehinderten Bürgern zu schaffen. Im Hinblick auf den beachtlichen Preisschub regen wir an, die Zuschußbeträge höher festzusetzen als es in den Regelungen des vorgenannten Gesetzes geschehen ist.

Bei dieser Gelegenheit möchten wir Ihnen, sehr geehrter Herr Bundeskanzler, noch ein weiteres Problem unterbreiten. Es betrifft die steigenden Lebenshaltungskosten, die in den Mitgliederkreisen des VdK Deutschlands erhebliche Beunruhigung hervorrufen.

Zunächst möchten wir anerkennend hervorheben, daß es der Bundesregierung und den verantwortlichen Kräften bislang gelungen ist, ein hohes Maß an Geldwertstabilität zu halten. Die Politik des stabilen Geldes wird von uns unterstützt, weil sie auch für die wirtschaftlich schwachen Gruppen unserer Bevölkerung von großer Bedeutung ist.

Leider sind in jüngster Zeit nicht nur die Ölpreise, sondern auch die Preise für die Güter des täglichen Bedarfs in Bewegung geraten. Die Ursachen für diese Entwicklung liegen unter anderem in der Ölverteuerung und der Mehrwertsteuererhöhung. Wegen der Auswirkungen auf die Lebenshaltung der Rentnerhaushalte halten wir eine Ausgleichszahlung an Sozialrentner sowie an Versorgungsberechtigte, die nach dem Bundesversorgungsgesetz versorgt werden, dann für erforderlich, wenn der Kaufkraftschwund über den Anpassungssatz des jeweiligen Jahres hinausgeht.

Entgegen der verschiedentlich geäußerten Meinung, daß es bei den im 21. Rentenanpassungsgesetz beschlossenen Anpassungssätzen auch dann verbleiben soll, wenn die Preissteigerungsrate über diese Sätze hinausgeht, sind wir der Ansicht, daß bei Rentnern die Grenze des Zumutbaren erreicht ist, wenn der Teil der Rente durch Inflation aufgesogen wird, der dem jeweiligen Anpassungssatz entspricht. Weitere Einbußen an der Kaufkraft ihrer Renten können unseres Erachtens nicht verlangt werden, ohne den Grundsatz der sozialen Gerechtigkeit zu verlassen, zumal der hier von uns angesprochene Personenkreis durch die von der Bruttolohnentwicklung abweichende Festsetzung der Anpassungssätze für die Jahre 1979 bis 1981 ohnehin schon Einkommenseinbußen hinnehmen muß, die seine Lebenshaltung nachteilig beeinflussen.

Ich darf Ihnen diese Überlegungen des VdK mit der bitte unterbreiten, zu gegebener Zeit für eine Regelung einzutreten, die den Rentenempfängern einen angemessenen Ausgleich bieten.

Für Ihre Bemühungen sage ich Ihnen im voraus meinen besten Dank und verbleibe

mit ausgezeichneter Hochachtung
Ihr
(gez.:) Weishäupl

Da dem Bundeskanzler nicht verborgen geblieben war, daß der VdK-Präsident einerseits vorab alle seine Landesverbände mobilisiert und damit für eine aufgeheizte Stimmung gesorgt hatte, und daß andererseits die Presse über den Vorstoß des Kampfverbandes unverzüglich informiert worden war, sah er sich auch nicht mehr gezwungen, das an ihn gerichtete Schreiben umgehend zu beantworten. Im Gegenteil: Erst am 4. September 1979 ließ er durch den Chef des Bundeskanzleramtes knapp verlauten:

"Im Aufrag des Herrn Bundeskanzlers (...) darf ich (...) mitteilen, daß die Bundesregierung derzeit ihre Absicht konkretisiert, für die einkommensschwachen Bevölkerungsschichten eine gezielte einmalige Hilfe in Form eines Heizölkostenzuschusses vorzusehen. Ich hoffe sehr, daß für die Umsetzung in die Praxis ein Weg gefunden wird, der unnötige Erschwernisse vermeidet."[159)]

Da Weishäupl aber nach wie vor der Meinung war, in dieser medienwirksamen Angelegenheit auch eine knallharte Machtpolitik betreiben zu müssen, wandte er sich auch an den Bayerischen Ministerpräsidenten. Die Kontakte zu Franz Josef Strauß hatte zuvor der Präsident des Bayerischen Landtages hergestellt. Mit ihm hatte sich der Spitzenfunktionär am 1. Februar 1979 im Münchner Maximilianeum in einem Nebenzimmer des Landtagsrestaurants getroffen. Heubl erklärte sich umgehend bereit, die Kontakte einzufädeln. Die Antwort des Bayerischen Ministerpräsidenten hinsichtlich der Gewährung eines einmaligen Heizölkostenzuschusses war umfassend und eindeutig. Denn der bayerische Löwe wußte zu genau, mit welch arglistigem Fuchs er es in der Arena der Sozialpolitik zu tun hatte, als er schrieb:

Der Bayerische Ministerpräsident

München, 19.Nov.1979

An den
Präsidenten des Verbandes
der Kriegs- und Wehrdienstopfer,
Behinderten und Sozialrentner
Deutschlands e.V.
Herrn Karl Weishäupl
Wurzerstraße 2 - 4

5300 Bonn - Bad Godesberg

Betreff: Gesetz über die Gewährung eines ein maligen Heizölkostenzuschusses 1979

Sehr geehrter Herr Präsident!

Für Ihr Fernschreiben vom 5. Oktober 1979 danke ich Ihnen.

Der Bundesrat hat am 19. Oktober 1979 auch mit der Stimme Bayerns dem Gesetz über die Gewährung eines einmaligen Heizölkostenzuschusses 1979 zugestimmt. Die Bayerische Staatsregierung hat zu keinem Zeitpunkt einen Zweifel daran gelassen, daß unsere sozial schwachen Bürger in der Heizperiode 1979/80 wegen der gestiegenen Heizölpreise wie im Jahr 1973 eine Heizölkostenbeihilfe erhalten müssen. Sie hat deshalb beim ersten Durchgang im Bundesrat am 28. September 1979 gegen den Gesetzentwurf keine grundsätzlichen Bedenken erhoben.

Die von niemandem bestrittenen, durch die gestiegenen Heizölpreise ausgelöste Notlage und die allgemein erwartete Hilfsbereitschaft hat die Bundesregierung dazu benutzt, im Heizölkostenzuschußgesetz erneut eine verfassungspolitisch höchst unerwünschte Mischfinanzierung zu schaffen, obwohl gleichzeitig Mittel und Wege gesucht werden, diese die finanzpolitische Verantwortung von Bund und Länder verwischenden Mischfinanzierungen abzubauen. Als sich der Bundesrat gegen das Ansinnen der Bundesregierung im ersten Durchgang zur Wehr setzte und in seiner Stellungnahme die vollständige Übernahme der Heizölkostenzuschüsse auf den Bundeshaushalt forderte, versuchte gar der Parlamentarische Staatssekretär im Bundesministerium für Jugend, Familie und Gesundheit, Fred Zander, durch die Presseerklärung vom 4. Oktober 1979 in der Öffentlichkeit den Eindruck zu erwecken - und teilweise sogar mit Erfolg -, als ob die Länder, vor allem Bayern, den Gesetzentwurf auf Kosten der bedürftigen Bürger ablehnen oder hinauszögern wollten.

Die Bayerische Staatsregierung hat in einer Erklärung vor dem Bundesrat aufs schärfste den Versuch der Bundesregierung zurückgewiesen, das Verfassungsorgan Bundesrat mit Unterstellungen zu diffamieren. Sie hat mit ihrer Zustimmung zum Heizölkostenzuschußgesetz ihre Verantwortung gegenüber den sozial schwachen Mitbürgern bewiesen und wird sich auch in Zukunft darin von niemand beirren lassen.

Die Staatsregierung hat inzwischen die Landkreise und kreisfreien Städte dazu bestimmt, die Heizölkostenzuschüsse auszuzahlen. Diese Behörden sind auf die zügige Bearbeitung der Zuschußanträge gut vorbereitet. In Bayern ist dafür gesorgt, daß niemand Angst zu haben braucht, im kommenden Winter wegen der hohen Heizölpreise frieren zu müssen.

Mit freundlichen Grüßen
(gez.:)F.J. Strauß

Es sprach für den Bayerischen Ministerpräsidenten und CSU Vorsitzenden, daß erst die eindeutige Sprache seines Schreibens den ehemaligen SPD-Staatssekretär zum Schweigen brachte. Denn in dem "politisch vollblutmäßigen" Strauß,[160)] wie Weishäupl ihn bezeichnete, sah er trotz nicht zu verleugnender parteipolitischer Differenzen einen kompetenten Mitgestalter der deutschen Sozialpolitik.
Am 29. Oktober 1979 wurde Weishäupl durch eine plakative Überschrift in der Tageszeitung "Die Welt" aufgeschreckt. Denn dort stand in fett gedruckten Lettern zu lesen: "Sozialexperte Eugen Glombig droht ein Opfer der Wahlkreis-Neuordnung zu werden. Zufall oder Filz? Wie sich linke SPD-Genossen gegenseitig helfen". Verdutzt rieb er sich die Augen, als er weiterlas: "In der Hamburger SPD sind die innerparteilichen Auseinandersetzungen über die Frage, wen die Regierungspartei der Hansestadt 1980 in den Bundestag entsenden will, in voller Schärfe entbrannt.

Besonders deutlich wird das an einem Konflikt zwischen den SPD-Kreisen Mitte und Nord, bei dem es um den SPD-Bundestagskandidaten für den neugeschnittenen Wahlkreis Mitte geht. Nach dem Willen des SPD-Kreisvorstandes Mitte soll dieser Kandidat wieder der Rentenexperte und sozialpolitische Sprecher der SPD-Bundestagsfraktion, Eugen Glomig (55) werden, der dem Bonner Parlament seit 18 Jahren angehört. Doch Glombig benötigt, um wieder aufgestellt zu werden, auch die Unterstützung einflußreicher Genossen aus dem SPD-Kreis Nord. (...) Im SPD-Kreis Nord freilich blasen die Genossen des linken Flügels jetzt zum Angriff gegen Glombig und für ihre eigenen personalpolitischen Ziele. Ihnen geht es zunächst darum, den engagierten Kernkraftgegner und Verlagslektor Freimut Duve, Mitglied des SPD-Landesvorstandes, als Kandidat gegen Glombig durchzusetzen."[161)]

"Das darf nicht sein!" entschied Weishäupl und schrieb daher umgehend einen persönlich gehaltenen Brief an seinen Partei-Vorsitzenden:

Herrn 8. November 1979
Willy Brandt
Vorsitzender der Sozialdemokratischen
Partei Deutschlands
Ollenhauerstraße 1

5300 Bonn 1

Lieber Willy Brandt,

ich beobachte mit großer Sorge die Entwicklung in Hamburg im Zusammenhang mit dem Wahlkreis Hamburg-Mitte. Ich habe Angst, daß der engagierte Sozialpolitiker, unser Freund Eugen Glombig, unter die Räder kommen könnte, wenn es einer bestimmten Gruppierung gelänge, den Gegenkandidaten durchzubringen.

Ich bin aber auch in Sorge deshalb, weil innerhalb der SPD die Zahl der Sozialpolitiker von Jahr zu Jahr abnimmt, während im Gegensatz hierzu die Zahl der Lehrer, der Juristen und der Angehörigen des öffentlichen Dienstes zunimmt.
Es bedarf eigentlich keines Hinweises, wie sehr sich in den vergangenen Jahren Eugen Glombig um eine umfassende Rehabilitation der Behinderten verdient gemacht hat. Er hat doch erreicht, daß die sogenannte Finalität beachtet wird und Maßnahmen des Staates getroffen werden ohne Rücksicht auf die Ursache des Leidens.
Glombig versucht systematisch, die Einheit des Rehabilitationsgeschehens zu erreichen und deutlich zu machen, daß alle Maßnahmen verstärkt werden müssen, um Voreingenommenheit und Intoleranz gegenüber den Behinderten abzubauen. Zuletzt hat Eugen Glombig auf dem Internationalen Symposium 1979 in Neckargemünd „Aufklärung und Information im Dienste der Integration Behinderter" eine großartige Arbeit geleistet und weltweit das Problem der Public Relation zugunsten der Behinderten betrachten lassen.

Ich warne die SPD davor, Eugen Glombig, diesen tüchtigen Mann, abzuschieben und ihn dann etwa als Bundesbeauftragten für Behinderte einzusetzen. Das wäre kein guter Dienst für Eugen Glombig, umso mehr als man sehr wohl der Auffassung sein kann, daß ein Bundesbeauftragter für Behinderte auch nicht „Bäume ausreißen kann".

Ich bitte Dich, mit allen Mitteln darauf hinzuwirken, daß Eugen Glombig in Hamburg bei der Wahl als Kandidat für den Bundestag eine Mehrheit bekommt. Die Behinderten haben kein Interesse daran, daß sie ihren derzeit besten Mann verlieren, und ich füge hinzu: Du kannst Dich darauf verlassen, daß die beiden großen Verbände Sturm laufen und mitten im Bundestagswahlkampf Veranstaltungen durchführen würden, die der SPD letzlich nicht nutzen, sondern nur schaden könnten. Das, was ich ausspreche, ist keine Nötigung, sondern nur der Hinweis auf die Notwendigkeit, Eugen Glombig das Mandat im Bundestag zu belassen.

Ich hoffe, daß Du mich nicht mißverstehst. Auch die SPD als große politische Kraft sollte sich verpflichtet fühlen, das Prinzip der Mehrheit zu verbinden mit dem Prinzip der Qualität. Was Qualität anbelangt, ist Eugen Glombig ein hervorragender Streiter für die behinderten Menschen.

Mit freundlichen Grüßen
(gez.:) Karl Weishäupl

Wie aus diesem Schreiben, von dem Glombig einen als vertraulich eingestuften Durchschlag erhielt, eindeutig hervorgeht, wurde auch in diesem, wie in vielen anderen Fällen, in erster Linie eine lupenreine Machtpolitik betrieben. Denn dem VdK-Präsidenten war sehr daran gelegen, seinen Lobbyisten Glombig unter allen Umständen in den Bundestag zu hieven. Brandts Antwort vom 13. November 1979 war kurz; zu kurz für den Empfänger, was diesen hellhörig machte. Denn darin brachte der Partei-Vorsitzende der SPD zum Ausdruck, daß er das Eintreten des Verbandes für Glombig gut verstehe, daß er seine Verdienste kenne und die Auffassung des VdK teile, daß auch der nächste Bundestag auf die Mitarbeit des ausgewiesenen Sozialpolitikers nicht verzichten könne. Brandt schloß sein Schreiben mit dem Hinweis, daß er weiterhin für die Kandidatur Glombigs eintreten werde.[162)]
Allerdings nicht energisch genug, denn auf der Hamburger Liste für den Deutschen Bundestag erreichte dieser nur den 6. Platz. Für Kenner der politischen Szene im Stadtstaat an der Elbe stand damit fest, daß diese Platzreservierung für einen sicheren Einzug in das Bundesparlament nicht ausreichen wird. Enttäuscht sandte Weishäupl daraufhin am 3. Dezember 1979 ein Telegramm an Brandt, in dem er seiner unkontrollierten Gefühlsaufwallung freien Lauf ließ.
"Ich verstehe Deine bitteren Worte", antwortete der Gescholtene am 13. Dezember 1979. " Du weißt, daß ich mich um eine andere Entscheidung bemüht hatte. Aber der

Einfluß des Parteivorstandes auf derartige Entscheidungen ist heutzutage begrenzt." Und beschwichtigend fügte Brandt hinzu: "Ich hoffe im übrigen, daß sich noch eine Lösung finden lassen wird, die Eugen Glombig wieder in den Bundestag bringt."[163)]
Diese Lösung konnte nach Ansicht Weishäupls nur noch einer bewerkstelligen, der erstens über genügende Verbindungen verfügte und der zweitens bereit und in der Lage war, sein ganzes politisches Gewicht in die Waagschale zu werfen: Hans-Jürgen Wischnewski, die Allzweckwaffe der SPD. "Bemerkenswert sind sein taktisches Geschick, internationale Kontaktfreude und seine hervorstechende Begabung für Public Relations. Daß er sich unter Verzicht auf sein Ministeramt erfolgreich der Parteiorganisation widmete, hat seine Stellung in Partei und Staat weiter verstärkt und ihm weitreichenden Einfluß auf alle Bereiche der Bonner Politik verschafft." Aber auch hier gab es zunächst eine herbe Enttäuschung für Weishäupl, wie wir seinem Brief vom 14. März 1980 an "Ben Wisch" entnehmen können:[164)]

"Lieber Hans-Jürgen Wischnewski,
der Gesprächstermin mit Dir in der Angelegenheit Eugen Glombig ist geplatzt. Du hattest eine unausweichliche Verpflichtung übernommen und deshalb keine Zeit, Hermann Meyer, 1. Bundesvorsitzender des Reichsbunds, und mich zu empfangen.
Ich möchte Dir daher die Bitte vortragen, auf der Landesliste der SPD für Nordrhein-Westfalen eine Absicherung von Eugen Glombig im zuständigen Gremium zu befürworten und durchzusetzen. (...)
Ich möchte Dir gegenüber noch einmal deutlich machen, daß es ein schwerer Verlust wäre, wenn Eugen Glombig nicht mehr im Bundestag sein sollte. Während seiner Mitgliedschaft im Deutschen Bundestag ist außerordentlich viel geschehen in Bezug auf eine umfassende Rehabilitation aller Behinderten. Eugen Glombig hat sowohl im VdK als auch im Reichsbund viele Anhänger, die es der SPD

verargen würden, wenn sie im Bundestag nicht mehr auf Glombig zurückgreifen könnten.
Es müßte ein schwacher Trost sein, wenn die SPD Eugen Glombig abschieben würde in die Position eines sogenannten 'Bundesbeautragten für die Rehabilitation behinderter Menschen`. Meine Organisation, der VdK, z.B. ist gegen die Schaffung der Stelle eines Beauftragten für Behinderte, denn solch eine Einrichtung bedeutet ja nur die Übertragung der Verantwortung auf dem Gebiet der Wiedereingliederung Behinderter von der Bundesregierung, speziell vom Bundesminister für Arbeit und Sozialordnung, auf einen einzelnen, der ja auch keine Bäume ausreißen kann, wie ich am Beispiel anderer Bundesbeauftragter festzustellen habe. Ich verlasse mich auf Dich, daß Du in letzter Minute Deine ganze Kraft und Deinen politischen Einfluß dafür verwendest, damit Eugen Glombig wieder in den Bundestag kommt. (...)"
Es war am 1. April 1980, als es in der Bonner SPD-Zentrale schließlich doch noch zu einem persönlichen Gespräch mit Hans-Jürgen Wischnewski gekommen ist. Vorrangig ging es dabei um die Frage: Wie kann Eugen Glombig auf der Landesliste der SPD in Nordrhein-Westfalen so abgesichert werden, damit er wieder in den Deutschen Bundestag kommt? Um dieses Ziel zu erreichen, schmiedete der Verband der Kriegs- und Wehrdienstopfer, Behinderten und Sozialrentner Deutschlands sogar eine Allianz mit dem lästigen Reichsbund. Sowohl der VdK-Präsident als auch der 1. Bundesvorsitzende des Reichsbundes trugen ihre Meinungen knallhart vor und bezogen sich auch auf die Schreiben an Brandt. Das Gespräch verlief insoweit positiv, als Wischnewski antwortete, daß er sich in der Sache Glombig bereits eingeschaltet habe, und daß in Westfalen für diesen die Chance bestehe, auf der Landesliste einen gesicherten Listenplatz zu erhalten. Er machte dabei ebenso wie seine beiden Gesprächspartner deutlich, daß auf die Mitarbeit des sozialdemokratischen Sozialexperten im kommenden Deutschen Bundestag nicht verzichtet werden könne.

Sowohl Weishäupl als auch Meyer hatten den Eindruck gewonnen, daß die Aussichten für Glombig recht gut seien und daß mit Wischnewskis Unterstützung ihr Ziel doch noch erreicht werde, ihren Lobbyisten im Machtzentrum zu plazieren. Mehr noch: "Ben Wisch" wies ausdrücklich darauf hin, daß sich für den in Bedrängnis gekommenen Sozialpolitiker in besonderer Weise auch Willy Brandt, Helmut Schmidt und Herbert Wehner stark gemacht haben. Allerdings nicht stark genug, denn letztlich kam Glombig doch noch unter die Räder der sozialdemokratischen Wahlkampfmaschinerie. Damit hatten die sozialpolitischen Spitzenverbände fortan einen sehr einflußreichen Lobbyisten weniger im Bonner Parlament sitzen. Das war ein Keulenschlag, von dem sie sich lange Zeit nicht recht erholten.

10. Kapitel

BUNDESTAGSWAHL 1980: STRAUSS GESCHLAGEN - SCHMIDT TRIUMPHIERT

"Eigentliche Politik spielte im Wahlkampf kaum eine Rolle, bei keiner Partei. Daß sie es duldeten, war ihre politische Verantwortungslosigkeit. Wir sahen wieder: Alle suchten durch Kalkulation nach Analogie der Reklametechnik die Stimmen der unvorbereiteten Menge zu fangen. Diese Massen sind in dem formalen Parlamentarismus, wie er bei uns noch gehandhabt wird, nur für die Politiker im Grunde ein verächtliches Objekt, das man alle vier Jahre braucht, damit es entscheide, wer innerhalb der Parteienoligarchie für die Wahlperiode regieren soll.,"
KARL JASPERS [165)]

Wie der Fall Glombig eindeutig beweist, befand sich der VdK-Präsident schon seit geraumer Zeit in einer nicht zu übersehenden Wahlkampfstimmung. Das war kein Wunder, denn der Kanzlerkandidat der CDU/CSU war kein geringerer als Franz Josef Strauß, der sich im Sommer 1979 gegen seinen niedersächsischen Gegenspieler Ernst Albrecht durchgesetzt hatte. So diametral entgegengesetzt ihre politischen Standpunkte auch waren, in einem waren sie sich dennoch einig: sowohl Strauß als auch Weishäupl gingen sehr aggressiv und machtbewußt, kämpferisch und erfolgshungrig in die große Auseinandersetzung.
Unter diesem Vorzeichen fand am 25. und 26. Januar 1980 in Lahnstein die Präsidiumssitzung und der Kleine Verbandstag des VdK statt. Um sein sozialpolitisches Gewissen zu entlasten, stellte der Präsident vor der gemeinsamen Sitzung von Hauptvorstand und Verbandsausschuß in seinem Bericht unter anderem fest: "Positive Ergebnisse unserer Verbandspolitik im sozialen Bereich sind weitgehend davon abhängig, wie sich die gesamtwirtschaftlichen

Zusammenhänge entwickeln werden." Die eigentliche Zielrichtung des Vollblutpolitikers Weishäupl war jedoch eine ganz andere. Sie wurde auch dementsprechend vehement vorgetragen, als er unter anderem ausführte:

"Im Ausblick auf das Bundeswahljahr 1980 sehe ich folgende Probleme, die einer Lösung zugeführt werden sollten:
Abbau der Arbeitslosigkeit Schwerbehinderter. Die Zahl der arbeitslosen Schwerbehinderten hat wieder kräftig zugenommen. (...) Bereits im Bericht vom 21. September 1979 in Wiesbaden habe ich die Maßnahmen aufgezählt, die ergriffen werden müßten, um den Abbau der arbeitslosen Schwerbehinderten zu ermöglichen. (...) Wenn diese Aufgabe verstärkt gesehen wird, können wir als Nebenprodukt auch neue Mitglieder für den VdK gewinnen.

+ Abwendung neuer Opfer, die offenbar den Rentnern aufgebürdet werden sollen, um die Alterssicherung zu reformieren.
+ Ersatz für den Begriff 'Minderung der Erwerbsfähigkeit'. (...)
+ Stärkung der Stellung des Vertrauensmannes für Schwerbehinderte in Betrieben und Verwaltungen.
+ Reform des Rentenversicherungsrechts entsprechend den Beschlüssen des Präsidiums.
  Vorrangig: Gleichstellung von Mann und Frau in der Rentenversicherung und die soziale Sicherung der Hinterbliebenen.
+ Funktionsfähigkeit des ärztlichen Dienstes in der Versorgungsverwaltung.
+ Stärkere Aufklärung und Information zur Integration behinderter Menschen.
+ Gezielte Öffentlichkeitsarbeit in diesem Bereich. Seminare mit den Medienleuten.
+ Weitere Maßnahmen im Kampf gegen den Schmerz, vor allem im Kampf gegen Phantomschmerzen nach Amputationen.

+ Beseitigung architektonischer Barrieren; Bestandsaufnahme in allen Gemeinden und Städten in der Bundesrepublik Deutschland. (...)

Jede Woche wird etwas Neues gesagt zur Sozialpolitik", fuhr der VdK-Präsident dann fort. "Da kennt sich kein Mensch mehr aus. Wir können nur neugierig sein, was uns die Parteien im Sommer dieses Jahres verheißen werden. Wir sollten ja Auskunft über ihre Pläne spätestens im Sommer erhalten. (...)

Mir liegen alle Neujahrsansprachen vor. Die des Bundeskanzlers ebenso wie die der Ministerpräsidenten. Mir fällt auf, daß in diesen Neujahrsansprachen der Hinweis auf Behinderte nur zweimal vorkommt und der Hinweis auf die Kriegsopfer nur einmal, nämlich in der Rede des Bayerischen Ministerpräsidenten. Traurig genug, eine solche Feststellung treffen zu müssen. Auch der Herr Bundespräsident hat im Gegensatz zu früheren Neujahrsansprachen seiner Vorgänger offenbar die Kriegsopfer ganz und gar vergessen."

Und weiter sagte Weishäupl dann in seiner sehr kämpferisch vorgetragenen Rede, "daß systematisch versucht wird – offenbar nicht ohne Erfolg – das Problem der Kriegsopfer aus dem Tagesgeschehen zu verdrängen. In diesem Fall müssen wir die Zähne zeigen. Wir müssen energisch denen auf den Zahn fühlen, die da meinen, Finalitätsdenken bedeute abgehen von der Kausalität. Dabei sind doch beide Bereiche unentbehrlich. Wir dürfen nicht zulassen, daß der Bereich Kausalität ausgehöhlt wird zugunsten der Finalität. So geht das nicht! (...)

Wer diese Aussagen objektiv wertet, ist doch etwas verwundert über den großen Optimismus des Bundeskanzlers in seiner Neujahrsansprache am 31. Dezember. Wenn er im Zusammenhang mit den älteren Mitbürgern feststellt: 'Ich möchte keinen Zweifel daran lassen, daß das Renteneinkommen sicher ist, daß keine Abstriche gemacht werden, daß die Lage der Versicherungsträger gut und daß die Finanzierung der Renten in Ordnung ist'. Erinnerungen an 1976 werden wach! (...)

Es ist notwendig", so Weishäupl abschließend, "daß wir uns nach wie vor als Kampfverband verstehen. Wir müssen die härtesten Bretter so lange bohren, bis sie durch sind."

Damit hatte er die Katze aus dem Sack gelassen. Folgerichtig führte er im Vorfeld der Bundestagswahl 1980 die Spitzengespräche mit den im Deutschen Bundestag vertretenen Parteien in erster Linie als Machtpolitiker eines Kampf- und nicht als Präsident eines Sozialverbandes!
Bei seinen Wahlkampfvorbereitungen geht der Verband Dank seiner reichhaltigen politischen Erfahrungen und seiner agitatorisch geschulten Spitzenfunktionäre taktisch äußerst geschickt vor. Während sich die kleinste der im Deutschen Bundestag vertretenen Parteien 1980 geschmeichelt fühlte, das sie die Ehre hatte, als erste für eine Gesprächsrunde auserkoren zu sein, sah Weishäupl das ganz und gar anders, und zwar dahingehend, daß man zunächst alle politischen Gegner in getrennten Besprechungen aushorchen mußte, um dann, je nach der parteipolitischen Sachlage, entweder die Meinungen der anderen in die Wahlkampfstrategie des VdK und der Sozialdemokratischen Partei Deutschlands einfließen zu lassen oder um rechtzeitig gegensteuern zu können.
Unter diesem Gesichtspunkt kam am 23. Mai 1980 ein ausführliches Spitzengespräch des VdK-Präsidenten mit dem Vorsitzenden der F.D.P.-Bundestagsfraktion Wolfgang Mischnick und ihrem Sozialexperten Hans-Heinrich Schmidt (Kempten) in Bonn zustande. Im Mittelpunkt standen die Kriegsopferversorgung, das Schwerbehindertenrecht und die Sozialversicherung im Hinblick auf die 84er Rentenreform. Dabei erklärten beide Seiten, daß der gesellschaftliche Stellenwert der Kriegsopfer und der Bundeswehrsoldaten, die im Dienst für die staatliche Gemeinschaft Leben und Gesundheit einsetzen, uneingeschränkt Gültigkeit haben müssen. Mischnick und Weishäupl betonten in diesem Zusammenhang übereinstimmend die Notwendigkeit struktureller Verbesserungen des Bundes-

versorgungsgesetzes, das wegen der Entschädigungsverpflichtung vor allem gegenüber den Wehrpflichtigen auch künftig volle Aktualität behalte.
Im Bereich des Schwerbehindertenrechts und der Rehabilitation sollte nach übereinstimmender Auffassung von VdK und F.D.P. auf eine stärkere berufliche Mobilität der Schwerbehinderten hingewirkt werden, um auf diese Weise den hohen Stand der Arbeitslosigkeit Schwerbehinderter abzubauen.
Außerdem sollten Anreize für kleinere Betriebe zur Beschäftigung Schwerbehinderter geschaffen werden. Im Hinblick auf die 84er Rentenreform vereinbarten beide Seiten bei ihrem intensiven Gedankenaustausch, zu diesem Themenkomplex weitere Sachgespräche zu führen.
Dem Spitzengespräch mit dem CDU-Präsidium war am 16. Mai 1980 ein Fernschreiben des VdK Deutschlands an den CDU-Vorsitzenden Helmut Kohl anläßlich des 28. Bundesparteitages der Christlich Demokratischen Union in Berlin vorausgegangen – und zwar mit dem Vorschlag einer Ergänzung zum Wahlprogramm der C-Partei bezüglich der Kriegs- und Wehrdienstopfer, denn, so Weishäupl, "es werden in den Aussagen zahlreiche Bevölkerungsgruppen (...) angesprochen. Zu den sozialen Fragen, die die Kriegs- und Wehrdienstopfer bewegen, wurde nichts gesagt."[166)]
Nun war der VdK Deutschlands am 11. Juni 1980 zu einem ausführlichen Spitzengespräch über allgemeine und aktuelle sozialpolitische Fragen mit dem Präsidium der CDU im Bonner Konrad-Adenauer-Haus zusammengekommen. Von Seiten der Union nahmen unter dem Vorsitz Kohls sein Generalsekretär Heiner Geißler, der Vorsitzende der Sozialausschüsse Norbert Blüm und die Bundestagsabgeordneten Heinz Franke und Albert Burger teil. Der Verband war u. a. durch seinen Präsidenten Weishäupl, seinen Vizepräsidenten Ludwig Hönle und das Präsidiumsmitglied Ernst Roth vertreten.
Im Mittelpunkt des Meinungsaustausches stand die soziale Lage der Kriegs- und Wehrdienstopfer, der Behinderten und Rentner. Im einzelnen diskutierten die Teilnehmer über

die Reform der gesetzlichen Rentenversicherung, die sogenannte 84er Reform, über aktuelle Probleme der Rentenpolitik, die Weiterentwicklung des Bundesversorgungsgesetzes sowie über die Novellierung des Schwerbehindertengesetzes. Die Repräsentanten der Union bekräftigten hierbei noch einmal, daß die Generation der Kriegsopfer nach allem, was sie für unser Land geleistet hat, einen Anspruch auf ein sorgenfreies, sozial abgesichertes Leben im Alter habe. Das gehöre so unverzichtbar zum Selbstverständnis der CDU, daß dieses Anliegen ausdrücklich im Grundsatzprogramm der Union verankert wurde. Nach übereinstimmender Auffassung von VdK und CDU müßte der gesellschaftliche Stellenwert, der heute den Kriegsopfern beigemessen werde, deutlich erhöht werden.
Die Gesprächspartner waren sich auch darin einig, daß die bruttolohnbezogene dynamische Rente erhalten bleiben muß. Beide Seiten erklärten ebenso übereinstimmend, daß Gerechtigkeit und Humanität im Arbeitsleben Vollbeschäftigung voraussetze. Dies gelte ganz besonders für die Behinderten. Man bewertete die seit Jahren ansteigende Zahl arbeitsloser Behinderter als ein alarmierendes Zeichen unserer Gesellschaft. In diesem Zusammenhang begrüßte es der VdK, daß das im März der Öffentlichkeit vorgestellte Arbeitsmarktprogramm der Union besonders die Lage der Behinderten berücksichtige.
Dann legte der Verband seine Wünsche und Forderungen an den Staat und die Politik dar – und zwar sowohl hinsichtlich einer weiteren Neuordnung des Bundesversorgungsgesetzes mit dem Ziel, den entschädigungsrechtlichen Charakter der Leistungen aus der Kriegsopferfürsorge zu stärken, als auch hinsichtlich jener Novellierung des Schwerbehindertengesetzes mit dem Zweck, den Belangen der Behinderten mehr Geltung zu verschaffen.
Der mehrstündige Meinungsaustausch fand in einer sehr aufgeschlossenen, ja fast freundschaftlichen Atmosphäre statt. Wie bei dem Spitzengespräch mit der F.D.P., so kamen auch hier die Teilnehmer überein, den als nützlich

empfundenen Informationsaustausch fortzusetzen. Mehr noch: Der CDU-Vorsitzende war mit dem Verlauf der Gesprächsrunde derart zufrieden, daß er fortan den "lieben Herrn Weishäupl"[167] nachrichtlich über einige bemerkenswerte Vorgänge der PR-Arbeit unterrichtete.[168]
Die Inszenierung Weishäupls im Hinblick auf die Bundestagswahl 1980 war perfekt. Nach der F.D.P. und der CDU wandte er sich der CSU, aus deren Reihen ja der Kanzlerkandidat kam, zu. Als Kulisse für diesen Akt diente ihm der Parteitag der Christlich Sozialen Union, die sich am 20. und 21. Juni 1980 in München unter anderem auch mit aktuellen innenpolitischen Fragen und Problemen befaßte. Was lag dem VdK-Präsidenten näher, als zu versuchen, auch hier seinen politischen Einfluß geltend zu machen? Ganz in diesem Sinne sandte er ein Telegramm an den Parteivorsitzenden und Bayerischen Ministerpräsidenten in die Münchner Bayernhalle. Darin hieß es unter anderem: (Nachfolgend Orginalwiedergabe des Telegrammes)

"es ist nicht unsere absicht, zu den programmatischen aussagen stellung zu nehmen, da ihnen unsere ansichten, insbesondere zu den problemen der reform 84 und zu den uebrigen sozialen fragen der 80er jahre, die sich aus unserer modernen industiegesellschaft ergeben, bekannt sind. wir moechten ihnen aber eine bitte vortragen, die sich auf ihre politischen erklaerungen bezieht, es werden in den aussagen im wahlprogramm der cdu/csu zahlreiche bevoelkerungsgruppen angesprochen, z. b. frauen, arbeitnehmer, alte menschen, behinderte. zu den sozialen fragen, die die kriegs- und wehrdienstopfer bewegen, wurde nichts gesagt.
dankbar waeren wir ihnen, wenn der landesparteitag der csu auch zu den anliegen dieser bevoelkerungsgruppe aussagen machen wuerde. heute noch leben in der bundesrepublik rund zwei millionen buergerinnen und buerger, die unmittelbar vom krieg betroffen und versorgungsberechtigt sind. sie erwarten eine wuerdigung ihres opfers und eine strukturelle verbesserung ihrer versorgung.

an der bruttolohnbezogenheit der renten muss nach ansicht des vdk unbedingt festgehalten werden, um manipulationen zu verhindern. das sollte noch einmal durch den landesparteitag deutlich gemacht werden.
von dem seit monaten anhaltenden erheblichen preisanstieg werden besonders die kriegsopfer und sozialrentner hart betroffen, da ihre renten in diesem jahr nur um vier prozent angehoben werden. die wesentlich ueber dem anpassungssatz liegenden preiserhoehungen fuehren dazu, dass die zwoelf millionen rentner und zwei millionen kriegsopfer ihre lebenshaltung einschraenken muessen, um den eingetretenen kaufkraftverlust wettzumachen. zur erhaltung der rentenkaufkraft, die bedroht ist, haelt das praesidium des vdk deutschland die vorziehung der bruttolohnbezogenen anpassung um ein jahr fuer erforderlich.
wir erwarten vom landesparteitag der csu, dass er eine aussage zu diesem wichtigen sozialen problem im sinne unserer anregungen macht."[169)]

Da war sie wieder, die unverhohlene Drohung an die Partei des Kanzlerkandidaten Franz Josef Strauß: "Wir erwarten (...), daß (...)!" Damit wandelte sich Weishäupls Verband immer mehr zu einem Kampfverband. Als Wolf im Schafspelz hatte er sich bei der F.D.P., bei der CDU und der CSU im Vorfeld der Bundestagswahl 1980 umgesehen. Als Lamm betrat er nun die Bonner SPD-Baracke.
Getreu dem Motto: "Die Letzten werden die Ersten sein," begab sich Weishäupl in die Bundestagsfraktion, die den Abschluß der Reihe der Informationsgespräche auf höchster Ebene bildete, um einerseits die wesentlichen sozialpolitischen Forderungen seines Verbandes deutlich zu machen, und um andererseits die führenden politischen Repräsentanten der Parteien für seine machtpolitischen Hauptanliegen zu gewinnen, um nicht zu sagen einzuspannen. In einer Vielzahl von Einzelfragen - nicht zuletzt im Bereich der Kriegsopferversorgung – war ihm dies in der Tat gelungen. So bejahten die maßgeblichen Vertreter aller drei Bundestagsfraktionen die Notwendigkeit struktu-

reller Leistungsverbesserungen des Bundesversorgungsgesetzes, das ein wesentlicher Bestanteil des sozialen Entschädigungsrechts ist.
Vor der Gesprächsrunde mit der SPD-Bundestagsfraktion hatte Weishäupl noch die Gunst der Stunde genutzt, um am 22. Mai 1980 Johannes Rau zu dessen überragendem Wahlerfolg im bevölkerungsreichsten Bundesland zu gratulieren.

"Durch das Votum der Wähler", schrieb er seinem Parteifreund, "sind Sie nunmehr in der Lage, allein die Richtlinien der Politik in Ihrem Lande zu bestimmen.
Ich bitte Sie, sehr verehrter Herr Ministerpräsident, die guten Beziehungen Ihrer Regierung zu der größten Organisation der Kriegs- und Wehrdienstopfer, Behinderten und Sozialrentner in der Bundesrepublik Deutschland fortzusetzen und wenn möglich zu vertiefen. Sie kennen den VdK in Nordrhein-Westfalen und wissen, daß sich seine Mitarbeiter in Stadt und Land um die Beratung und Betreuung behinderter Menschen seit vielen Jahren mit Erfolg bemühen. Die wichtigste Aufgabe des VdK ist wohl die Einflußnahme auf Gesetzgebung und Verwaltung. Insoweit wurde im letzten Jahrzehnt viel erreicht, so daß wir heute ein fest eingefügtes Netz sozialer Sicherheit für die Bürger unseres Staates vorfinden. (...)
Ich wünsche Ihnen viel Erfolg in der Politik und vor allem eine kräftige Gesundheit, damit Sie Ihre vielseitigen Aufgaben zum Wohle der Bevölkerung von Nordrhein-Westfalen, aber auch zum Wohle derer, die dem VdK als Mitglieder angehören, erfüllen können."[170)]

Rau bedankte sich am 29. Mai 1980 mit den Worten: "Auch ich meine, daß wir in schwerer werdenden Zeiten den sozialen Frieden nur durch Festhalten am sozialen Ausgleich weiter festigen können. Dabei werden wir alle enger zusammenrücken und gerade denen gegenüber Mitverantwortung zeigen müssen, die auf Hilfen angewiesen sind."[171)]

Das politische Klima zwischen Weishäupls Kampfverband und den Spitzenpolitikern der SPD war hervorragend; der mitmenschliche Umgang offen und herzlich, kameradschaftlich und – je nach landsmannschaftlicher Zugehörigkeit – kumpelhaft. Nur Wehner, der seine wahren Gefühle gegenüber seinen Mitmenschen und Mitstreitern wahrscheinlich schon deshalb verbarg, weil er Angst hatte, daß man ihm menschliche Züge als Schwäche auslegen könnte, polterte während des Gesprächs mit dem Verband frank und frei heraus: "Die Sozialdemokraten stehen ohne Wenn und Aber zum 21. Rentenanpassunggesetz (RAG) und halten an der Rückkehr zur bruttolohnbezogenen Rentenanpassung am 1. Januar 1982 fest. Am 21. Rentenanpassungsgesetz lasse ich nicht herumfummeln, sonst steht die Rückkehr zur bruttolohnbezogenen Anpassung (erneut) in Frage."[172)]
Damit lehnte der Vorsitzende der SPD-Bundestagsfraktion zugleich auch die vom VdK-Präsidenten erläuterte Beschlußempfehlung des Heilbronner Verbandstages ab, die Rückkehr zur bruttolohn-orientierten Anpassung wegen der anhaltenden, die Rentner stark benachteiligenden Teuerungsrate von mehr als sechs Prozent um ein Jahr vorzuziehen. Bei dem mehr als zweistündigen Gedankenaustausch am 2. Juli 1980, an dem auf Seiten der SPD-Bundestagsfraktion auch der Sozialexperte Eugen Glombig und die Staatssekretärin Anke Fuchs teilnahmen, sagte Wehner wörtlich: "Ich würde einem Vorziehen oder nachträglichen Verschieben der Rückkehr zur Bruttolohnanpassung (abweichen vom 21. RAG) nie zustimmen."[173)]
Weitere Themen des Meinungsaustausches waren die Weiterentwicklung des Bundesversorgungsgesetzes, die Neugestaltung des Hinterbliebenenrechts in der gesetzlichen Rentenversicherung sowie die Novellierung des Schwerbehindertengesetzes. Die Gesprächspartner waren sich darin einig, daß das Bundesversorgungsgesetz in das 5. Buch des Sozialgesetzbuches als das Leistungsrecht eingebaut werden soll, nach dem alle Tatbestände des sozialen Entschädigungsrechts entschädigt werden sollen.

Mit dieser Einordnung sollten unter anderem strukturelle Leistungsverbesserungen verbunden sein.
Hierzu ergänzte der SPD-Vorsitzende Brandt in seinem Schreiben vom 3. September 1980 an den VdK-Präsidenten: "Das von unserem Parteitag in Essen verabschiedete Wahlprogramm 1980 ist Maßstab für unsere politische Arbeit in den nächsten vier Jahren. Aus unseren Erfahrungen wissen wir, daß nur ein kurz gefaßtes Wahlprogramm die Chance hat, von den Wählern gelesen zu werden. Deshalb konnten die politischen Zielsetzungen in den einzelnen Abschnitten nur kurz beschrieben werden."[174)]
Und zwar so: "Die Sozialdemokratische Partei ist gemeinsam mit den Gewerkschaften die politische Garantie für den Ausbau der sozialen Rechte und die Verbesserung der Lebensbedingungen unserer Bürger. (...) Für die 80er Jahre stehen wir vor neuen sozialen Herausforderungen. Die Sozialdemokratische Partei Deutschlands antwortet darauf mit einem umfassenden Programm zur Weiterentwicklung der Rentenversicherung. (...) Wir Sozialdemokraten wollen eine sozial gerechte Reform der Hinterbliebenenversorgung. (...)"[175)]
Die Schatten der bevorstehenden Bundestagswahl 1980 wurden von Woche zu Woche lang und länger. Nicht nur die Gedanken des SPD-Vorsitzenden kreisten Tag und Nacht um dieses historische Ereignis, bei dem der bayerische Löwe endgültig besiegt werden sollte, sondern auch die der VdK-Spitzenfunktionäre, denen nichts mehr am Herzen lag, als eine Fortsetzung der sozial-liberalen Regierungskoalition unter Bundeskanzler Helmut Schmidt und seinem Außenminister Hans-Dietrich Genscher. Daher richtete der Verband einen dringenden Appell an seine Mitglieder, "am Wahltag Männer und Frauen in den Bundestag zu wählen, die imstande sind, seine sozialpolitischen Forderungen zu erfüllen und die wichtigen Zukunftsaufgaben zu bewältigen."
Mehr noch: Das Präsidium des VdK wies zur Bundestagswahl am 5. Oktober die Mitglieder seines Verbandes darauf hin, "daß eine Wahlenthaltung kein Mittel ist, den Bestand

von Freiheit und Demokratie in unserm Land in den kommenden vier Jahren zu gewährleisten." Er hätte allerdings auch genausogut sagen können, daß eine Wahlenthaltung kein Mittel ist, den Bestand der sozial-liberalen Regierungskoalition in der kommenden Legislaturperiode zu gewährleisten. Oder anders ausgedrückt: Wer sich der Stimme enthält, der ist für Strauß und gegen Schmidt. Und da nicht sein kann, was nicht sein darf, setzte der Kampfverband voll auf den "Anti-Strauß-Effekt" weiter Bevölkerungskreise. Die Demoskopin Noelle-Neumann prägte dabei das Wort von der "'Sonthofen-Strategie'der Linken."[176)]
Was steckt dahinter? Im Vorfeld der Bundestagswahl von 1976 hatte Strauß auf einer Tagung der CSU-Landesgruppe in Ofterschwang bei Sonthofen eine Rede gehalten, die die Nation spaltete, weil er die "Unregierbarkeit des Landes" propagierte, um auf diesem Wege an die Macht zu kommen. Dabei sagte er unter anderem: "Lieber eine weitere Inflationierung, weitere Steigerung der Arbeitslosigkeit, weiter Zerrüttung der Staatsfinanzen in Kauf nehmen, als das anzuwenden ,was wir als Rezept für notwendig halten (...) Es muß wesentlich tiefer sinken (...) Es muß also eine Art Offenbarungseid und ein Schock im öffentlichen Bewußtsein erfolgen (...) Die Auflösung der jetzigen Bundesregierung ist das vorrangige Ziel (...) Wir müssen sagen die SPD und F.D.P. überlassen diesen Staat Kriminellen und politischen Gangstern. Und zwischen Kriminellen und politischen Gangstern ist nicht der geringste Unterschied, sie sind alle miteinander Verbrecher (...) Und wenn wir hinkommen und räumen so auf, daß bis zum Rest dieses Jahrhunderts von diesen Banditen keiner es mehr wagt, in Deutschland das Maul aufzumachen, selbst wenn wir es nicht ganz halten können. Aber den Eindruck müssen wir verkörpern (...) Wir müssen sie soweit treiben, daß sie ein Haushaltssicherungsgesetz vorlegen oder den Staatsbankrott erklären müssen."[177)]
Das waren starke Worte eines Mannes, der freimütig bekannte: "Die großen Persönlichkeiten der Geschichte sind fast ausnahmslos, jedenfalls im politischen Raum, aus

Kriegen und Revolutionen hervorgegangen."[178] Damit wurde der CSU-Vorsitzende wieder einmal mehr für einen Teil der Bevölkerung zum Buhmann der Nation.

"Franz Josef Strauß, eine der großen Begabungen aus der Kriegsgeneration, hat mancherlei dubiose Aktivitäten in Gang gesetzt oder geduldet", schrieb Willy Brandt in seinen "Erinnerungen". "Sein Einfluß hätte weiter gereicht, wären ihm stärkere Sicherungen eingebaut gewesen. Während langer Jahre stolperte er immer wieder über selbsterrichtete Hindernisse, auch über seinen ungezügelten Machtwillen; er stellte sich selbst vor, aus der Krise heraus nach der Krone greifen zu können."[179]

Um den "kalten Krieger" Strauß endgültig aufs politische Altenteil zu schicken, betonte der Bundesaußenminister und Vizekanzler Genscher am 8. Juni 1980 auf dem Parteitag der F.D.P. in Freiburg im Breisgau die Notwendigkeit der Fortsetzung der Entspannungspolitik und des bewährten Regierungsbündnisses aus Sozial- und Freidemokraten.[180]

Dieses Bündnis konnte nach der Bundestagswahl tatsächlich noch einmal erneuert werden, weil Strauß nur von der CSU getragen und von Teilen der CDU kaum unterstützt wurde. "In nunmehr drei Bundestagswahlen mißlang der Union der Versuch, den neuerlichen Regierungswechsel durch eine absolute Mehrheit herbeizuführen. 1980 bescherten die Wähler der Opposition insgesamt (nicht der CSU) sogar das schlechteste Ergebnis aller Bundestagswahlen außer 1949."[181]

Doch "die Verschleißerscheinungen der Koalition waren bald ebenso unübersehbar wie die zunehmende Entfremdung des Kanzlers von seiner Partei. Diese zeigte sich sowohl in der Sicherheits- als auch in der Energiepolitik uneinig und hatte ebenso Grund, die Abwanderung jüngerer Wähler zu den Grünen zu fürchten, wie Mühe, die selbstbewußte und sich wieder als wirschaftliches Korrektiv zur SPD empfehlende F.D.P. bei der Stange zu halten."[182]

Während der bayerische Löwe sich grollend hinter seinem Schreibtisch in der Bayerischen Staatskanzlei verkroch, triumphierte der "königlich-bayerische" Sozialdemokrat Weishäupl. Daher richtete er am 24. Oktober 1980 zwei fast gleichlautende Schreiben an den SPD- und F.D.P.-Vorsitzenden. In seinem Schreiben an Brandt ging es ihm um eine massive Einflußnahme auf die Verhandlungen der sozial-liberalen Regierungskoalition in Bonn. Hier ist der Wortlaut:

24. Oktober 1980

An den
Vorsitzenden der Sozialdemokratischen
Partei Deutschlands
Herrn Willy Brandt
Ollenhauerstr. 1

5300 Bonn 1

Sehr geehrter Herr Vorsitzender,

in einem Gespräch, das das VdK-Präsidum mit dem Vorsitzenden der Bundestagsfraktion der SPD, Herrn Herbert Wehner, und anderen führenden Sozialpolitikern vor den Bundestagswahlen geführt hat, wurden die sozial- und gesellschaftspolitischen Anliegen angesprochen, die für die Kriegs- und Wehrdienstopfer, Sozialrentner und Behinderten und deren Familien von besonderer Bedeutung sind.

Ich nehme den seiner Zeit geführten Meinungsaustausch zum Anlaß, Sie zu bitten, in den bevorstehenden Koalitionsverhandlungen Vereinbarungen zu treffen, die sicherstellen, daß in der Sozialpolitik fortschrittliche Lösungen getroffen werden. In diesem Zusammenhang erscheinen die folgenden Punkte vorrangig:

1) Strukturelle Verbesserungen des Bundesversorgungsgesetztes.
   Die noch nicht befriedigend erfüllte gesetzliche Zusicherung auf eine angemessene

wirtschaftliche Entschädigung und Versorgung für die Opfer der Kriege, des Wehr- und Zivildienstes sowie der sonstigen Personengruppen, die nach dem BVG versorgt werden, macht weitere Verbesserungen im Versorgungsrecht notwendig. Auf die besondere Fürsorgepflicht des Staates gegenüber diesen Kreisen darf ich verweisen.

2) Rückkehr zur bruttolohnbezogenen Anpassung.
Im Zusammenhang mit der wirtschaftlichen Absicherung der Rentenversicherten bei Berufsunfähigkeit, Erwerbsunfähigkeit und Alter sowie der Hinterbliebenen kommt den Rentenanpassungen eine bedeutsame Funktion zu, die es notwendig macht, den Rentnern die Sicherheit zu geben, daß sie künftig angemessen an der Lohn- und Wirtschaftsentwicklung teilnehmen. Dabei ist zu berücksichtigen, daß während des Arbeitslebens die Rentenversicherungsbeiträge nach dem Bruttoverdienst bemessen wurden, und die an den Veränderungen der Bruttolöhne orientierten Anpassungssätze langfristig nicht zu überdurchschnittlichen Rentensteigerungen führen. Verunsicherungen der Rentner durch Einführung manipulierbarer Anpassungssätze müssen ausgeschaltet werden.

3) Verbesserung der Witwen- bzw. Witwerrenten durch eine Anhebung des Ableitungssatzes sowie die Beseitigung von Härten im Rahmen der bevorstehenden Reform des Rentenversicherungsrechts.
Der zur Zeit maßgebende Ableitungssatz für Renten an Witwen und Witwer ist unzureichend. Er trägt nicht den wirtschaftlichen Verhältnissen Rechnung, die sich beim Tode eines Ehepartners ergeben. In der Alters- und Hinterbliebenensicherung treten unter anderen Härten sein, weil Dienst für die Allgemeinheit geleistet wurde. Diese Härten müssen abgemildert bzw. beseitigt werden.

4) Beseitigung der Arbeitslosigkeit Schwerbehinderter.

Zur Zeit sind über 66.000 schwerbehinderte Bürger ohne Beschäftigung. Für sie und ihre Familien bedeutet dies nicht nur eine Einschränkung in ihrer Lebenshaltung sondern auch schwere seelische Belastungen. Die öffentlichen Arbeitgeber sollten erneut angehalten werden, Schwerbehinderte einzustellen. Darüber hinaus halte ich weitere berufsfördernde Maßnahmen für nötig, um zu einer befriedigenden Eingliederung im Einzelfall zu kommen.

5) Novellierung des Schwerbehindertengesetzes.
Das Schwerbehindertengesetz bedarf einer weiteren Novellierung mit dem Ziel, die Schutz- und Hilferegelungen zu verbessern.

Ich darf Ihnen, sehr geehrter Herr Vorsitzender, abschließend versichern, daß der VdK Deutschland wie bisher verantwortungsbewußt an der Lösung der Fragen mitzuwirken bereit ist, die die soziale Sicherung und die Wohlfahrt der Bürger unseres Landes betreffen.

Für Ihre Einflußnahme im Sinne meiner Darlegungen darf ich Ihnen im voraus danken.

Mit freundlichen Grüßen
(gez.:) Weishäupl

Weishäupl schmeichelte Brandt zwar mit dem Begriff der "Einflußnahme", in Wahrheit sah er seinen Kampfverband jedoch in der Rolle desjenigen, der mit aller Macht einen nicht zu unterschätzenden Einfluß auf die bevorstehenden Koalitionsverhandlungen erzwingen wollte. Mehr noch: Der Tanz auf allen Hochzeiten wurde am 3. November 1980 fortgesetzt, als der VdK-Präsident ein Glückwunschschreiben an den CDU-Vorsitzenden Kohl anläßlich dessen Wahl zum Vorsitzenden der CDU/CSU-Fraktion im 9. Deutschen Bundestag und ein weiteres an Wehner zum Vorsitzenden der SPD-Bundestagsfraktion sandte. Dabei wünschte er dem einen als auch dem anderen "für die neue Amtsperi-

ode eine weiterhin glückliche Hand und reichen Erfolg."[183)]
Das war angesichts der leeren öffentlichen Staatskassen auch bitter notwendig. Nicht umsonst stand Schmidts Regierungserklärung am 24. November 1980 unter dem Motto: "Mut zur Zukunft" ganz im Zeichen des Zwanges zur Sparsamkeit in den kommenden Jahren.

11. Kapitel

BEHINDERTE ALS INSTRUMENT DER MACHTPOLITIK

"Auch bei einem umfassenden System sozialer Sicherung müssen wir uns weiterhin den Problemen zuwenden, die sich aus der besonderen Situation einzelner Gruppen ergeben, die trotz Vollbeschäftigung und wirtschaftlichem Wachstum im Schatten stehen. Zwei Gruppen sind besonders zu erwähnen: die Schwerbeschädigten und die Behinderten."
WALTER ARENDT [184)]

Zum Jahresende wollte Weishäupl nochmals mit aller Macht dem wiedergewählten Bundeskanzler seinen Willen aufzwingen. Nachdem die sozial-liberale Koalition die Berufung eines Bundesbeauftragten für Behinderte proklamiert hatte, witterte er sogleich die Chance, dort nicht nur einen Fuß in die Tür des Bundeskabinetts zu bekommen, sondern diesen Posten nach der sattsam bekannten Ämterpatronage sogleich mit einem Spitzenfunktionär seines Verbandes zu besetzen. (Man beachte: Für Eugen Glombig war ein derartiger Posten nach Meinung Weishäupls ein Abstellgleis!) Aus diesem Grunde wurde am 4. Dezember 1980 folgender Bettelbrief in Richtung Bundeshauptstadt abgesandt:[185)]

„Sehr geehrte Herr Bundeskanzler,
die Koalition hat die Berufung eines Bundesbeauftragten für Behinderte proklamiert. Ich gehe davon aus, daß in absehbarer Zeit der Bundesbeauftragte bestellt werden wird. In Kreisen des VdK herrscht die Meinung, daß der Bundesbeauftragte sehr flexibel sein sollte, um den vielfältigen Aufgaben im Rahmen einer umfassenden Rehabilitation behinderter Menschen gewachsen zu sein. Meine Organi-

sation und auch ich wünschten nicht, daß mit dieser Tätigkeit ein Angehöriger der Bürokratie beauftragt wird. Am besten wäre es, jemanden zu wählen, der selber das Schicksal eines Schwerbehinderten trägt und der die spezifischen Probleme der behinderten Menschen aus eigener Erfahrung kennt. Die Bestellung des Bundesbeauftragten für Behinderte sollte das Proporzdenken außer Betracht lassen.
Ich darf Ihnen ganz persönlich den Vorschlag unterbreiten, den früheren Sozialminister von Baden-Württemberg, Herrn Walter Hirrlinger, in die engere Wahl der Persönlichkeiten zu ziehen, die für die Aufgabe des Bundesbeauftragten für Behinderte in Betracht gezogen werden. Walter Hirrlinger ist selbst schwerstbehindert, er ist Präsident der europäischen Behindertengruppierung und außerdem reichlich sozial erfahren. Er kennt die Probleme der Behinderten in- und auswendig. Außerdem gehört er der Sozialpolitischen Kommission beim Bundesvorstand der SPD an.
Ich bitte Sie, sehr verehrter Herr Bundeskanzler, meinen Vorschlag wohlwollend aufzunehmen. (...)"

Aber der Kanzler dachte nicht im Traum daran, sich vor den VdK-Karren spannen zu lassen. Schließlich kannte man sich bereits lange genug – und damit auch die Stärken und Schwächen des Verhandlungspartners. Da das taktische Vorgehen des VdK-Präsidenten bei derartigen Personalentscheidungen meist das gleiche war, ließ Schmidts Antwort nichts, aber auch rein gar nichts an Eindeutigkeit zu wünschen übrig, als er am 9. Januar 1981 schrieb:

"Mit der inzwischen vom Bundeskabinett getroffenen Entscheidung, den Parlamentarischen Staatssekretär beim Bundesminister für Arbeit und Sozialordnung, Herrn Hermann Buschfort, als Beauftragten der Bundesregierung für die Belange der Behinderten zu berufen, wurde den Überlegungen des VdK über die Qualifikation des Beauftragten Rechnung getragen.

Hermann Buschfort bietet sowohl nach seinen persönlichen Eigenschaften und Fähigkeiten wie von seinem politischen Werdegang und den langjährigen, einschlägigen Erfahrungen her alle Voraussetzungen für die wirkungsvolle, den Interessen der Behinderten dienende Ausübung seines Amtes.
Ich bin sicher, daß Sie und Ihre Organisation mit Hermann Buschfort auch in seiner neuen und besonderen Aufgabenstellung, die ihm die Bundesregierung übertragen hat, weiterhin gut zusammenarbeiten werden."[186)]

Schmidts Antwort war sowohl für Weishäupl als auch für Hirrlinger eine herbe Enttäuschung. Der VdK-Präsident hatte den früheren baden-württembergischen Sozialminister deshalb vorgeschlagen, weil er ihn für zukünftige Aufgaben systematisch aufbauen wollte. Denn die Entscheidung für Hirrlinger als Weishäupl-Nachfolger war schon zu einem sehr frühen Zeitpunkt zwischen den beiden Sozialdemokraten ausgeklüngelt worden, um die Konservativen und Liberalen vom VdK-Chefsessel fernzuhalten. Über den Posten des Bundesbeauftragten für Behinderte sollte der designierte Nachfolger überregionales Ansehen und Statur gewinnen. Nachdem Weishäupls Operation an Schmidt gescheitert war, wurde Weishäupls Intimus zunächst Bundesschatzmeister des VdK und als solcher schließlich doch noch Präsident des Gesamtverbandes. Des Kanzlers schroffe Absage war jedoch nicht die erste diesbezügliche Bauchlandung. Bereits ein Jahr zuvor hatte der Bayerische Ministerpräsident dem VdK auf Landesebene eine Abfuhr erteilt, als er sich am 17. Juli 1980 mit folgender Bitte an Strauß gewandt hatte:[187)]

„Sehr geehrter Herr Ministerpräsident,
der VdK Bayern bittet die Bayerische Staatsregierung, einen Landesbeauftragten für Behinderte zu ernennen als Koordinator für alle Fragen und Aufgaben, die die Behinderten in Bayern betreffen.

Der VdK Bayern spricht sich dafür aus, daß der Landesbeauftragte für Behinderte direkt dem Bayerischen Staatsminister für Arbeit und Sozialordnung unterstellt werden sollte. Der Landesbeauftragte für Behinderte sollte eine ähnliche Unabhängigkeit haben wie z. B. der Wehrbeauftragte in Bonn. Wir haben eine Reihe von Aufgaben zusammengestellt, die der Landesbeauftragte für Behinderte erfüllen sollte. Anbei Ablichtung dieser Liste zur Kenntnisnahme.
Landesbeauftragte für Behinderte sind bereits in Baden-Württemberg, Berlin und Bremen vorhanden. In Rheinland-Pfalz kümmert sich ein sogenannter Bürgerbeauftragter um die Behindertenfragen.
Wir bitten Sie und die Mitglieder Ihrer Regierung, dem Ansuchen des VdK Bayern in absehbarer Zeit zu entsprechen.(...)"

Strauß hatte die List Weishäupls sogleich mit dem Instinkt des Machtpolitikers durchschaut, denn "die Einrichtung eines Beauftragten allein löst noch keine Probleme".[188)] Im Gegenteil: Repräsentative Austragspöstchen für Politpensionäre kann sich der Staat angesichts leerer Haushaltskassen schon lange nicht mehr leisten. Wenn man schon den Rat eines "Beauftragten" für diese und jene Entscheidungsfindung einholen will, dann mögen sie es unentgeltlich und ohne Anspruch auf Büro, Sekretärin und Regierungslimousine tun. Schon um der politischen Glaubwürdigkeit willen sollten die Minister und Staatssekretäre derartige "Aufträge" durch ihre horrenden Ruhestandsbezüge als abgegolten ansehen. Das Antwortschreiben von Strauß fiel auch dementsprechend aus:

Der Bayerische Ministerpräsident

München, 23. Aug. 1980

Herrn
Staatssekretär a.D. Karl Weishäupl
Landesvorsitzender des Verbandes
der Kriegs- und Wehrdienstopfer,
Behinderten und Sozialrentner
Deutschlands
Landesverband Bayern
Postfach
8000 München 34

Landesbeauftragter für Behinderte

Zu Ihrem Schreiben vom 17. Juli 1980 - W/sz

Sehr geehrter Herr Weishäupl!

Für Ihren Brief vom 17. Juli 1980, in dem Sie sich für die Einrichtung eines Landesbeauftragten für Behindertenfragen einsetzen, bedanke ich mich. Ihre Ausführungen habe ich aufmerksam gelesen, da auch mir daran liegt, den behinderten Menschen größtmöglich Hilfestellung und Förderung seitens des Staates zukommen zu lassen.

Allerdings halte ich es im Grundsatz nicht für sinnvoll, eine Vielzahl von Landesbeauftragten für die verschiedensten Bereiche ins Leben zu rufen. Denn die staatlichen Aufgaben sollten in erster Linie durch die bereits bestehenden, nach dem Verwaltungsaufbau jeweils zuständigen Behörden erfüllt werden. Sonderbeauftragte für spezielle Belange bergen oft die Gefahr in sich, daß Verwaltungswege nicht kürzer, sondern komplizierter, Zuständigkeiten nicht einfacher, sondern unklarer werden. Die Einrichtung eines Beauftragten allein löst noch keine Probleme. vorrangiges Ziel muß deshalb sein, das Verhältnis zwischen der Verwaltung und dem Bürger nachhaltig zu verbessern und so Reibungsverluste abzubauen.

Gleichwohl habe ich die Staatsminister für Unterricht und Kultus und für Arbeit und Sozialordnung gebeten, Ihre Anregung zu überprüfen und mir ihre Auffassung zur Frage eines Landesbeauftragten für Behinderte mitzuteilen.

Mit freundlichen Grüßen
(gez.:) F. J. Strauß

Resigniert, aber selbstkritisch genug stellte Weishäupl am 1. September 1980 in einem Schreiben an den VdK-Landesverband Bayern fest: "Die Begründung, die der Bayerische Ministerpräsident für die Ablehnung eines Landesbeauftragten abgibt, ist nicht abwegig."[189)]
Zum gleichen Ergebnis war er schon am 14. März 1980 gekommen, als er bekanntlich feststellte, "der VdK z. B. ist gegen die Schaffung der Stelle eines Beauftragten für Behinderte, denn solch eine Einrichtung bedeutet ja nur die Übertragung der Verantwortung auf dem Gebiet der Wiedereingliederung Behinderter (...) auf einen einzelnen, der ja auch keine Bäume ausreißen kann."[190)]
Jetzt, da all diese Fakten auf dem Tisch liegen, wird wohl jedem klar sein, daß es den sozialpolitischen Verbänden bei der Institutionalisierung eines Bundes- bzw. Landesbeauftragten für Behinderte nicht so sehr um eine zweckmäßige Sach-, sondern vielmehr um eine verbandsbezogene Personalentscheidung geht, und zwar mit dem einzigen Ziel, die eigenen Leute – jedoch nicht die einfachen aus dem subalternen Bereich, sondern die ohnehin schon sehr gut versorgten Spitzenfunktionäre á la Hirrlinger und Genossen – auf Kosten des Steuerzahlers und Sozialhilfeempfängers in entsprechenden Positionen medienwirksam unterzubringen, vielfach mit Dienstwagen, Dienstzimmer und dem entsprechenden Personal, mit diversen Vergünstigungen und Privilegien. Nicht umsonst reißen sich die Politiker und Politikerinnen um Versorgungsposten wie Wehrbeauftragter, Ausländerbeauftragter und wie die diversen Bundes- und Landesbeauftragten auch sonst noch alle heißen.

12. Kapitel

TREIBJAGD AUF EINEN ABTRÜNNIGEN SPITZENFUNKTIONÄR

"Wer sich vornimmt, Gutes zu wirken, darf nicht erwarten, daß die Menschen ihm deswegen Steine aus dem Wege räumen, sondern muß auf das Schicksalhafte gefaßt sein, daß sie ihm welche darauf rollen. Nur die Kraft, die in dem Erleben dieser Widerstände innerlich lauterer und stärker wird, kann sie überwinden. Die, die sich dagegen auflehnt, verbraucht sich darin!"
ALBERT SCHWEITZER [191)]

Als am 16. Mai 1981 das Präsidiumsmitglied Ernst Roth sein Rücktrittsschreiben an den VdK Deutschlands aufgegeben hatte, war die Tür unüberhörbar ins Schloß gefallen. Keine Macht dieser Erde hätte sie mehr aufstoßen können, so verbittert und enttäuscht war der Diplom-Volkswirt von seinem eigenen Verein, für den er jahrelang in vorderster Front gestanden hatte. Und da er die Grabenkämpfe zu genau kannte und seinen Kopf für den Verband mehrmals hingehalten, seine Gesundheit geopfert und von den hemdsärmeligen Bonzen meist nur Spott und Hohn für seine konstruktive Kritik geerntet hatte, war er nicht länger gewillt, dieses unkameradschaftliche, auf purer Hausmachtpolitik ausgerichtete Tun und Treiben mitzumachen.
"Unter den gegebenen Verhältnissen", schrieb er, "sehe ich leider keine Möglichkeit mehr, eine nutzbringende, satzungsmäßige sozialpolitische Tätigkeit innerhalb des Präsidiums zu entfalten und die Verantwortung für eine von mir nicht akzeptierbare Entwicklung weiterhin mitzutragen. Ich lege daher mein Amt als Beisitzer im Präsidium mit sofortiger Wirkung nieder. Ich möchte es aber nicht versäumen, die durch nichts bewiesenen bzw. beweisbaren Behauptungen und persönlichen Verunglimpfungen des

Präsidenten, insbesondere in seinem unwidersprochen hingenommenen letzten Schreiben vom 29. 4. 81, mit aller Entschiedenheit als nicht den Tatsachen entsprechend zurückzuweisen und als pure Ablenkungsmanöver unter bewußter Hochspielung der Form des Meinungsstreites Glombig – Roth zu kennzeichnen. Seit Jahren schon bekämpfe ich – Regierungstreue im VdK zu Gegenmaßnahmen veranlassend – eine nicht nur nach meiner Überzeugung verfehlte Wirtschafts- Konjunktur-, Arbeitsmarkt-, Finanz-, Schulden- und Sozialpolitik sowie eine Täuschungs- und Vernebelungstaktik sondersgleichen, u. a. auch des Herrn Abgeordneten Glombig, deren katastrophale Folgen schon seit langem unübersehbar geworden sind. Wenn dann meine primär zum Schutze der immer mehr enttäuschten Kriegsopfer und Rentner mündlich und schriftlich entwickelten umfangreichen sachlichen Argumente und Beweisführungen als krankhaft bedingte Exzesse bezeichnet werden, so kann das doch von allen recht und billig Denkenden nur als unerträglicher Gipfel des Gebotenen empfunden werden. Hier stellt sich zwangsläufig die Frage, wessen Interessen wir eigentlich zu vertreten haben, die der Regierenden oder die unserer Mitglieder."[192]

Wie war es zu diesem schweren Zerwürfnis gekommen? Vorausgegangen war, wie die umfangreiche Korrespondenz zwischen dem sozialdemokratischen VdK-Präsidenten und dem christlich-demokratischen Präsidialmitglied belegt, eine jahrelange Hetz-, ja Schmutzkampagne mit dem Ziel der Demontage Roths. Erste Widerstände gegen den Kritiker wurden bereits auf dem Landesverbandstag des VdK Nordrhein-Westfalen 1976 in Duisburg durch die Suche nach einem Gegenkandidaten erkennbar. Roths Wahl in das Präsidium des Gesamtverbandes auf dem 98. Ordentlichen Verbandstag in Bremen mit einem klaren Abstand vor seinem schärfsten Rivalen, dem SPD-Spitzenpolitiker Walter Hirrlinger, durchkreuzte dann nochmals sämtliche Personalplanungen. Denn der ehemalige baden-württembergische Arbeitsminister stand seit längerer Zeit als designierter Weishäupl-Nachfolger fest.

So aber machte Roths Sieg erst einmal die sorgfältig betriebene Aufbauplanung der VdK-SPD-Riege zunichte. Das löste nun eine verstärkte systematische Hetze gegen den Königsmörder im Bundes- und Landesverband aus.[193)]
Der Verlauf des Landesverbandstages des VdK Nordrhein-Westfalen am 30. und 31. Mai 1980 war für Roths Kontrahenten eine willkommene Gelegenheit zur Generalabrechnung. Bereits im Vorfeld, auf einer Sitzung des geschäftsführenden Vorstandes vom 20. April 1979, lag ein an die Beschlußgremien des Landesverbandes gerichtetes Rundschreiben vom 18. April 1979 zur Verteilung in der anschließenden gemeinsamen Sitzung griffbereit. Es enthielt (ganz unkameradschaftlich!) eine gezielte Verunglimpfung von Roths jahrzehntelanger und, wie viele behaupteten, erfolgreicher sozialpolitischer Arbeit, um den unbequeme Wahrheiten aussprechenden Christdemokraten endlich mundtot zu machen.[194)] In der Tat wurde der Landesverbandstag in Leverkusen für Roth zum Schafott. Denn die Hirrlinger-Niederlage von Bremen saß noch tief im Fleisch der Spitzenfunktionäre.
Aber sowohl Hirrlinger als auch Weishäupl hatten eine Rechnung ohne ihren Rebellen Roth aufgestellt, denn dieser wußte allzu gut, wo noch einige Leichen im Keller verborgen lagen. Aus diesem Grunde nahm er auch ganz gezielt zur parteipolitischen Neutralität des Verbandes Stellung. Nach der ab 1970 geltenden Version, so der Königsmörder, ist derjenige ein Parteipolitiker, der die Rechte der dem VdK anvertrauten Menschen mit allem Nachdruck verteidigt, geschehenes Unrecht anprangert beziehungsweise beseitigt, neues Unrecht zu verhindern sucht und der sich darüber hinaus auch für die Fortentwicklung des Sozialrechts einsetzt. Kein Parteipolitiker ist nach dieser Definition dagegen derjenige, der zu allem Ja und Amen sagt, der Kritik weitgehend zu vermeiden beziehungsweise alles zu verharmlosen oder zu vertuschen versucht, wenn die Regierung Gefahr läuft, ins Zwielicht zu geraten. Oder wenn, so der Kritiker, die Dinge nicht beim Namen genannt werden, wo im Interesse der Sache und der dem VdK an-

vertrauten Menschen wahrheitsgemäß und unmißverständlich gesprochen werden müßte. Vor dem Machtwechsel und dem Beginn der Ära Brandt/Scheel sah das nach Roth alles ganz anders aus. Er lieferte für seine entlarvenden Behauptungen sogleich auch die Beweise mit – und zwar an Einzelbeispielen der ihm bestens bekannten Verletzungen der parteipolitischen Neutralität durch den VdK-Landesverband Nordrhein-Westfalen:

1) Die Umwandlung einer Ortsgruppenversammlung in eine SPD-Wahlveranstaltung in Düsseldorf.
2) Ein VdK- und daneben ein Schmidt-Aufkleber an der Heckscheibe des Kraftfahrzeuges eines Mitgliedes des Landesverbandsvorstandes.
3) Die Selbstdarstellung des sozialdemokratischen VdK-Präsidenten in den VdK-Mitteilungen Nr. 1/79 in Bezug auf das Jahr 1978, wobei die als gering eingestuften Aktivitäten groß herausgestellt und die erschreckend großen Passivitäten mit keinem einzigen Wort erwähnt wurden.
4) In der Nr. 4/78 der VdK-Mitteilungen setzte sich der Sozialdemokrat Walter Hirrlinger entgegen der offiziellen Meinung des VdK Deutschlands – genau wie seine Partei, die SPD – für eine 50prozentige Beteiligung der Rentner an der RKrV ein und unterbreitete dann den geradezu verblüffenden, für Roth unbegreiflichen Vorschlag, diese Hälfte den sowieso schon überbelasteten Krankenkassen und damit deren Mitgliedern aufzubürden. Darüber hinaus erwähnte Hirrlinger nach Roth jedoch mit keinem Wort die enormen Einkommensverluste der Rentner und Kriegsopfer.[195)]

In all diesen Fällen wurde nach Roth die Verletzung der parteipolitischen Neutralität des VdK in keinster Weise gerügt. Im Gegenteil: Der Kritiker wurde stattdessen bis aufs Messer bekämpft, weil der Verband seinen ständig vorgetragenen, unbequemen und die Funktionäre stark belastenden Fakten ebensowenig etwas entgegenzusetzen hatte wie seinen scharf pointierten, mit unwiderlegbaren Argumenten gestützten Darlegungen. Das waren die Hauptgründe für Roths Demontage. So konnten seine Feinde, wie er sie nannte, in Leverkusen befriedigt feststellen: "Viele rotbefrackte Jäger waren nun doch des armen schwarzen Hasen Tod. Nach jahrelanger Hatz mußte man ihn ja doch einmal eines Tages auf dem falschen Fuß erwischen."[196]

Am 25. März 1981 schrieb Roth an den SPD-Sozialpolitiker Glombig, daß "verschiedene Ihrer Parteigenossen nicht nur mit politischen Gegnern, sondern sogar mit eigenen Mitstreitern, sogar mit dem Regierungschef, nicht gerade zimperlich umgehen. Siehe dazu z. B. die Herren Abgeordneten Wehner und Hansen. Der Letztere hat nicht nur unter vier Augen oder in einem geheim gebliebenem persönlichem Schreiben, sondern vor aller Öffentlichkeit in drastischer, rüder Form, dazu auch noch zu Unrecht, den Herrn Bundeskanzler angegriffen und persönlich schwer getroffen. Ich", so Roth, "habe (...) lediglich mit der sozialliberalen Politik abgerechnet, genau wie Ihr Fraktionskollege Hansen. (...) Dazu trat wieder einmal vor der Bundestagswahl im Oktober 1980 die allgemeine Tendenz der Koalitionsparteien und der Bundesregierung klar in Erscheinung, alles zu verniedlichen, zu verharmlosen, zu verschleiern und zu verschweigen bzw. nur das tatsächlich oder auch nur angeblich Positive herauszukehren."[197)]
Als Weishäupl von diesem Vorgang in Kenntnis gesetzt wurde, maßte er sich an, Roth am 2. April 1981 eine scharfe Rüge zu erteilen, indem er schrieb: "Der Inhalt dieses Schreibens ist nicht geeignet, einen Gesprächspartner aus dem politischen Bereich für die Forderungen und Wünsche des VdK zu gewinnen. Bei aller Unterschiedlichkeit der politischen Meinung kann man einem Bundestagsabgeordneten, der sich redlich um die Behinderten bemüht, nicht so schreiben, wie Du dies getan hast. Ich möchte ausdrücklich betonen, daß die Art, in welcher Du Briefe an

´Gott und die Welt` schreibst, von mir nicht gedeckt wird."[198])
Der Konflikt steuerte seinem Höhepunkt, das heißt dem endgültigen Bruch zu. Unter diesem Gesichtspunkt formulierte der Rebell am 16. April 1981 auch sein Antwortschreiben an den VdK-Präsidenten. Es war das letzte Mal, daß Roth hierzu das offizielle Briefpapier des Verbandes benutzte, als er gleich eingangs die Frage stellte: "Welche weiteren Bußaktionen werden von mir verlangt?" Und dann fortfuhr: "Bei dieser Gelegenheit kann man endlich einmal einen unbequemen ständigen Mahner und Kritiker in die Mangel nehmen, ohne sich mit dem Kern der Sache selbst auseinandersetzen oder sogar dazu Stellung beziehen zu müssen, wer nun die Dinge – unabhängig von der Formrichtung, sieht oder nicht. Die primär zugunsten der ungewöhnlich benachteiligten Rentner und Kriegsopfer und nicht der von ´Gott und die Welt` hofierten Behinderten erarbeiteten Vorstellungen, Vorschläge und Beweisführungen eines gewissen, schon lange in Land und Bund zu einem absoluten, gegen den Strom schwimmenden Einzelkämpfer gewordenen Ernst Roth versucht man ja auch nicht erst seit gestern erfolgreich auf die lange Bank zu schieben."[199])
Wer jedoch im VdK-Präsidium geglaubt hatte, mit subversiven Verbandsmethoden den "Kameraden" Ernst Roth zermürben zu können, der hatte die Rechnung ohne ihn gemacht. Im Gegenteil: "Jetzt erst recht!" lautete fortan die Devise des Königsmörders, und so legte er, wann immer es ging, seine Finger in so manche Wunde des Verbandes oder klopfte seinem Präsidenten gehörig auf die Finger, wenn er beide mal wieder bei einer Unredlichkeit oder gar Lüge ertappt hatte. Und deren gab es nach dem abtrünnigen Spitzenfunktionär genügend. So prangerte er nach dem Regierungswechsel von 1982 die Sozialpolitik seines eigenen Verbandes in einem Schreiben an die "sehr geehrten Kameradinnen und Kameraden des Präsidiums" scharf an:

Denn "als ehemaliges Präsidiumsmitglied scheint es mir jetzt doch höchste Zeit zu sein, einige kritische Anmerkungen zur Gestaltung der Sozialpolitik des VdK Deutschlands in letzter Zeit in aller gebotenen Deutlichkeit zu artikulieren. (...) Es ist geradezu beschämend, wie der VdK Deutschland in dieser für alle Kriegsopfer so wichtigen Frage versagt hat. (...) Abschließend möchte ich feststellen, daß ich die seit 2 ½ Jahren sichtbar werdende einseitige, unobjektive, unsachliche und in ihrer polemischen Tendenz ganz im Gegensatz zu früher ausschließlich gegen die jetzige Bundesregierung gerichtete Politik des VdK Deutschland nicht mittragen kann, sondern in aller Form ganz energisch dagegen protestiere und eine Änderung dieser politischen Grundeinstellung und der Behandlung sozialpolitischer Grundsatzfragen erwarte.(...)"[200)]

Es war insbesondere der Verlust jeder Objektivität und Sachlichkeit, die das ehemalige Präsidiumsmitglied Roth beklagte. Hinzu kamen nach der Regierungsübernahme durch das konservativ-liberale Gespann Kohl/Genscher eine Reihe von Verstößen gegen die parteipolitische Neutralität, die der Königsmörder in seinen Schreiben vom 21. August 1986 bis zum 7. April 1987 wiederholt brandmarkte. Aber eilen wir den Ereignissen nicht allzu weit voraus, denn noch hielt die sozial-liberale Koalition Schmidt/Genscher in Bonn das Ruder fest in der Hand. Noch saßen Weishäupl und sein designierter Nachfolger Hirrlinger im Regierungsschiff.

13. Kapitel

BILANZEN, SPENDEN UND GEHÄLTER

"Bitte, kein Geschrei von der Galerie! Hören wir einmal in Ruhe an, was die Politik (...) zu sagen hätte. (...) Sie sei nur ein Spiegel des Ganzen. Sie sei nicht besser und nicht schlechter als die Öffentlichkeit, in der sie auftrete – keine Tugendfrau, gewiß, aber auch kein Lastermädchen. Ihr beklagt euch über Korruption, könnte sie sagen; aber ist Gesellschaft außerhalb der Politik davon frei?"
HANS MAIER [201)]

Der Tag hätte – vom Datum her gesehen – nicht denkwürdiger sein können. Es war am 20. Juli 1981, als der Präsident des VdK Deutschlands und Landesvorsitzende des VdK Bayern in Personalunion die Kreis- und Stadtsparkasse in Fürstenfeldbruck betrat. Leichten Herzens und federnden Schrittes durcheilte er die Kassenräume, um in der Chefetage einen symbolischen Scheck über sage und schreibe 100.000,00 Deutsche Mark entgegenzunehmen.[202)]

Gut eine Woche später bedankte er sich beim Präsidenten des Bayerischen Sparkassen- und Giroverbandes "recht herzlich (...) für die großzügige Spende von DM 100.000,-- (...) Ich darf Dich bitten", schloß Weishäupl sein Schreiben an Dr. Bruno Merk, "auch dem Leiter der Sparkasse in Fürstenfeldbruck unseren Dank zu übermitteln, weil er uns geeignete Räume zur Verfügung stellte und weil er außerdem die VdK-Teilnehmer zu Kaffee und Kuchen eingeladen hatte."[203)]

Merk, ehemals Bayerischer Staatsminister und fast 20 Jahre lang Mitglied des Bayerischen Landtages, war seit 1946 Mitglied der CSU, amtierte als Landrat von Günzburg, bevor er in die Landespolitik ging. Dort hat er seinen Namen vor allem mit der Gebietsreform verbunden. Nach seinem Ausscheiden aus den politischen Ämtern arbeitete er als

Präsident des Bayerischen Sparkassen- und Giroverbandes und übernahm im Wege der Ämterhäufung außerdem die Präsidentschaft über das Bayerische Rote Kreuz, dessen Amtszeit schließlich mit einem Eklat endete.
Am 25. April 1979 hatte Weishäupl den Bayerischen Ministerpräsidenten um einen ansehnlichen Geldbetrag zur Förderung von Organisationen, die mithelfen, die Europa-Wahlen vorzubereiten, gebeten: "(...) auch wenn der VdK grundsätzlich keine Subventionen des Freistaates Bayern erhält", schrieb der ehemalige SPD-Staatssekretär dem CSU-Vorsitzenden, "erlauben wir uns die Bitte – als einer der Bayerischen Landesverbände, die den Europagedanken seit mehreren Jahren intensiv fördern – dem VdK Bayern in Verbindung mit dem Deutschen Komitee für Europäische Zusammenarbeit der Kriegsteilnehmer und der Kriegsopfer e. V. einen angemessenen finanziellen Zuschuß gemäß dem Einzelplan 02 Kapitel 02 03 Titel 685 02 zu gewähren."[204)]
Aber statt des erhofften Geldsegens ließ Strauß, der sich in dieser Hinsicht schon einmal sehr spendabel gezeigt hatte, am 5. Juni 1979 durch den Leiter der Bayerischen Staatskanzlei mitteilen, "daß die für die Förderung des Europa-Gedankens im Hinblick auf die Wahl zum Europäischen Parlament im Einzelplan 02 zur Verfügung stehenden Mittel inzwischen schon in voller Höhe an verschiedene Vereinigungen verteilt worden sind. Dem Herrn Ministerpräsidenten ist es daher nicht mehr möglich, aus dem betreffenden Haushaltsansatz weitere Zuschüsse zu geben. Ich darf Sie aber davon unterrichten, daß er das Landeskomitee Europa-Wahl, dessen Mitglied Sie sind, mit einem namhaften Betrag unterstützt hat."[205)]
Derart hohe Zuwendungen tun dem Verband selbstverständlich in seiner Unersättlichkeit sehr gut. Denn wenn er der Meinung ist, daß ihm gewisse Persönlichkeiten von Nutzen sein könnten, müßten oder sollten, dann läßt auch er entsprechende Spendenbeträge von der gebenden in die nehmende Hand fließen. So bedankte sich unter anderem der Präsident des Volksbundes Deutsche Kriegsgrä-

berfürsorge am 11. März 1977 für eine Beitragszahlung über 1.000,00 Deutsche Mark mit den Worten: "Unsere Verbände gehen in ihrem Bemühen vom gleichen Bezugspunkt aus: Sowohl der VdK wie auch der Volksbund sehen ihre vornehmste Pflicht darin, den vom Schicksal geschlagenen Menschen zu helfen. Unsere immerwährende Aufgabe ist es, früher unvermeidbar scheinende Härten des Daseins für die Zukunft unmöglich zu machen, kurz, für ein menschenwürdiges Leben zu sorgen. Daß diese Arbeit, basierend auf privater Initiative und oft ehrenamtlichem Engagement, in unserer unpersönlichen Zeit nicht immer einfach ist, liegt auf der Hand."[206)]
Nicht weniger herzlich bedankte sich am 31. Oktober 1978 Bundespräsident Scheel "für die großzügige Spende des VdK Deutschlands an die Deutsche Krebshilfe."[207)] Und seine Frau Mildred, eine Ärztin, fügte am 14. November 1978 in ihrem Schreiben hinzu: "Mein Dank gilt vor allem der beachtlichen Spende, die Sie der DEUTSCHEN KREBSHILFE zukommen ließen. Für mich ist diese Unterstützung unserer Arbeit deshalb besonders wertvoll, weil hier eine gemeinnützige Einrichtung, die eine ganze Reihe wichtiger sozialpolitischer Aufgaben zu erfüllen hat, über ihren eigenen Problemkreis hinaussieht und sich für die Lösung eines Jahrhundertproblems engagiert. Daß der VdK-Landesverband Bayern darüber hinaus die Mitgliedschaft im Förderkreis der DEUTSCHEN KREBSHILFE erwerben will, ist für uns ein weiterer Beweis für dieses Engagement."[208)]
Die Frage sei erlaubt, ob auf diese Weise nicht die diversen Grußworte, Ansprachen und Festreden des Bundespräsidenten Walter Scheel für den Verband honoriert werden sollten, um ihn auch in Zukunft in Anspruch nehmen zu können? Anläßlich des 70. Geburtstages des Bayerischen Ministerpräsidenten in den Gartensälen der Münchner Residenz mit einem anschließenden Empfang im Antiquarium übergab der VdK-Präsident Strauß am 6. September 1985 eine Spende über 2.000,00 Mark zugunsten der Marianne-Strauß-Stiftung. Die Höhe dieses Betrages war jedoch

nicht unumstritten. So schrieb der bayerische Landesverbands-Schatzmeister am 29. August 1985 in einer vertraulichen Hausmitteilung:

"Nach reiflicher Überlegung bin ich zu der Auffassung gekommen, daß die Leistung von 1.000,-- zu Gunsten der Stiftung 'Marianne Strauß' großzügig ist. Bestärkt werde ich in meiner Auffassung durch ein Gespräch mit Herrn Mahr von der Protokollabteilung der Bayer. Staatskanzlei. Ich habe auch mit Frau Dr. Berghofer-Weichner gesprochen, die ebenfalls DM 1.000,-- als Geschenk des VdK als sozialer Verband für hoch hält. Du solltest also beim Staatsakt einen Scheck in dieser Höhe überreichen, zusätzlich dann noch beim Empfang der CSU-Landesleitung die VdK-Verdienstmedaille (25 J.)"[209)]

Hofmanns Einwände wurden von Weishäupl jedoch kurzerhand vom Tisch gefegt, so daß er am 2. September 1985 in einem Aktenvermerk festhielt: "Wir haben uns auf den Kompromiß geeinigt, Herrn Strauß zu seinem 70. Geburtstag einen Scheck über 2.000.—DM auszuhändigen mit der Zweckbestimmung: Stiftung Marianne Strauß."[210)]

Das Dankschreiben des Bayerischen Ministerpräsidenten ließ dann auch nicht lange auf sich warten. "Mit Ihrer Spende zugunsten der Marianne-Strauß-Stiftung anläßlich meines 70. Geburtstages haben Sie Ihre enge Verbundenheit mit dem Lebenswerk meiner Frau, die von christlicher Verantwortung gegenüber dem Nächsten geprägt war, zum Ausdruck gebracht und mir eine große Freude bereitet", schrieb er am 12. November 1985. "Sie tragen mit der Spende von DM 2.000,-- dazu bei, daß vielen in Not geratenen Menschen schnell und unbürokratisch geholfen werden kann. Auch im Namen meiner Kinder sage ich Ihnen dafür ein herzliches Vergelt's Gott."[211)]

Wer als sozialer Verband nach außen hin so großzügig die Mitgliedsbeiträge als Spenden mit vollen Händen verteilt, der bedient sich selbstverständlich auch gerne und reichlich selbst. So heißt es in einer Niederschrift über die Beschlüsse des Präsidiums in der 33. Sitzung vom 8. April 1986 in Mainz zu TOP 7 "Vertrauliche Angelegenheiten":

"Anläßlich der Vollendung des 75. Lebensjahres der Kameradin Lotti Harms am 24. Mai 1986 beteiligt sich der VdK Deutschlands mit einem Drittel an den Kosten eines Empfangs, den der Landesverband Niedersachsen-Bremen am 24. Mai 1986 in Achim gibt. (...) Die Kameradin Lotti Harms erhält vom Präsidium ein Geschenk ihrer Wahl im Werte von 750,-- DM."[212)]
Einer Niederschrift über die Beschlüsse des Präsidiums in der 31. Sitzung vom 24. Februar 1986 in Bonn-Bad Godesberg entnehmen wir zu TOP 10 "Vertrauliche Angelegenheiten": "Anläßlich des 70. Geburtstages des Präsidenten, Kamerad Karl Weishäupl, am 25. Juni 1986 gibt das Präsidium am Donnerstag, 26. Juni 1986, in der 'Redoute' zu Bonn-Bad Godesberg einen Empfang. Als Gäste sind Persönlichkeiten aus Politik, dem öffentlichen Leben und Verbänden sowie die Mitglieder des Präsidiums, Hauptvorstandes und Verbandsausschusses eingeladen. (...) Zur Bewirtung der Gäste wird ein kaltes und warmes Buffet bereitgestellt. Getränke nach Wahl. Der Präsident erhält vom VdK Deutschland ein Geschenk seiner Wahl im Werte bis zu 1500,-- DM."[213)]
Doch damit nicht genug. In der Niederschrift über die Beschlüsse des Präsidiums zum TOP "Vertrauliche Angelegenheiten" vom 14. Januar 1988 in Lahnstein heißt es:

1. Frau Janet Smaje erhält ab 1. Januar 1988 eine monatliche Zulage zu ihrer Vergütung. Diese Zulage beträgt die Hälfte des Unterschiedsbetrages zwischen der derzeitigen und der nächsthöheren Vergütungsgruppe.
2. In Abänderung des Präsidiumsbeschlusses vom 15. September 1987 erhält Frau Smaje für das Jahr 1987 einen Ausgleichsbetrag in Höhe von brutto 675,09 DM.
3. (...)
4. Ab 1. Januar 1989 erhält der Leiter der Sozialabteilung, Herr Ulbrich Laschet, zu seiner Vergütung eine monatliche Zulage. Diese Zulage beläuft sich auf jeweils die Hälfte des Unterschiedsbetrages zwischen der derzeitigen und der nächsthöheren Vergütungsgruppe.[214)]

Wie ist es nur möglich, daß der Verband der Kriegs- und Wehrdienstopfer, Behinderten und Sozialrentner Deutschlands so großzügig mit den ihn anvertrauten Geldern umgehen kann? Wie sehen die Verbandsfinanzen und Kontrollmechanismen aus? Nun, der Vdk ist privatrechtlich organisiert. Haushaltspläne, Jahresabrechnungen sowie Kassen- und Revisionsberichte nimmt nach § 10 der Satzung des VdK Deutschlands der Verbandsausschuß entgegen. In einem sogenannten Kleinen Verbandstag beschließt der VdK Deutschlands über die Finanzpläne. Die Mitglieder des Hauptvorstandes und des Verbandsausschusses vertreten repräsentativ die Mitglieder des Verbandes. Das Präsidium legt diesen Gremien gegenüber Rechenschaft ab. Da der VdK für seine Organisation offiziell keine Subventionen vom Staat erhält, ist ihm die Verpflichtung abgenommen, Einrichtungen außerhalb des Verbandes über seine finanzielle Lage zu unterrichten. Ja, sogar der Bayerische Rundfunk als Körperschaft des öffentlichen Rechts hat z. B. keine Berechtigung, Einblick in die Finanzverhältnisse des Verbandes zu bekommen. Somit versteht sich der VdK als juristische Person – und ist damit eigener Träger von Rechten und Pflichten.
Dennoch: Wir haben bei unseren Recherchen über die Finanzlage des Verbandes Glück, denn uns liegt unter anderem als Niederschrift die Beratung der Jahresrechnung 1980 vor. In der Beschlußfassung anläßlich der 24. Sitzung des Präsidiums vom 26. Juni 1981 in Leverkusen heißt es zu TOP 3:[215)]

“Das Präsidium empfiehlt dem Hauptvorstand und Verbandsausschuß, folgendes zu beschließen:
Die Jahresrechnung 1980 des VdK Deutschland wird in der vorgelegten Form mit einer Bilanzsumme von DM 3.247.869,37, Aufwendungen im Betrage von DM 3.796.729,24 und Erträgen in Höhe von DM 3.681.887,32 festgestellt.
Von dem bilanzmäßigen Verlust des Geschäftsjahres 1980 in Höhe von DM 114.841,92 ist der nach Inanspruchnahme

des aus dem Jahre 1979 übertragenen Überschusses in Höhe von DM 108.000,00 verbleibende Restbetrag von DM 6.841,92 zu Lasten des Verbandsvermögens abzubuchen."

So einfach geht das. Jedes Kriegs- und Wehrdienstopfer, jeder Behinderte und Sozialrentner Deutschlands würde sein hartes Schicksal gewiß nur halb so schwer ertragen müssen, wenn er bei seiner monatlichen Haushaltsplanung genauso großzügig verfahren könnte, um über die Runden zu kommen! Nicht weniger aufschlußreich ist der Bericht über die vom 10. bis zum 12. März 1982 bei der Hauptgeschäftsstelle des VdK Deutschlands in Bad Godesberg durchgeführte Revision. Ihr entnehmen wir unter anderem folgende Daten und Fakten, was die Prüfung der Geld- und Wertpapierbestände sowie die Bank- und Postscheckguthaben des Verbandes betrifft:[216)]

In Übereinstimmung mit den Zahlen der Buchhaltung (31.12.1981) wurden folgende Bestände durch Postscheck-, Bank- bzw. Depotauszüge, Sparbücher und andere Bankbestätigungen als vorhanden nachgewiesen.

a) Laufende Guthaben	31.12.81 DM	28.02.82 DM
Postscheckkonto Köln	9.483,94	47.277,13
Deutsche Bank Bad Godesberg 177/0551	23.310,31	186.734,81
Sparkasse Bonn 24.000.192	196.822,70	218.238,23
BfG Bad Godesberg 11.012.467	22.717,46	78.356,98
zusammen:	252.334,41	530.617.05

Der höhere Bestand zum 28.02.1982 beruht in der Höhe von DM 100.000 auf einer Umbuchung vom Festgeldkonto und im übrigen auf Zufälligkeiten der Zahlungsentwicklung.

b) Der am 11. März 1982 durchgeführte Kassensturz

ergab mit DM 1.577,86 Übereinstimmung zwischen Soll- und Istbestand.

c) Festgeldguthaben

Sparkasse Bonn		
Zinssatz 10,25 v.H.	203.416,67	
„ 8,875		104.246,15
„ 8;875		300.000,00(+)

(+) bis zum Verbandstag angelegte Vorschusszahlungen der Landesverbände.

d) Sparguthaben bei der Sparkasse Bonn

342.009.174	21.229,74	21.229,74
(mit jährl. Kündg.)		

e) Sparkassenbriefe der Sparkasse Bonn

nom. DM 430.000,-- zu 6%		
fällig 3.11.84	364.646,38	unverändert
nom. DM 405.000,-- zu 6%		
fällig 12.2.84	358.125,78	
nom DM 460.000,-- zu 7,5%		
fällig 22.8.85	353.704,46	zus.
nom. DM 270.000,- zu 7,75%		
fällig 11.1.84	232.093,07	1.308,569,70

Da hier erstmals offengelegt, ist es gewiß nicht uninteressant, wenn man sich in diesem Zusammenhang auch einmal die Bilanz des Verbandes zum 31. Dezember 1981 sowie die Gewinn- und Verlustrechnung desselben (beides am 4. Juni 1982 zu Bonn-Bad Godesberg abgesegnet) näher betrachtet. Gar manch einfaches Verbandsmitglied wird hier aus dem Staunen ebenso wenig herauskommen, wie die Masse der Sozialhilfeempfänger, wenn sie erfahren, mit welchen Zahlen hier operiert und jongliert wird:[217)]

Bilanz zum 31. Dezember 1981

AKTIVA

Grundstücke und Gebäude	739.366,00
Kraftfahrzeuge	20.752,00
Büroeinrichtung	63.673,00
Beteiligungen	13.000,00
Festgeld	21.229,74
Wertpapiere	1.308.569,70
Hypothekenforderungen	4.500,00
Darlehensforderungen	420.240,00
Kassenbestände, Bank- u. Postscheckguthaben	253.819,39
Termingeld	203.416,67
Kurzfristrige Forderungen:	
an Landesverbände	145.769,49
sonstige	38.113,68
Bestand an Druckerzeugnissen	16.494,30
Bestand an Ehrennadeln	19.387,71
Posten, die der Rechnungsabgrenzung dienen	11.986,27
	3.279.317,95

PASSIVA

Hypothekenschulden	56.268,39
Kurzfristige Verbindlichkeiten	72.055,72
Kostenvorschüsse für unerledigte Revisionsverfahren	6.790,00
Vermögen	2.577.575,74
Auf das Jahr 1982 zu übertragender Überschuss lt. Haushaltsrechnung	58.000,00
Rückstellung für den 9. Ordentlichen Verbandstag	220.000,00
Fonds für die betriebliche Altersversorgung	287.200,00

Sozialfonds			1.428,10
			3.279.317,95
====			===========

Gewinn- und Verlustrechnung zum 31. Dezember 1981

AUFWENDUNGEN

Verbandsorgane, Ausschüsse usw.		
Verbandstag (Rückstellung)		80.000,00
Verbandsausschuss		23.840,00
Hauptvorstand		31.099,49
Präsidium		34.657,24
Aufwandsentschädigung an Präsidiumsmitglieder		42.021,96
Kosten des Präsidialbüros		22.897,17
Revisoren		5.964,99
Sozialpolitischer Ausschuss		34.121,50
Hinterbliebenenausschuss		529,80
Organisationsausschuss		4.681,03
Hinterbliebenenkonferenz	10.400,86	
Zuschuss des Bundesministeriums für Jugend und Familie	2.516,20	7.884,66
Rehabilitationsforum		6.600,09
Teilnahme von Fachreferenten der Hauptgeschäftsstelle an den Sitzungen der Verbandsorgane		8.779,22
Zuschüsse, Veranstaltungen und Sonstiges		
Zuschüsse an den Landesverband Berlin		37.500,00
Zuschüsse an den Landesverband Schleswig-Holstein		54.900,00
Zuschüsse zum Versehrtenfahrzeugdienst		2.719,20
Gestellung von Referenten		2.670,80
Teilnahme an Veranstaltungen		20.095,36
Internationale Beziehungen		35.573,96
Teilnahme an Veranstaltungen des Deutschen Komitees für europäische Zusammenarbeit		2.572,55
Beiträge		20.954,63
Werbung und Werbematerial		5.271,27
Sonderveranstaltungen, Sondermassnahmen u.ä.		22.359,12
VdK-Forum zur Eröffnung des Jahres der Behinderten		17.835,85
Dispositionsfonds		3.226,81
Verwaltungskosten		
Gehälter		1.252.375,50
Beiträge zur gesetzlichen Sozialversicherung		183.349,23
Zusätzliche Altersversorgung		18.279,20
Sonstige Personalkosten		10.634,57
Reisekosten		4,205,08

Raumkosten	61.784,54
Porto	21.630,30
Fernsprechgebühren	20.724,66
Fernschreibgebühren	4.289,10
Wartungsgebühren für die Fernmeldeanlagen	5.372,49
Büromaterial	30.986,37
Übertrag:	2.142.388,06
Kraftfahrzeugkosten	9.538,21
Kosten für die Pflege und den Unterhalt des Inventars	10.974,79
Versicherungen	10.276,22
Gebühren, Bank- und Postscheckspesen	3.141,07
Fachliteratur	21.576,88
Sonstige allgemeine Verwaltungskosten	2.168,37
Grundstücksaufwendungen	48.446,68
Hypothekenzinsen	2.868,90
Verlagsbetrieb	
Herstellungs- und Versandkosten der Verbandszeitschrift	1.498.228,64
Herstellungskosten sonstiger Druckerzeugnisse	179.589,44
Versandkosten	22.953,63
EDV-Vordrucke, Verpackungsmaterial usw.	1.600,00
Delkredere	1.692,79
Vermögenssteuer	385,00
Abschreibungen	
Gebäude	16.851,00
Kraftfahrzeuge	7.551,00
Büroeinrichtung	6.809,21
Büromaschinen und technische Anlagen	14.035,89
Geringwertige Wirtschaftsgüter	1.912,83
Werkzeug und Gerät	700,74
Sonstiges	
Dem Fonds für die betriebliche Altersversorgung zugeführt	7.500,00
Auf das Jahr 1982 zu übertragender Überschuss lt.. Haushaltsrechnung 1981	58.000,00
	4.069.189,35
====	============

ERTRÄGE

Mitgliedsbeiträge	2.129.850,01
Grundstückserträge	100.610,23
Zinsen	101.616,54
Aussergerichtliche Kosten	3.789,99
Überschuss aus dem Verkauf von Wertpapieren	13.515,00
Kostenersatz für Sekretariatsarbeiten für die AEH	17.705,05
Sonstige, ausserordentliche Einnahmen	1.062,60

Anzeigenerlöse	141.523,57
Erlöse aus dem Verkauf der Verbandszeitschrift	1.347.738,50
Erlöse aus dem Verkauf sonstiger Druckerzeugnisse	155.335,35
Gewerbesteuer-Erstattung aus 1981	128,00
Verlust 1981	56.314,40
	4.069.189,35

Offiziell wurden derartige Revisionsberichte dann lapidar mit dem Vermerk abgesegnet: "Feststellungen, die Bedenken gegen die Ordnungsmäßigkeit des Rechnungswesens des VdK Deutschlands begründen könnten, wurden nicht getroffen." Zumindest der Bundesrevisor Hermann Müller-Koelbl hat gegen derartige Generalabsolutionen schwere Bedenken gehabt. So schrieb er unter anderem seinem "lieben Kameraden Weishäupl" aus gegebenem Anlaß:[218)]

"Auffassungen eines Revisors sind nicht der Weisheit letzter Schluß. Kommt aber ein Revisor bei kritischer Prüfung, ob bestimmte Ausgaben Aufwand des Verbandes sind, zu einem verneinenden Ergebnis, so muß er dies, wenn er sein Amt richtig ausfüllen will, zum Ausdruck bringen.

Ich bedaure außerordentlich, daß Kamerad Dr. Tichy Dir gegenüber die Frage der Kosten für die Teilnahme an der Prunksitzung Mainz anschnitt, bevor wir Revisoren mit Dir darüber gesprochen haben. Und dies zudem, wie mir Kamerad Petersik in Bad Salzhausen berichtete, offensichtlich in einer provokativen Form.

Beiliegend eine Fotokopie meines Schreibens vom 7. November 1982 an Kamerad Petersik. Aus dem Bestreben der Revisoren, erst nach gemeinsamer Anhörung des Bundesschatzmeisters in voller Übereinstimmung zu handeln, hat sich eine zeitliche Verzögerung ergeben. Ich überlege, ob ich hieraus nicht die Lehre ziehen sollte, zukünftig unverzüglich zu handeln, auch wenn dies zusätzliche (Reise-) Kosten verursachen sollte.

Gelegentlich einer VdK-Großveranstaltung in Ulm hatte ich mich mit dem Vizepräsidenten des VdK Deutschlands, Kamerad Hönle, über die Behandlung der Kosten der Teilnahme an Faschingsveranstaltungen unterhalten. Mir lag

daran, zu erfahren, ob eine nicht protokollierte Billigung der Kostenübernahme seitens des Präsidiums vorliegt, und – das war mir noch wichtiger – wie ein erfahrener und stets abwägender Kamerad der Führungsspitze hierüber denkt. Kamerad Hönle billigte meine Auffassung, daß der Präsident des VdK das Recht habe, an jeder VdK-Veranstaltung – auch anläßlich des Karnevals – teilzunehmen und dieses Recht die Kostenübernahme nach sich ziehe. Hinsichtlich der Kostenübernahme für die Prunksitzung Mainz hatte er – wie ich – Bedenken. Kamerad Dr. Tichy nahm an der Veranstaltung in Ulm als Hauptreferent teil.
Zur Beurteilung der Kostenübernahme: Ich sehe die Grenze dort überschritten, wo zwar Amt (Präsident des VdK) und Würde (Persönlichkeit des öffentlichen Lebens) die Teilnahme ermöglichen, vielleicht sogar nahelegen, die Veranstaltung selbst aber ihrem Charakter nach dem VdK als einem gemeinnützigen und sozialen Verband fremd ist, wie jeder Fernsehblick auf die Tische der Gäste zeigt. Wir hätten bestimmt einen schweren Stand, einer entsprechenden Glosse im Spiegel oder in der Bildzeitung ("VdK trägt Kosten der Teilnahme an der Prunksitzung Mainz") Argumente entgegenzusetzen."

Von derlei peinlichen Vorkommnissen wie großzügigen Geburtstagsgeschenken und außerplanmäßigen Gehaltserhöhungen, wie Zuwendungen und Rentenaufbesserungen steht in den Geschäftsberichten des Verbandes jedoch nichts zu lesen. Dort erfahren die subalternen Mitglieder zur Beruhigung lediglich, "daß der weitaus größte Teil der Haushaltsmittel in den einzelnen Perioden durch feste Kosten, z. B. Personalkosten, Herstellungskosten für die Verbandszeitschrift 'Die Fackel' und andere fest eingebunden war. Es bleibt nur ein geringer Spielraum für unvorhergesehene Ausgaben und zusätzliche Planungen übrig. Die finanzielle Situation des VdK Deutschland ist in den vergangenen vier Jahren durch Mindereinnahmen gekennzeichnet. Diese resultieren aus steigenden Kosten und sinkenden Mitgliederzahlen. Obwohl die Jahresrechnung 1985 mit einem Überschuß abgeschlossen hatte, der nach einschlägigen Beschlüssen von Hauptvorstand und Verbandsausschuß als Einnahme in das nächste Haushaltsjahr einzustellen ist, zeichnete sich für das Jahr 1986 und 1987 ein hoher Fehlbetrag ab. Hauptvorstand und Verbandsausschuß wurden bei der Beratung des Haushaltsplans 1987 vor die Aufgabe gestellt, die entstandene Finanzlücke zu schließen, indem die Beitragsanteile des VdK Deutschland von bis dahin 0,19 DM auf 0,21 DM je Mitglied und Monat ab 1. Januar 1987 angehoben wurden. Diese Beitragserhöhung führte zu einer spürbaren Entlastung der bis dahin recht angespannten Finanzlage des VdK Deutschland und zusammen mit erheblichen Einsparungen bei den einzelnen Kostenstellen zu Überschüssen in den Geschäftsjahren 1987 und 1988."[219)]

Nach dem Geschäftsbericht 1986 bis 1990 verteilten sich die Einnahmen des Verbandes auf folgende Einkunftsarten:[220)]

1)	Beitragsanteile	43,29 %
2)	Grundstückserträge	2.33 %
3)	Zinsen	1,92 %
4	Sonstige Einnahmen	1.08 %
5)	Anzeigenerlöse	7.57 %
6)	Erlöse durch Verkauf der Verbandszeitschrift	38,62 %
7)	Erlöse durch Verkauf sonstiger Druckkoster-zeugnisse	5,19 %

Die gesamten Ausgaben teilten sich in dem besagten Zeitraum wie folgt auf:[221)]

1)	Verbandsorgane, Ausschüsse, Tagungen Konferenzen	5,60 %
2)	Personalkosten	30.12 %
3)	Sonstige Verwaltungskosten	6,56 %
4)	Kosten des Verlagbetriebes	51,31 %

5)	Zuschüsse an finanzschwache Landesverbände	1,91 %
6)	Sonstiges	4,50 %

Um die hohen Personalkosten vor den Beitragszahlern zu verschleiern, griff der Verband in seinem Geschäftsbericht 1990 bis 1994 zu einem ordinären Taschenspielertrick, indem er diese gar nicht mehr aufführte, sondern als Verwaltungskosten auswarf. Für den Berichtszeitraum vom 1. Januar 1989 bis zum 31. Dezember 1992 wurden die Ausgaben daher nurmehr auf fünf Bereiche verteilt – und zwar:[222)]

1)	Verbandsorgane, Ausschüsse, Tagungen, Konferenzen	6,37 %
2)	Ausschüsse, Veranstalungen und sonstige	5,88 %
3)	Verwaltungskosten	35,47 %
4)	Verlagsbetrieb	44,91 %
5)	Sonstige (Abschreibungen usw.)	7,37 %
		100,00%

Nachdem die Revisoren eingeschüchtert wurden, werden aufgedeckte Mißstände und Unregelmäßigkeiten totgeschwiegen, um die Schar der einfachen Mitglieder und finanziell ausgebluteten Beitragszahler nicht noch mehr zu verschrecken, sondern bei der Stange zu halten, damit die Funktionäre und Lobbyisten weiterhin ihr sorgenfreies Leben in vollen Zügen genießen können.

14. Kapitel

KNACKPUNKT BUNDESHAUSHALT 1982

"Die Wahrheit fordert Wagnis. Ohne Wagnis kann keine große Politik sein. Dieses Wagnis ist unverantwortlich, wo es Abenteuer wird. Es ist, wo es auf wirkliche Verantwortung sich gründet, Bedingung auf einem zielbewußten politischen Weg. Die Parteien und Politiker müssen ihre eigene Existenz wagen, um auf dem Wege über Einsicht und überzeugende Leitvorstellungen in jedem konkreten Fall den denkenden Willen im Volke zu gewinnen. Ohne das kann keine Politik zum Heil von Volk und Staat gelingen. Das Vertrauen, auf die Dauer auf dem Wege der Wahrheit obzusiegen, zeigt sich in der Geduld, die sich bewährt im Urteil und im Handeln."
KARL JASPERS [223)]

Es war im Herbst 1981, als in der sozial-liberalen Regierungskoalition die Auseinandersetzungen um den Bundeshaushalt 1982 begannen. Auf Grund von Sparbeschlüssen und Steuererhöhungen wurde er schließlich unter großem Wehklagen genehmigt und eine schwere Koalitionskrise zwischen der SPD und der F.D.P. zunächst beigelegt, obwohl Außenminister Genscher seit dem Sommer 1981 öffentlich von der Notwendigkeit einer "Wende" sprach.
Während eines Partnerschaftsbesuches Mitte Mai 1981 beim VdK-Landesverband Schleswig-Holstein mahnte Weishäupl aus gegebenem Anlaß, die sozialen Leistungen nicht zugunsten des Verteidigungshaushaltes zu beschneiden, denn "durch die überdimensionale Aufstockung der Verteidigungsausgaben in der Bundesrepublik Deutschland besteht die Gefahr, daß versucht wird, im Sozialleistungsbereich zu kürzen. Der VdK tritt einer solchen Tendenz energisch entgegen und warnt davor, dem schlechten Beispiel Amerikas zu folgen. Dort werden bekanntlich die

Verteidigungsausgaben gewaltig erhöht auf Kosten der Ausgaben für soziale Leistungen. Der VdK bittet Bundestag, Bundesregierung und Bundesrat nicht nur die äußere, sondern auch die innere Sicherheit der Bundesrepublik und ihrer Bürger nicht zu gefährden."[224)]
Am 6. August 1981 befaßte sich das VdK-Präsidium in einer Sondersitzung in Frankfurt am Main unter anderem mit der Situation, die durch die Verkündung des Grundsatzbeschlusses der Bundesregierung zum Bundeshaushalt 1982 mit seinen Eckwerten für den sozialrechtlichen Bereich entstanden. Dabei wurde festgelegt:[225)]

"Zur Bewältigung der Finanzen des Bundes sind die Lasten auf alle Bürger gerecht zu verteilen; dabei müssen die Vorleistungen, die einzelne Bevölkerungsgruppen bereits zur Stabilisierung des Bundeshaushaltes geleistet haben, berücksichtigt werden. (...)
Die Kriegs- und Wehrdienstopfer sowie die übrigen nach dem Bundesversorgungsgesetz Entschädigungsberechtigten haben durch das Haushaltsstrukturgesetz, die Verschiebung der Anpassungszeiträume und durch die willkürlich herabgesetzten Anpassungssätze in den Jahren 1979, 1980 und 1981 für den Bundeshaushalt Vorleistungen von mehr als 2 Milliarden DM erbringen müssen.
Dieser gesetzliche Eingriff in das soziale Entschädigungsrecht wirkt sich auch in Zukunft finanziell nachteilig für die Betroffenen aus. Es ist daher ungerecht, diesen Betroffenen erneut weitere finanzielle Opfer aufzubürden. Nicht übersehen werden darf, daß die Kriegs- und Wehrdienstopfer in allen anderen Bereichen durch die geplanten Sparmaßnahmen ebenso getroffen werden wie alle anderen Bürger. (...)
Erhebliche Bedenken hat der VdK bei den geplanten Einsparungen im Bereich der beruflichen Rehabilitation der Behinderten. Bei der bedrohlich wachsenden Zahl von arbeitslosen Schwerbehinderten dürfen Rehabilitationsmaßnahmen nicht beschnitten werden, um die Eingliederung

nicht zu gefährden und um die Arbeitsplätze auf Dauer zu sichern. (...)
Die Politik ist verpflichtet, Mittel und Wege zu finden, durch geeignete Maßnahmen die Arbeitslosigkeit abzubauen, die Funktionsfähigkeit der Bundesanstalt für Arbeit wiederherzustellen und die Leistungsfähigkeit der deutschen Wirtschaft zu stärken."

Die Erklärung des VdK zur Sozialpolitik wurde dann zwecks Stellungnahme an die Fraktionsvorsitzenden des Deutschen Bundestages, an die Ministerpräsidenten sowie an den Regierenden Bürgermeister von Berlin und den Ersten Bürgermeister der Freien und Hansestadt Hamburg versandt. Da uns die interessanten Dokumente vorliegen, wollen wir es nicht versäumen, sie der Reihe nach durchzusehen, um zu erfahren, wie die jeweiligen Politiker die Briefe des Verbandes beantwortet und die Position ihrer Fraktion bzw. Regierung zu der Thematik dargestellt haben.
Die Antwort des CDU/CSU-Fraktionsvorsitzenden Helmut Kohl vom 10. August 1981 war hierzu nicht nur umfassend, sondern es schärft gerade in heutiger Zeit unseren Blick dafür, wie weit sich der spätere Kanzler von seinen sozialpolitischen Maximen entfernt hat, als er seinerzeit schrieb:[226)]

CDU/CSU -FRAKTION
DES
DEUTSCHEN BUNDESTAGES

5100 Bonn 1, den 10. August 1981

-DER VORSITZENDE-

An den
Präsidenten des Verbandes der Kriegs-
und Wehrdienstopfer, Behinderten und
Sozialrentner Deutschlands e.V.

Herrn Karl Weishäupl
Wurzerstr. 2-4

5300 Bonn 2

Sehr geehrter Herr Präsident,

für Ihren Brief vom 2. Juli 1981 und die Übersendung der Erklärung des VdK zur Sozialpolitik danke ich Ihnen.

Die CDU/CSU teilt die Sorgen des VdK um die Erhaltung der sozialen Sicherung. Auch wir befürchten, daß angesichts der großen Finanzlücken die Bundesregierung zu Maßnahmen greifen muß, die den Kern unseres sozialen Sicherungssytems und auch die Kriegsopferversorgung betreffen.
Es ist zu befürchten, daß die Bundesregierung auch versuchen wird, struktur- und sytemverändernde Maßnahmen in die Sanierungsmaßnahmen einzubeziehen.

Die CDU/CSU wird die Sparmaßnahmen der Bundesregierung auf sozialem Gebiet besonders kritisch prüfen und darauf achten, daß nicht - wie bei vorangegangenen Sanierungsmaßnahmen - die Opfer einseitig einzelnen Gruppen aufgebürdet werden. Die CDU/CSU ist der Auffassung, daß es einerseits bei den Sparmaßnahmen keinerlei Tabus geben darf, andererseits aber auf eine gerechte Verteilung der notwendigen Opfer besonders geachtet werden muß.
So berechigt gewisse strukturelle Veränderungen im Kriegsopferbereich sind, so glauben wir doch, daß die Bundesregierung sich nicht dazu aufraffen wird, strukturelle Verbesserungen vorzunehmen.

Zur Kranken- und Rentenversicherung möchten wir darauf hinweisen, daß auch die CDU/CSU eine Ausweitung der Selbstbeteiligung ablehnt. Zur Rentenversicherung, hier die Neuregelung der Hinterbliebenenversorgung, läßt sich heute schon definitiv aussagen, daß eine Teilhaberente in Höhe von 75 % finanziell nicht darstellbar ist. Wir können froh sein, wenn ein Teilhaberprozentsatz von 70 %, wie wir im Wahlkampf versprochen haben bei der Rentenreform 1984 durchgesetzt werden kann. Zur Zeit sieht es sogar so aus, daß wegen der Verschlechterung der Finanzlage der Rentenversicherungsträger unter Berücksichtigung der Kürzung des Bundesausschusses um 3,5 Mrd DM in diesem Jahr, nicht einmal die Teilhaberente in Höhe von 70 % finanziert werden kann.

Die CDU/CSU wird, bei aller Dringlichkeit von Einsparungsmaßnahmen auch im sozialen Bereich, darauf achten ,daß nicht in den Kern unseres sozialen Sicherungssystems eingegriffen wird und daß die soziale Gerechtigkeit auch Leitlinie bei den Einsparungsmaßnahmen bleibt.

Mit freundlichen Grüßen
Ihr
(gez.:) H. Kohl

Man vergleiche die spätere Kehrtwendung der Union in der Sozialpolitik mit Kohls seinerzeitiger Aussage: "Die CDU/CSU wird, bei aller Dringlichkeit von Einsparungsmaßnahmen auch im sozialen Bereich, darauf achten, daß nicht in den Kern unseres sozialen Sicherungssystems eingegriffen wird und daß die soziale Gerechtigkeit auch Leitlinie bei den Einsparungsmaßnahmen bleibt."[227)]

Der F.D.P.-Fraktionsvorsitzende Wolfgang Mischnick antwortete dem Sozialverband am 8. Juli 1981 nur kurz und unverbindlich "für Ihr Schreiben vom 2. Juli 1981 und für die Übersendung der Erklärung des VdK Deutschlands zur Sozialpolitik. Sie dürfen davon ausgehen, daß bei allen bevorstehenden Planungen zur Sanierung der Staatsfinanzen die FDP-Fraktion im Deutschen Bundestag eine für alle Bürger unseres Staates sozial gerechte und damit ausgewogene Lösung anstrebt."[228)]

Der hessische Ministerpräsident Holger Börner, ein Politiker, der sich davor hütete, sich in Details zu verheddern, war auf Grund mangelnder Informationen von Seiten der Bundesregierung in seinem Antwortschreiben vom 27. August 1981 ebenfalls nur kurz angebunden, als er schrieb: "Ein Gesetzentwurf der Bundesregierung zur Begrenzung der Ausgaben in den von Ihnen angesprochenen Bereichen liegt bisher noch nicht vor. Die hessische Landesregierung wird jedoch Ihre Ausführungen in die Beratung entsprechender Gesetzentwürfe im Bundesrat einbeziehen."[229)]

Im Gegensatz zum sozialdemokratischen hessischen Ministerpräsidenten war das Antwortschreiben des christdemokratischen Ministerpräsidenten von Niedersachsen sehr ausführlich. Am 3. November 1981 legte Ernst Albrecht den Standpunkt seiner Landesregierung wie folgt dar:

Der Niedersächsiche Ministerpräsident - 13 Nr. 4330 -

3000 Hannover 1, den 3. November1981

Herrn
Staatssekretär a.D. Karl Weishäupl
Präsident des Verbandes der
Kriegs- und Wehrdienstopfer,
Behinderten und Sozialrentner
Deutschlands e.V.
Mitteisstraße 19
8000 München 45

Sehr geehrter Herr Weishäupl!

Ich komme zurück auf Ihren Brief vom 17. August 1981, in dem Sie sich mit den Beschlüssen der Bundesregierung zur Kriegsopferversorgung und zum Bericht der beruflichen Rehabilitation Behinderter und der Werkstätten für Behinderte befassen.

Für die Sorgen des Präsidiums des VdK Deutschland habe ich großes Verständnis. Inzwischen hat die Bundesregierung davon abgesehen, die zunächst ins Auge gefaßten Kürzungen bei der Kriegsopferversorgung im Entwurf eines 11. Gesetzes über die Anpassung der Leistungen des Bundesversorgungsgesetzes zu verwirklichen.

Die von der Bundesregierung vorgesehene Kürzung der Förderungsdauer durch die Bundesanstalt für Arbeit im Eingangs- und Arbeitstrainingsbereich der Werkstätten für Behinderte halte ich nicht für vertretbar. Die angestrebt Teilentlastung des Bundeshaushalts würde vorrangig eine Kostenverschiebung auf einen anderen öffentlichen Kostenträger bewirken; das kann bei wachsenden Sozialhilfelasten nicht hingenommen werden.
In diesem Sinne hat auch der Bundesrat zu der entsprechenden Vorschrift des Gesetzentwurfs der Bundesregierung zur Konsolidierung der Arbeitsförderung Stellung genommen.

Die Niedersächsische Landesregierung wird sich zusammen mit anderen Bundesländern weiterhin bemühen, im Rahmen des Gesetzgebungsverfahrens auf die Sicherung des gegenwärtigen Rechtsstandes hinzuwirken.

Mit großer Besorgnis wird auch von mir die Entwicklung der Arbeitslosigkeit Schwerbehinderter verfolgt.

Ihre Befürchtung, daß im August dieses Jahres die Zahl der arbeitslosen Schwerbehinderten in der Bundesrepublik die 90-tausend-Grenze überschreiten würde, hat sich leider bestätigt. Die Bestrebungen, möglichst noch in diesem Jahr ein neues Sonderprogramm des Bundes und der Länder zur verstärkten Bereitstellung von Arbeits- und Ausbildungsplätzen für Schwerbehinderte anlaufen zu lassen, werden daher von Niedersachsen vorbehaltlos unterstützt. Es wird auch sorgfältig geprüft werden ob erforderlichenfalls - wie in den vergangenen Jahren - ergänzend zum bundesweiten Programm ein eigenständiges Landesprogramm zur Verbesserung der Arbeitsmarktsituation für Schwerbehinderte beitragen kann.

Mit vorzüglicher Hochachtung
Ihr
(gez.:) Albrecht

Nicht weniger umfangreich war das Antwortschreiben der schleswig-holsteinischen Landesregierung vom 25. November 1981, das jedoch nicht der Ministerpräsident, sondern der Chef der Staatskanzlei aufgesetzt hatte, denn Gerhard Stoltenberg stand schon als Allzweckwaffe der Union Gewehr bei Fuß für höhere Bundesaufgaben. Nicht umsonst bezeichnete die "Süddeutsche Zeitung" ihn als "Paradepferd der Oppositionsfraktion auf einer Unmenge von Gebieten, von der Wirtschafts- über die Kultur- bis zur Außenpolitik."[230)]

"Die nun schon geraume Zeit anhaltende gespannte Finanzlage der öffentlichen Haushalte bedeutet eine große Herausforderung für alle, die sozialpolitische Verantwortung tragen. Denn soziale Leistungen kann der Staat nur aus dem bestreiten, was er erwirtschaftet hat. Angesichts der leeren Kassen bedarf es deshalb erheblicher Anstrengungen, die Wirksamkeit unseres in vielen Jahren erarbeiteten Sozialleistungssystems soweit wie möglich zu erhalten. Einschnitte sind auch hier nicht zu vermeiden. Sie müssen indes aus der Gesamtsicht heraus unter sorgfälti-

ger Abwägung der gegebenen Interessen und sozialen Bedürfnisse verantwortet werden können.
Die Kriegsopfer haben für die Gemeinschaft Leib und Leben hingegeben. Daraus erwächst dem Staat ohne Frage eine besondere sozialpolitische Verpflichtung. (...)
Was die angesprochenen Einsparungen im Bereich der beruflichen Rehabilitation Behinderter und bei den Werkstätten für Behinderte angeht, habe ich für Ihre Sorgen volles Verständnis. (...)"[231)]
Berlins Regierender Bürgermeister Richard von Weizsäkker wählte in seinem Antwortschreiben vom 31. August 1981 wieder einmal mehr den moderaten Ton. Denn "mit Ihnen bin ich der Auffassung, daß im Zuge der notwendig gewordenen Haushaltssparmaßnahmen der öffentlichen Hand nicht einzelne Bevölkerungsgruppen ungleich stärker als andere belastet werden dürfen. Auf die Einhaltung dieses Grundsatzes, der den Maßnahmen zum Ausgleich des Berliner Haushalts zugrunde liegt, wird der Senat auch bei den Beratungen des Grundsatzbeschlusses der Bundesregierung hinwirken."[232)]
Klaus von Dohnanyi, der Erste Bürgermeister der Freien und Hansestadt Hamburg, war in seinem Antwortschreiben im Ton ebenso freundlich, in der Sache jedoch unverbindlich geblieben. "Der Adelssproß zählt sich zu den 'Linken' der Partei, weil er 'auf dem Wege der konsequenten Rationalität gesellschaftliche Veränderungen' anstrebt. Seine Fähigkeit, die politischen Gegebenheiten wissenschaftlich zu durchdringen und real einzuschätzen, sichern ihm Respekt. Er gehört zur alerten jungen Garde (...). die das politische Geschäft auch unbekümmert auf gesellige Weise betreiben."[233)] Nach dieser Lebensweise schrieb er am 14. September 1981:
"Sie werden gewiß mit Befriedigung zur Kenntnis genommen haben, daß die Bundesregierung in ihren Sparbeschlüssen vom 2./3. September 1981 die Kriegsopferversorgung weitgehend ausgenommen hat. Ich habe Ihre Ausführungen mit Interesse gelesen und Ihr Schreiben den zuständigen Behörden mit der Bitte übermittelt, Ihre Erwä-

gungen in die Bewertung der Beschlüsse der Bundesregierung einfließen zu lassen. Eine abschließende Beurteilung der vorgesehenen Haushaltsentlastungsmaßnahmen kann erst nach einer eingehenden Beratung der entsprechenden Gesetzesinitiativen der Bundesregierung in den Ausschüssen des Bundesrates erfolgen."[234)]

Die Antwort des Bundeskanzlers fiel kurz und bündig aus. Helmut Schmidt verwies den Verband auf seinen Bundesarbeitsminister Ehrenberg als den hierfür zuständigen Fachminister. Und was war mit der SPD-Bundestagsfraktion? Mit ihr fand am 9. September 1981 ein Gespräch über aktuelle sozialpolitische Fragen statt, das um 20.00 Uhr im Zimmer 02 des Deutschen Bundestages begann. Bei diesem Meinungsaustausch in einer sehr sachlichen Atmosphäre ging es in der Hauptsache um die Sparbeschlüsse der Bundesregierung, soweit sie den sozialrechtlichen Bereich betrafen, und um den Abbau der Arbeitslosigkeit Schwerbehinderter.

Weishäupl erklärte im Zusammenhang mit der Entscheidung der Bundesregierung, die Kriegsopferrenten ab 1. Januar 1982 mit 5,8 v. H. anzupassen, daß er diese Maßnahme offiziell begrüßt und die bereits angesetzten Protestmaßnahmen abgesagt habe. Er stellte an die Abgeordneten die Frage, ob im Laufe des Gesetzgebungsverfahrens damit zu rechnen sei, daß die Teilanhebung der Grundrente durch die Koalitionsfraktionen in den Ausschußberatungen beschlossen würde. Dies wurde einmütig verneint. Übereinstimmung bestand bei den Gesprächsteilnehmern darüber, daß die Arbeitslosigkeit zu den vorrangig zu lösenden Aufgaben der Politik gehört. In diesem Zusammenhang wurden die Bedenken geltend gemacht, die der VdK gegenüber den Beschlüssen der Bundesregierung im Bereich der Rehabilitation geäußert hatte.

Es müsse, so Weishäupl, darauf geachtet werden, daß die Maßnahmen der Rehabilitation ihrer Art und ihrem Umfange nach nicht abgebaut werden. Die wirtschaftliche Sicherung müsse Rücksicht nehmen auf die Familie des Rehabilitanden. Die flankierenden Maßnahmen zur Arbeitsver-

mittlung dürfen nicht abgebaut werden. Es sei dafür zu sorgen, daß durch Härteregelungen die Schwerstbehinderten auch dann eingearbeitet werden können, wenn die Einarbeitungszeit 1 Jahr überschreitet.
Ferner wurde vereinbart, daß die Vorschläge des VdK mit dem Vorsitzenden der Arbeitsgruppe "Rehabilitation" besprochen werden, sobald die Bundesrats- bzw. Bundestagsdrucksachen vorliegen. Gegenstand der Unterredung waren aber auch die Bestrebungen, das Schwerbehindertengesetz zu novellieren. Es wurde von seiten des VdK die Ansicht vertreten, daß ein Mißbrauch nicht festzustellen sei, und daß die Gründe für strukturelle Änderungen des Schwerbehindertengesetzes nicht bestünden. Die SPD-Bundestagsfraktion äußerte nicht die Absicht, Änderungsanträge einzubringen.
Wenig später war das Verhältnis in der sozial-liberalen Regierungskoalition jedoch schon so zerrüttet, daß der Kanzler im Februar 1982 im Deutschen Bundestag die Vertrauensfrage stellte. Aber noch waren die Reihen äußerlich vorübergehend fest geschlossen. Niederschmetternde Wahlergebnisse für die Sozialdemokraten in Niedersachsen und Hamburg nährten aber wieder die Spekulationen über ein vorzeitiges Ende der SPD/F.D.P.-Regierung und zwar solange, bis die Sterbestunde der sozial-liberalen Ära Schmidt/Genscher dann doch unüberhörbar eingeläutet wurde.
"Die Partei und viele ihrer Repräsentanten sind schon längst in der Post-Schmidt-Ära", notierte Hans Apel, Schmidts gescheiterter Kronprinz, verbittert in seinem politischen Tagebuch. "Willy Brandt läßt im Parteivorstand einen läppischen maschinengeschriebenen Brief mit Genesungswünschen kreisen, den wir alle unterschreiben. Schmidt muß das als Hohn empfinden. Um den Kanzler wird es politisch einsam. Da sind nur noch wenige, die zu ihm halten. Aber hat er auch selbst genügend dazu getan, um seine Mannschaft zu motivieren? Sind seine wahren politischen Freunde stets sicher, von ihrem Vormann nicht doch allein ´im Regen` stehengelassen zu werden? Er will,

daß wir seine Last mittragen. Das ist selbstverständlich. Aber trägt er auch die Last anderer mit? Spürt er überhaupt, was in dem anderen vorgeht?"[235)]
Es war Anfang September 1982, als in einem Memorandum des F.D.P.-Wirtschaftministers Otto Graf Lambsdorff grundsätzliche wirtschaftspolitische Gegensätze zwischen den sozial-liberalen Koalitionspartnern deutlich wurden. Zeitgleich kündigten die Gewerkschaften Proteste gegen die Sparpolitik der Regierung Schmidt/Genscher an. Das "Lambsdorff-Papier", das einen massiven Sozialabbau zur "Gesundung der Staatsfinanzen" beinhaltete, war für die Sozialdemokraten unannehmbar, weil es nach ihrem Verständnis das soziale Netz zerreißen würde. Daher wurde es als eine Art "Kriegserklärung" empfunden. Am 17. September 1982 war die Koalition mit ihrem Latein am Ende. Durch die Entlassungen der vier F.D.P.-Minister wurde sie zu Grabe getragen. Trotz erheblicher Einbußen an Mitgliedern und Wählern hatten Genscher und Lambsdorff die "Wende" von der SPD zur CDU/CSU vollzogen.
"Die FDP hat sich damals ihre Entscheidung zum Koalitionswechsel nicht leicht gemacht", stellte der neue Kanzler fest. "Doch zu deutlich war die Einsicht, daß die Ideologien der Macher und Heilsbringer den Wirklichkeitssinn im Lande nicht geschärft, die Selbstverantwortung nicht gestärkt und die geistigen Herausforderungen der Zeit verkannt hatten. So haben die Liberalen im Interesse unseres Landes eine neue Regierung ermöglicht, die 1983 und 1987 von der Mehrheit der Bürger bestätigt und auf ihrem Weg ermutigt worden ist. Vor allem Hans-Dietrich Genscher gebührt Respekt und Anerkennung für den Mut, mit dem er – ungeachtet schwerer Anfeindungen – in der FDP die notwendigen Entscheidungen zum Regierungswechsel herbeiführte", lobte Kohl seinen Steigbügelhalter.[236)]
Willy Brandt, der erste Kanzler der sozial-liberalen Koalition, sah es so: "Die Regierung Schmidt/Genscher ist im Herbst ´82 nicht daran zerbrochen, daß die eigene Partei den Bundeskanzler in der Auseinandersetzung um die Raketen im Stich gelassen hätte", schreib er in seinen "Erin-

nerungen". "Tatsächlich meinte die Führung der Freien Demokraten zu wissen, daß in der nächsten Runde die sozial-liberale Mehrheit und damit die Teilhabe an einer SPD-geführten Regierung dahin sein würden. Es war überaus schwierig geworden, sich über den Bundeshaushalt zu verständigen und Maßnahmen zwecks Eindämmung der Arbeitslosigkeit zu beschließen. Die Koalitionsgespräche gerieten zu Provinzpossen; die Versteckspielerei war quälend. Auch Strauß und seine Gefolgsleute, die ein Interesse daran hatten, Gegensätze zwischen Schmidt und seiner Partei zu kultivieren, manchmal auch zu erfinden, haben keinen Zweifel daran gelassen, daß die sozialliberale Koalition 1982 an der Wirtschafts- und Sozialpolitik scheiterte".[237)]

Zweiter Teil

DIE KONSERVATIV-LIBERALE ÄRA KOHL

1982 - 1998

1. Kapitel

VON HELMUT SCHMIDT ZU HELMUT KOHL

"Die Macht verdirbt die dauernd herrschende Partei, die Ohnmacht verdirbt die dauernd unterlegene Partei. Durch den Wechsel kommt auf jeden Fall Wind in die unreine Atmosphäre. Es hört die trotz allem Lärm faktisch bestehende, das kommende Unheil in sich bergende Kirchhofsruhe der Politik auf."
KARL JASPERS [1)]

Nachdem das sozial-liberale Regierungsbündnis mit einem Paukenschlag auseinandergebrochen und die F.D.P. sich unter Bundesaußenminister Hans-Dietrich Genscher der CDU/CSU zugewandt hatte, wurde deren Fraktionsvorsitzender Helmut Kohl am 1. Oktober 1982 durch ein konstruktives Mißtrauensvotum gegen Bundeskanzler Helmut Schmidt mit 223 Stimmen der Unionsparteien und 33 der F.D.P. bei 235 Nein-Stimmen und vier Enthaltungen zum neuen Regierungschef gewählt und noch am selben Tage ernannt und vereidigt.
"Mit seiner Wahl ist die Wende in Bonn nicht mehr Tendenz, sondern Wirklichkeit", schrieb der Egon-Erwin-Kisch-Preisträger Jürgen Leinemann. "Was dazu im 'Spiegel', im 'Stern' oder in anderen 'linken' Blättern geschrieben wird, interessiert ihn nicht, sagt er. Er weiß es ohnehin. (...) Die Fähigkeit, nur zu sehen, was er sehen will, und zu erkennen, was er schon weiß, ist ohnehin seine größte politische Gabe. Keiner der Bonner Mächtigen hat so früh und so unerschütterlich ein Bild von der Welt und seiner Rolle darin festgelegt wie Helmut Kohl."[2)]
Der andere Nutznießer der Wende war Hans-Dietrich Genscher. Aber nach Leinemann "hat er sich schon deshalb nicht geändert, weil er die unablässig sich anpassende Veränderung in Person ist. Er reagiert nur auf andere Um-

stände als früher. Jetzt bändigt er Strauß. Daß er die Wende, die er gerade noch gekriegt hat, nun erfunden haben will, nur weil er das Wort besonders trickreich und in schillernder Verwendung in Umlauf gebracht hat, gehört ins Bild."[3)]

Niemand hatte eben diese Wende so leidenschaftlich herbeigesehnt, herbeigeredet wie Franz-Josef-Strauß. "Nun, da sie da ist, sitzt er im Abseits."[4)] In seinen "Erinnerungen" hat er sich darüber bitter beklagt:

"Kohls sicherer Weg bedeutete den endgültigen Abschied von der absoluten Mehrheit der Union. Wenn seither das Wort 'absoluter Mehrheit` von uns nur in den Mund genommen wird, findet in der CDU bereits die große Teufelsbeschwörung statt. Ich sage nicht, daß die Art des Wechsels von vornherein falsch war, denn eine knappe absolute Mehrheit bringt Splittergruppen in der eigenen Fraktion in die Lage einer aktiven Erpressungsfähigkeit. Dennoch hätte es nach dem Ende der Regierung Schmidt/Genscher und vor einem Neuanfang weit gründlicherer Überlegungen und Abstimmungen bedurft. Ein überzeugender und glaubwürdiger Start, verbunden mit der notwendigen Aufarbeitung der von der liberal-sozialistischen Regierung hinterlassenen miserablen Erblast, die der FDP zuliebe unterblieb, wäre bei einer Befolgung meines Konzeptes weit weniger beeinträchtigt gewesen.

Zu überstürzter Eile bestand schon deswegen kein Anlaß, weil nichts den Sturz der Regierung Schmidt/Genscher und den weiteren wirtschaftlichen und finanziellen Abstieg der Bundesrepublik Deutschland hätte aufhalten können.

Genscher war also gesprungen und schwebte in der Luft. Es stellte sich für ihn nur die Frage, ob er auf festem Boden landen oder ins Wasser fallen würde, und hier hatte Genscher das Wort von Helmut Kohl, daß die FDP sicher aufgefangen werde. CDU und CSU haben dafür einen hohen Preis bezahlt. Mit der Verrats- und Dolchstoßlegende konnte die SPD bei den Landtagswahlen in Hessen, die am 26. September stattfanden, der CDU eine empfindliche

Niederlage beibringen. Im Wahlkampf spielte es plötzlich keine Rolle mehr, daß die Sozialdemokraten selbst es waren, die Helmut Schmidt allein gelassen hatten. Ähnlich war es bei der bayerischen Landtagswahl zwei Wochen später, für die uns alle Meinungsumfragen ein Wahlergebnis zwischen 63 und 65 Prozent vorausgesagt hatten. Nach dem Sturz Schmidts durch das Mißtrauensvotum erzielten wir nur noch 57 Prozent, verloren also über Nacht 8 Prozent. Die haben wir geopfert auf dem Altar der Treue für Genscher. Die Tatsache, daß Kohl und Genscher sich frühzeitig über das konstruktive Mißtrauensvotum abgesprochen hatten, beraubte uns eines großartigen Wahlerfolges. Es war eine 'Wende', die die CSU teuer bezahlt hat und noch teuer bezahlen wird."[5)]

Noch jemand gehörte zu den großen Verlierern der Wende: die F.D.P.-Spitzenpolitkerin Hildegard Hamm-Brücher. Sie "artikulierte unter starkem Beifall in der Öffentlichkeit und heftigen Mißfallensäußerungen der CDU/CSU die Position der linksliberalen Minderheit, als sie den Sturz Helmut Schmidts ohne Wählervotum bedauerte."[6)] An ihm war indirekt aber auch der Cheflobbyist Karl Weishäupl mit seinem Kampfverband auf Grund seiner immer unverfrorener formulierten machtpolitischen Forderungen an die Regierung Schmidt/Genscher beteiligt.

Und Helmut Schmidt? "Nur vier Wochen blieb (er) nach dem konstruktiven Mißtrauensvotum in den Schlagzeilen der deutschen Presse. Dann fiel seine Entscheidung, auf eine Spitzenkandidatur bei den Bundestagswahlen im März 1983 zu verzichten. Denn der in den Tagen der hessischen Landtagswahlentscheidung entstandene Schulterschluß mit seiner Partei konnte nicht lange halten. Danach begab sich der ehemalige Bundeskanzler auf zahlreiche Reisen, die mit einem Erholungsurlaub in Mexiko einsetzten und ihre Fortsetzung mit zahlreichen Vortragstouren in den Vereinigten Staaten und in Japan fanden."[7)]

Als bei den vorgezogenen Bundestagswahlen im März 1983 die CDU/CSU 48,8 Prozent und die F.D.P. 6,9 Prozent der Stimmen und damit eine solide Mehrheit erhielten, befanden sich die Sozialdemokraten mit ihrem gescheiterten Kanzlerkandidaten Hans-Jochen Vogel endgültig auf den harten Bänken der Opposition wieder, und zwar nicht zuletzt deshalb, weil Teile der Partei ihnen zum Schluß genauso in den Rücken gefallen waren wie Weishäupl und Genossen. Auf dem vom 19. bis 24. April 1982 in München stattgefundenen Bundesparteitag der Sozialdemokratischen Partei Deutschlands hatte deren Vorsitzender Willy Brandt noch gesagt:[8)]

1. Die SPD dürfe weder zur Profilierung einzelner noch als kollektiver Prügelknabe mißbraucht werden; das offene Wort und die freie Debatte innerhalb der Partei müßten garantiert bleiben und dürften nicht als Gefährdung der Regierungsfähigkeit aufgefaßt werden.
2. Trotz vieler Irritationen zwischen den Koalitionsparteien müßten SPD und FDP ihre Zusammenarbeit fortsetzen.
3. Die SPD bekämpfe die Grünen, weil diese ihre Gegner seien und im Endeffekt den CDU-Staat förderten.
4. Die SPD wolle das soziale Netz in seinen Kernbereichen erhalten und sei auch nicht für eine Kürzung des Arbeitslosengeldes zu haben. Sie werde dem Gedanken der Mitbestimmung im Wirtschaftsleben mehr Aufmerksamkeit schenken und halte eine neue vermögenspolitische Initiative sowie eine Neugestaltung des Bodenrechts für angebracht. Besonders wichtig sei ferner die Frage, wie künftig mit den ausländischen Arbeitnehmern verfahren werde.
5. Die SPD dürfe nichts tun, was die sowjetisch-amerikanischen Verhandlungen über Abrüstungsschritte im Mittelstreckenbereich gefährden könnte. Ein Abrücken vom NATO-Doppelbeschluß sei falsch.

Bundeskanzler Schmidt führte aus:

1. Die Regierung sei offen für Kritik, zumal sie in den letzten Jahren Fehler gemacht habe, und benötige den Ratschlag der Partei.
2. Der Münchner Parteitag habe wahrscheinlich geschichtliche Bedeutung, stehe doch dreierlei auf dem Spiel: Die Identität der SPD, die Sicherung des Friedens und die Frage, ob die Fortsetzung der gesellschaftlichen Gestaltung durch die SPD möglich sei.
3. Die Beseitigung der Massenarbeitslosigkeit habe für die SPD Vorrang.
4. Die weltweiten ökonomischen Schwierigkeiten würden von konservativen politischen Kräften benützt, um das Rad zurückzudrehen und einen neokonservativen Klassenkampf von oben einzuleiten, der eine Verschlechterung der sozialen Lage der Arbeitnehmer bewußt in Kauf nehme.
5. Gerade in der jetzigen Lage, in der von Unternehmern wie Arbeitnehmern die Anpassung an neue Rahmenbedingungen gefordert werde, sei die Mitbestimmung unerläßlich.
6. Die Friedenspolitik gehöre zum Kernbestandteil der sozial-liberalen Koalition.
7. Ein vernünftiger Umgang zwischen den beiden deutschen Staaten bleibe eine vordringliche Aufgabe.
8. Die FDP-Führung stehe zur Koalition mit der SPD, da sie wisse, daß Grundsätzliches ihrer liberalen Politikvorstellungen nur in dieser Parteienkonstellation zu verwirklichen sei.
9. Die CDU/CSU würde bei einer Regierungsübernahme den Verhandlungsteil des NATO-Doppelbeschlusses nicht ernst nehmen, an die Stelle von Kooperation Konfrontation setzen, neokonservative Wirtschafts- und sozialpolitische Konzepte übernehmen und mit ihrer Ankündigung ernst machen, die Sozialleistungen zu kürzen.
10. Eine Partei wie die SPD müsse Vordenker für zukunftsträchtige Sachlösungen sein. Die Partei dürfe nicht, sie müsse der Regierung vorauseilen. Dabei

dürfe sie weder die politische Vernunft noch die Moral hintanstellen und dürfe keine Randgruppen- oder Klassenpartei oder eine Dachgesellschaft für Arbeitsgemeinschaften sein, sondern müsse eine Volkspartei bleiben. Die Volkspartei könne nur solche Menschen integrieren, die den Willen dazu hätten, nicht jedoch solche, die an die Stelle sozialdemokratischer Identität eine andere Identität setzen wollten.

Weishäupl hatte ein ungutes Gefühl, als er auf dem 9. Ordentlichen Verbandstag des VdK Deutschlands in seiner Eröffnungsrede konstatierte: "Sie wohnten alle dem Parteitag der SPD in München bei, der Klarheit darüber bringen sollte, ob die SPD als stärkste Koalitionspartei hinter Bundeskanzler Helmut Schmidt steht. Hier spielt ja, wie Sie wissen, der Doppelbeschluß der NATO eine überschattende Rolle, so daß wir gespannt sein können, was für die Sozial- und Arbeitspolitik an Zeit und Energie übrig bleiben wird."[9)]
Es blieb nichts, aber auch rein gar nichts übrig – auch nicht die Regierung Schmidt/Genscher. Doch die Wende von den sozial-liberalen zu den konservativ-liberalen förderte zunächst mehr Schlagworte als Ereignisse zutage. Namentlich der außen-, sicherheits- und deutschlandpolitische Kurs der Regierung Kohl/Genscher. Der NATO-Doppelbeschluß stand jetzt nicht mehr in Frage und die guten Beziehungen zur DDR lagen der neuen Bundesregierung nicht weniger am Herzen wie der alten. "Ein Protestpotential, das keineswegs nur aus Chaoten und Randalierern bestand, artikulierte sich im Kampf gegen die Stationierung von Pershing-II-Raketen sowie gegen die Startbahn West des Frankfurter Flughafens, und Zehntausende von Bürgern, die um ihre und ihrer Kinder Zukunft besorgt sind, demonstrierten gegen die Wiederaufbereitungsanlage in Wackersdorf."[10)]
Als besonders augenfällig erwies sich die Skandalfähigkeit der konservativ-liberalen Ära Kohl/Genscher. Hierfür stehen das skandalöse Geschäftsgebaren der gewerk-

schaftseigenen Neuen Heimat, das insbesondere die Mieter des Wohnungkonzerns gnadenlos in Mitleidenschaft zog, ebenso wie die Parteispenden-Affäre, bei der schließlich unter anderem ein Flick-Manager und zwei ehemalige Bundesminister wegen Steuerhinterziehung verurteilt wurden. Ende 1987 folgte die Barschel-Affäre als ein "Lehrbeispiel schlimmster politischer Verhaltensweisen".[11)]
All diese Skandale hingen nicht selten direkt mit politischen Entscheidungen zusammen oder deckten sich mit politischen Aktivitäten. "Die Konsolidierung der Finanzen (...) ging zu Lasten der Schwachen, Unterprivilegierten und lobbylosen Gruppen. In den Bereichen Rüstung, Atomenergie, Umwelt wurde eine Politik kreiert, die kaum Rücksicht auf die Bedürfnisse der Menschen nahm, auf Ängste und Gefühle. Die sogenannten großen Reformen vernachlässigen Kinder und alte Leute, Studenten und Arbeitslose, ärmere Gruppen im Land (...) Politische Entscheidungen, die sich als falsch erweisen, werden ebenso ausgesessen wie Affären und Skandale."[12)]
Und diese lösen sich bis auf den heutigen Tag in schöner Regelmäßigkeit ab. "In einer Zeit, in der politische Landschaften von den Leitfiguren durch Bargeld und Pfründe gepflegt werden, dürfen die Ansprüche an das Nachgeordnete wohl nicht hoch gesetzt werden", stellte "Der Spiegel" fest: "Bestechung und Bestechlichkeit sind in westdeutschen Ämtern mittlerweile an der Tagesordnung. Die in Politik und Wirtschaft verbreitete Mauschel-Mentalität schlägt offenbar auf die Behörden durch, das vielbeschworene Treueverhältnis zum Staat und die ´Grundsätze des Berufsbeamtentums` verkommen immer mehr zur unverbindlichen Empfehlung."[13)]
Dieses skandalträchtige, ja korrupte Verhalten manifestiert sich von Jahr zu Jahr in einer immer größer werdenden Politik-, Parteien- und Staatsverdrossenheit, bei der jedes Vertrauen der Bürger in Staat und Regierung sukzessive verloren geht. Für 85 Prozent aller Bürger ist "Kiel überall". Viele Bürger, so der "Stern", hielten ihre Repräsentanten für "trickreich", "verschlagen", "machthungrig" und "skru-

pellos". 82 Prozent der Bundesbürger waren der Meinung, daß die meisten "politischen Skandale sogar unentdeckt" bleiben. Nicht einmal zehn Prozent glauben an die Selbstreinigungskräfte des politischen Systems, wie die parlamentarischen Untersuchungsausschüsse.[14)]

2. Kapitel

DER NEUE-HEIMAT-SKANDAL

"Nur zähneknirschend hatten sich die Gewerkschaften mit Alfons Lappas solidarisiert, als er in Beugehaft ging. Nun, wo der Chef der Gewerkschaftsholding BGAG wieder draußen ist, wird DGB und SPD klar, welchen Schaden sein Auftritt vor dem Untersuchungsausschuß Neue Heimat angerichtet hat."[15)]

"Die Fernsehbilder von der sonntäglichen Verhaftung des Gewerkschafts-Unternehmers Alfons Lappas erinnerten den SPD-Vorsitzenden Willy Brandt an ein Ereignis, das schon zwei Jahre zurücklag und das er seinerzeit nicht sonderlich wichtig genommen hatte", begann "Der Spiegel" im Herbst 1986 seine Titelgeschichte "Der Bonze" und fuhr dann fort:

"Als Brandt am Montagmorgen vergangener Woche in sein Bonner Büro kam, ließ er als erstes eine Aktennotiz über ein damaliges Gespräch mit dem CDU-Vorsitzenden und Bundeskanzler Helmut Kohl heraussuchen. Und siehe da, die Erinnerung des 72jährigen trog nicht.

Handschriftlich hatte er im Oktober 1984 sein Diktat durch einige Sätze ergänzt: Beim Gespräch über die parlamentarischen Untersuchungen des Flick-Skandals habe Kohl angekündigt, wenn es eine weitere 'Eskalation der Spendenaffäre' gebe, werde sich die Union die Gewerkschaften vorknöpfen. Als Ziel der schwarzen Gegenattacke habe Kohl den DGB-Vorsitzenden Ernst Breit genannt und dazu den für die Finanzen zuständigen Mann der organisierten Arbeitnehmer."[16)]

Nun, „worum ging es in dem Fall, der mit den Kürzeln 'Neue Heimat' und 'Albert Vietor' versehen wird, faktisch? Er ist deshalb so interessant, weil die Neue Heimat nicht nur der größte europäische Bauträger war, sondern auch das Musterbeispiel für eine Unternehmensform, das die Gewerkschaften stolz als 'dritten Weg` zwischen 'Kapitalismus und Staatswirtschaft` deklarieren. Sie ist eine gemeinwirtschafliche Alternative, die, so die Gemeinwirtschaftsideologie, Mißbrauch wirtschaftlicher Macht verhindert, Privatwirtschaft dort ergänzen soll, wo sie versagt, an den Lebensbedingungen 'der kleinen Leute` orientiert sein will und die zuwachsendes Kapital nicht an die Kapitaleigner ausschütten, sondern ausschließlich gemeinwirtschaftlich weiterarbeiten lassen will. Mit einem Wort: Das gemeinwirtschaftliche Unternehmen soll zu einer Art 'Gegenmacht` zu privatwirtschaftlich organisierten Unternehmen werden."[17)]

Aber statt dessen "haben sich einige gutsituierte Herrschaften aus den Chefetagen der (...) 'Neuen Heimat` (NH) Wohnungen und Häuser unter den Nagel gerissen. Die 'Neue Heimat` Berlin hatte Sanierungsgrundstücke nicht – wie gesetzlich vorgeschrieben – öffentlich zum Verkauf angeboten und damit 'weiten Kreisen der Bevölkerung` zugänglich gemacht, sondern an ihre leitenden Angestellten und prominente Gewerkschaftler verkauft. (...) Zu den 'Steuergewinnlern` und NH-Wohnungsbesitzern sollen neben den NH-Bossen auch der damalige DBG-Chef Heinz Oskar Vetter und IG-Metall-Chef Eugen Loderer gehört haben."[18)]

Sehen wir uns dieses tolldreiste Gaunerstück im gewerkschafts-eigenen Komödienstadl noch eine Weile an, denn es offenbart uns die unheilvolle Verflechtung der Parteien mit den Verbänden; in diesem Falle mit dem "Selbstbedienungsladen Neue Heimat" und dem Deutschen Gewerkschafts-Bund (er hält 50,3 %, die Einzelgewerkschaften 39,7 % des Kapitals). 1982 deckte "Der Spiegel" das skandalöse Geschäftsgebaren der Neuen Heimat auf. Jahrelang waren innerhalb der größten europäischen Wohnungsbaugesellschaft Millionenbeträge "in falsche Kanäle geflossen", wurden unter dem Etikett der "Gemeinnützigkeit" private Geschäfte der Manager getätigt und im Ausland durch

Fehlspekulationen Schuldenberge aufgetürmt. Durch eine undurchdringliche "Filzokratie" in den Spitzenfunktionärsetagen der Neuen Heimat war der DGB-Konzern schließlich mit 17 Milliarden Mark bei den Banken verschuldet. "Die anschließend geschaßten Bosse", so Liedtke, "hatten das Geld nur so gehortet. Albert Vietor ('König Albert') z. B., der Chef des Wohnungsbauunternehmens, der bis zu seinem Tod in einer Luxusvilla im schweizerischen Tessin wohnte und sich rühmte, von seinem 524.000-Mark-Jahreseinkommen lediglich 100.000 Mark zu versteuern, besaß zwei Dutzend von der Neuen Heimat erstellter Wohnungen und war an mehr als 200 weiteren Wohnungen beteiligt."[19)]

Als der Skandal um die Neue Heimat publik wurde, rollten Köpfe, und zwar auch der des bis dato als besonders integer gehaltenen DGB-Chefs Heinz-Oskar Vetter, dem fortan ein zweifelhafter Ruf anhaftete. Als Mitwisser hatte er nämlich jahrelang die Machenschaften der Manager Albert Vietor, Harro Iden, Wolfgang Vormbrock und Genossen gedeckt beziehungsweise im Aufsichtsrat, dem er vorstand, vertuscht.

Im Mai 1982 enthüllte "Der Spiegel" den zweiten Teil des Skandals um die Neue Heimat und die Terrafinanz. "Danach sollen der zu diesem Zeitpunkt bereits entlassene NH-Chef Albert Vietor und eine Reihe weiterer Konzernmanger über ihre Beteiligung an der Münchner Grundstücksfirma 'Terrafinanz' in den sechziger und siebziger Jahren vorsichtig geschätzt rund 30 Millionen Mark verdient haben. Über einen Strohmann – den Hamburger Bankier Ernst Wölben – sollen die NH-Bosse besonders am Bau der Münchner Trabantenstadt Neu-Perlach abkassiert haben. Die 'Terrafinanz'- mit einer schmalen Kapitaldecke von 60.000 Mark gegründet, anschließend von der NH mit einer Millionenbürgschaft kreditwürdig gesponsert – kaufte billig Land auf und veräußerte es überteuert an die 'Neue Heimat'. Der Coup klappte jahrelang, die Manager machten Millionen."[20)]

Im September 1986 stand die Schmieren-Komödie "Schiesser, Lappas, Breit und Genossen" auf dem Spielplan des bundesdeutschen Polittheaters. Denn Mitte August 1986 war für die CDU-Abgeordeten des Bundestags-Untersuchungsausschusses bezüglich der Neuen Heimat klar, daß sich der Gewerkschaftskonzern der arglistigen Täuschung von Mietern und der Manipulation sowie von fehlerhaften Betriebsabrechnungen und "Scheinverkäufen" von Wohnungen und anderer Unregelmäßigkeiten schuldig gemacht hatte. Nun geriet der DGB in Panik:
"In einer Nacht-und-Nebel-Aktion, vorbei an den Gläubigerbanken, an den eigenen gescheiterten Sanierern wie dem Ex-BfG-Bankier Diether Hoffmann, den Betriebsräten und Belegschaften der Firmen der Neuen Heimat sowie den Mietern, verscherbelten die Gewerkschaftler rund 190.000 Wohnungen an den eher dubiosen und unbedarften Berliner Brot-Fabrikanten Horst Schiesser. Der gewerkschaftseigene, gemeinnützige Wohnungskonzern, an dem Hundertausende von Mietern hingen, ging am 19. September 1986 handstreichartig in Privatbesitz über – für den symbolischen Kaufpreis von 1 Mark. Der DGB-Vorsitzende Ernst Breit mußte den Beschluß der 17 Vorsitzenden der Einzelgewerkschaften einer fassungslosen Öffentlichkeit mitteilen. Schnell kamen Gerüchte auf, Schiesser sei nur ein Treuhänder, ein Strohmann, eine Gewerkschaftspuppe. Doch alles sprach dafür, daß der DGB diesen 'Coup' ernst gemeint hatte, um sich selbst aus der kritischen öffentlichen Schußlinie zu nehmen. Ein klassischer Rohrkrepierer", wie Rüdiger Lietke feststellte. Denn "die Gläubigerbanken spielten nicht mit bei den ihrer Meinung nach unseriösen Machenschaften mit dem Brotfabrikanten. Der Kuhhandel auf dem Rücken der Mieter wurde rückgängig gemacht"[21)] – und zwar mit einem "Millionen-Minus" zugunsten Schiessers.
Hierzu stellte der "Stern" fest: "Diese regen aber beitragszahlende Arbeitnehmer auf, die in ihrem gesamten Arbeitsleben nicht soviel verdienen werden wie Schiessers

Neue-Heimat-Manager Jürgen Havenstein, Helmut Lahmann und Peter Gardosch in nur sechs Wochen."[22)]
Für die arg gebeutelten Gewerkschaften war der Skandal damit jedoch immer noch nicht ausgestanden. Sie hatten sich nämlich derart vergaloppiert, "daß sie sich auch gezwungen sahen, die Bank für Gemeinwirtschaft (BfG) für zwei Milliarden Mark weit unter Wert an die Aachener-Münchner Versicherung zu veräußern. Ähnliches gilt für die gewerkschaftseigene Volksfürsorge. Und alles das, um die katastrophale Geschäftspolitik der Gewerkschaftsholding BGAG wieder ins Lot zu bringen. Alfons Lappas, selbst tief in den Skandal um die Neue Heimat verstrickt und mit 735.000 Mark Jahresgehalt Boss der BGAG wurde nach einer Aussageverweigerung vor dem Bundestags-Untersuchungsausschuß während der Eröffnungsveranstaltung des IG-Metall-Kongresses in Hamburg in Beugehaft genommen – unter einem eher peinlichen Solidaritätsgeheul von Spitzengewerkschaftlern und Sozialdemokraten."[23)]
Hierzu schrieb der "Stern": "Der Millionär gab sich noch als Märtyrer der unterdrückten Massen, steckte sich die Blume der kämpfenden Arbeiterklasse, eine rote Nelke, ins Knopfloch und zog beifallumrauscht – herausgeleitet von Ernst Breit – in die Beugehaft: 'Alfons, wir halten zu dir'."[24)]
Es waren Millionen, die nicht in die Taschen der Have-not-Peoples flossen, sondern auf die Konten der Unersättlichen und Absahner der Nation. Damit vergrößerte sich wieder einmal mehr die Kluft zwischen den Armen und den Reichen. Die Bundesrepublik Deutschland befindet sich schon seit geraumer Zeit auf dem unheilvollen Marsch in die "Zwei-Klassen-Gesellschaft" bei einer weitergehenden Reduzierung von Sozialleistungen und einem Einfrieren der Sozialhilfe einerseits sowie bei einer Umverteilung zu Lasten der sozial Schwachen andererseits.
Schlimmer noch: Angesichts des mit diesen Skandalen entstandenen Steuerschadens steht der Sozialpolitik immer weniger Geld für ihre Aufgaben zur Verfügung. Ein Tatbestand, der schwere gesellschaftliche Konflikte in sich birgt,

soziale Verwerfungen heraufbeschwört und damit das sozialpolitische Gefüge des Staates in einem gefährlichen Ausmaße aus dem Gleichgewicht bringt.

3. Kapitel

DIE REGIERUNGSKOALITION KOHL/GENSCHER

"Helmut Kohls Regierungsstil kombiniert Elemente seiner Vorgänger: Adenauers Generalistenart, Kiesingers und Brandts Gesprächigkeit, Schmidts Gedächtnis. Neu ist die Einbettung der zentralen Regierungsarbeit in Gruppendynamik: Politik nicht als Rechenaufgabe, sondern als Geländespiel."
HANS MAIER [25)]

Kaum hatte Helmut Kohl das Bundeskanzleramt betreten, da entfaltete der VdK Deutschlands eine seit langem nicht mehr zu beobachtende Aktivität in seiner Godesberger Chefetage, Denn "mit der Politik der 'Wende' vollzog sich wieder eine eindeutige Unterordnung der Sozial- und Gesellschaftspolitik unter die Funktionserfordernisse der Ökonomie, wie sie schon seit der Tendenzwende Mitte der 70er Jahre vorgezeichnet wurde. Damit werden Bedürfnisse nach sinnvoller, auch auf die Verwirklichung der Interessen am Wirtschaftsvollzug gerichteter Arbeit dem privatwirtschaftlichen Zwang nach Kostensenkung, Lebensschicksale betriebs-wirtschaftlichen Kalkülen eindeutig untergeordnet."[26)]
Bereits einen Tag nach der Kanzlerwahl und zwei Tage vor der Ernennung des neuen CDU/CSU-F.D.P.-Kabinetts ließ Weishäupl am 2. Oktober 1982 von der Grundsatzkommission die folgenden Thesen zur Sozialpolitik der konservativliberalen Bundesregierung aufstellen:

These 1: Die Kernbereiche der sozialen Sicherung (soziale Entschädigung, Renten-, Kranken- und Unfallversicherung und Sozialhilfe) und die sie tragenden Prinzipien haben sich bewährt. Ihre Struktur und ihre Substanz müssen erhalten bleiben. Dieses mit Zustimmung aller Fraktionen des Deutschen Bundestages geschaffene soziale Sicherungssystem entspricht den Erfordernissen unserer Zeit. Der VdK lehnt eine Wende in der Sozialpolitik ab, wenn dadurch die Situation der Leistungsberechtigten nachteilig verändert werden sollte.

These 2: Die Behauptung, durch übertriebene Leistungen im Sozialbereich und durch Mißbrauch sei die Sanierungsbedürftigkeit der öffentlichen Haushalte hervorgerufen worden, ist falsch.

These 3: Die Sanierung der öffentlichen Haushalte ist eine Sache, die alle Bürger unseres Staates betrifft. Deshalb müssen die Lasten auch von a l l e n Bürgern getragen werden. Die dazu notwendigen Maßnahmen müssen ausgewogen sein und sich an der sozialen Gerechtigkeit orientieren.

These 4: Die soziale Gerechtigkeit erfordert, daß die bisherigen Stabilitätsopfer, die von den Kriegs- und Wehrdienstopfern, den Sozialrentnern und den Behinderten in den vergangenen Jahren bereits erbracht worden sind, bei der Festlegung neuer Belastungen berücksichtigt werden müssen.

These 5: Der VdK verlangt von allen Beteiligten, alle Möglichkeiten auszuschöpfen, und den Preisanstieg zu drosseln.

These 6: Der Anspruch auf soziale Entschädigung der Kriegs- und Wehrdienstopfer beruht auf einem Opfer an Leben und Gesundheit, das für die Allgemeinheit erbracht wurde. Die Entschädigungsleistungen sind auch künftig bruttolohnorientiert anzupassen und nicht zu kürzen. In keinem Land der westlichen Welt werden die Kriegsopferleistungen zur Sanierung der Staatsfinanzen herangezogen.

These 7: Die Feststellung und die Anpassung der Renten aus der gesetzlichen Rentenversicherung müssen bruttolohnorientiert bleiben. Eine angemessene Beteiligung der Sozialrentner an ihrem Krankenversicherungsbeitrag wird für vertretbar gehalten. Voraussetzung ist das Festhalten an der Bruttolohnorientierung.

These 8: Eine Atempause bei der Anpassung der Renten in der gesetzlichen Rentenversicherung, der Unfallversicherung, der Kriegsopferversorgung, der Altershilfe und des Lastenausgleiches wird abgelehnt, solange nicht allen Gruppen unseres Volkes eine entsprechende Belastung auferlegt wird.

These 9: Die vorgesehenen Einschränkungen bei der Festsetzung der Regelsätze in der Sozialhilfe sind wegen der steigenden Lebenshaltungskosten nicht vertretbar. Sie würden die menschenwürdige Existenz der Berechtigten gefährden.

These 10: Die Beseitigung der Arbeitslosigkeit gehört zu den vorrangigsten Aufgaben der Politik. Die Maßnahmen zu ihrem Abbau dürfen aber nicht zu drastischen Kürzungen der Sozialleistungen führen. Eine gut ausgebaute soziale Sicherung ist wichtiger Stabilisator der Wirtschaftsentwicklung. Eine Dämpfung der Nachfrage führt unweigerlich zum Verlust weiterer Arbeitsplätze und damit zur Zunahme der Arbeitslosigkeit.

These 11: Ein weiterer Abbau von Maßnahmen der medizinischen und beruflichen Rehabilitation ist unverantwortlich und führt vor allem für die behinderten Bürger, die auf solche Maßnahmen angewiesen sind, zu gesundheitlichen, beruflichen und sozialen Nachteilen. Im übrigen gehen durch restriktive Maßnahmen in der Rehabilitation weitere Arbeitsplätze verloren.

Es bestand kein Zweifel: Die neue Bundesregierung sollte hinsichtlich des zu erwartenden Kahlschlages in der Sozialpolitik keine Schonfrist erhalten; noch nicht einmal hundert Tage. Mit diesem Vorsatz wurde am 13. Oktober 1982 die eigens einberufene Sondersitzung des VdK-Präsidiums mit dem Landesvorsitzenden im Bad Godesberger "Insel-Hotel" eröffnet. Dann kam man sehr schnell zur Sache:

"Wir müssen signalisieren", betone Weishäupl, "daß der VdK-Deutschland bereit ist, notwendige Einsparungen mitzutragen und mitzuvertreten, wenn ein Sparkonzept zur Diskussion gestellt wird, das

1. die auftretenden Lasten gerecht auf die Schultern aller Bürger verteilt,
2. bei der Einführung neuer Belastungen die bereits erbrachten Vorleistungen berücksichtigt,
3. die Strukturen der Kernbereiche der sozialen Sicherung unangetastet läßt,
4. die soziale Entschädigung aus den Sparmaßnahmen ausklammert, das heißt, die Entschädigungsleistungen auch künftig bruttolohnorientiert anpaßt und
5. das unterste Netz der sozialen Sicherung eine menschenwürdige Existenz garantiert.

Die vorliegenden Sparbeschlüsse der neuen Bundesregierung, darauf habe ich", so der VdK-Präsident, "bereits hingewiesen, erfüllen diese Grundvoraussetzungen nicht. Es ist deshalb unsere Aufgabe, dafür einzutreten, daß ausgewogene und sozial gerechte Lösungen auf den Tisch kommen und vom Gesetzgeber verabschiedet werden. Dazu sind Aktionen des VdK Deutschland und seiner Landesverbände erforderlich."[27)]

Dann teilte Weishäupl seinem Präsidium und den Landesverbandsvorsitzenden mit, daß er in Kürze Gespräche mit der Bundesregierung und den Spitzen der Bundestagsfraktionen führen werde. Doch zuvor ritt er am 20. November 1982 auf der Großveranstaltung des VdK-Kreisverbandes Bochum nochmals eine scharfe Attacke gegen das Spar-

programm der Bundesregierung und forderte vor mehr als 1300 Gästen eine gerechte Verteilung, denn die Bonner Sparpläne träfen vor allem die Sozialschwachen, die Kriegsopfer, Witwen und Waisen.
"So nicht, Herr Bundeskanzler Kohl!" rief er erregt in der Ruhrlandhalle., "Dagegen wird sich der VdK mit seinem ganzen Sachverstand, mit Händen und Füßen zur Wehr setzen!"
Trotz dieser kämpferischen Rede kam am 17. Januar 1983 eine Begegnung mit dem Regierungschef zustande. Während seines Gesprächs mit Helmut Kohl wies Karl Weishäupl darauf hin, daß sein Verband eine Regelung erwarte, die sicherstelle, daß die Grundrechte als Entschädigungsleistung besonderer Art nach dem Bundesversorgungsgesetz generell nicht auf andere Leistungen angerechnet werde. Und weiter: "Nach den Bundestagswahlen erwartet der VdK unter allen Umständen eine Überprüfung der Spargesetze der jetzigen Bundesregierung, um die von ihm immer wieder geforderte soziale Ausgewogenheit zu erreichen. Im Hinblick auf die hohe Arbeitslosigkeit der schwerbehinderten Bürger muß im Vordergrund der Bemühungen die Erhaltung der Arbeitsplätze für diesen Personenkreis und der Abbau der Arbeitslosigkeit stehen."[28)]
Der Bundeskanzler wurde dringend gebeten, einen Appell an alle Arbeitgeber zu richten, ihrer Beschäftigungspflicht gegenüber den Schwerbehinderten nachzukommen. In diesem Zusammenhang wurde auch deutlich gemacht, daß sich die restriktiven Maßnahmen im Bereich der beruflichen Rehabilitation gerade für schwerbehinderte Bürger nachteilig auswirken. Ihre Chancen der beruflichen Eingliederung werden durch die jetzt getroffenen Maßnahmen weiter verringert. Weishäupl vertrat ferner den Standpunkt, daß der Sicherung der Rentenfinanzen eine große Bedeutung zukomme. Er erklärte sich bereit, bei der Bewältigung der Probleme der Rentenversicherung einschließlich der "Reform `84" mitzuwirken.
Nach diesem Auftakt im Bundeskanzleramt kam es zu einer Reihe von Gesprächen zwischen dem Verband und

den führenden Politikern der konservativ–liberalen Koalition. Bei der gegen das Grundgesetz durchgezogenen Bundestagswahl am 6. März 1983 wurde die Regierung Kohl-Genscher bekanntlich eindrucksvoll bestätigt. Als am Abend dieses Tages die CDU-Prominenz im Bonner Konrad-Adenauer-Haus ihren Sieg feierte, bereitete Weishäupl sich mit seinem Kampfverband endgültig auf eine lange Durststrecke der Sozialdemokraten auf den harten Oppositionsbänken des Deutschen Bundestages vor.
Am 21. März 1983 gab der CSU-Vorsitzende Franz Josef Strauß bekannt, daß er nicht in das Bundeskabinett Kohl-Genscher eintreten, sondern Ministerpräsident in Bayern bleiben werde. In einem ZDF-Interview erklärte er, daß er vom Freistaat aus einen "ausreichenden und erfolgreichen Einfluß auf die Bundespolitik nehmen werde". Tags darauf einigten sich die Unions-Parteien und die Freien Demokraten auf eine Koalitionsvereinbarung, die folgendes beinhaltete:

1.Haushaltspolitik: Begrenzung des Wachstums des Bundeshaushalts 1984 auf zwei Prozent. Nettokreditaufnahme des Bundes 1984 unter 40 Milliarden DM bei zusätzlichen Investitionen von ein bis eineinhalb Milliarden für Maßnahmen zur Wirtschaftsbelebung und zur Förderung der Beschäftigung: keine Verlagerung der Lasten vom Bund auf die Länder und Gemeinden.
2. Steuerpolitik: Benutzung des Mehraufkommens aus der Mehrwertsteuer in Höhe von vier Milliarden Mark zur Entlastung der gewerblichen Wirtschaft.
3. Rentenpolitik: Strukturelle Reform der Rentenversicherung. Maßnahmen zur Sicherung ihrer Liquidität.
4. Arbeitsmarkt: Flexible Gestaltung der Lebensarbeitszeit ohne zusätzliche Gesamtbelastung der Wirtschaft, mehr Teilzeitarbeitsplätze, Förderung der Vermögensbildung in Arbeitnehmerhand.
5. Wirtschaft: Beibehaltung des "Jahrhundertvertrages" für die Kohle; Beschleunigung der Genehmigungsverfahren im

Atombereich; Ausarbeitung eines verkehrspolitischen Gesamtkonzepts.
6. Innen- und Rechtspolitik: Einführung des Wahlrechts für Auslandsdeutsche im europäischen Ausland; Förderung der Rückkehrbereitschaft von Ausländern, z. B. durch Kapitalisierung von Ansprüchen aus Arbeitslosen- und Kindergeld; Bekämpfung des politischen Extremismus von Ausländern durch Erweiterung von Ausweisungstatbeständen; Ausarbeitung von Berichten über die Prüfung der Verfassungstreue im öffentlichen Dienst.[29)]

Zum Bundesminister für Arbeit und Sozialordnung hatte Kohl den Sozialpolitiker Norbert Blüm ernannt. "Er gehört zu den besten Leuten im Kabinett," lobte Schmidts ehemaliger Regierungssprecher Klaus Bölling. "Er hat den Kern der Probleme, die seinem Ressort aufgeladen sind, sehr schnell erfaßt."[30)] So ging es bei der Gesprächsrunde zwischen dem Sozialverband und dem neuen Arbeitsminister am 18. April 1983 hauptsächlich um die Sozialpolitik in der 10. Legislaturperiode des Deutschen Bundestages unter besonderer Berücksichtigung der Koalitionsvereinbahrungen zwischen der CDU/CSU einerseits und der F.D.P. andererseits. Dabei brachte Blüm, für den "Sozialpolitik oft nur der Lazarettwagen der Wirtschaftspolitik ist", zum Ausdruck, daß er sich , wo Sparmaßnahmen unumgänglich seien, dennoch sehr nachdrücklich für eine soziale Ausgewogenheit einsetzen werde.
Am 4. Mai 1983 gab Kohl vor dem Parlament seine Regierungserklärung ab. Dabei führte er aus, daß seine Arbeit schwerpunktmäßig von sieben Leitgedanken bestimmt werde – und zwar:

1. der Sozialen Marktwirtschaft, die persönliche Freiheit, sinnerfüllte Arbeit, Wohlstand für alle und soziale Sicherheit gewährt;
2. der Menschlichkeit;
3. dem technischem Fortschritt;

4. der Zurückführung des Staates auf den Kern seiner Aufgaben;
5. dem Bündnis mit dem Westen für Freiheit und Frieden;
6. der politischen Union Europas;
7. dem Fortbestehen der Nation und der Vollendung der deutschen Einheit in Frieden und Freiheit.

Der SPD-Fraktionsvorsitzende Hans-Jochen Vogel sagte dazu, des Kanzlers Regierungserklärung sei nur eine Erklärung guten Willens, “die für die Probleme der 80er Jahre die Lösungen der 50er und der frühen 60er Jahre empfiehlt”. Die Koalition der Mitte erliege schon jetzt immer wieder dem ständigen Druck von rechts.[31)]
Für die Grünen erklärte deren Fraktionssprecherin Marie-Luise Beck-Oberdorf: “Tragende Elemente unserer Politik sind Gewaltlosigkeit, Sanftheit und Toleranz.” Kohl dagegen habe in seiner Regierungserklärung eine Ideologie umrissen, “die mit dem Rückgriff auf Werte der 50er Jahre den Aufgaben der heutigen Zeit gerecht werden will”. Er habe große Worte wie Freiheit, Dynamik und Selbstverantwortung gebraucht und dabei eine Unverbindlichkeit bewiesen, “die einzig und allein Ausdruck ihrer Hilflosigkeit ist.”[32)]
Und Weishäupl schimpfte: “Wir werden auf die Barrikaden gehen!” Dann fuhr er vor rund 600 Mitgliedern und Gästen am 14. Mai 1983 im Kurhaus Hitzacker fort: “Die Folge wäre das Abgleiten von Millionen Behinderten in einer Gesellschaft zweiter Klasse. Die behinderten Mitbürger würden tief enttäuscht werden, wenn der in der Regierungserklärung angekündigte massive Abbau von Nachteilausgleichen tatsächlich verwirklicht würde.”[33)]
Als sozialpolitisch unverantwortlich bezeichnete der VdK-Präsident die geplante Verschiebung der Rentenanpassung für die Sozialrentner und Kriegsopfer um ein halbes Jahr, zumal die Sparmaßnahmen des Bundeshaushalts ´83 ohnehin die sozial schwachen Bevölkerungsschichten einseitig belasten würden.
Daher forderte er die Bundesregierung auf, die Absicht einer Verschiebung des Anpassungszeitraumes fallen zu

lassen und darüber hinaus die Klärung des Bundeszuschusses an der Rentenversicherung rückgängig zu machen. "Lambsdorff droht mit der Brechstange und ist allergisch gegen den Bereich der Sozialpolitik", rief Weishäupl mit schneidender Stimme in den vollbesetzten Kursaal. "Das Bonner Finanzministerium ist geradezu süchtig nach Einsparungen und der Bundesarbeitsminister steht allein, wenn es darum geht, berechtigte soziale Interessen zu vertreten."[34)]

Dem Bundesarbeitsminister sagte er Unterstützung zu, "wenn die Lasten auf allen Schultern des Volkes gerecht verteilt werden."[35)] Norbert Blüm griff dankbar nach der ausgestreckten Hand und lud Weishäupl zur Eröffnungsfeier der 20. Bundestagung der CDA-Sozialausschüsse ein. Dort wurde er am 1. Oktober 1983 in der Münsterhalle vom Bundesvorsitzenden Blüm besonders herzlich begrüßt. Mehr noch: Neben dem Oberbürgermeister von Münster, dem Bundestagspräsidenten Dr. Rainer Barzel, ein "geschickter Lavierer und Meinungsmanager",[36)] dem einflußreichen CDU/CSU-Fraktionsvorsitzenden Dr. Alfred Dregger, dem Bayerischen Staatsminister für Arbeit und Sozialordnung Dr. Fritz Pirkl und dem DGB-Vorsitzenden Ernst Breit durfte er sogar ein Grußwort an die Delegierten richten.

Nachdem Blüm mit großer Mehrheit wiederum zum Bundesvorsitzenden der gewichtigen CDA-Sozialausschüsse gewählt worden war, erhielt er sogleich von Weishäupl ein Glückwunschtelegramm für "einen großen Vertrauensbeweis, (...) der Sie weiterhin ermutigen sollte, das soziale Gewissen in der Bundesregierung zum Vorteil der Arbeitnehmer, aber auch der Kriegs- und Wehrdienstopfer, Behinderten und Sozialrentner zu sein. Der VdK bittet Sie weiterhin um eine erfolgreiche Zusammenarbeit."[37)]

Weishäupl wußte auch zu genau warum. Denn der jeweilige Vorsitzende der CDA-Sozialausschüsse ist – wie Hans Katzer und Norbert Blüm jahrzehntelang überaus eindrucksvoll unter Beweis gestellt haben – in der Union ein politisches Schwergewicht.

Die innenpolitischen Aufgaben, die sich der konservativ-liberalen Regierungskoalition stellten, waren gewaltig. Es galt dabei vor allem, die Staatsfinanzen zu sanieren, die Inflation zu bekämpfen, die Wirtschaft wieder anzukurbeln, den Anstieg der Arbeitslosigkeit zu stoppen, den Schutz der Umwelt zu verbessern, die Renten zu sichern und eine familienfreundliche Politik einzuleiten.
“In der Finanz- und Wirtschaftspolitik”, so der Bundeskanzler im Jahresbericht der Bundesregierung, “brachte das Jahr 1984 bemerkenswerte Fortschritte. Die Politik strenger Haushaltsdisziplin haben wir fortgesetzt. Die 1983 noch drohende Neuverschuldung von 55 Milliarden Mark im Bundeshaushalt wurde inzwischen auf deutlich unter 30 Milliarden Mark zurückgeführt. Ende 1984 konnte ein so hohes Maß an Preisstabilität erreicht werden wie seit 15 Jahren nicht mehr: Die Verbraucherpreise lagen zum Jahresende nur um zwei Prozent höher als Ende 1983. Damit hat die Bundesrepublik Deutschland unter den westlichen Industrieländern eine Spitzenposition erreicht. Stabilitätspolitik ist zu einem guten Stück auch Sozialpolitik: Denn weniger Inflation bringt reale Kaufkraftgewinne für Arbeitnehmer und Rentner in Milliarden Höhe.”[38)]
Die sozialpolitischen Lobbyisten sahen das allerdings ganz anders. Auf der Protestkundgebung des VdK am 22. Januar 1985 in der Stadthalle zu Bonn – Bad Godesberg rief der Präsident: “Kriegsopferversorgung und Sozialversicherung haben mit Subsidiarität nichts zu tun! Die ungerechten Gegenstände behandeln – und zwar das Schwerbehindertengesetz, die Anpassung 1985, die Reform ´84, das Baby-Jahr und die Pflegegeldversicherung! Wann immer es geht, müssen wir, der VdK, die Finger auf die offene Wunde legen! Keine Frage: Alle müssen sparen, nicht nur die Kriegs- und Wehrdienstopfer, Behinderten und Sozialrentner! In der konservativ-liberalen Regierung”, so Weishäupl sichtlich erregt, “bildet die Sozialpolitik in der politischen Gewichtung das Schlußlicht. Die neue Armut ist als Schlagwort auf den CDU-Generalsekretär Geißler zu beziehen, um die Stimmung im Lande anzuheizen!”

Nach Meinung der VdK-Präsidenten fließen Spenden zur Beeinflussung der Wirtschaftspolitik. Daher nimmt die Verdrossenheit der Bürger zu. Und dann sagte er an die eigenen Mitstreiter gerichtet: "Kampfbereit bleiben, Ungerechtigkeiten beseitigen und sich weiterhin für die Gerechtigkeit engagieren! Bei den bevorstehenden Wahlen wird der VdK den Kandidaten auf die Zehen treten."
Mit dem Instinkt des Machtpolitikers hatte Helmut Kohl schon wieder die vom Wahlkampf bestimmte Kampfansage des VdK auf dessen Protestkundgebung in Bad Godesberg durchschaut. Daher tat er ganz genau das Gegenteil von dem, was sein Gegenspieler von ihm erwartet hatte. Statt sich schmollend im Bundeskanzleramt zu verschanzen oder Weishäupl einen geharnischten Brief wegen dessen Parteinahme zu schreiben, lud er ihn nur zwei Tage nach der Kundgebung zu einem Gespräch über sozialpolitische Fragen ein.
Neben dem Kanzler nahm am 24. Januar 1985 von Seiten der Bundesregierung an diesem Gespräch auch der Bundesarbeitsminister Norbert Blüm, sein Parlamentarischer Staatssekretär Stefan Höpfinger, der Beauftragte für die Belange der Behinderten Otto Regenspurger sowie die Ministerialdirektoren Gerd Fischwasser und Professor Dr. König teil. Kohl begrüßte Weishäupl derart aufgeräumt, als herrsche zwischen den beiden seit eh und je nur eitel Sonnenschein. Er dankte für das Kommen und machte sodann den Vorschlag, das Sachgespräch mit dem Thema "Die Novellierung des Schwerbehindertengesetzes" zu beginnen.[39)]
Zum Thema der Rentenanpassung verwies der Bundesarbeitsminister auf die Entwicklung früherer Jahre, bei der sich die Rentner zweifellos besser gestellt hätten als die Arbeitnehmer. Außerdem komme den Rentnern der Rückgang der Inflationsrate zugute. Demgegenüber vertrat der Verband die Ansicht, daß die Regierungserklärung des Kanzlers vom 4. Mai 1983 realisiert werden müsse, nach der sich die Renten und verfügbaren Arbeitnehmereinkommen gleichgewichtig entwickeln sollen.[40)]

Dann wurde die Anrechung von Kindererziehungszeiten angesprochen, wobei Weishäupl nochmals hervorhob, daß sich der Verband gegen die Stichtagsregelung 31. Dezember 1920 und dagegen wende, daß diejenigen Mütter, die jetzt schon Rente beziehen, keine Leistungen erhalten sollten. Der Bundesarbeitsminister verwies darauf, daß es auch sein Wunsch sei, allen Müttern die Kindererziehungszeiten bei der Rentenfeststellung anzurechnen. Dies ließe sich aber, wie er auch schon bei der zentralen Protestveranstaltung dargelegt habe, nicht finanzieren. Kohl erklärte im Zusammenhang mit den Erörterungen zur Rentenpolitik, daß er die Rentenfinanzierung als ein zentrales Problem betrachte.[41)]
Schließlich wurde noch auf eine ganze Reihe von erheblichen Härten im Versorgungsrecht der Kriegsopfer verwiesen und angeregt, daß ein Teil der eingesparten Mittel für die Beseitigung dieser Härten eingesetzt werden sollte. Eine Überprüfung dieses Anliegens wurde zugesichert. "Man darf davon ausgehen", konstatierte der Verband, "daß vor allem in Fragen der Novellierung des Schwerbehindertengesetzes und in der Kriegsopferversorgung die Diskussion im Bundeskabinett nicht an den sachlichen Argumenten des VdK Deutschlands vorbeigehen werde."[42)]
Trotz erheblicher Differenzen kam es am 27. November 1985 in Bonn zu einem weiteren Spitzengespräch zwischen dem VdK-Präsidenten und dem Bundesarbeitsminister. Weishäupl trug zunächst die Wünsche und Forderungen seines Verbandes zur Anpassung und Verbesserung des Bundesversorgungsgesetzes vor. Blüm unterstrich, die Sparpolitik der Bundesregierung sei kein Selbstzweck gewesen, sondern habe neben der Konsolidierung der öffentlichen Haushalte und des Systems der sozialen Sicherung vor allem auch dem Ziel gedient, neuen sozialpolitischen Handlungsspielraum zu gewinnen. Die Gesprächspartner stimmten darin überein, daß durch die Konsolidierungspolitik in der Rentenversicherung Zeit gewonnen wurde, um die notwendige Strukturreform solide und ohne Hektik vorzubereiten und durchzuführen. Es gehe darum, das bewährte

System weiter zu entwickeln und weiter zu sichern. Ungeachtet der zahlreichen sozialpolitischen Schwierigkeiten zog Helmut Kohl dennoch eine positive Regierungsbilanz für das Jahr 1985, als er feststellte: "Die Bürger der Bundesrepublik Deutschland haben die neuen Rahmenbedingungen gut genutzt, die die Koalition der Mitte geschaffen hat. Die wirtschaftliche Erholung hat Fortschritte gemacht, das Vertrauen der Bürger zu sich selbst und zu ihren Mitbürgern ist gewachsen. Es entstand eine neue Zuversicht, die den Weg unseres Landes in die Zukunft erleichtern wird."[43)]

4. Kapitel

DAS SCHLAGWORT VON DER NEUEN ARMUT

"Unser Land wird bestens verwaltet, von Menschen, die verwalten gelernt haben. Verordnungen, Gesetze, Auslegungen, Änderungen von Verordnungen bestimmen mehr und mehr das Leben der Menschen. Arbeitsamt, Sozialamt, Ordnungsamt, Jugendamt, Wohnungsamt und so weiter, verwalten das Leben. Besonders aber das der Armen. Verwaltet von Verwaltern fühlen sie sich diesem System ausgeliefert, lernen untertänig zu sein, werden ihrer Kreativität beraubt, lernen im System zu funktionieren und enden in der Resignation. Wenn man ihnen dann den letzten Schneid abverwaltet hat, kann man dann mit dem Finger auf sie zeigen: 'Seht her, die wollen doch gar nicht'! So kann man die Armen benutzen, um von den Fehlern seiner Politik abzulenken."
HANS, Penner und Redaktionsbote [44)]

"Armut ist selbstverschuldet, sie ist" nach Badura und Gross "die Folge moralischer Minderwertigkeit; ihren Ausdruck findet sie in einer 'Gegenkultur', die als zentrales Merkmal das vorherrschende Arbeits- und Leistungsethos ablehnt. Armut ist ein gesellschaftliches Problem mit schwerpunktmäßig ökonomischen, in jedem Falle strukturellen Ursachen, das zu bestimmten Folgeerscheinungen bei den Betroffenen führt."[45)]
Als der Sozialpolitiker Heiner Geißler noch Minister für Soziales, Gesundheit und Sport des Landes Rheinland-Pfalz unter dem Ministerpräsidenten Helmut Kohl war, referierte er 1976 im Breisgau über die neue soziale Frage, um die seinerzeitige sozial-liberale Regierungskoalition Schmidt/-Genscher diesbezüglich wachzurütteln. Wortwörtlich sagte der spätere CDU-Generalsekretär (1977 bis 1989) und Bonner Bundesminister für Jugend, Familie und Gesund-

heit (1982 bis 1985): "Unsere Armen sind nicht in Indien (...) arm. Sie sind es hier und jetzt in der Bundesrepublik Deutschland im 20. Jahrhundert. Im Verhältnis zur übrigen Gesellschaft sind sie Entrechtete, und dies vor allem im Hinblick darauf, was bei einer richtigen Politik hätte erreicht werden können." Und dann der entscheidende Satz: "Wir stehen vor einer neuen Armut."
Damit hatte Kohls langjähriger streitbarer Vasall, der in seiner Partei als Anecker und Querdenker gilt, einerseits ein Schlagwort mit einem hohen sozialpolitischen Sprengstoff in die Welt gesetzt und andererseits eine "neue soziale Frage" ausgemacht, die, wie er meinte, von den Sozialdemokraten bislang übersehen worden war. Nun war er es, der Mitte der 70er Jahre die materiellen Nöte der Sozialhilfeempfänger anprangerte, als das unterste Netz der sozialen Sicherheit zu zerreißen drohte.
Denn "grundsätzlich kann man darüber diskutieren, ob das emotionsgeladene Wort Armut nicht unzureichend, ja politisch kontraproduktiv ist, um deutlich zu machen, wie in jüngster Zeit Lebenslagen in unserer Gesellschaft umverteilt wurden bzw. welche Formen sozialer Schwäche sich entwickelt haben", so der Politkwissenschaftler Prof. Klaus Lompe. "Die Verwendung des Ausdruckes Armut verführt nämlich dazu, daß in der heutigen, von harten politischen Auseinandersetzungen gekennzeichneten sozial- und gesellschaftspolitischen Diskussion die einen ihn zum Anlaß nehmen, eine neue allgemeine Verelendungstheorie für die westlichen Industriegesellschaften zu entwickeln und andere die hier relevanten Probleme nur rein quantitativ betrachten. Die Gesamtstruktur wird dann allein auf Mark und Pfennig berechnet und darauf hingewiesen, daß es echte Armut allein in der Dritten Welt gäbe, wo tagtäglich tausende Menschen erfrieren, verdursten, verhungern, ohne ausreichende medizinische Mindestversorgung elend zugrunde gehen."[46)]
Aber Armut trotz Arbeit ist keineswegs nur ein Phänomen der Dritten Welt. Denn auch in Deutschland gibt es zahlreiche Branchen und Tätigkeitsbereiche, in denen das Ein-

kommen an der Bedürftigkeitsgrenze liegt. Das Wirtschafts- und Sozialwissenschaftliche Institut (WSI) in der Hans-Böckler-Stiftung machte hierzu folgende Rechnung: Als Niedriglohngrenze legten die Wissenschaftler 50 Prozent des durchschnittlichen sozialversicherungspflichtigen Arbeitseinkommens fest; also jenen Wert, den die EU-Kommission als Schwelle zur Armut ansieht. Unter dieser Grenze lagen 1990 knapp 2,2 Millionen Arbeitnehmer. Ihre Einkommen, so heißt es in der WSI-Studie, "sind nach internationalen Konventionen mit (relativer) Armut in der Arbeit gleichzusetzen". Unberücksichtigt bleibe dabei "die wachsende Gruppe atypischer Beschäftigungsverhältnisse mit noch weit häufigerer prekärer Bezahlung."[47)]
Bruttoeinkommen unter 2500 Mark im Monat für Vollzeitbeschäftigte sind in Deutschland keine Seltenheit mehr. Ein Page in einem saarländischen Hotel verdient laut Tarifvertrag 1616 Mark brutto. Eine Fischverpackerin in Cuxhaven kommt auf 2011 Mark; eine Friseusin als "Erste Kraft" in der Pfalz hat Anspruch auf einen Grundverdienst von 2240 Mark. Der Filmvorführer in Frankfurt erhält 2306 Mark, die Näherin in der bayerischen Textilindustrie 2456 Mark. Diese Liste ließe sich beliebig lange fortsetzten. Und dennoch häufen sich in jüngster Zeit die Stimmen, die eine weitere drastische Senkung des Lohnniveaus propagieren.[48)]
Die Diskussion über die neue Armut wirft immer wieder Fragen nach der Definition von Armut, der Abgrenzung von "alter" und "neuer" Armut sowie der Beschreibung von "Armuts-Lebenslagen" und der "Festlegung von Armutsgrenzen"[49)] auf. "Neue Armut ist" nach Lompe "in erster Linie als Folge der anhaltenden Massenarbeitslosigkeit zu begreifen. Auch im Gefolge der krisenhaften Entwicklungen in der Mitte der 70er Jahre ließ sich schon eine Erhöhung der Armutsquote als Folge der Arbeitslosigkeit konstatieren. Neu an der neuen Armut vor allem der 80er Jahre ist das Wachstum der Zahl der Arbeitslosen, die erhebliche Zunahme der Dauer der Arbeitslosigkeit und die Tatsache, daß zur Population der neuen Armut im wachsenden Umfang soziale Gruppen stoßen, die noch nie Erfahrungen mit

finanzieller und sozialer Not gemacht haben. Von ihnen werden vor allem auch die nichtimmateriellen Benachteiligungen ihrer Lebenslagen als besonders bedrückend empfunden. Die 'Lehrerkarrieren' mit der Stufenleiter: Abitur, Studium, Examen, Sozialhilfe sind hier ebenso zu nennen wie arbeitslose Facharbeiter, Angestellte oder Selbständige, die bisher auch nicht zur traditionellen Klientel des Sozialamtes zu zählen waren. Zwangsversteigerungen von Eigenheimen und das Leben an der Pfändungsgrenze sind Merkmale, die gerade ihre Lebenslagesituation mit auszeichnen. Auch die Zunahme der Zahl von jungen Menschen, die meist nach der Lehre erst gar nicht in den Arbeitsprozeß gelangen, ist hier von besonderer Bedeutung."[50)]

Aber hören wir selbst, wie zum Beispiel der 20jährige Denis als Obdachloser und "Wildcamper" auf einer Sandbank in der Isar im wahrsten Sinne des Wortes gestrandet ist. "Der junge Sachse kam 1992 für eine Lehre als Werkzeugmacher nach München", berichtet Michael Pohl. "doch unmittelbar vor dem Ende seiner Ausbildung machte der Betrieb pleite. Binnen vierzehn Tagen habe er letzten Juli seinen Platz im Lehrlingsheim räumen müssen. In der kurzen Zeit konnte er keine Wohnung finden, und zurück zu seinen Eltern wollte er auf keinen Fall. Die plötzliche Krise stürzte ihn in Depressionen. Er kaufte sich das Zelt, mit dem er eigentlich auf Reisen gehen wollte. Doch zufällig lernte er zwei Obdachlose kennen, die kurz zuvor ihre Zelte auf der Isarinsel aufgeschlagen hatten und gesellte sich dazu. 'Ich war ganz überrascht, daß das ganz normale Leute waren. Ich dachte, Obdachlose sind immer Alkoholiker in zerfetzten Kleidern'. Inzwischen kämpft Denis selbst gegen dieses Vorurteil: 'Die meisten Obdachlosen erkennt man gar nicht, wenn sie an einem vorbeilaufen'. Auch er bemüht sich um eine normales Erscheinungsbild. Von den auffälligen Alkoholikern - 'Alkis', wie er sie nennt – distanziert sich der selbstbewußte Jugendliche: 'Das ist eine Minderheit, die unseren Ruf ruiniert!'Da er mit seiner Arbeitslosenunterstützung Schulden aus seiner Lehrzeit zurückzahlen müs-

se, verdient er seinen Lebensunterhalt mit ´Sitzungen`, wie Denis im Obdachlosen-Slang das Betteln nennt. Nachdem er nach zwei bis vier Stunden ´Sitzung` 20 bis 30 Mark eingenommen hat, verbringt er im Winter den restlichen Tag in der ´Teeküche`. Bei der Obdachloseneinrichtung kann er auch kostenlos duschen und Wäsche waschen."[51)]
Zum Mittagessen geht er mit seinen Schicksalsgenossen in eine von rund 20 Suppenküchen der Isarmetropole.[52)] Gerade in der winterlichen Jahreszeit mit ihren arktischen Temperaturen begegnet man dort den Ärmsten der Armen. Man muß es als ein alarmierendes Zeichen unserer Wohlstandsgesellschaft und des Sozialstaates betrachten, daß man das Asylantenproblem zwar zur Kenntnis nimmt, aber die Sorgen und Nöte der Obdachlosen und Sozialschwachen, von denen gewiß viele unverschuldet am Leben gescheitert sind, ignoriert, betreten zur Seite schiebt oder gar totschweigt.[53)]
Doch Denis und seine "Wildcamper" von der Isar sind beileibe keine kleine Randgruppe mehr. "Zwischen Gräbern wohnt Sascha auf dem alten Münchner Südfriedhof. Schon seit fünf Jahren. Da hat der 60jährige wenigsten einen trokkenen Platz für seinen Schlafsack. Und die Toten machen ihm nichts. Mit Leichen hatte er schon immer zu tun. Er war Mediziner in der Pathologie. Bis zu seiner Scheidung. Seitdem ist er arbeitslos. Ihm blieb nur sein Schlafsack. Doch Sascha ist nicht der einzige Friedhofsbewohner. Bei ihm hausen drei obdachlose Rechtsanwälte und zwei Doktoren."[54)]
Willibald Schmalzl von der Bürgeraktion Obdachlose spricht von "einer sozialen Schweinerei. Als Bürgermeister oder Stadtrat würde ich zurücktreten." Schmalzls Forderung: "Die Stadt soll endlich Wohncontainer aufstellen!" Oder "die Obdachlosen werden solange in der Theatiner-Kirche beten, bis der Kardinal was tut. Die ahnen nicht, was auf sie zukommt!"[55)]
Als sehr beunruhigend betrachtet das Erzbischöfliche Ordinat München die starke Zunahme von Armen und Obdachlosen, welche in einer Studie des Sozialreferats der

Stadt München eindrucksvoll belegt ist. "Die katholische Kirche und die kirchlich-caritativen Verbände sind sehr bemüht, den Menschen in Not zu helfen. Doch wichtiger wird es sein, gesellschaftliche und politische Gegebenheiten so zu gestalten, daß nicht immer mehr Menschen an den Rand gedrängt werden", ließ der Münchner Erzbischof Friedrich Kardinal Wetter verlauten.[56)]

Und da die Politik versagt hat, organisieren sich die Have-not-Peoples und pochen mehr denn je auf das Grundrecht auf Obdach. Denn ihre Zahl ist erschütternd und erschrekkend zugleich. Allein in der reichen bayerischen Landeshauptstadt haben über 1500 obdachlose Kinder 1996 auf der Straße oder in Notunterkünften gelebt. Insgesamt gab es in München 6690 Wohnungslose. Von ihnen lebten 532 Männer und 77 Frauen auf der Straße. 250 obdachlose Frauen waren in Notunterkünften untergebracht.[57)]

Auch in anderen bayerischen Städten hat laut einer Umfrage des Bayerischen Sozialministeriums vor allem die Wohnungsnot von Frauen und Kindern drastische Ausmaße erreicht. So waren von den 672 Obdachlosen in Augsburg 200 Frauen und 198 Kinder. In Fürth hatten 237 Menschen keine feste Wohnung, darunter 68 Frauen und 58 Kinder. In Regensburg wurden 252 Obdachlose gezählt, 74 davon waren Frauen, 89 Kinder. Sowohl die Bayerische Sozialministerin Barbara Stamm von der CSU als auch die Bayerische SPD gehen bei den Zahlen von einer hohen Dunkelziffer aus. "Frauen haben im Gegensatz zu Männern eine größere Schamgrenze", konstatierte die SPD-Frauenexpertin Monica Lochner-Fischer. "Sie leben oft jahrelang in Armut und essen manchmal tagelang nichts, ohne daß es jemand mitbekommt."[58)]

Nicht viel anders sieht es im hohen Norden der Bundesrepublik aus. Eine Stadt wie Hamburg hat 6000 Obdachlose; 110.000 Menschen leben von der Sozialhilfe. Gleichzeitig werden dort 20 Prozent aller Lebensmittel weggeworfen.

"Und das Heer der Wohnungslosen wächst bedrohlich weiter", heißt es in einem "Spiegel"-Report über Wohnungsmangel und die wachsende Obdachlosigkeit in

Deutschland. "In Frankfurt melden sich Monat für Monat 50 neue Obdachlose. (...) Mehrere hunderttausend Aussiedler und Asylbewerber sorgen für eine dramatische Eskalation des Elends und damit für eine hochexplosive soziale Lage in Deutschland. Die neunziger Jahre", prophezeite der Hamburger Sozialsenator Ortwin Runde von der SPD, "werden das Jahrzehnt der Obdachlosigkeit."[59)]
Denn "schon jetzt ist der Stand der Nachkriegsjahre übertroffen, als im Westteil Deutschlands etwa 800.000 Flüchtlinge und Ausgebombte in Barackensiedlungen hausten: Nach Schätzungen der Bundesarbeitsgemeinschaft für Nichtseßhaftenhilfe in Bielefeld überschreitet die Zahl der Menschen, die als obdachlos gelten, weil sie entweder in Notbehelfen oder auf der Straße leben, bald die Millionengrenze."[60)]
Als Ursachen für die Obdachlosigkeit werden in erster Linie Arbeitslosigkeit, Einkommens- und Partnerschaftsprobleme sowie Krankheit und Sucht genannt.[61)] "So wie Arbeitslosigkeit aber nicht ganz einfach durch eine Vermehrung der Arbeitsplätze abgeschafft werden kann, so kann Obdachlosigkeit" nach Ansicht des Bayerischen Staatsministers für Arbeit, Familie und Sozialordnung "allein nicht durch den verstärkten Wohnungsbau beseitigt werden. Natürlich ist ohne zusätzliches Wohnungsangebot ein Erfolg im Kampf gegen Obdachlosigkeit von vornherein aussichtslos. Aber weil bei der Obdachlosigkeit – ähnlich wie bei der Arbeitslosigkeit - neben dem knappen Angebot oft auch andere Ursachen eine Rolle spielen, müssen zusätzliche Hilfen angeboten werden. Das ist genau der Punkt, an dem Sozialplanung und Sozialarbeit anzusetzen haben. Es genügt nämlich nicht, den Obdachlosen und Nichtseßhaften eine Wohnung zu geben, um sie wieder ins Leben der Gemeinschaft zu integrieren. Fast immer sind begleitend intensive sozialpädagogische Bemühungen über eine längere Zeit hinweg erforderlich, um einen nachhaltigen Erfolg zu erzielen, um die Betroffenen dauerhaft zu stabilisieren. Speziell hier setzt deshalb auch die staatliche Förderung ein. Die staatlichen Zuwendungen für Maßnahmen, Dienste und

Einrichtungen für Personen mit besonderen sozialen Schwierigkeiten (Zuschüsse für Resozialisierungsheime, Maßnahmen zur Verbesserung der Lebensverhältnisse in ´sozialen Brennpunkten`, Förderung der Eigeninitiative der Betroffenen etc.) sind" so der CSU-Politiker Dr. Gebhard Glück, "beachtlich."[62)]

Denn "wie jeder in Not geratene Bürger haben auch Obdachlose Anspruch auf Leistungen, die der Staat im Rahmen der Sozialhilfe gewährt. Das Problem liegt aber vielfach darin, daß diese Leute oftmals kein Vertrauen zu Behörden haben und es daher schwierig ist, den Kontakt mit ihnen herzustellen. Da andererseits Obdachlose und Nichtseßhafte einer besonderen Betreuung und Zuwendung bedürfen, um sie wieder in die Gesellschaft einzugliedern, befassen sich vornehmlich die Verbände der freien Wohlfahrtspflege, die den aus der Bahn geworfenen Menschen die nötige persönliche Zuwendung entgegenbringen können, mit dieser Aufgabe. Die von diesen Verbänden eingerichteten Beratungsstellen werden mit staatlichen Zuschüssen unterstützt. Erhebliche Investitionszuschüsse werden auch für stationäre Einrichtungen der Nichtseßhaftenhilfe gewährt."[63)]

Die Lösungsansätze beziehungsweise die Strategien zur Bekämpfung der neuen Armut sollten nach Lompe wie folgt aussehen:

1. Mittels effektiver wirtschafts- bzw. arbeitsmarktpolitischer Maßnahmen den Beschäftigungsgrad allgemein bzw. die Beschäftigung der betroffenen Gruppen erhöhen,
2. die Situation aller Arbeitslosen durch ursachenorientierte und ausgleichende Maßnahmen allgemein verbessern und
3. die Situation der Verarmten und von Verarmung Bedrohten gezielt soweit verbessern, daß Verarmung und Randständigkeit vermieden bzw. beseitigt werden.[64)]

Nach Lompe "wird die Trägerschaft dieser Maßnahmen auf allen Ebenen des gesamtstaatlichen Bereichs angesiedelt. Im Blick auf die immaterielle Dimension neuer Armut sind Strategien zum Ausbau sozialer Dienste, zur Förderung von Selbstinitiativen verschiedenster Art erforderlich. Sie können dazu dienen, soziale Deprivation abzubauen, Selbstvertrauen zu fördern und Solidarisierungsprozesse zu entwickeln. Nicht zuletzt sind Maßnahmen nötig, um den Verfall beruflicher Qualifikationen von Dauerarbeitslosen zu verhindern und Arbeitsmotivation zu erhalten. Ohne Zweifel sinken die Integrationschancen von Personen nachhaltig, je länger sie sich in Armutslebenslagen befinden."[65)]

Geißlers Schlagwort von der neuen Armut war auch Bestandteil eines viel beachteten Referats, das der VdK-Präsident während des "Tutzinger Gesprächs" im Januar 1986 vor der Evangelischen Akademie gehalten hat. Dort führte er unter anderem aus: "Tatsache ist, daß Anfang 1985 in der Arbeiterrentenversicherung die Männer bei 35 bis 40 Versicherungsjahren eine Durchschnittsrente von 1.099,18 Mark erhielten, ihren Witwen blieben davon 719,51 Mark. Tatsache ist, daß die Witwenrente in der Angestelltenversicherung knapp über 1.014,19 Mark liegt. Tatsache ist, daß rund 1,5 Millionen Witwen aus der Rentenversicherung keine eigene Rente haben. Rund eine Million davon erhalten weniger als 900 Mark, und von diesen müssen fast 400.000 mit einer Rente zufrieden sein, die weniger als 600 Mark beträgt. Die andere Hälfte der Wahrheit ist also: Millionen von Rentnern geht es alles andere als gut. Durch die Neuordnung der Hinterbliebenenrenten, die seit 1. Januar 1986 nach Bedürftigkeitsgesichtspunkten gezahlt werden, ist keine grundsätzliche Änderung eingetreten. Vielen Rentnern, vor allem aber Hinterbliebenen, bleibt der bittere Gang zur Sozialhilfe nicht erspart."[66)]

Und so sieht das "gnadenlose Gesicht des Sozialstaates" aus: Die Rentnerin Anna Reinwarth (85 Jahre) aus Dachau bekam 1992 nur 13,50 Mark mehr. Von ihren 500 Mark Rente bezahlte sie 100 Mark Miete für zwei Zimmer ohne Bad. 30 Mark gab sie für Rezepte aus, 10 Mark sparte sie

für ihre Beerdigung. Ernie Reichert (79 Jahre) aus dem Münchner Stadtteil Giesing erhielt 29,81 Mark mehr Rente. Davon entfielen 650 Mark auf die Miete. Von 1.100 Mark Rente blieben ihr noch 450 Mark übrig – und zwar nach 41 Jahren als Verkäuferin.
Henry Zommerfeld (67 Jahre) aus Pucheim bekam 31,16 Mark mehr. Nahezu seine gesamte Pension von 1150 Mark ging für die Miete von 1.100 Mark drauf. Das Sozialamt zahlte daher 540 Mark dazu. Karin Wilhelm (78 Jahre) aus München-Schwabing bekam 1992 44,71 Mark mehr. "Ich habe 200 Mark Mieterhöhung bekommen", jammerte sie. "Ab Juni werde ich 1.400 Mark bezahlen." Sie bekommt 1.650 Mark Rente und wurde über zehn Jahre lang von ihrer Schwester unterstützt.[67)]
Während die deutschen Rentner 1992 mit nur 2,71 Prozent Erhöhung abgespeist wurden, schritten die Abgeordneten des Bayerischen Landtags in einer Art "Großen Koalition der Absahner" in den Plenarsaal, um sich nach sattsam bekannter Art die Erhöhung ihrer Bezüge (Diäten) um 4,8 Prozent und ihre Unkostenpauschale um 5,9 Prozent zu genehmigen. Derweil die Armen leiden, zocken die Politiker weiterhin hemmungslos ab: Karl-Heinz Hiersemann, der seinerzeitige SPD-Fraktionsvorsitzende im Bayerischen Landtag, erhöhte seine Polit-Gage um 663 Mark auf 13.411 Mark. In den Genuß derselben Erhöhung kam auch die CSU-Sozialpolitikerin Barbara Stamm. Neben dem fetten Gehalt als Bayerische Staatssekretärin erhielt sie noch die erhöhten Landtagsbezüge. Nicht schlechter stellte sich der ehemalige Bauer und derzeitige CSU-Fraktionsvorsitzende Alois Glück. Neben seinem Politik-Einkommen wurden 1992 die Diäten und die Aufwandsentschädigung erhöht.[68)]
Während die Abgeordneten bei den Renten bei jeder noch so bescheidenen Erhöhung wie auf einem orientalischen Basar um jeden Pfennig feilschen, erhöhen sie ihre Diäten parteiübergreifend sogar vielfach rückwirkend. Wenn es also um die eigenen Pfründe geht, dann ist die Abzocker-Elite ein Herz und eine Seele. Wie sehr sie dann miteinander verbrüdert sind, das erfahren wir im nächsten Kapitel.[69)]

5. Kapitel

DIE ABZOCKER DER NATION

"Es passiert ein politischer Skandal. Alle regen sich auf. Die Entrüstung ist ungeheurer. Ein Aufschrei geht durchs Land. Empört nimmt die öffentliche Meinung Stellung gegen die Täter. Kaum daß sie den Mund aufmachen können, sind sie schon abgeurteilt, nein verdammt, moralisch hingerichtet. Pardon wird nicht gegeben (...)"
HANS MAIER [70)]

"Seitdem der Reichtum allmählich Ehre einbrachte und Ruhm, Macht und Einfluß im Gefolge hatte, da begann die sittliche Kraft zu erlahmen, Armut als Schande, Redlichkeit als Böswilligkeit zu gelten. Infolge des Reichtums riß dann (...) Genußsucht, Habgier sowie Überheblichkeit ein: man raubte, verschwendete, schätzte den eigenen Besitz gering, begehrte fremden, hielt Ehrgefühl und Sittsamkeit, göttliche und menschliche Ordnung für belanglos, verlor alle Gewichte und Maßstäbe."
SALLUST [71)]

Nicht nur der altrömische Klassiker Sallust sähe sich mit seiner Ansicht bestätigt, wenn er bei den bundesdeutschen Politikern Leistung und Gehalt gegenrechnet, sondern auch der deutsche Maler und Poet Wilhelm Busch, der einst sinnigerweise dichtete:"Ist der Ruf erst ruiniert, lebt es sich ganz ungeniert."
Dabei scheinen die Minister vielfach ganz zu vergessen oder nie richtig zur Kenntnis genommen zu haben, daß sie im Sinne des klassischen Latein streng genommen nicht selbstherrliche, absolutistische Potentaten, sondern die ersten Diener oder Gehilfen des Staates zu sein haben. Also müssen sie es sich gefallen lassen, einmal etwas genauer unter die Lupe genommen zu werden.

Da wäre zunächst der umtriebige F.D.P.-Politiker Jürgen W. Möllemann, verheiratet, drei Kinder. Er hatte 1991 als Bundesminister für Wirtschaft ein monatliches Einkommen (neben den Diäten als Abgeordneter) von 20.069,92 Mark Amtsgehalt, von 2.054,24 Mark Ortszuschlag, steuerfrei 600,00 Mark Dienstaufwandsentschädigung und einer allgemeinen Zulage von 60,00 Mark, was zusammen 22.784,16 Mark ausmacht.[72)]
Seitdem er "nach seinem skandalumwitterten Rücktritt 1993 nicht von der politischen Bühne abgetreten ist, sondern sich nur vorübergehend ins zweite Glied zurückgezogen hat, wächst die Länge seiner Interviews. Die Möllemänner seien überall, hatte Robert Leicht damals zu Recht bemerkt."[73)]
Möllemanns Parteifreund Martin Bangemann verdiente als Wirtschaftsminister in Bonn knapp 19.000,00 Mark brutto im Monat. Als er von seinem nicht weniger glücklosen Parteigänger Helmut Hausmann beerbt wurde, ging er als EG-Kommissar nach Brüssel, wo er rund 30.000,00 Mark monatlich kassiert. Daß ihm darüber hinaus kostenlos auch ein Dienstwagen samt Fahrer zur Verfügung steht, versteht sich angesichts der allseits bekannten Brüsseler Verschwendungssucht von selbst.[74)]
Kohls Kurzzeit-Familienministerin Ursula Lehr hatte sich seinerzeit gemäß dem Gesetz für Bundesminister in nur 24 Monaten ein Anrecht auf eine Pension von monatlich 3.700,00 Mark bei einem Amtsgehalt von 18.993,88 Mark plus Ortszuschlag erworben.[75)] Aus Dankbarkeit leistet die Professorin dafür Basisarbeit in der Union zum Thema "Altersbilder in der Gesellschaft".[76)]
Nicht zu darben braucht auch der am 7. Mai 1993 zurückgetretene Bundesverkehrsminister Günter Krause, dem der ehemalige Bayerische Umweltminister und gescheiterte Münchner Oberbürgermeisterkandidat Peter Gauweiler in einem Brief freimütig bekannte: "Fallen ist keine Schande, aber liegenbleiben."[77)] Dem wegen einer ganzen Serie von Skandalen – unter anderem "Verwicklung in dubiose Grundstücksgeschäfte"[78)] und Beschäftigung einer Haus-

haltshilfe, die zum größten Teil vom Arbeitsamt bezahlt wurde[79] – zurückgetreten mitteldeutschen "Schmarotzki"[80] steht laut Ministergesetz ein stolzes Netto-Übergangsgeld von über 200.000,00 Mark zu. Außerdem hat er sich in seiner nur 30 monatigen Amtszeit als Minister für Besondere Aufgaben und anschließend als Ressortchef für Verkehr einen stattlichen Pensionsanspruch erworben. Nach Berechnung des Bundes der Steuerzahler summierte sich Krauses Übergangsgeld auf exakte 211.033,95 Mark! An Pensionszahlungen hat er bereits mindestens 3.584 Mark sicher. Das sind 15,33 Prozent des letzten Amtsgehalts, die jedem Minister nach nur zwei Amtsjahren zustehen. Das dritte Amtsjahr, bei dem ihm sogar 20 Prozent zugestanden hätten, hat er um vier Wochen verpaßt.[81]

Es war im Dezember 1995. Bei Gottschalks beliebter "Wetten-daß-Fernseh-Show" hatte ein Zuschauer eine Saalwette angeboten. Sie lautete: Das Lied, "Du mußt ein Schwein sein in dieser Welt", wird kein Politiker singen, denn "das machen die nicht." Doch weit gefehlt, denn der Mann hatte die bundesdeutschen Politiker gewaltig unterschätzt. Sie sangen nämlich voller Inbrunst aus Leibeskräften: "Du mußt ein Schwein sein." Unter ihnen der bestens versorgte Ex-Verkehrsminister Günter Krause. Mehr als 14 Millionen Zuschauer rieben sich vor den Bildschirmen verdutzt die Augen, während die Menschen im Saal pfiffen, weil es den Politikern gar nicht so schwer gefallen war, so etwas zu singen.

Wer einmal das Glück hatte, Minister oder Staatssekretär zu werden, der hat in der Regel bis an sein Lebensende ausgesorgt. Der als Parteikritiker bekannt gewordene Staatsrechtler Prof. Hans Herbert von Arnim und der Bund der Steuerzahler haben den gnadenlosen Abzockern in ihre Brieftaschen geschaut und fanden "Auswüchse bei unangemessen hohen Ruhegehältern, zu großzügige Übergangsgelder beim Ausscheiden und ein Dickicht von Entschädigungsleistungen. Staatsgelder werden als Schmiermittel zur Herstellung von Einigkeit der Demokraten mißbraucht.[82]

Ebenso unangebracht ist die Höhe der Übergangsgelder. Nach drei Jahren erhält ein Bundesminister nach dem Stand von 1992 im Zeitraum von drei Jahren insgesamt fast 421.000 Mark. In Bayern kassieren die Staatsminister, die Abgeordnete sind, neben ihren Ministergehältern von 23.550 Mark noch 5.700 Mark als steuerfreie Kostenpauschale hinzu. Das macht zusammen satte 29.340 Mark! Die Pauschale ist dabei mit 4.924 Mark höher als beim Bund und fast viermal so hoch wie im Bundesland Niedersachsen, wo sie 1.500 DM betrug. Von Arnim, Mitglied der vom Bundespräsidenten berufenen Kommission zur Durchleuchtung der Finanzierung der Politik, nennt diese unverfrorene "Absahnerei" schlicht "verfassungswidrig".[83)] Während ein Normalbürger im Durchschnitt mit einer Rente von monatlich 2.000 Mark auszukommen hat, kassiert ein Ex-Staatsminister in Bayern nach sechs Jahren sage und schreibe 12.000 Mark ohne eine einzige Mark in die Renten- oder Pensionskasse eingezahlt zu haben.

In Mecklenburg-Vorpommern und im Saarland erhielten die Minister 1992 unter bestimmten Voraussetzungen bereits nach einem einzigen Amtstag ein Ruhegehalt von 75 Prozent ihrer Ministerbezüge. Das waren rund 12.000 Mark! In Schleswig-Holstein betrug die Mindestpension 1992 für Minister 5.700 Mark, in Rheinland-Pfalz 5.600 Mark. Hamburgs ehemaliger Erster Bürgermeister, später SPD-Fraktionsvorsitzender und zuletzt Vizepräsident des Deutschen Bundestages Hans-Ulrich Klose erhält neben seinen Bezügen eine Zusatz-Pension von 7.800 DM.[84)] Als Vizepräsident kam er 1994 monatlich auf 21.527 DM brutto, davon waren 5.978 DM steuerfrei. Bei Staatsbesuchen rangierte er protokollarisch nach den Bundesministern, aber noch vor den Landesministern. Er hatte einen Dienstwagen mit Chauffeur, ein Büro mit zwei Sekretärinnen und einen Referenten.

"Durch trickreiche Doppelzählung von Jahren", so Professor von Arnim, "bekommen Landesminister regelmäßig nach nur vier Amtsjahren zwischen 43 und 50 Prozent ihrer

Bezüge." Und er fordert daher zu Recht: "All diese Privilegien müssen ersatzlos gestrichen werden."[85)]
Im Verhältnis zu ihrer Dienstleistung, erst recht jedoch in Beziehung zum Staatsvolk sind auch die Übergangsgelder der Landesminister mit 300.000 bis 400.000 DM viel zu hoch angesetzt. Der ehemalige Bayerische Finanzminister Gerold Tandler, 1992 mit rund 500.000 Mark Jahresgehalt Vorstandsmitglied der Linde AG, hatte seinerzeit beispielsweise einen Anspruch auf 374.430 Mark! Nicht umsonst fordern sowohl von Arnim als auch der Präsident des Bundes der Steuerzahler Feit eine sofortige Reform, um diesen Wildwuchs auf ein Mindestmaß zu begrenzen.[86)]
Unter der plakativen Überschrift: "Lafontaine – Die Tricks des Absahners" erfuhr der erstaunte Leser der "Bild-Zeitung" am 4. Juni 1992: "Die Krise um Oskar Lafontaine spitzt sich dramatisch zu. Gestern wurde mehr über Tricks bekannt, mit denen er sein Gehalt als Ministerpräsident aufbesserte. Er bestreitet nicht, mit einem Einspruch bei der Stadt Saarbrücken seine Oberbürgermeister-Pension von 42 auf 49 Prozent gesteigert zu haben. Er bekam eine Nachzahlung von 80.000 Mark. Außerdem war er von 1985 bis 86 ´beurlaubter` Oberbürgermeister, obwohl er schon längst das Saarland regierte. Auch dieses Jahr zählt für die Pensionsansprüche. Lafontaine mit dem Rücken zur Wand. Gestern warf er Parteifreunden vor, ebenfalls doppelt zu verdienen." Und weiter: "Noch am Sonntag, als der ´Spiegel`-Bericht über die Pensionszahlungen bekannt wurde, hatte Lafontaine behauptet: alles falsch. Dann kam und kommt scheibchenweise die Wahrheit ans Licht. Am Montag redete er sich damit heraus, daß er seine Gehaltabrechnungen nie genau angeschaut habe. Gestern gab er zu, daß er 1988 gegen die Berechnung der Oberbürgermeisterpension Einspruch erhoben habe. Unter anderem sei nicht berücksichtigt worden, daß er vor seiner Oberbürgermeisterzeit zwei Jahre lang Bürgermeister von Saarbrücken gewesen sei."[87)]
Leserbriefe sind ein unbestechliches Barometer der Volksmeinung, aber auch ihres Zornes über die Abzocker der

Nation. “Es ist gut, daß es rauskam!” empörte sich Elfriede Lehmann aus den neuen Bundesländern. “Durch Oskar kam zutage, was wir bisher nicht wußten. Nämlich wie sich die Politiker mit Volkes Geld bedienen. Und das in einer Zeit, wo im Osten die früheren Privilegien der Politik verfolgt werden! Solche schamlosen Beträge hatten die nicht. Nicht Oskar allein ist der Sünder, sondern das Bonner System. Hoffentlich wird jetzt aufgeräumt da oben, wo das Volk so kurz gehalten wird.”[88)]

“Lafontaine, der Möchte-gern-Bundeskanzler und rührige Freund der Unterpriviligierten als König der Selbstbediener. Was für eine operettenreife Posse!” spottete Paul J. Muenzer aus München. “Wenn es jetzt der SPD nicht gelingt, diese unsagbar gierige, frech grinsende Made im Speck zum Rücktritt zu zwingen, wird sie den letzten Rest von Kredit und Glaubwürdigkeit bei den Wählern verspielt haben! Dann wird es in Zukunft auch völlig wurscht sein, welche Typen man wählt!”[89)]

Einen breiten Raum gewährte auch “Der Spiegel” den kritischen Lesern seiner Titelgeschichte “Die Luxus-Politiker. Selbstbedienung im Staate Lafontaine”, die sich dann wie folgt artikulierten:

“Ausgerechnet der ärmste Miniflecken im Südwesten wird von den Regierenden so schändlich ausgenommen”, entrüstete sich Heinz Schwab aus Rheinland-Pfalz.[90)]

“So – genauso – geht die Demokratie zugrunde. Langsam – aber sicher”, konstatierte Manfred Mis aus Baden-Württemberg.[91)]

“Wenn sich eine Kaste handverlesener Leute dank eigener, geliehener Machtfülle im besten Alter von 55 Jahren 12.910 Mark Ruhegeld genehmigen darf, ist zu fragen: Sind das nun Genies oder Strauchdiebe?” empörte sich Werner Weik aus Baden-Württemberg.[92)]

“Man dient heute nicht mehr dem Staat oder der Gesellschaft oder dem Volk, man verdient an ihnen”, schimpfte Martin Juckel aus Niedersachsen.[93)]

“Diese Bande!” tobte G. Ehrl aus München.[94)]

Und Rudolf Schmid aus Baden-Württemberg sprach das aus, was sich bereits seit Jahren angesichts der zunehmenden Staats- und Parteienverdrossenheit von Wahl zu Wahl immer mehr abzeichnet: "Die Randparteien will man nicht wählen, die drei Selbstbedienungsparteien kann man nicht mehr wählen – die Zahl der politikverdrossenen Nichtwähler wird somit steigen."[95)]

Nicht zuletzt unter dem massiven Druck der empörten Öffentlichkeit zahlte der saarländische Ministerpräsident schließlich rund ein Jahr später, es war im Sommer 1993, Versorgungsbezüge in Höhe von 228.772,08 Mark an die Versorgungskasse des Saarlandes zurück. Viel zu spät, wie nicht wenige meinten.

Eine "Abzocker-Kaste" für sich bilden auch die Staatssekretäre. Zuweilen kassieren die "Parlamentarischen" für ihren lukrativen Job mehr als die Minister. Mit ihnen "wurde eine Kategorie geschaffen, deren Existenzberechtigung zweifelhaft ist." Denn, so der Parteienkritiker von Arnim, "vor den Augen der Öffentlichkeit gut getarnt, hat sich die ´politische Klasse` teilweise völlig unangemessene finanzielle Pfründe genehmigt."[96)]

Während Außenminister Klaus Kinkel mit Amtsbezügen und Aufwandsentschädigung monatlich auf rund 22.000 Mark kam, brachte es seine AA-Staatsministerin Ursula Seiler-Albring mit Amtsbezügen von ca. 16.500 Mark, einer Aufwandsentschädigung von 450 Mark, einer Abgeordnetenentschädigung von 5.064 Mark und der Kostenpauschale von 4.324 Mark auf satte runde 26.000 Mark pro Monat. Aus diesem Grunde hat in den letzten Jahren gar mancher Politiker den Rang eines Staatssekretärs dem eines Senators in Berlin oder den Stadtstaaten Hamburg und Bremen vorgezogen.

Ursprünglich gab es am Rhein nur sieben Parlamentarische Staatssekretäre. Zwischenzeitlich bildeten in Bonn gar über 30 "Parlamentarische" sowie rund die gleiche Anzahl von beamteten Staatssekretären eine stattliche Versorgungsschar. "Der Kritik zollte schließlich auch Bundeskanzler Kohl Tribut und entließ bei einem Revirement Mitte

Januar 1993 sieben Parlamentarische Staatssekretäre in den wohlversorgten Ruhestand, was aber keinesfalls ausreicht."[97)]

"Die eigentliche Idee, die 'Juniorminister' als Nachfolger ihrer Chefs aufzubauen, ist vergessen. Aus dem Talentschuppen wurde vor allem ein Versorgungs- und Entsorgungspark für grau gewordene Parteigänger", stellte "Der Spiegel" fest. Denn "keiner beherrscht den Pfründenschacher so gut wie Helmut Kohl. Der Kanzler bedient sie alle: streng nach Proporz die eigene CDU, die Freunde von der CSU und den Koalitionspartner FDP, die Nordlichter ebenso wie die Bayern, die Alt-Bundesdeutschen ebenso wie die Neuen aus dem Osten."[98)]

In der Regel sind die Staatssekretäre Beamte auf Lebenszeit. "Demnach kommen sie nach ihrem Ausscheiden aus dem Amt, selbst wenn sie nur ein halbes Jahr tätig waren, in den Genuß der großzügigen bundeseinheitlichen Versorgungsregelungen für Beamte. Dazu gehören eine Lohnfortzahlung für drei Monate, und fünf Jahre lang ein Ruhegeld in Höhe von 75 Prozent ihres Gehaltes. Das sind ungefähr 7.800 Mark monatlich."[99)]

Eine teure, ja überteure "Abzocker-Kaste" also, die ihr gutes Geld nicht wer ist, denn parlamentarische Staatssekretäre "tragen keine politische Verantwortung und haben keinen Streß. (...) Qualifikation und politisches Talent sind ohnehin kein Thema. (...) Parlamentarische Staatssekretäre erledigen keine Arbeit, sie machen nur welche"[100)] oder sie warten als "Hobby-Lobby-Staatssekretäre" Däumchen drehend auf höhere Weihen – wie zum Beispiel die laut "Spiegel" "dank zuverlässiger Biederkeit bestens qualifizierte" CSU-Quotenfrau Michaela Geiger. Als ehemalige "Miß Bundestag" schaffte die gelernte Bildtechnikerin nach einer Rhetorikschulung in der CSU-nahen Hanns-Seidel-Stiftung nach dem plötzlichen Tod ihres Parteifreundes Hans Klein dann doch noch den sicheren Absprung von der skandalträchtigen Bonner Hardthöhe auf den gut gepolsterten Stuhl einer Bundestagsvizepräsidentin, nachdem sie schon zuvor übereilt ihren Damenhut im Gerangel um die Pfründe

von rund 20.000 Mark brutto monatlich vergeblich in den Ring geworfen hatte.
Wenn es um das Ausplündern der Staatskasse geht, dann wollen selbstverständlich auch die Hinterbänkler mit von der Partie sein. Denn auch die einfachen Abgeordneten haben für ihre Tätigkeit gemäß Artikel 48, Absatz 3 des Grundgesetzes "Anspruch auf eine angemessene, ihre Unabhängigkeit sichernde Entschädigung", die steuerfrei ist.[101)] Trotz leerer Haushaltskassen werden die Diäten daher Jahr für Jahr in schöner Regelmäßigkeit kräftig erhöht.[102)] Muß das sein?
"Nein", sagte Konrad Weiß vom Bündnis 90. Er findet das "moralisch und politisch nicht richtig." Andere Bundestagsabgeordnete wie Wolfgang Weng von der F.D.P. finden weniger Worte der Kritik: "Ein gut verdienender Mittelständler lacht, wenn er unsere Einkünfte sieht." Die SPD-Finanzexpertin Ingrid Matthäus-Maier meinte: "Es gibt keinen Grund, warum Abgeordnete nicht an Erhöhungen teilnehmen sollen." Und der CDU-Haushaltsexperte Klaus Rose bekannte: "Ich bin schon fürs Sparen – bei Dienstwagen, Fahrdienst usw. Aber nicht bei den Diäten."[103)]
Das ist menschlich vielfach verständlich. Denn "wer vorher nichts hatte und damit rechnen muß, auch später wieder nichts zu haben, tut sich allemal schwerer, von den hübschen Sümmchen, die die Bundestagsverwaltung regelmäßig aufs Konto überweist, wieder etwas abzugeben. (...) Je krasser die Differenz zum Vorher (und Nachher), desto weniger souverän kann mit dem so plötzlich und unverhofft erworbenen Geld, mit Macht und Status umgegangen werden."[104)]
Nun, was bekamen die Bundestagsabgeordneten nach dem Stand von 1991 konkret? Zunächst einmal erhielt jeder 9.664 Mark Diäten und eine steuerfreie Kostenpauschale von 5.443 Mark für das Büro im Wahlkreis, Telefon etc. Darüber hinaus kamen und kommen sie in den Genuß folgender Privilegien: Freiflüge mit der Lufthansa, Freifahrten mit der Bundesbahn bei Dienstreisen in der 1. Klasse, Gratis-Dienstwagen im Raum Bonn, mietfreies Büro in

Bonn sowie von dort kostenlose Telefongespräche.[105) Zusätzlich erhielten sie eine Kostenpauschale von 2.500 Mark im Jahr für Telex und Telefax sowie 11.600 Mark im Monat für einen Referenten und eine Sekretärin.
Die Altersversorgung der Abgeordneten sieht noch rosiger aus; obwohl sie – wie bereits erwähnt – hierfür keinen Pfennig in eine Renten- oder Pensionskasse zu zahlen haben, denn der sogenannte Generationsvertrag gilt nur für das ausgeplünderte Staatsvolk, nicht jedoch für die Staatsdiener! Wer als Abgeordneter ausscheidet, erhält für jedes Jahr rund 10.000 Mark Überbrückungsgeld. Nach einer Legislaturperiode, also nach vier Jahren, sind das rund 40.000 Mark plus drei weitere Monatsgehälter, macht zusammen nahezu 70.000 Mark. Eine Pension gibt es nach acht Jahren als Abgeordneter – und zwar rund 3.500 Mark im Monat. Für neun bis 18 Jahre sieht die Staffelung schließlich maximal über 7.000 Mark vor. Ein sehr lukratives Geschäft also, denn ein 41 jähriger verbeamteter Grund- oder Hauptschullehrer, der auf ein monatliches Gehalt von über 4.500 Mark kommt, verdient im gleichen Zeitraum als Abgeordneter über 15.000 Mark. Hört er als Parlamentarier auf, so garantiert ihm sein Dienstherr einen Arbeitsplatz für sein altes Gehalt.
Trotz dieses Geldsegens fordern die Abgeordneten jedoch Jahr für Jahr immer mehr Gehälter und Diäten, während ein großer Teil des ausgeplünderten Wahlvolkes am Rande des Existenzminimums lebt. Aber kaum hat sich die eine Woge der Entrüstung geglättet, schon folgt in schöner Regelmäßigkeit der nächste "Diäten-Hammer". So brachte im März 1995 die geplante Diäten-Erhöhung für die bayerischen Landtagsabgeordneten die Bürger des widerspenstigen Freistaates zur Weißglut. Vor allem auch deshalb, weil die Politiker sich bei leeren Haushaltskassen gleich 27 Prozent mehr genehmigen wollten. Das Grundgehalt von dann 11.087 Mark war damit Spitze in Deutschland. "Ein Faktum, mit dem man leben muß", meinte lapidar der ehemalige Landtagspräsident Johann Böhm. Doch damit nicht genug,

denn einige unersättliche CSU-Abgeordnete hatten sogar noch höhere Diäten gefordert.[106)]

Da wäre zunächst der CSU-Landtagsabgeordnete Hans Wallner aus Deggendorf. Als er von seiner Partei in den Umweltausschuß delegiert wurde, seufzte er: "Mein Gott und das geht jetzt vier Jahre so." Das war ein "Ausruf, der beweist, wie zuwider ihm diese Arbeit ist." Als einmal eine Sitzung vertagt werden sollte, meinte der Niederbayer: "Jetzt muß ich mich wegen dem Pipifax da noch mal reinsetzen." Dies hörte der Landtagsberichterstatter der "Frankenpost" und publizierte es in seinem Blatt. Wut entbrannt schimpfte Wallner: "Sie sind das größte journalistische Arschloch."[107)]

Nicht weniger bürgernah verhält sich der farblose Ex-CSU-Generalsekretär Bernd Protzner. Bürgern, die unter Tieffluglärm leiden, schreibt er ins Stammbuch: "Eine Schlagbohrmaschine macht größeren Lärm." Bei einer Diskussionsveranstaltung bot ihm ein Teilnehmer an: "Ich baue ihnen eine Eselsbrücke." Protzner empfand dies als Beleidigung und verließ empört den Saal.[108)]

Politiker wie Wallner und Protzner ärgern mit ihren ungeschickten Äußerungen nicht nur die mündigen Bürger, sie schaden auch ihrer Partei und bringen überdies durch ihre Überheblichkeit den Berufsstand des Politikers noch mehr in Verruf; und zwar so sehr, daß man sich diese so gedankenlos daher schwadronierenden Volksvertreter einmal etwas genauer anschaut, "und wenn man bei einem stutzt, weil man nie geglaubt hätte, das es solche Abgeordnete gibt; wenn man dann vermerkt findet, daß es sich um einen Vertreter der CDU oder CSU handelt, der mit 60-, 70- und noch höherprozentiger Mehrheit gewählt worden ist, dann darf man", so der Zeit- und Gesellschaftskritiker Bernt Engelmann, "ganz sicher sein, einen mit Zwergschulen gesegneten, von Badewannen nahezu freien Landstrich entdeckt zu haben: seinen Wahlkreis."[109)]

Nicht viel anders als ihre bayerischen Kollegen verhalten sich natürlich die Abzocker in Bonn bei den Diätenerhöhungen, wo sie dann bei den entscheidenden Abstimmungen in eigener Sache über die Parteigrenzen hinweg eine sonst nicht für möglich gehaltene weitgehende Einigkeit demonstrieren. So hatte der Deutsche Bundestag am 21. September 1995 mit der erforderlichen Zweidrittelmehrheit die Neuregelung der Abgeordneten-Bezüge beschlossen. Das heiß im Klartext: Künftig werden die Diäten an die Gehälter der obersten Bundesrichter gekoppelt. Bis zum Jahr 2000 sollten die Diäten von seinerzeit 10.366 Mark monatlich auf dann rund 14.500 Mark steigen. In der namentlichen Abstimmung votierten 507 Abgeordnete für das umstrittene Diäten-Gesetz. 139 stimmten mit Nein, fünf enthielten sich.

So wurde die Bereicherungslüge "Diätenanpassung" zum Unwort des Jahres 1995. Der Bund der Steuerzahler sprach über diesen Diäten-Coup von "Verfassungsbruch!", während wieder einmal mehr eine Welle der Empörung durch Deutschland raste.

"Nachdem die Schweinerei jetzt passiert ist, bleibt eigentlich nur noch die Frage, wann unsere Volksvertreter entdecken, daß die obersten Bundesrichter unterbezahlt sind", wetterte Helmut Hassel aus Stuttgart. "Es läßt sich doch mühelos begründen, daß ein Bundesrichter mindestens soviel Gewicht hat wie ein nach B 11 bezahlter x-beliebiger Landesminister. Dann werden endlich auch unsere Volksboten im Geiste ihre Schnurrbartspitzen hochzwirbeln können wie weiland Wilhelm II.: 'Es ist erreicht'."[110)]

"Unsere politischen Komparsen werden dank dieser Spezialitiät noch fetter. Die Gleichstellung mit hochqualifizierten Bundesrichtern läßt den Bundestag zum Selbstbedienungsladen verkommen," schimpfte Benno Gassmann aus Hamburg.[111)]

"Ziemlich arrogant, sich beim Einkommen auf die Stufe eines Bundesrichters stellen zu wollen", konstatierte Reinhard Rögener aus Wolfsburg. "Die wenigsten Bundestagsabgeordneten haben die Qualifikation eines Bundesrichters. Der größte Teil der Abgeordneten ist Mittelmaß, sonst würden nicht so viele Gesetze beim Bundesverfassungsgericht angefochten werden."[112)]

Unter dem Eindruck dieses massiven Protestes aus der Bevölkerung lehnte der Bundesrat am 13. Oktober 1995 mit großer Mehrheit die umstrittene Gundgesetzänderung zur Neuregelung der Abgeordnetendiäten ab. Am 8. Dezember beschloß der Bundestag mit den Stimmen von CDU/CSU und SPD gegen 146 Abgeordnete von F.D.P., Bündnis 90/Die Grünen und der PDS bei 19 Enthaltungen statt dessen rückwirkend zum 1. Oktober 1995 eine stufenweise Erhöhung der Diäten von 10.366 DM auf 12.875 DM vorzunehmen.[113)]

Von Maßhalten also keine Spur. Stattdessen wird das Wahlvolk von seiner selbstherrlichen Obrigkeit weiterhin gnadenlos ausgenommen. So muß jeder Bundesbürger ab dem 1. April 1998 beim Einkaufen noch tiefer in die Tasche greifen, weil die Mehrwertsteuer von 15 auf 16 Prozent erhöht wurde – und mit ihr die Preise wieder ansteigen. Die Abgeordneten werden mit dieser Verteuerung angesicht ihrer Diätenerhöhung allerdings kein Problem haben.

"Das Volk muß sparen, die Bonner Politiker bedienen sich noch immer, als ob im Lande Milch und Honig flössen. Ohne Rücksicht auf die Staats-Pleite kassieren Minister und Abgeordnete steigende Bezüge, satte Spesen und dubiose Nebeneinkünfte. Und wer abtritt, bekommt ein fürstliches Übergangsgeld," konstatierte "Der Spiegel".[114)]

Kein Wunder, daß eine Bonner Sparkommission plant, den Parlamentariern einen großen Teil ihrer üppigen Altersversorgung zu streichen, denn die "Könige der Versorgung" haben sich mit den Jahren "ein gut getarntes Paragraphenwerk zur Vorsoge fürs Alter geschaffen, dessen segensreiche Wirkung oft nicht mal der begreift, der davon profitiert."[115)]

Daher fordert die Kommission unter der Leitung des Präsidenten des Bundesarbeitsgerichts, daß das Privileg, häufig schon im Alter von 55 Jahren eine Altersversorgung zu beziehen, wegfällt, daß pro Parlamentsjahr deutlich weniger Rentenanspruch als bisher entsteht, und daß das beliebte Bonner Spiel, sich aus einer Vielzahl von Pensionstöpfen zu versorgen, zumindest erschwert wird.[116)]

Nicht nachvollziehbar ist auch, was die ihrer Meinung nach unterbezahlten Politiker nebenbei noch alles dazuverdienen dürfen, um standesgemäß über die Runden zu kommen. Denn allzu viele Mandatsträger haben neben ihren Abgeordneten-Diäten und/oder Minister-. bzw. Staatssekretärsgehältern noch ein oder mehrere weitere Einkommen. Hierzu einige Beispiele aus dem Jahre 1992:[117)]
Der SPD-Bundestagsabgeordnete Hans Berger erhält als Vorsitzender der IG Bergbau und Energie im Monat 12.000 Mark. Außerdem sitzt er in neun Aufsichtsräten und Vorstandsposten, z. B. bei der Volksfürsorge, der Ruhrkohle AG, der VEBA und der RWE. Als Aufwandsentschädigung erhält er durchschnittlich zwischen 20.000 und 30.000 Mark im Jahr.
Der SPD-Bundestagsabgeordnete Ludwig Stiegler unterhält als Rechtsanwalt Büros in Köln, Berlin, Frankfurt am Main und München. Seine Honorare werden auf jährlich mehrere 100.000 Mark geschätzt.
Der CDU-Abgeordnete und ehemalige Bundespostminister Schwarz-Schilling (Jahresgehalt 400.000 Mark) war Besitzer der hessischen Batterie-Fabrik "Sonnenschein" (280 Millionen Mark Umsatz), die er für 22 Millionen Mark an die Franzosen verkaufte.
Der CSU-Abgeordnete Constantin Freiherr von Heeremann erhält als Präsident des Deutschen Bauernverbandes 180.000 Mark im Jahr. Darüber hinaus sitzt er in 29 Aufsichts- und Verwaltungsräten. Allein bei Bayer erhält er 60.000 Mark jährlich.
Der Hamburger F.D.P.-Vorsitzende Robert Vogel ist mit 250.000 Quadratmetern Hamburgs größter Immobilienbesitzer. Er soll rund 1,2 Milliarden Mark besitzen.
Der langjährige CDU-Schatzmeister Walter Leisler Kiep ist unter anderem Aufsichtsrat bei VW und der Glunz AG (900 Millionen Mark Jahresumsatz), ferner Mitkommandist der Privatbank Grunelius und Co sowie Gesellschafter der Stuttgarter Versicherungsgruppe Gradmann und Holler. Der Wert des Firmenanteils beträgt allein 300 Millionen Mark.

Der F.D.P.-Fraktionsvorsitzende im Deutschen Bundestag, Hermann-Otto Solms, bezieht ein Parteigehalt von 10.000 Mark im Monat plus 9.000 Mark Zulage für den Fraktionsvorsitz. Der geborene Prinz ist außerdem Grundbesitzer in Hessen.
Der SPD-Abgeordnete Otto Schily erhielt als Verteidiger von Gudrun Ensslin im sogenannten Stammheim-Prozeß ein Honorar von 134.000 Mark (Tagessatz 400 Mark) plus 77.000 Mark Spesen.
Zu einem Spitzenreiter in Sachen Nebenverdienst hat es der Ex-F.D.P.-Chef Otto Graf Lambsdorff gebracht. Nicht weniger als zwei Druckseiten benötigt der "noble Steuersünder", um seine Tätigkeit aufzulisten: Er ist nämlich Rechtsanwalt, Geschäftsführer der Werbefirma "Von der Wenige" und Aufsichtsrat in zwölf Unternehmen, in zweien von ihnen sogar Vorsitzender, und zwar bei der Iveco Magirus AG in Ulm und beim NSM-Apparatebau in Bingen. NSM produziert Spielautomaten für Gastwirtschaften. "Wenn das Thema Münzspiel mal wieder im Bundestag ansteht, sitzt ein wirklicher Experte vor Ort. Bei der Victoria-Versicherung sitzt Lambsdorff, Vorkämpfer für eine private Lösung der Pflegeversicherung, ebenfalls im Aufsichtsrat."[118)]
Ob Graf Lambsdorff, Hans Berger oder andere Aufsichtsräte: "Nach dem Aktiengesetz dürfen sie nicht zum Nachteil der Firmen handeln. Alle sind über jeden Verdacht erhaben. Dennoch muß gefragt werden: Läßt sich Wirtschaftlichkeit immer mit der Unabhängigkeit eines Abgeordneten vereinbaren?"[119)] Ist der unausweichliche Interessenskonflikt zwischen dem Mandatsträger und dem Chef-Lobbyisten bei dieser unheilvollen Allianz von Geben und Nehmen, von Schmieren und Salben nicht vorprogrammiert – und zwar zum Nachteil der sozial Schwachen unserer Leistungsgesellschaft?
Abschließend wollen wir noch kurz die Frage erörtern, ob wir überhaupt rund 2500 Abgeordnete als Mitglieder des Bundestages (MdB) oder der zahlreichen Landtage (MdL) brauchen, denn kein Land leistet sich so viele Abgeordnete

wie das wiedervereinigte Deutschland. Diese Frage ist in der Tat berechtigt, weil nicht jeder Abgeordnete die gleiche Anzahl von Einwohnern vertritt. Das heißt, es gibt ausgelastete und weniger beanspruchte Mandatsträger. Statistisch sieht das so aus: Ein Abgeordneter vertritt jeweils rund 75.000 Einwohner in Nordrhein-Westfalen, rund 55.000 in Bayern, rund 30.000 in Sachsen, rund 20.000 im Saarland, rund 15.000 in Berlin und noch nicht einmal 10.000 Einwohner in Bremen.

Schon Roms Diktator Sulla, der zwischen 138 und 78 vor Christi lebte, wußte, daß man mit mehr Senatoren ihre Bedeutung erheblich schwächt. Aus diesem Grunde verdoppelte er ihre Zahl. "Die Deutschen handeln aus anderen Motiven ähnlich", fand Johnny Erling heraus. "Die Wiedervereinigung bescherte der Bundesrepublik neben dem Bundestag 16 Länderparlamente. (...) Wenn es nach der Zahl der Parlamentarier ginge, wäre Deutschland Weltmeister in Demokratie: Das amerikanische Repräsentantenhaus hat 435 Mitglieder, das englische Unterhaus 631 Mitglieder, die französische Nationalversammlung 577 Mitglieder. Im Deutschen Bundestag aber sitzen 662 Volksvertreter. Dem Bund der Steuerzahler war das schon 1991 zuviel. Er erinnerte daran, daß der erste Bundestag (1949-1953) mit 400 Abgeordneten ausgekommen war und forderte eine Verkleinerung des Parlaments auf 500 Abgeordnete."[120)]

Jedoch zunächst vergeblich. Denn erst im Jahre 2002 soll angesichts der in allen Bevölkerungsschichten weit verbreiteten Staats-, Parteien- und Politikverdrossenheit der Bundestag auf immer noch 598 Abgeordnete verkleinert und die Zahl der Wahlkreise von 328 auf 299 reduziert werden, nachdem die Bayern in einem Volksentscheid ihren überflüssigen Senat am 8. Februar 1998 mit einer überwältigenden Mehrheit wie ein altes Möbelstück in die politische Rumpelkammer ausrangiert haben.[121)]

Doch damit kann sich der Sozialstaat nicht zufrieden geben. Denn nicht nur der Deutsche Bundestag und der Bayerische Landtag, sondern alle deutschen Landesparlamente sollten als sinnvollen Beitrag für einen schlanken Staat mindestens halbiert werden. Aber nicht nur die Parlamente, sondern auch die Anzahl der Ministerien. Die politischen Staatssekretäre sind wieder ganz abzuschaffen und eine Länderreform im Sinne der Ernst-Kommission durchzuführen. Da die Parlamentarier zu diesen Schritten der drastischen Haushaltseinsparungen jedoch nicht willens und fähig sind, sollten nach dem bayerischen Vorbild hierüber in naher Zukunft Volksentscheide oder Volksabstimmungen durchgeführt werden.

6. Kapitel

KOHLS WIEDERWAHL ZUM BUNDESKANZLER 1987

"Was auch ein Kanzler gern machen möchte, irgendwie geht es immer nicht – wegen der Verbündeten oder wegen der Kanalarbeiter, wegen einer UNO-Sitzung oder der Wahl in Hessen, wegen der letzten Meinungsumfragen oder des bevorstehenden Parteitages. Die Macht, lernt man in Bonn, ist nicht, wie und wo man sie vermutet. Sie ist ungreifbar, nicht zu lokalisieren, indirekt und vernetzt. Macht ist anonym."
JÜRGEN LEINEMANN [122)]

Der bevorstehende Bundestagswahlkampf versetzte nicht nur die Bonner Politiker, sondern im gleichen Maße auch die Chef-Lobbyisten der Sozialverbände in einen Zustand höchster Erregung und zuweilen auch irrationaler Emotionen, denn auch hier ging es primär vielfach um eine reine Macht- statt um eine lupenreine Sozialpolitik. Nimmt es da Wunder, daß auch die 3. Sitzung des Präsidiums des Verbandes der Kriegs- und Wehrdienstopfer, Behinderten und Sozialrentner Deutschlands Anfang September 1986 schon ganz unter dem Gesichtspunkt der Einflußnahme auf das bedeutendste innenpolitische Ereignis des Jahres 1987 stand? Hier, in Lahnstein, forderte der Kleine Verbandstag den Bundeskanzler, seine Regierung und die Fraktionen der Regierungskoalition ultimativ auf, noch vor Ablauf der Legislaturperiode die folgenden Fragen verbindlich zu beantworten – und zwar:

1. Wann wird die Bundesregierung die soziale Marktwirtschaft so verwirklichen, daß die Massenarbeitslosigkeit und im besonderen die Arbeitslosigkeit der Schwerbehinderten abgebaut wird? Welche konkreten Maßnahmen werden zusätzlich getroffen,

nachdem die Zahl der arbeitslosen Schwerbehinderten nach dem neuesten Stand immer noch 123 536 beträgt?

2. Besteht die Bereitschaft, im Rahmen des 16. Anpassungsgesetzes zum Bundesversorgungsgesetz weitere notwendige Verbesserungen vorzunehmen? Dazu gehört vordringlich, daß die Ableitungsquote beim Berufsschadensausgleich für Beschäftigte und der Schadensausgleich für Witwen/Witwer von 42,4 auf mindestens 50 Prozent angehoben wird.
3. Wird die Bundesregierung noch in dieser Legislaturperiode allen Müttern einen Anspruch auf Anrechnung von Kindererziehungszeiten einräumen?
4. Wird die Bundesregierung und die sie tragende Koalition das Risiko der Pflegebedürftigkeit durch ein Gesetz absichern, das den Mindestforderungen des Bundesrates entspricht?
5. Wird an der beitragsbezogenen Rente in der gesetzlichen Rentenversicherung festgehalten und ist im Zusammenhang mit der angekündigten Strukturreform auch die Sicherung der Rentenfinanzen durch erhebliche Erhöhung des Bundeszuschusses und die Einführung einer Wertschöpfung vorgesehen?

Nach diesen Fragestellungen an die Bundesregierung und die sie tragenden Koalitionsparteien kam es zu einer Reihe von Begegnungen zwischen dem Verband und den Spitzenpolitikern der SPD, CDU und F.D.P. Zunächst fand am 8. Dezember 1986 im Bonner Erich-Ollenhauer-Haus ein Gespräch mit dem nordrhein-westfälischen Ministerpräsidenten Johannes Rau statt. Das hatte einen handfesten Grund, denn "Bruder Johannes" war der Kanzlerkandidat der Sozialdemokraten.

"Ein nobler Charakter, der sich nicht ins Handgemenge begeben mag", beurteilte ihn Helmut Schmidts gewiefter Ex-Regierungssprecher Klaus Bölling. Doch "dem wird er

freilich gar nicht entrinnen können, denn die Auseinandersetzung mit dem politischen Widersacher ist nicht in der Manier eines Billy Graham zu bestreiten." Bölling fragte zu Recht: "Was soll ein am Schicksal dieser Republik gedanklich und mit Gefühlen anteilnehmender Bürger mit dem Rau`schen Hirtenwort 'Versöhnen statt spalten` denn anfangen"? Und: "Gerade weil ich den Ministerpräsidenten als einen Mann der Nuance erlebt habe, finde ich es schlecht, daß er in einer etwas parfümiert wirkenden, selbstgerecht und pastoral stelzenden Sprache dem Wähler erzählen will, daß die Freiheitlichkeit unseres Staates 'bei dieser Bundesregierung nicht in guten Händen ist`."[123)]
Der sozialdemokratische Interpretationskünstler Bölling spricht im Zusammenhang mit einem Rau-Aufruf auch von "biedermeierlicher Weltbetrachtung", "Wortgeklingel" und "weihevoller Sprache", Und er stellt vor dem Hintergrund der "eisenhaltigen Luft der politischen Kapitale Bonn" fest: "Es ist eben keine Pose, wenn sich Rau stets mit innerem Widerstreben von Düsseldorf auf den Weg nach Bonn macht. Das ist tatsächlich nicht seine Welt. Der Instinkt gegen die Macher in Bonn hat bei Rau aber auch noch ein anderes Motiv. Ich", so Bölling, "halte ihn für einen Mann, dessen Begabungen die begrenzte Region brauchen, damit sie gute Wirkungen stiften können (...)" Denn "in Bonn ist mit der Gesinnung der Bergpredigt leider nichts auszurichten."[124)]
Und an anderer Stelle schreibt Schmidt's ehemaliger treuer Mitstreiter, der seinen Chef wie sich selber gleichermaßen virtuos in den Medien verkauft hat, über den unglückseligen SPD-Kanzlerkandidat Rau, dessen eigentliches Lebensziel nach wie vor das des Bundespräsidenten ist: "Wer seinem ganzen Wesen nach dem Konflikt abgeneigt ist, wer viel Zeit, vielleicht sogar allzu viel Zeit braucht, um den Konsens herzustellen, kann in Bonn, kann in keinem politischen Entscheidungszentrum erfolgreich sein. Er wird mit fast unausweichlicher Logik scheitern."[125)]
So war es dann in der Tat. Doch zunächst sah es noch gar nicht danach aus. Denn nach der sozialpolitischen Ge-

sprächsrunde im Erich-Ollenhauer-Haus teilte die Pressestelle der SPD mit:

"Die Formel, Leistung muß sich wieder lohnen, ist zynisch gegenüber denjenigen, die auf solidarische Hilfe angewiesen sind. Diese Hilfe muß sich auf Rechtsansprüche gründen; sie darf kein Gnadenerweis sein" – das erklärte der Kanzlerkandidat der SPD, Ministerpräsident Johannes Rau, in einem Gespräch gestern abend in Bonn mit dem Präsidium des Verbandes der Kriegs- und Wehrdienstopfer, Behinderten und Sozialrentner Deutschlands (VdK), an dem auf Seiten der SPD auch der Vorsitzende des Bundestagsausschusses für Arbeit und Sozialordnung, Eugen Glombig, teilnahm.
VdK-Präsident Karl Weishäupl wies darauf hin, daß die Arbeitslosigkeit der Schwerbehinderten zugenommen habe. Die Änderung des Schwerbehindertengesetzes habe die Beschäftigungssituation der Schwerbehinderten nicht verbessert, sondern verschlechtert. Das Präsidium des VdK und Johannes Rau vertraten übereinstimmend die Auffassung, daß die privaten und öffentlichen Arbeitgeber mehr Schwerbehinderte ausbilden und beschäftigen müßten. Eine Erhöhung der Ausgleichsabgabe für nichtbesetzte Pflichtplätze sei erforderlich.
Der VdK begrüßte es, daß die SPD eine Einheitsrente ablehnt und an der Beitragsbezogenheit der Rente festhalten will. Johannes Rau sprach sich dafür aus, die fällige Strukturreform der gesetzlichen Rentenversicherung endlich in Angriff zu nehmen: 'Die Reform darf nicht auf den St.-Nimmerleinstag verschoben werden.'
Mit Nachdruck unterstütze der VdK die Absicht der Sozialdemokraten, im Gegensatz zu den Plänen der derzeitigen Regierungskoalition sofort auch die Rentnerinnen, die vor 1921 geboren sind, in die Anrechnung der Kindererziehungszeiten in der Alterssicherung einzubeziehen. Der von der Koalition in Aussicht genommene Stufenplan führte dazu, daß mehr als einer Million älterer Mütter der Rentenvorteil des Babyjahres nicht mehr zugute käme, weil sie

inzwischen sterben würden. Der VdK und Johannes Rau sprachen sich für gezielte Leistungsverbesserungen für die immer älter werdenden Kriegsopfer und Kriegerwitwen aus. Diese Verbesserungen könnten aus Einsparungen finanziert werden, die sich daraus ergeben, daß die Zahl der Kriegsopfer und ihrer Hinterbliebenen ständig abnimmt. Zudem dürften die Kriegsopfer beim Krankenversicherungsbeitrag der Rentner nicht doppelt belastet werden. Der VdK trug außerdem seine Forderung vor, das Risiko der Pflegebedürftigkeit außerhalb der Sozialhilfe abzudekken. Der nächste Bundestag müsse eine entsprechende Regelung treffen."

Damit wurde der enge Schulterschluß zwischen dem Sozialverband und den Sozialdemokraten in aller Öffentlichkeit wieder einmal mehr medienwirksam demonstriert. Die gemeinsame Presseerklärung über das Gespräch mit dem Bundeskanzler am 9. Dezember 1986 diente unter diesem Gesichtspunkt auch als ein Feigenblatt für die abhanden gekommene parteipolitische Neutralität.
Beim Meinungsaustausch mit dem Regierungschef, an dem auch der Bundesarbeitsminister teilnahm, trugen die Vertreter des Verbandes zunächst ihre Anliegen zum Abbau der Arbeitslosigkeit von Schwerbehinderten, zur Weiterentwicklung des sozialen Entschädigungsrechts, zur Anerkennung von Erziehungszeiten für die vor 1921 geborenen Frauen, zu den Reformmaßnahmen in der Renten- und Krankenversicherung, zur Absicherung des Risikos der Pflegebedürftigkeit und zu den Fragen der sozialen Absicherung von Sozialhilfeempfängern und Arbeitslosen vor.
Der Kanzler wies auf die Fortschritte hin, die im Schwerbehindertenrecht, in der Kriegsopferversorgung und in der Rentenversicherung erzielt werden konnten. Er bekräftigte seine Auffassung, daß auch in Zukunft das soziale Entschädigungsrecht zielgerichtet weiterentwickelt und Lücken im Versorgungssystem geschlossen werden sollen. Der Verband betonte seinerseits, daß wegen des hohen Alters der Kriegsopfer die Weiterentwicklung nicht auf die lange

Bank geschoben werden dürfe. Das gelte auch für die Erziehungszeitenregelung. Der Sozialverband und die Bundesregierung waren sich dann darin einig, alle Bestrebungen abzuwehren, die eine Einheits-, Grund- oder Mindestrente vorsehen.
Am 12. Januar 1987 fand schließlich ein intensiver sozialpolitischer Meinungsaustausch mit den Spitzenpolitikern der F.D.P. im Bonner Thomas-Dehler-Haus statt. Von seiten der Liberalen nahmen unter anderem der Bundesminister Martin Bangemann, der ehemalige Bundesminister Gerhard Baum sowie der F.D.P.-Generalsekretär Helmut Hausmann an dieser Gesprächsrunde teil. Was hier besonders auffiel, das war die Kehrtwendung um 180 Grad, die der Verband in seinem Verhältnis zur "Machterhaltungs-Partei" vollzogen hatte. Nachdem man die "Pendler-Partei" vor noch nicht allzu langer Zeit sehr heftig attackiert hatte, wurden ihr plötzlich herausragende Noten ausgestellt.
Weishäupl lobte insbesondere die Bekämpfung der Arbeitslosigkeit als Herausforderung in unserer Zeit, "wobei die F.D.P. mitgeholfen habe, daß wir wieder ein Wachstum in der Wirtschaft zu verzeichnen haben, daß die Staatsverschuldung begrenzt wurde, und daß eine Preisstabilität erreicht sei, und zwar zum Vorteil der Menschen, um die sich der Verband kümmert." Mehr noch: "Die F.D.P. hat", so der VdK-Präsident, "seit 1950 immer die entschädigungsrechtliche Funktion des EVG hervorgehoben und im Parlament und in den Regierungen vertreten. So auch Theodor Heuss, der Friedenspreisträger des VdK. Auch wir sind der Meinung, daß die Ansprüche an den Sozialstaat nicht stärker befriedigt werden können als die Leistungskraft der Wirtschaft es zuläßt. Die soziale Marktwirtschaft ist wie keine andere Ordnung geeignet, die Gleichheit der Chancen, Eigentum, Wohlstand und sozialen Fortschritt zu verwirklichen. Niemand kann widersprechen, wenn die gegenwärtige Regierung mit Erfolg ein angemessenes Wachstum der Wirtschaft erreicht hat. Die Rekordzahlen bei der Preisstabilität und im Export veranschaulichen das sehr eindrucksvoll!"

Es sollte für die Freien Demokraten aber noch viel besser kommen. Denn "wer Liberalität vertritt", schmeichelte der Verbands-Präsident der umworbenen Braut, "der ist, ganz allgemein gesehen, hochherzig, freigiebig und großzügig. Ich habe", unterstrich er gestenreich, "die großen Liberalen nach 1945 persönlich gekannt und ihr, unser Bundespräsident Heuss, war unser erster Friedenspreisträger. Auch der Name Thomas Dehler ist unvergessen. Es ist ein Vorzug der Liberalen in Deutschland, daß sie dogmatische Gedanken ablehnen, jedoch für Recht und für die größtmögliche Freiheit des Menschen in Staat und Gesellschaft eintreten."
Als Weishäupl sich abschließend überschwänglich für das offene Gespräch trotz des hektischen Wahlkampfes bedankte, hinterließ er bei den Liberalen einige Ratlosigkeit. Denn noch immer klangen ihnen die schrillen Verbandstöne über Bangemann, Lambsdorff und Co. in den Ohren. Und jetzt diese Lobpreisungen? Wie paßt das zusammen? Dafür gab es nur eine einzige plausible Erklärung: Hier sollte im Auftrage der SPD eine neue Wende nach der Wende eingeleitet werden. Und das war in der Tat nicht nur ein weltfremdes Wunschdenken. Denn ein Jahr vor der Bundestagswahl lag Johannes Rau mit 45 Prozent klar vor Helmut Kohl, der es nur auf schlappe 34 Prozent brachte.
Doch die Wahl zum 11. Deutschen Bundestag ging am 25. Januar 1987 für die Sozialdemokraten und ihren glücklosen, weil von der eigenen Partei nicht ausreichend unterstützten, Kanzlerkandidaten trotz dieses gewaltigen Stimmenvorsprungs dann doch noch mit 37 Prozent verloren. Der Zwist unter den Genossen war so groß, daß Rau's Berater und Wahlkampfmanager Bodo Hombach und Wolfgang Clement kurz vor dem Urnengang entnervt das Handtuch geworfen hatten. Stattdessen siegte die bisherige konservativ-liberale Regierungskoalition, obwohl die Unionsparteien starke Verluste hinnehmen mußten. Die CDU kam nur auf 34,5 und die CSU auf 9,8 Prozent. Die F.D.P. konnte dagegen ihren Stimmenanteil von 7 auf 9,1 und die Grünen den ihrigen von 5,6 auf 8,3 Prozent steigern.

"Daß viele Wähler von der CDU enttäuscht sind und auch die CSU sich diesem Abwärtstrend nicht völlig entziehen kann, ist gerade darauf zurückzuführen, daß sich die Hoffnungen der Bürger auf eine umfassende politische Wende nicht voll erfüllt haben und daß die Unionsparteien durch die theoretischen Überlegungen des CDU-Generalsekretärs und infolge verschiedener öffentlicher Auftritte von CDU-Politikern immer mehr an Profil verloren haben"" resümierte der Bayerische Ministerpräsident Strauß verbittert.
"Die vergangenen Landtagswahlen haben gezeigt, daß die Befürchtung, CDU und FDP könnten als Folge dieser Politik auch zusammen nicht mehr die nötigen Stimmen erreichen, völlig begründet ist. Sie denken zu Recht daran, welche Folgen nicht nur für das weitere Schicksal der Unionsparteien, sondern auch für die Erhaltung der politischen Stabilität in der Bundesrepublik Deutschland insgesamt zu erwarten wären, wenn die Unionsparteien Raum für die Gründung einer neuen demokratischen Rechtspartei freigäben. Es wäre wohl nur eine Frage weniger Jahre, bis eine Führungspersönlichkeit mit Integrität und Charisma aufträte, die bisherige Unionswähler für eine solche Partei gewinnen könnte.
Ich werde auch in Zukunft mit aller Kraft darauf hinarbeiten, daß die beiden Unionsparteien, vor allem natürlich unsere CSU, die großen umfassenden Volksparteien bleiben, als die sie gegründet wurden und als die sie sich in den vergangenen Jahrzehnten bewährt haben."[126)]

Strauß, der polternde Vollblutpolitiker und leidenschaftliche Redner, verbreitete zwar nach außen hin Optimismus und Zuversicht, aber im Innern kochte er. Schon seit längerer Zeit – insbesondere aber auf Grund der jüngsten Verwerfungen in der Parteienlandschaft – war er in tiefer Sorge um die Glaubwürdigkeit der Union bei einem Großteil ihrer Wähler, die einfach kein Verständnis für überflüssige Lagertheorien oder Strategiediskussionen haben, sondern die sehen wollen, daß die Grundsatzprogramme der C-

Parteien auch in der Sozialpolitik mit Leben erfüllt werden. Denn die Unionswähler wollen keinen nach allen Seiten auswechselbaren Pragmatismus, sondern klare Zielvorstellungen und endlich den Vollzug der während der harten Oppositionsjahre immer und immer wieder großspurig angekündigten "geistig-moralischen Wende" und "Erneuerung". Doch bis dato blieb es lediglich bei diesen Ankündigungen und bei nebulösen Vorstellungen wie "Eigenvorsorge" des Bürgers, "Opfergeist" und die "Förderung der Familie". Im Jahresbericht der Bundesregierung von 1987 gab sich Helmut Kohl trotz massiver Kritik dennoch an seiner Politik überaus optimistisch:[127)]

"Die wirtschaftliche Aufwärtsentwicklung – unterstützt durch weiter verbesserte Rahmenbedingungen – hielt 1987 bereits im fünften Jahr an. Die Preise waren stabil; Einkommen, Löhne und Renten sind erneut kräftig gestiegen. Auch für 1988 erwarte ich eine Fortsetzung des Wachstums von Wirtschaft und Beschäftigung. Bestärkt werde ich in dieser Einschätzung durch die Prognose internationaler und nationaler Institutionen wie etwa des Sachverständigenrates, der in seinem Jahresgutachten gute Aussichten für ein weiteres Wirtschaftswachstum im Jahre 1988 sieht.
Kernstück unserer Politik zur dauerhaften Verbesserung der wirtschaftlichen Rahmenbedingungen ist die mehrstufig angelegte Große Steuerreform. Sie stärkt die Leistungsanreize und führt zu mehr Steuergerechtigkeit: Im Vergleich zu 1985 wird die steuerliche Gesamtentlastung ab 1990 mit der dritten Stufe der Reform rund 50 Milliarden DM betragen. Das kommt sowohl der Inlandsnachfrage als auch den Wachstumskräften der Wirtschaft zugute.
Die Steuerreform hat schon seit 1986 durch höhere Freibeträge und den Kindergeldzuschlag vor allem Familien mit Kindern begünstigt. Mit dem Erziehungsgeld und dem Erziehungsurlaub hat die Bundesregierung erstmals die Betreuung von Kindern als Leistung für die Gemeinschaft anerkannt. Auch in der Rentenversicherung ist diese Leistung von uns abgesichert worden.

Unser vorbildliches System der Alterssicherung muß in den kommenden Jahren dem tiefgreifenden Wandel im Altersaufbau unserer Bevölkerung angepaßt werden. Hierfür gelten auch weiterhin die Grundsätze unseres Rentenrechts: Die Rente bleibt Lohn für Lebensarbeit, und die Höhe der Beiträge Maßstab für die Rentenhöhe. Renten und verfügbare Einkommen der Beschäftigten sollen sich gleichgewichtig entwickeln. Durch die notwendigen Anpassungen erreichen wir, daß auch in Zukunft die Renten sicher sind.
Die Strukturreform im Gesundheitswesen soll in der gesetzlichen Krankenversicherung Solidarität und Eigenverantwortung stärker miteinander verbinden und dadurch sowohl eine Entlastung der Beitragszahler wie auch die Bewältigung neuer Aufgaben ermöglichen."

In der Vergangenheit war schon die Frage nach der parteipolitischen Neutralität von Verbänden angesprochen worden. Denn es fällt auf, daß sich diese insbesondere während eines Bundestagswahlkampfes massiv für eine bestimmte Partei, die ihrer politischen Richtung entspricht, einsetzen. Die Verbände suchen immer wieder danach, "Gemeinschaftsentscheidungen entweder indirekt, durch Einwirkung auf die Parteien und die von diesen gestellten politischen Entscheidungsorgane, zu beeinflussen, oder sie legen im Zusammenspiel mit der tariflichen Gegenseite die Arbeitsbedingungen selbst fest – auch hier aber wieder, ohne durch Volkswahlen legitimiert zu sein und ohne die Regierungsverantwortung übernommen zu haben."[128)]
Die Sozialverbände bilden da keine Ausnahme. Dieser Trend hatte sich bei der Bundestagswahl von 1987 nicht nur fortgesetzt, sondern er wurde auch noch durch eine Reihe von Äußerungen und Niederschriften führender, der SPD besonders nahestehender Verbandsfunktionäre forciert, um die Koalition der Mitte aus den Angeln zu heben. Als das nicht gelungen war, agierte Weishäupl mit seinen Genossen ganz unverholen gegen die eben erst wiedergewählte konservativ-liberale Regierung Kohl/Genscher. Der

geharnischte Protest ließ daher nicht lange auf sich warten. So schrieb der Vorsitzende des Arbeitskreises für Arbeit, Gesundheit und Soziales der nordrhein-westfälischen CDU-Landtagsfraktion einen entsprechenden Beschwerdebrief, der nichts zu wünschen übrig ließ:

"Seit der Übernahme der Bundesregierung durch CDU/CSU und F.D.P bekämpfen Sie unter Inanspruchnahme Ihres verbandlichen Mandats die Union durch polemische, unsachliche, oft den tatsächlichen Gegebenheiten und Entwicklungen in keiner Weise gerechtwerdende Behauptungen. Als Ihre eigene Partei noch den Bundeskanzler in Bonn stellte, haben Sie den ungleich massiveren Sozialabbau der Regierung Helmut Schmidt wesentlich vorsichtiger und unkritischer kommentiert.
Das ist besonders bemerkenswert, weil zwischen 1969 und 1982 unter anderem

1. die Vollbeschäftigung trotz mehrfacher Garantieerklärungen verlorenging,
2. die Arbeitslosigkeit sich in geradezu atemberaubendem Tempo von 179.000 im Jahresdurchschnitt 1969 auf rund 1,83 Millionen im Jahresdurchschnitt 1982 erhöhte und bei den Schwerbehinderten von rund 15.000 (Mai 1974) auf rund 123.000 anwuchs,
3. die Schuldenlast des Bundes ebenfalls rapide anstieg mit zwangsläufig steigender Zinslast unter Einengung der Handlungsfähigkeit der damaligen Bundesregierung,
4. in Anbetracht der immer katastrophaler werdenden Finanz- und Schuldensituation des Bundes rigorose Einsparungen, Streichungen und Kürzungen insbesondere im sozialen Bereich mit Hilfe von zwölf Spargesetzen vorgenommen worden sind.

Am Ende der Regierung Brandt/Schmidt stand die Bundesrepublik am Rande des Ruins ihrer Staatsfinanzen und ihres sozialen Sicherungssystems, insbesondere der Rentenversicherung, die Ende 1982 praktisch pleite war. Nicht zuletzt noch verschärft durch die Streichung, Kürzung,

Umwandlung von rund 20 Milliarden Mark Bundeszuschüssen, die die damalige Bundesregierung rücksichtslos zum Stopfen anderer zahlreicher Finanzlöcher im Bundeshaushalt 'mißbraucht' hat. (...)
Es kommt", so der Landtagsabgeordnete Hermann-Josef Arentz, "aber noch schlimmer (...) Sie fordern mehr oder minder offen zur Wahl einer Partei bei den kommenden Landtagswahlen auf, die in der Lage sei, die Mehrheit der CDU-geführten Bundesländer im Bundesrat zu brechen, um der miserablen Sozialpolitik der Bundesregierung ein Ende zu bereiten. Damit können Sie ja nach Lage der Dinge nur die SPD-geführten Länder gemeint haben. War Ihnen bei der Formulierung dieser Sätze bekannt, daß kein Bundesland in den letzten sieben Jahren brutaler und nachhaltiger in die sozialen Landesleistungen hineingeschnitten hat, als das unter absoluter SPD-Mehrheit stehende Land Nordrhein-Westfalen? Alleine seit 1980 hat Rau mehr als zwei Milliarden Mark zu Lasten der Alten, der Familien, der Kranken und der behinderten Menschen weggekürzt. Sie sollten diese Tatsachen zur Kenntnis nehmen, bevor Sie Ihre Verbandsmitglieder auffordern, dieser Partei Ihre Stimme zu geben.
Wie Sie die kaum verdeckte Aufforderung zur Wahl der SPD im übrigen mit der in der Satzung Ihres Verbandes als bindende Verpflichtung verankerte parteipolitische Neutralität vereinbaren wollen, ist mir jedenfalls unerfindlich."[129)]

Dem Bundeskanzler und seinen Beratern war die einseitige sozialpolitische Stoßrichtung des Kampfverbandes natürlich auch nicht verborgen geblieben. Und da der Chef-Lobbyist die Regierung Kohl/Genscher vehement attakkierte, rechnete selbst Weißhäupl vorläufig nicht damit, "daß uns der Bundeskanzler", wie er am 7. Mai 1987 seinem Haupgeschäftsführer schrieb, "sehr bald ein erstes Gespräch nach seiner Wiederwahl einräumen wird."[130)] Aus diesem Grunde richtete er am 21. Mai 1987 einen mehrseitigen Brief an Kohl, in dem er zu wichtigen Bereichen der Sozialpolitik Stellung nahm:

“In Ihrer Regierungserklärung vom 18. März 1987 haben Sie die Kriegsopfer in Erinnerung gebracht und darauf hingewiesen, daß dieser Personenkreis mit der Solidarität der Gesellschaft rechnen könne. Sie haben außerdem die weitere Entwicklung des Leistungssytems der Kriegsopferversorgung durch strukturelle Verbesserungen in Aussicht gestellt und den Kriegsopferverbänden für ihre Arbeit gedankt. (...)
Wenn Sie in Ihrer Erklärung von Verbesserungen der Kriegsopferversorgung gesprochen haben, so ist im Zusammenhang mit Ihrem Hinweis bei einem großen Teil der noch 1.544.859 Versorgungsberechtigten der Eindruck entstanden, daß die Bundesregierung weitere Verbesserungen, wie beispielsweise die Gewährung angemessener Versorgungsleistungen und die Beseitigung von Härten und Unzulänglichkeiten, unverzüglich in Angriff nehmen wird.
Im Gegensatz zu Ihrer Ankündigung steht jedoch die Aussage, nach der über weitere Leistungsgesetze erst Mitte der Legislaturperiode, also frühestens 1989, entschieden werden soll. Dieser Verbesserungsstopp ist bei den Kriegs- und Wehrdienstopfern, aber auch den anderen Versorgungsberechtigten auf heftige Kritik gestoßen wegen des hohen Nachholbedarfs und des fortgeschrittenen Alters der Kriegsopfer.
Im Bereich des sozialen Entschädigungsrechts besteht in der Tat ein beträchtlicher Nachholbedarf, der hauptsächlich dadurch entstanden ist, daß über Jahre hinweg neben den Anpassungen zwar Leistungsverbesserungen beschlossen wurden, die aber weit hinter den Notwendigkeiten zurückgeblieben sind. In der Zeit der sozial-liberalen Koalition hat die Bundestagsfraktion der CDU/CSU regelmäßig auf diesen Mangel hingewiesen und entscheidende Verbesserungen gefordert. (...)
Im Namen des VdK Deutschland bitte ich Sie, dafür einzutreten, daß abweichend von der Koalitionsvereinbarung bereits im 15. Anpassungsgesetz neben der Erhöhung der anpassungsfähigen Leistungen auch Leistungsverbesserungen vorgenommen werden.”[131)]

Obwohl der Ton des Schreibens an den Kanzler moderat gehalten war, saß der Stachel über die Parteilichkeit des Verbandes noch immer sehr tief im Fleisch der Union. Weishäupl geriet mit seinem Kampfverband aus diesem Grunde immer wieder in die Schußlinie. Unter anderem brachte der Bürgermeister der Verbandsgemeinde Emmelshausen sein großes Befremden darüber in einem Protestschreiben zum Ausdruck:
"Sie haben", schrieb Hans Günter Thielen empört, "die Sozialgesetzgebung, die Steuerreform und die Reform des Gesundheitswesens der Regierungskoalition in Bonn in Bausch und Bogen verdammt, ohne auch nur den Versuch zu unternehmen, positive Ansätze zu sehen. (...) Ein solcher Stil grenzt meines Erachtens an politische Agitation (...)"[132)]
Mit Befremden stellte das Präsidium des Sozialverbandes Mitte Januar 1988 in Lahnstein fest, daß die Bundesregierung ihre Verpflichtung gegenüber den deutschen Kriegs- und Wehrdienstopfern nicht erfüllen will. Nur so könne nach Ansicht des Verbandes die Erklärung verstanden werden, aus Gründen des Haushaltsdefizits strukturelle Verbesserungen in der Kriegsopferversorgung zu unterlassen. Die Wirklichkeit, so ihr Chef-Lobbyist, sehe jedoch anders aus – und zwar dermaßen:

1. Der Bundeskanzler hat in seiner Regierungserklärung vom 18. März 1987 wörtlich erklärt: "Das Leistungssystem der Kriegsopferversorgung wird durch strukturelle Verbesserungen weiterentwickelt." Wenn diese Erklärung des Bundeskanzlers nicht mehr gelte, müsse dies als Wortbruch der Bundesregierung betrachtet werden.
2. Die strukturellen Verbesserungen in der Kriegs- und Wehrdienstopferversorgung würden geringere Kosten verursachen, als im Bundeshaushalt durch den sogenannten natürlichen Abgang als Einsparung erzielt würden.
3. Einer solchen Brüskierung der deutschen Kriegs- und Wehrdienstopfer wird der VdK Deutschland nicht ta-

tenlos zusehen. Sein Präsidium hat bereits über entsprechende Protestmaßnahmen beraten, die durchgeführt werden sollen, wenn die Bundesregierung nicht erklärt, daß die in der Regierungserklärung vom 18. März 1987 angekündigten Maßnahmen im Jahr 1989 durchgeführt werden.

Die sozialpolitischen Funktionäre waren wieder einem machtpolitischen Rausch verfallen. Der Sinn für eine vernünftige Sozialpolitik mit Augenmaß war nicht nur der konservativ-liberalen Regierungskoalition im "Raumschiff Bonn" immer mehr abhanden gekommen.[133)]
"In der Bundesrepublik wird eine Sozial- und Wirtschaftspolitik betrieben, die ungerecht und daher für uns unannehmbar ist," konstatierte Weishäupl. "Die Regierung fördert den Sozialabbau, und der Öffentliche Dienst gibt hierfür ein schlechtes Beispiel. Ich behaupte", so der Chef-Lobbyist erregt, "die Koalitionsparteien fördern den Abbau des Sozialstaates stärker als notwendige Reformen in der Sozialpolitik. In weiten Bereichen der Politik finden wir nicht soziale Sicherheit, sondern Unsicherheit vor."[134)]
Mit dem Referentenentwurf zur Reform des Gesundheitswesens werden nach Auffassung des Sozialverbandes wesentliche Ziele nicht oder nur bedingt erreicht. So müsse unter anderem der Krankenschutz in vollem Umfang erhalten bleiben und die Selbstbeteiligung der Versicherten an den Krankenkosten über den Beitrag hinaus wegfallen. Zuschüsse dürfen nicht gekürzt und das Sterbegeld nicht abgeschafft werden. Die geplanten Festbeträge wurden abgelehnt.
"Ich kann einen so gescheiten Mann wie den Bundesminister für Arbeit und Sozialordnung nicht verstehen, wenn er sagt: 'Wenn alle wegen dieser Reform gegen mich sind, dann muß ich doch Recht haben.' In Zeiten von Reformen", so Weishäupl, "brauchen wir einen ganzen Blüm in der Sozialpolitik in Bonn und nicht einen Bundesarbeitsminister, der zur Hälfte in Düsseldorf Opposition besorgen muß."

7. Kapitel

FÜHRUNGSWECHSEL IN DER SOZIALLOBBY

"Politiker und politische Parteien reagieren auf den Druck von Verbänden, weil sie deren Unterstützung brauchen, um an die Macht zu gelangen oder an der Macht zu bleiben. (...) Die Interessenverbände können den Parteien diese 'politischen Ressourcen' in relativ hohem Maße liefern, weil sie im allgemeinen über eine stärkere Organisation und über sehr viel mehr Mitglieder verfügen als die Parteien."
HANS HERBERT VON ARNIM [135)]

"Bedenken wir aber auch ,daß der VdK gerade in den kommenden schwierigen Zeiten eines drohenden sozialen Abbaus ein Kampfverband bleiben muß. Wir müssen auf allen Ebenen unseren politischen Einfluß verstärken, um uns im Spannungsfeld widerstreitender politischer Meinungen Gehör zu verschaffen."
KARL WEISHÄUPL [136)]

Der 31. 1. 1989 war ein Tag voller zwiespältiger Gefühle. Für den einen himmelhoch jauchzend, für den anderen zum Tode betrübt. Denn an diesem letzten Januartag wurde der VdK-Hauptgeschäftsführer Brümmendorf, ein fach- und sachkundiger Sozialpolitiker, der seine umfangreichen Kenntnisse voll in die verbandsinterne Sozialpolitik eingebracht hatte, verabschiedet. Wie der umfangreiche Briefwechsel belegt, bestand zwischen Weishäupl und seiner rechten Hand mehr als ein Vorgesetzten- oder Untergebenenverhältnis. Sie standen sich menschlich auch sehr nahe. So konstatierte der Hauptgeschäftsführer in einem umfangreichen Schreiben vom 22. Dezember 1983 an seinen Präsidenten unter anderem:

"Es ist sicher richtig, daß wir in dem jetzt zu Ende gehenden Jahr gemeinsam viel geleistet haben. (...) Entscheidend für diese Feststellung ist die Tatsache, daß es von der Sache her, sei es in der Sozial- beziehungsweise Gesellschaftspolitik oder im organisatorischen Bereich, zwischen uns keine unüberbrückbaren Meinungsdifferenzen gegeben hat. (...)"[137)]
Umso mehr schmerzte Weishäupl, was der am 1. Juni 1988 zum stellvertretenden Hauptgeschäftsführer bestellte Laschet über seinen alten Freund und jahrelangen Mitstreiter in einem Dossier in ungelenken Buchstaben seitenlang zu Papier gebracht hat. Denn dort mußte er lesen: "Waldemar Brümmendorf ist auch gegenüber loyalen Mitarbeitern überdurchschnittlich mißtrauisch. Er neigt dazu, aus dieser Haltung heraus Angelegenheiten an sich zu ziehen, die von Mitarbeitern problemlos erledigt werden können. Das Thema 'Post' ist bekannt. Folge solcher Haltung ist, daß manche Dinge nicht zügig erledigt werden oder überhaupt 'liegen bleiben'. Es ist für die Arbeitsmoral nicht gerade förderlich, wenn die Entfaltungsmöglichkeiten gehemmt werden und lediglich die eigene Arbeit stets in den Vordergrund gerückt wird."[138)]
Wäre der Chef-Lobbyist noch im Vollbesitz seiner Kräfte gewesen, er hätte dem Zuträger nach Strich und Faden die Leviten gelesen oder sich gar von diesem illoyalen Kameraden getrennt, der sich im Wege der Verbandspatronage[139)] mit aalglatter Geschmeidigkeit schon nach relativ kurzer Zeit in altbewährter Funktionärsmanier durch eine Anhäufung von Posten und Pöstchen so gut wie unentbehrlich gemacht hatte – und zwar unter anderem als Mitglied im Beirat für die Rehabilitation der Behinderten beim Bundesministerium für Arbeit und Sozialordnung, als Mitglied in der Arbeitsgruppe für besondere orthopädische Fragen beim Bundesministerium für Arbeit und Sozialordnung, als Mitglied im beratenden Ausschuß, bei der Hauptgeschäftsstelle der Bundesanstalt für Arbeit in Nürnberg, als Mitglied im Sachverständigenrat der Bundesarbeitsgemeinschaft für Rehabilitation in Frankfurt am Main, als Mit-

glied im Verwaltungbeirat für das Hochgebirgssanatorium "Valbella" (Davos) des Bundesministeriums für Arbeit und Sozialordnung, als Vertreter des VdK Deutschland im Hauptvorstand der deutschen Vereinigung für die Rehabilitation Behinderter mit Sitz in Heidelberg, als stellvertretendes Mitglied im Arbeitsausschuß Sozialgesetzgebung und Versicherungsschutz, als Mitglied in der Kommission "Soziale Sicherung Pflegebedürftiger", als Mitglied im Arbeitsausschuß "Rollstühle" der DIN-Normen, als Mitglied im Arbeitsausschuß "Technische Hilfen für Behinderte", als Mitglied im Stiftungsbeirat "Stiftung Haus der Behinderten" in Bonn, als Vorstandsmitglied im Förderverein Stiftung "Haus der Behinderten" (Gustav-Heinemann-Haus) in Bonn, als Mitglied im Arbeitsausschuß "Hilfen für Behinderte" im Deutschen Verein für öffentliche und private Fürsorge e. V., als Stellvertreter im Deutschen Paritätischen Wohlfahrtsverband mit Sitz in Frankfurt am Main, als Stellvertreter in der Europäischen Behinderten-Vereinigung-Action Européenne des Handicapés (AEH) mit Sitz in Luxemburg sowie als Lobbyist in der Arbeitsgruppe für Europäische Zusammenarbeit und der Arbeitsgruppe für soziale Angelegenheiten.[140)]
Bei dieser Ämterhäufung sei die Frage erlaubt, wann dieser Funktionär überhaupt zum Schlafen kommt, wie er all diese Posten und Pöstchen arbeitsmäßig unter einen Hut bringt und ob er angesichts eines 24-Stunden-Tages überhaupt seine hochdotierte Planstelle als Hauptgeschäftsführer eines Sozialverbandes im Sinne der einfachen Mitglieder optimal ausfüllt? Ganz zu schweigen von den üppig anfallenden Reisekosten sowie Tages- und Übernachtungsgeldern, von denen mancher Sozialhilfeempfänger nur träumen kann.
Nach dieser raffiniert eingefädelten Ämterhäufung blieb dem VdK-Präsidenten nichts anderes mehr übrig, als die Kröte, die sich da unkenhaft breit gemacht hatte, zu schlucken. Er hatte auch nicht mehr die nötige Energie, um dem Denunzianten mit aller Entschiedenheit entgegenzutreten oder ihn die Treppe zur Chefetage hinunterzuwerfen.

Stattdessen konzentrierte er seine sehr rasch dahinschwindenden psychischen und physischen Kraftreserven auf die wesentlichen Bereiche der Sozialpolitik.
An seinem 73. Geburtstage gab der Präsident des VdK Deutschlands einmal mehr zu erkennen, daß seine "Gesundheit zur Zeit etwas angeschlagen ist". Dennoch schrieb er anläßlich seines Ehrentages, "übe ich mich täglich im positiven Denken und erfülle meine Pflicht, die mir zur Freude geworden ist. Auch ist es meine Einsicht, daß man im Alter nicht nur zurückschauen, sondern vorwärts blicken sollte (...)"[141)]
Doch dann ging alles sehr, sehr schnell. Am 7. Juli 1989 wurde Karl Weishäupl in München in das Schwabinger Krankenhaus eingeliefert, um sich einer Operation, die ihn mental schon seit geraumer Zeit beschäftigte, zu unterziehen. Begleitet wurde dieser Eingriff von vielen guten Wünschen, die ihn in jenen Tagen an seinem Krankenbett erreichten, damit er sein Lebenswerk nach seiner Genesung wieder kraftvoll weiterführen könne.[142)] Daß er jedoch seit rund 30 Jahren wie Herbert Wehner an einer schweren Zuckerkrankheit litt, das wußten nur einige besonders gute Freunde. Daher waren die meisten umso überraschter, als er plötzlich in das Krankenhaus eingeliefert werden mußte, wo die Ärzte ihm zuerst eine Zehe und dann den rechten Unterschenkel amputierten. Jetzt nahte das schnelle Ende eines Mannes, der stets ein harter Machtpolitiker und ein streitbarer Verfechter der Sozialpolitik gewesen war.
Es war am 10. Oktober 1989, als der VdK-Präsident nach schwerer Krankheit im Alter von 73 Jahren in München verstarb. "Sein Leben ist nicht in den Wind geschrieben, er hat Millionen von Mitbürgern geholfen", sagte unter anderem der Bundesarbeitsminister, der mit dem Verstorbenen nicht immer einer Meinung gewesen war und so manchen Machtkampf ausgetragen hatte, und fuhr dann fort: "Karl Weishäupl – und das ist die größte Auszeichnung, die man einem Mitbürger geben kann – war ein Staatsdiener, dem Gemeinwohl verpflichtet, und deshalb immer an die Grenzen auch der Interessenpolitik stoßend, ein Mann des So-

zialstaates, der dem Rechtsstaat gleichgeordnet zur Seite steht – der Rechtsstaat als Schutzschild der Schwachen; nicht die Gewalt, das Recht bestimmt das Leben. Aber der Rechtsstaat ohne Sozialstaat wäre ein amputierter Staat, Recht- und Sozialstaat sind Geschwister. (...) Wir ehren in Karl Weishäupl einen Mann des Sozialstaates. (...)"[143)] Mit diesen Worten faßte Norbert Blüm die Verdienste des Verstorbenen zusammen und zog damit vor aller Öffentlichkeit einen Schlußstrich unter jene jahrelangen machtpolitischen Auseinandersetzungen, die zuweilen mit harten Bandagen an der menschlichen Schmerzensgrenze ausgetragen worden waren.

"Ein Zufall?" stellte Wulf Reimer am 10. April 1990 in der "Süddeutschen Zeitung" über den neugewählten VdK-Präsidenten die Frage und fuhr dann fort: "Oder spiegelt diese Entscheidung den Einfluß der SPD in einem Verband wieder, der sich selbst stolz als ´die größte Selbsthilfeorganisation in der Bundesrepublik` bezeichnet? (...) daß mit dem bald 64 Jahre alten Schwaben Hirrlinger wieder ein Sozialdemokrat an der Spitze dieser Pressure-group mit einer Million Mitglieder steht?"[144)]
Auf Grund der uns vorliegenden hieb- und stichfesten Dokumente geht eindeutig hervor, daß zwischen den beiden Sozialdemokraten Weishäupl und Hirrlinger eine jahrelange enge Freundschaft bestand. Umso mehr schmerzte dem Ersteren, daß der Letztere 1978 auf dem 8. Ordentlichen Verbandstag in Bremen bei der Wahl in das VdK-Präsidium gegen den konservativen "Königsmörder" Roth mit klarem Abstand den kürzeren gezogen hatte. Damit waren die Aufbauarbeiten des amtierenden Präsidenten an seinem potentiellen Nachfolger vorerst über den Haufen geworfen worden. Schlimmer noch: Am 9. Januar 1981 erteilte Bundeskanzler Schmidt dem Verband der Kriegs- und Wehrdienstopfer, Behinderten und Sozialrentner Deutschlands sogar eine Absage, als er sich weigerte, Hirrlinger auf den PR-trächtigen Posten des Bundesbeauftragten für Behinderte zu setzten.

In der Folgezeit tat Weishäupl jedoch alles, um diese Scharten wieder auszuwetzen und seinen Parteigenossen doch noch auf den Schild zu heben – unter anderem dadurch, indem er Hirrlinger zum Bundesschatzmeister seines sozialpolitischen Kampfverbandes machte. Dafür bedankte sich dieser am 22. Mai 1982 nochmals ganz herzlich für die "gestrige Einführung meiner Person in der konstituierenden Präsidialsitzung".[145)]
Hirrlingers Präsidentschaft war also von ganz langer Hand von seinen sozialdemokratischen Mehrheitsbeschaffern vorbereitet worden und alle anderen, wie zum Beispiel der langjährige VdK-Vizepräsident Ludwig Hönle von der CDU hatten auf Grund der "linken Seilschaft", wie sie verbandsintern genannt wurde, nie den Hauch einer realen Chance.[146)]
Der mutige und weise Mann darf nicht aus dem Leben fliehen, sondern er hat zu gehen – auch aus seinem Amte! -, wenn er, noch im Vollbesitz seiner geistigen und körperlichen Kräfte, nach reiflicher Selbsteinschätzung zu der Überzeugung gekommen ist, daß nunmehr der richtige Zeitpunkt für den fälligen Stafettenwechsel gekommen ist. In diesem Sinne wollte Weishäupl im Frühjahr 1990 auf dem 11. Ordentlichen Verbandstag des VdK Deutschlands in Frankfurt am Main seine Präsidentenschaft an Hirrlinger abtreten. Daß es nicht so gekommen ist, daß er diesen Zeitpunkt nicht mehr erleben und gestalten durfte, damit hatte niemand – am allerwenigsten er selbst – gerechnet.
"Doch der Mensch", so sein langjähriger designierter Nachfolger, "kann sich sein Schicksal nicht heraussuchen, es wird ihm bestimmt."[147)]Hierzu zählten auch die vielen Gemeinsamkeiten zwischen den beiden Chef-Lobbyisten, denn beide wurden im Sternzeichen des Krebses geboren: Weishäupl am 25. Juni 1916, Hirrlinger fast auf den Tag genau zehn Jahre später am 24. Juni 1926. Sowohl Weishäupl als auch Hirrlinger wurden zur deutschen Gebirgstruppe einberufen und im Zweiten Weltkrieg in ihren Reihen eingesetzt und verwundet.[148)] Nach ihrer Heimkehr stießen sie schon sehr früh zum VdK und engagierten sich

derart stark in der SPD, daß sie es jeweils zu Landtagsabgeordneten brachten. Und zwar Weishäupl in Bayern und Hirrlinger in Baden-Württemberg. Mehr noch: Weishäupl wurde als Sozialpolitiker bayerischer Staatssekretär unter dem SPD-Ministerpräsidenten Wilhelm Hoeger, Hirrlinger sogar baden-württembergischer Minister für Arbeit und Sozialordnung unter dem CDU-Ministerpräsidenten Hans Filbinger, als die C-Partei im Südwesten gemeinsam mit der SPD regierte. Bei derart vielen Gemeinsamkeiten und Berührungspunkten war es kein Wunder, daß zwischen diesen beiden Vollblutpolitikern und Spitzenfunktionären sehr rasch eine unverbrüchliche Männerfreundschaft heranreifte.

Aus Anlaß des 60. Geburtstages Hirrlingers hatte der VdK zu einem festlichen Empfang auf der Burg seiner Geburtsstadt Esslingen geladen. In seiner Laudatio fand Weishäupl wieder die richtigen Worte für seinen Bundesschatzmeister und Thronfolger, als er unter anderem ausführte: "Als Homo politikus war er immerhin stellvertretender Landesvorsitzender der SPD in Baden-Württemberg, Mitglied des Landtags, Vorsitzender des Sozialausschusses im Landtag. Er war sogar Staatsmann, vier Jahre lang, als Arbeits- und Sozialminister. Walter Hirrlinger ist aber nicht zuletzt auch ein Baufachmann. Ihm lag daran, behindertengerechte Wohnungen zu bauen, denn das Schicksal der Behinderten lag und liegt ihm besonders am Herzen. Vor allem deshalb präsidiert er in der Action Européenne des Handicapés. (...) Daß die Kommisssion der Europäischen Gemeinschaft ein Memorandum an den Rat über die Beschäftigung der Behinderten in der EG vorgelegt hat, das ist mit seinem Einfluß zustande gekommen."[149)]

Zuvor war der Jubilar mit einem Lebensabriß in der Verbandszeitschrift "Die Fackel" unter der Überschrift "Ein Mann für alle Fälle – Vollblutpolitiker mit breiten sozialem Spektrum" ausführlich gewürdigt worden. Dort erfuhr der aufmerksame Leser unter anderem: "Mit seinem 60. Geburtstag beendet Walter Hirrlinger seine berufliche Laufbahn als Sprecher der Geschäftsführung der "Neuen Hei-

mat", Regionalgruppe Baden-Württemberg. Ein Amt, das er 14 Jahre lang ausfüllte."[150)]
Denn nach dem Ende der großen Koalition in Baden-Württemberg war er auf dem schnellsten Wege auf den Stuttgarter "Neue-Heimat-Posten" gewechselt.
Vietor, Lappas und Genossen lassen also grüßen! Aber auch der Reichsbund, der eine zeitlang wegen seiner Wohnungsbaupolitik für negative Schlagzeilen in den Medien gesorgt hatte, wird Hirrlingers Aktivitäten für die skandalträchtige "Neue Heimat" sicherlich aufmerksam registriert haben.
Doch auch das war kein Zufall, sondern dahinter steckte Methode, daß der Sozialdemokrat Hirrlinger gleich nach seiner Wahl zum neuen Präsidenten auf dem 11. Ordentlichen Verbandstag in Frankfurt am Main den christlich-demokratischen Bundesarbeitsminister gleich mit einer scharfen Attacke gegen dessen Gesundheitsreform angegriffen hat. Weishäupls Nachfolger sprach von einem "Kostenverlagerungsgesetz", denn Milliardenbeträge seien von den Krankenkassen auf die Versicherten, die Behinderten und die chronisch Kranken umverteilt worden. Wenn jetzt die Krankenkassen ihre Beiträge senkten, seien die eigentlichen Gewinner die Arbeitgeber. "Über solche 'Ausrutscher' der Selbstbeteiligung lassen wir nicht mehr mit uns streiten", denn dies passe nicht in ein der Solidarität verpflichtetes Sicherungssystem, und deswegen müsse es geändert werden.[151)]
Der neue Chef-Lobbyist machte sich Luft. Er ließ den ganzen Frust, der sich im Vorfeld dieses Verbandstages Ende März/Anfang April 1990 aufgestaut hatte, ab. Und das war auch bitter nötig. Denn wie hatte doch sein Hauptgeschäftsführer noch im Januar desselben Jahres stolz verlauten lassen? Nicht weniger als 2000 geladene Ehrengäste und Delegierte werden dem Festakt in der Alten Oper zu Frankfurt beiwohnen, und zwar vom Bundespräsidenten bis zum Präsidenten des Bundesrates, vom Bundeskanzler bis zu den Fraktionsvorsitzenden, denn sie sollten für den Verband "öffentlichkeitswirksam" aufmarschieren und dann

für spätere sozialpolitische Allianzen "warm gehalten" werden.[152] Aber statt der erhofften ersten war nur die zweite Garnitur aus Staat, Politik und Gesellschaft auf dem organisatorisch nicht sehr gut vorbereiteten ersten Verbandstag der Post-Weishäupl-Ära erschienen.[153] Daher mußte man schon froh sein, daß wenigstens die immer wieder für negative Schlagzeilen sorgende Bundestagspräsidentin Rita Süssmuth, der Hessische Ministerpräsident Walter Wallmann und der Bundesarbeitsminister gekommen waren. Doch statt in moderatem Ton auf Norbert Blüm zuzugehen, wurden er und sein Reformeifer regelrecht abgekanzelt.

So hatte der neue VdK-Präsident in seiner Grundsatzrede keinen Zweifel daran gelassen, daß es für seinen Verband "hinsichtlich der DDR-Renten keinen anderen Kurs als 1 : 1 geben kann". Schließlich gelte es zu verhindern, daß "1,5 Millionen Rentner in der DDR Sozialhilfeempfänger werden". Denn der Verband der Kriegs- und Wehrdienstopfer, Behinderten und Sozialrentner Deutschlands fühle sich auch für die sozial Schwachen im anderen Teil Deutschlands verantwortlich. Nicht zuletzt deshalb seien auch Kooperationsverträge mit dem dortigen Behindertenverband abgeschlossen worden.[154]

"Aber die Debatte um die Sozialunion", so Hirrlinger, "dürfe andere Probleme nicht in den Hintergrund stellen". An die Adresse des Bundesarbeits- und Sozialministers gewandt, forderte er dann, daß auf den Arzneimitteln nicht länger "die volle Mehrwertsteuer erhoben wird". Zudem dürften "Selbstbeteiligung und Kostenerstattungsprinzip nicht zu wesentlichen Inhalten der Sozialpolitik werden." Und weiter hieß es: "Wir sind uns der Schwierigkeiten bewußt, die gerade auf dem Gebiet der Sozial- und Gesellschaftspolitik anstehen und für die wir tragbare Lösungen finden müssen: Dabei wird die Bundesrepublik nicht nur einmal über ihren Schatten springen müssen, wenn sie realistische Zukunftsperspektiven will anbieten können. Diese werden Opfer von uns verlangen. Aber es darf nicht Gesetz sein, daß es uns besser geht und daß es denen, die nach dem Kriege zufälligerweise in der DDR lebten, schlechter gehen muß. Die

Menschen in der DDR möchten an dem wachsenden Wohlstand teilhaben, der bei uns eine Selbstverständlichkeit ist."[155]

Doch der nervenstarke Bundesarbeitsminister ließ sich vom Verband und dessen Frankfurter Programm mit seinen Leitlinien zur Staats-, Sozial- und Gesellschaftspolitik nicht ins Boxhorn jagen. Stattdessen verteidigte er sein Reformwerk wacker, denn "wann sind die großen Chemie-Konzerne schon einmal so auf Trab gebracht worden wie durch den kleinen Norbert Blüm?" Einräumen mußte er allerdings, daß der Sozialstaat "eine Frage bislang nur unzureichend beantwortet hat: Die Pflege." Denn für die ambulante Pflege wird eine "neue Infrastruktur gebraucht"; die stationäre Pflege müsse finanziell besser abgesichert werden. Zuvor wurde nachdrücklich darauf hingewiesen, daß eine allgemeine Pflegeversicherung erforderlich sei, damit pflegebedürftige alte Menschen nicht länger "auch sozial ins Nichts abstürzen", weil sich "die Pflegebedürfigkeit zu einem allgemeinen Lebensrisiko entwickelt hat. Statistisch gesehen, sind ältere Menschen und Behinderte die größten Risikogruppen. Die demographische Entwicklung, das zunehmende Altern der Bevölkerung, führt dazu, daß in Zukunft gerade diese Personenkreise in noch weit größerem Umfang damit rechnen müssen, pflegebedürftig zu werden."[156]

Das künftige Rentensystem in der Noch-DDR sollte nach Ansicht des Bundesarbeitsministers "an unser System anknüpfen", damit es "keine zwei Klassen in Deutschland" gibt und damit "ein einheitlicher Sozialstaat" geschaffen werden kann. Allerdings müßten die Renten in der DDR auch aus einer seperaten Kasse finanziert werden und auf die Löhne bezogen sein. Sicherlich sei dann damit zu rechnen, daß die DDR-Renten "zunächst geringer ausfallen", räumte Blüm ein. Dennoch könne "der Wohlstandszug (mit) einer Anschubfinanzierung, nicht mit einer Dauersubvention der Arbeitslosen- und Rentenversicherung" ins Rollen kommen.

Die Sozialverbände hatten angesichts der umwälzenden politischen und sozialen Ereignisse im anderen Teil Deutschlands und der immer kleiner werdenden Gruppe der Kriegsopfer rasch eine neue Klientel ausgemacht – und zwar die DDR-Rentner, die man sich nun mit aller Macht als neue Mitglieder und Beitragszahler einverleiben wollte. Gleichzeitig kündigte Hirrlinger an, sein Verband werde "ab heute die Lobby der älteren Menschen sein", um, so darf nicht zu unrecht vermutet werden, bei dieser Bevölkerungsgruppe besser abkassieren zu können; wie zum Beispiel bei den ins Gerede gekommenen lukrativen Sterbegeldversicherungen. Nicht umsonst sah sich der Landesgeschäftsführer des VdK-Landesverbandes Hamburg auf Grund eines "Stern"-Enthüllungs-Reports über den "Trick mit dem Sterbegeld"[157)] veranlaßt, in panischer Angst einen Leserbrief zur eigenen Rechtfertigung zu verfassen:
"Gegen diese Gruppensterbegeldversicherung", schrieb Ulrich Cramer, "ist vom Grundsatz her nichts einzuwenden, da auf diese Art und Weise gerade Kranken und Behinderten die Möglichkeit eingeräumt wird, ohne Gesundheitsfragen und ohne zusätzliche Risikoprämie eine preiswerte Versicherung abzuschließen. Die Spenden, die aufgrund dieser Vereinbarung dem VdK-Landesverband Hamburg zufließen, machen diesen jedoch nicht zu einem willfährigen Partner des Versicherungsunternehmens."[158)]
Welch ein zweischneidiges Schwert die Sterbegeldversicherungen der Sozialverbände jedoch sind, das mag man daraus ersehen, daß sie einerseits eine hochwillkommene Einnahmequelle allererster Ordnung darstellen, und daß sie andererseits gegenüber den Medien wegen ihrer sehr umstrittenen Pseudo-Spendenpraxis gerne als ein heikles Tabuthema heruntergespielt werden, weil sich einige soziale Verbände damit auf Kosten ihrer Mitglieder in einem nicht für möglich gehaltenem Ausmaße regelrecht bereichern. Doch es sollte noch besser kommen, denn "nach Genehmigung durch das Bundesaufsichtsamt hat die 'Hamburg Mannheimer' (HM) die Höchstgrenze in der mit dem VdK Deutschland vereinbarten Gruppenversicherung-

Sterbegeld von bislang 10.000 DM auf 15.000 DM heraufsetzen können."[159]
Bei diesem Geldsegen ist es kein Wunder, daß "nach wie vor die Verwaltung und Betreuung des Versicherungsbestandes der Sterbegeldvorsorge im Vordergrund der Arbeit der verbandseigenen VdK-Versicherungsservice GmbH steht. Mehr als 340.000 Mitglieder und deren Angehörige haben den Versicherungsschutz der Sterbegeldvorsorge gewählt, um die bei einem Todesfall entstehenden Beerdigungskoten abgedeckt zu wissen. Der Abschluß der Versicherung ist ohne Gesundheitsprüfung und bis zu einem Alter von 80 Lebensjahren möglich.[160]

8. Kapitel

KOHL GEWINNT DIE ERSTE GESAMTDEUTSCHE WAHL 1990

"Die Stufen zum Tempel der Macht sind so angelegt, daß nur die Auserwählten sie erklimmen sollen. Beinahe alle, ich habe es an mir selber erlebt, sind in der Gefahr, über der Faszination, die von jedem Platz ausgeht, an dem Politik gemacht wird, die Welt um sich herum zu vergessen oder zu vernachlässigen.
KLAUS BÖLLING [161)]

"Politiker erleben heute stellvertretend das Dilemma, das Professionalität in der modernen Welt bedeutet: einerseits den Zugang zu haben zu den Schalthebeln und Sachstrukturen – andererseits den Argwohn derer auf sich zu ziehen, die sich ausgeschlossen fühlen. Und deren Zahl wächst rasch."
HANS MAIER [162)]

Ein historischer Augenblick kommt selten allein. Wie schon des öfteren seit dem 9. November 1989, dem Tag, an dem die Mauer und Grenzen in Deutschland fielen, wurde von den Politikern und Historikern die Einzigartigkeit des geschichtlichen Vorganges beschworen. Doch es gab noch einen weiteren Höhepunkt, nämlich die Sternstunde im Kaukasus. Was war geschehen?
Mit den epochalen Schlagworten "Glasnost" und "Perestroika" hatte Michail Gorbatschow, seit März 1985 Generalsekretär der KPdSU, sofort nach seinem Amtsantritt Initiativen ergriffen, um die verkrusteten Machtstrukturen und den Niedergang der sowjetischen Wirtschaft wirkungsvoll zu bekämpfen. Jetzt waren die Gedanken wieder frei. Die Dinge wandelten sich rasant – und zwar nicht nur in den sowjetischen Außenbeziehungen und in Osteuropa, son-

dern vor allem auch in der Deutschen Demokratischen Republik. In einer atemberaubenden Abfolge von friedlich-revolutionären Ereignissen in der DDR erschall der Ruf nach Freiheit und deutscher Einheit zunächst unter dem Motto: "Wir sind das Volk" und später: "Wir sind ein Volk" auf den Massendemonstrationen in Leipzig, Dresden, Halle und anderswo immer lauter.[163)]

Als der Generalsekretär der Kommunistischen Partei der UdSSR Gorbatschow – mittlerweile auch Staatspräsident der Sowjetunion – vom 12. bis 15. Juni 1989 die Bundesrepublik Deutschland besuchte, ahnte er vermutlich nicht, welche deutschland-, ja weltpolitischen Entscheidungen von historischer Tragweite er nur ein Jahr später zu treffen hatte. Denn am 14. Juli 1990 flog der deutsche Bundeskanzler nach Moskau, nachdem am 18. März erstmals seit ihrem Bestehen in der DDR freie und geheime Wahlen stattgefunden hatten, aus der Mitte April die Regierung der Großen Koalition unter Lothar de Maiziére hervorgegangen war. Am folgenden Tag traf Helmut Kohl mit Michail Gorbatschow in einem Gästehaus der sowjetischen Regierung zusammen. "Wir haben ein paar kleine Nüsse zu knacken, aber schließlich haben wir gute Zähne", meinte der mächtigste Mann der östlichen Supermacht.[164)] Am Nachmittag flogen die beiden Regierungschefs in den kaukasischen Erholungsort Archiz. Dort verhandelten sie bis tief in die Nacht hinein auf der Gorbatschow-Datscha – und durchschlugen den Gordischen Knoten.

Es waren 52 Stunden, die die europäische Landkarte veränderten: Die Kohl-Gorbatschow- bzw. die Genscher-Schewardnadse-Gespräche[165)] im Kaukasus brachten den Deutschen das, wovon sie 45 Jahre lang geträumt hatten, nämlich die Wiedervereinigung in Frieden und Freiheit, die volle staatliche Souveränität und den auch von Moskau gebilligten Verbleib Gesamtdeutschlands im westlichen Verteidigungsbündnis, der NATO. Es war zugleich das Ende des jahrzehntelangen Ost-West-Konfliktes und der Beginn eines europäischen Einigungsprozesses vom Atlantik bis zum Ural.[166)] Mit der Unterzeichnung des Einigungsver-

trages zwischen der Bundesrepublik Deutschland und der Deutschen Demokratischen Republik am 31. August 1990 wurde das Ziel der Einheit Deutschlands am 3. Oktober 1990 doch noch erreicht – und zwar ein Jahr, nachdem der Exodus aus der DDR am 5. Oktober 1989 eingesetzt hatte.
Der Wahlvertrag, der im August 1990 zwischen der BRD und der DDR geschlossen worden war, bestimmte, daß das Wahlrecht der Bundesrepublik bei der ersten gesamtdeutschen Bundestagswahl auch in den zukünftigen, das heißt in den neuen Ländern gelten solle. In den Bundestag sollten nur die Parteien gelangen können, die im gesamten Wahlgebiet drei Direktmandate oder mehr als fünf Prozent der gültigen Zweitstimmen erreichten. Der Vertrag sah jedoch eine Sonderregelung vor: Es sollte nämlich möglich sein, Listen verschiedener Parteien, die in keinem Land miteinander konkurrierten (Ausnahme Berlin), zu verbinden. Die Grünen, die Partei des Demokratischen Sozialismus (PDS) und die Republikaner sahen darin aber einen Verstoß gegen den Grundsatz der Chancengleichheit und klagten erfolgreich beim Bundesverfassungsgericht in Karlsruhe gegen das Wahlgesetz. Daraufhin beschloß der Deutsche Bundestag für die erste gesamtdeutsche Bundestagswahl am 2. Dezember 1990 Änderungen im Wahlgesetz, die die Entscheidung des Obersten deutschen Verfassungsorgans berücksichtigten.[167)]
Kohl ging mit dem Versprechen auf Stimmenfang, er werde aus der Ex-DDR "blühende Landschaften" machen. Als sich die "blühenden Wiesen" zunehmend als stillgelegte Kiesgruben erwiesen, geriet der Kanzler der Einheit in Panik. Man verkaufte Leuna für einen Spottpreis an ein französisches Unternehmen. Doch damit nicht genug. Um gewählt zu werden, erklärte er sich bereit, zur Erhaltung der Arbeitsplätze Zuschüsse zu zahlen. Insgesamt sollen 4.500 Millionen Mark ausgegeben worden sein, um 1.500 Arbeitsplätze zu erhalten. Das heißt: 3 Millionen Mark zahlte der Steuerzahler pro einem erhaltenen gebliebenen Arbeitsplatz in Leuna![168)]

Durch derartige finanzielle Husarenritte zeichnete sich schon sehr bald eine enorm anwachsende Staatsverschuldung ab. Doch noch wollte Kohl dem Wahlvolk weismachen, die deutsche Einheit ließe sich ohne Steuererhöhung bewältigen, denn das "zahlen wir aus der Portokasse."[169)] Und "es macht keinen Sinn, wenn wir den Ausweg in Steuererhöhungen suchen", wiegelte der Kanzler am 26. August 1990 ab.

"Die F.D.P. ist die einzige Partei, die gegen Steuererhöhungen war, bleibt und ist", versprach Otto Graf Lambsdorff am 30. Oktober 1990. Und der CSU-Vorsitzende Theo Waigel verkündete am 9. November 1990: "Ich sage noch einmal: ich plane keine Steuererhöhung."

Als die Wiedervereinigung unaufhaltsam näher rückte, äußerte sich der Kanzlerkandidat der SPD im Wahlkampf skeptisch über die kostenfreie Einheit mit den "blühenden Landschaften". Das gesamte Vertragswerk der Währungsunion bezeichnete er im Mai 1990 in einem Interview als "in sich widersprüchlich und unschlüssig", und "daß die Entscheidung, die D-Mark zum 1. Juli einzuführen, eine eminente Fehlentscheidung ist."[170)] Er gab zu bedenken, daß die Durchführung der Vereinigung wohl um die 1.000 Milliarden Mark kosten werde. Damit war Lafontaines Kostenansatz noch sehr vorsichtig geschätzt, denn die Wiedervereinigung kam den Deutschen noch viel teurer. Kurzum, sie war, wie viele Nationalökonomen voraussagten, nur über höhere Steuern zu finanzieren. Die Konservativen erkannten sofort ihre Chance und skandierten tausendfach: "Oskar ist gegen die Wiedervereinigung."[171)]

"Wenn ich dem Bürger vor dieser Wahl sage, wir machen keine Steuererhöhungen im Zusammenhang mit der deutschen Einheit, dann machen wir keine", beschwichtigte der Bundeskanzler am 15. November 1990 das verunsicherte Wahlvolk. Und sein Finanzminister erklärte am 19. November 1990: "Meldungen über angebliche Pläne zur Erhöhung der Mehrwert- und/oder Mineralölsteuer entbehren jeder Grundlage."

Angesichts der Wiedervereinigungseuphorie und nicht zuletzt auf Grund von Kohls und Waigels Versprechungen hinsichtlich der nicht zu erhöhenden Steuern – was sich schon sehr schnell als kapitale Steuerlüge entpuppte – erhielt die konservativ-liberale Regierungskoalition bei der ersten gesamtdeutschen Bundestagswahl eine komfortable Mehrheit, zumal der Kanzler noch kurz zuvor versprochen hatte: "Es wird keinem schlechter gehen, aber vielen besser."
Wie Johannes Rau, so wurde auch Lafontaine von einem Teil seiner Parteifreunde im wahrsten Sinne des Wortes im Regen stehen gelassen. Jetzt sahen diese endlich eine Gelegenheit, um sich für einige Demütigungen des zuweilen „frech wie Oskar" auftretenden SPD-Kanzlerkandidaten zu revanchieren, der mal die Beamten als "Sesselfurzer" und die Bundestagsabgeordneten als "Pfeifen" bezeichnet hatte und der im Juli 1982 über den Alt-Bundeskanzler Helmut Schmidt sagte: "Pflichtgefühl, Berechenbarkeit, Machbarkeit, Standhaftigkeit (...) Das sind Sekundärtugenden (...) Damit kann man auch ein KZ betreiben." So kamen die Sozialdemokraten nur auf 33,5 Prozent der Stimmen. Auf die Unionsparteien entfielen 43,8 Prozent. Die F.D.P. erreichte im Wiedervereinigungsrausch gar satte 11,0 Prozent, so daß Helmut Kohl als Kanzler der Einheit das konservativ-liberale Regierungsbündnis nach seiner Vereidigung am 17. Januar 1991 fortsetzen konnte.
Doch wenn der Siegestaumel verflogen ist und die Wähler ihre Abgeordneten an die vielen Wahlversprechungen erinnern, dann schlägt für jeden Politiker irgendwann einmal die Stunde der Wahrheit – und dann heißt es: Lügen, lügen und noch einmal knüppeldick lügen. Denn "je umfassender jemand lügt und je größer sein Erfolg damit ist, desto eher wird dieser Mensch an seine eigenen Tatsachenverdrehungen glauben und sich in dieser Betrügerei noch steigern. Machen wir nicht immer erneut die Erfahrung, daß", so Stubbe-da Luz, "eine bestimmte Mischung aus Selbstsicherheit, oberflächlicher Bildung, Umtriebigkeit und Lügenbereitschaft einen Karriereerfolg entscheidend begünstigt?

Das liegt wesentlich daran, daß wohl die meisten von uns – ihrer Lebenserfahrung zum Trotz – doch immer erneut bereit sind, sich von einer Minderheit talentierter Lügenbarone und Hochstaplerinnen beeindrucken zu lassen."[172)]
Daher verkündete Theo Waigel noch am 19. Februar 1991 vollmundig: "Steuererhöhungen zur Finanzierung der Einheit sind nicht nötig." Helmut Kohl entrüstete sich am 28. Februar 1991: "Den Vorwurf Steuerlügner betrachte ich als ungerechtfertigt."
Die Aussagen des Bundeskanzlers und seines Finanzministers entpuppten sich jedoch sehr wohl als 'Steuerlüge'. Denn neben der Mineralölsteuer waren seinerzeit auch schon andere Steuererhöhungen im Gespräch – und zwar die Mehrwertsteuer, die Verbrauchssteuern für Tabak und Branntwein sowie eine Ergänzungsabgabe, ein SPD-Vorschlag, den Waigel jedoch ablehnte. Obwohl 10 Prozent mehr Steuern für Besserverdienende ab 60.000 Mark (Ehepaare 120.000 Mark) insgesamt 14 Milliarden Mark zusätzlich in die leeren Staatskassen gebracht hätten.
Zwar sah ein Teil des betrogenen Wahlvolkes Abstriche für die Finanzierung der deutschen Einheit ein, jedoch hieß es im gleichen Atemzug: "Warum konnte man nicht vor der Wahl zugeben, daß die Einheit von den kleinen Leuten finanziert werden muß?" – "Wahlbetrug" und "Schweinerei" waren aus der breiten Schimpfwort-Palette noch die harmlosen Ausdrücke einer Umfrage.[173)]
Daher befand sich die Regierung Kohl/Genscher nur ein Vierteljahr nach der ersten gesamtdeutschen Wahl wieder im Abwind. Das heißt: Bei den Wählern war insbesondere die Union nach ihrer Steuerlüge unten durch. Während die meisten Westdeutschen (84 Prozent) der Bonner Koalition "Wahlbetrug und Steuerlüge" vorwarfen, bemängelten die Ostdeutschen (86 Prozent), Bonn tue nicht genug für ihre Lebensverhältnisse. Das hatte eine Umfrage der Mannheimer Forschungsgruppe Wahlen unter insgesamt 2.160 Bundesbürgern für das ZDF-Politbarometer im März 1991 ergeben. Im Mittelpunkt der Kritik in den alten Ländern standen die Steuererhöhungen, die nach Meinung der mei-

sten Westdeutschen (57 Prozent) nur zur Finanzierung der Einheit und nicht für notwendige soziale Reformen dienen.[174)]

Steuererhöhungen und eine Erhöhung der Staatsverschuldung gehen immer zu Lasten des kleinen Mannes, dem der Brotkorb von mal zu mal höher gehängt wird, während sich die Oberschicht in obszöner Weise bereichert. Nicht umsonst machte sehr rasch das Wort von der "Treuhandmafia",jenen "Helden und Halunken", Abzockern Glücksrittern und Plattmachern, die die DDR verkauften,[175)] sowie von der "Wiedervereinigungskriminalität" auf dem Rücken des dritten Standes, also der sozial Schwachen, die Runde. Angesichts dieser sozial-politischen Schieflage scheint es nur mehr eine Frage der Zeit zu sein, wann die Paläste brennen und die ersten Köpfe rollen.

Drei Stände zählte einst das französische Volk. Den ersten bildete der Adel. Der zweite umfaßte die hohe Geistlichkeit, der dritte das übrige Volk: die reichen Bürger und auch die Bauern, die Handwerker und Manufakturarbeiter sowie die Knechte und Mägde. Die ersten beiden Stände waren im Staate bevorrechtigt. Die Last der Zahlungen und Dienste lag fast ausschließlich auf dem dritten Stand. Er hatte die Pflichten – die anderen die Rechte. Dieses Rollenspiel funktionierte jedoch nur solange, solange der dritte Stand – eingeschläfert durch die Phrasen und eingeschüchtert durch die Knuten des ersten und zweiten Standes – noch schlief. Als er mit der französischen Revolution aus einem langen Schlaf erwachte, starrte er zunächst noch ungläubig auf die gesprengten Ketten und griff dann nur zögernd nach den Waffen. Die Vertreter des ersten und zweiten Standes waren zutiefst erschrocken. Starr vor Entsetzen mußten sie zusehen, wie Revolutionäre auf Stangen die abgeschlagenen Köpfe von Königstreuen durch die Straßen von Paris trugen.

Schließlich war der Ruf nach Freiheit, Gleichheit und Brüderlichkeit sowie nach den längst überfälligen sozialen Reformen nicht mehr zu überhören, denn die Oberschicht verschwendete nach wie vor unvorstellbare Summen.

Zweihundert Jahre später sieht es in "Bonnberlin" nicht viel anders aus. So ist es kein Wunder, daß auch das deutsche Volk inmitten eines gewaltigen sozialpolitischen Umbruches steht, nachdem "die von den Politikern dauernd und überall geworfenen Nebelkerzen eine klare Sicht unmöglich machen."[176)]

9. Kapitel

SOZIALPOLITISCHE UMBRÜCHE NACH DER WIEDERVEREINIGUNG

"Störungen der gesellschaftlichen Ordnung und Menschen in unwürdiger, elender Lebenslage hat es zu allen Zeiten gegeben. Wir finden sie im alten Ägypten und in China ebenso wie in der Geschichte des Volkes Israel. Die Pyramiden und die chinesische Mauer, wie die schriftlichen Zeugnisse jener Zeiten, berichten von Menschen, die als 'Arbeitstiere' diese Wunderwerke bauten, und von Menschen, die als Peitschen schwingende Aufseher daneben standen. (...) Die Klagen der Propheten über Wucher und soziales Unrecht aller Art sind ein ständig wiederkehrendes Thema."[177)]

"Die Bundesrepublik Deutschland ist ein demokratischer und sozialer Bundesstaat", heißt es im Artikel 20, Absatz 1 des Grundgesetzes. Das besagt, "der Staat ist gehalten, die Gesellschafts- und Wirtschaftsordnung in einer Weise zu gestalten, die jedem Bürger menschenwürdige Lebensbedingungen sichert, das bedeutet keineswegs, daß der Staat etwa die Initiaitve des Einzelnen im Wirtschaftsleben durch eine zentrale Planung einschränken oder gar beseitigen soll. Denn das liefe nur auf eine Schwächung der gesamten volkswirtschaftlichen Leistungskraft und damit zugleich auf ein Minus an sozialstaatlichen Leistungs- und Unterstützungsmöglichkeiten hinaus. Gebremste wirtschaftliche Dynamik bedeutet auch weniger Einkünfte an Steuern und Versicherungsbeiträgen, die sozialpolitisch verwendet werden können. 'Sozialstaat' bedeutet vielmehr, durch staatliche Gesetze und durch öffentliche Leistungen sicherzustellen, daß materielle Ungleichheit nicht die Menschenwürde beeinträchtigt."[178)]

Durch die Gesetzgebung des Bundestages und des Bundesrates wird geregelt, "wie die Bürger sich in der Solidargemeinschaft weit ausgebauter Versicherungssysteme einen angemessenen Lebensstandard auch für Krankheit und Invalidität, für den Fall der Arbeitslosigkeit und für das Lebensalter sichern."[179)]
Diese Versicherungssysteme werden sowohl von den Arbeitgebern als auch von den Arbeitnehmern zu gleichen Teilen getragen. In bestimmten Fällen werden sie – wie zum Beispiel bei der Rentenversicherung – durch staatliche Leistungen aufgestockt.
Eine weitere Ebene der sozialen Sicherung bilden die Hilfen aus öffentlichen Mitteln, die der einzelne erhält, wenn er in Not gerät und die Leistungen aus den Versicherungssystemen ihm keine oder nur eine ungenügende Unterstützung geben. Der wichtigste Faktor ist in diesen Fällen die staatliche Sozialhilfe, die meist an die sozialen Randgruppen ausgezahlt wird. Hierzu zählen Personen, die wegen besonderer sozialer Schwierigkeiten am Leben in der Gemeinschaft nicht teilnehmen können und selbst nicht in der Lage sind, diese Schwierigkeiten zu überwinden. Sie haben nach dem Bundessozialgesetz einen Rechtsanspruch auf Hilfe. Zu diesem Personenkreis zählten lange Zeit fast ausschließlich Obdachlose, Nichtseßhafte, Landstreicher, entlassene Strafgefangene, verhaltensgestörte junge Menschen, Alkoholkranke, Drogen- und Rauschgiftsüchtige sowie verkrachte Existenzen.
In jüngster Zeit wird der Personenkreis der Sozialhilfeempfänger auf Grund der gewaltigen sozialpolitischen Umbrüche nach der Wiedervereinigung jedoch mehr und mehr um Hunderttausende von Arbeitslosen und materiell ins Abseits geratene Menschen erweitert. "Zur Eingliederung dieser Personen müssen geeignete neue Hilfen entwickelt, bewährte Hilfen den veränderten Verhältnissen angepaßt und neue Methoden für die Durchführung erprobt werden."[180)]
Ein zentrales Anliegen des Sozialstaates ist die Familienpolitik. Die Familien unterstehen nämlich dem besonderen

Schutz und erhalten daher öffentliche Leistungen. "Der Staat trägt dabei der Tatsache Rechnung, daß Kinder ihren Eltern auch besondere materielle Leistungen abverlangen und daß zugleich jede Solidargemeinschaft nur dann eine Zukunft hat, wenn junge Menschen die Folge der Generationen fortsetzen."[181)]

In der Bundesrepublik Deutschland ergeben die verschiedenen Versicherungssysteme sowie die öffentlichen Leistungen zusammen ein beispielhaft dicht geknüpftes soziales Netz, das trotz seiner Mängel Anerkennung findet. Daß dieses soziale Netz jedoch nicht X-beliebig belastbar ist, das wird in jüngster Zeit auf Grund der angespannten öffentlichen Haushalte und dem schwierigen Anpassungsprozeß nach der Wiedervereinigung immer augenfälliger. Denn in der ehemaligen DDR gab es kein soziales Sicherungssystem, das in seinem Aufbau mit dem der Bundesrepublik Deutschland vereinbar gewesen wäre. Die gewaltigen wirtschaftlichen und sozialen Probleme in den neuen Bundesländern erfordern daher nicht nur über einen kurzen - wie blauäugige Bonner Politiker ihren Wählern weismachen wollten! -, sondern über einen längeren Zeitraum eine besondere Unterstützung sowohl durch die öffentlichen Hände als auch durch die Sozialverbände.

So hatte der Verband der Kriegs- und Wehrdienstopfer, Behinderten und Sozialrentner Deutschlands schon im Vorfeld der Wiedervereinigung im Jahre 1990 in der ehemaligen DDR fünf Landesverbände gegründet. Nach der ersten gesamtdeutschen Wahl wurde für den 13. März 1991 dann ein außerordentlicher Bundesverbandstag nach Chemnitz einberufen, damit die VdK-Landesverbände Brandenburg, Mecklenburg-Vorpommern, Sachsen, Sachsen-Anhalt und Thüringen ihren Beitritt zum VdK Deutschland erklären konnten. Bei der Schlußkundgebung nahm unter anderem der Staatssekretär Dr. Bernhard Worms für die Bundesregierung zu aktuellen sozialpolitischen Themen Stellung. "Die Versorgung der Kriegsopfer in den neuen Bundesländern und die wirtschaftliche und soziale Einglie-

derung der Menschen mit Behinderungen standen im Vordergrund der Beiträge."[182)]
VdK-Präsident Walter Hirrlinger erläuterte die "Chemnitzer Erklärung" seines, wie er sich ausdrückte, schlagkräftigen "Sozial- und Kampfverbandes", in der festgeschrieben wurde, wie sich der Verband einen fortschrittlichen Sozialstaat in Deutschland vorstellt. Stellung genommen wurde schwerpunktmäßig zum Thema deutsche Wiedervereinigung, zur Rehabilitation, zum Schwerbehindertenrecht, zur gesetzlichen Krankenversicherung, zum sozialen Entschädigungsrecht, zur gesetzlichen Rentenversicherung, zur Behindertenpolitik und zur Absicherung des Risikos im Pflegefall.[183)]
"Wir sind immer für das Staatsganze eingetreten. Wir wollen den sozialen Rechtsstaat in Verantwortung auch für die Benachteiligten mitgestalten. Deshalb erhebt der VdK seine Stimme jetzt, um sozialen Mißständen vorzubeugen, die sich im Zuge der deutschen Einheit abzeichnen, um soziale Ungerechtigkeiten zu beseitigen, denen sich nicht zuletzt in den neuen Bundesländern Millionen Menschen gegenübersehen." Mit diesen Worten begann der VdK-Präsident seine Rede vor 3.000 Teilnehmern der Großkundgebung seines Kampfverbandes im September 1991 in der großen Sporthalle an der Katzenaue im thüringischen Eisenach.[184)]
Der Chef-Lobbyist sagte dem Bundesarbeitsminister Norbert Blüm klipp und klar, welche Taten beim sozialen Aufbau in der Ex-DDR sein Verband von der Bundesregierung erwarte, und erinnerte an die von ihm gemachte Einschätzung der sozialpolitischen Lage im Vorfeld des Einigungsvertrages: "Wir haben von Anfang an gesagt: Einig Volk kostet Geld! Aber das wollte man damals nicht glauben. In der Zwischenzeit hat man Steuern und Abgaben erhöht und weiß schon heute, daß dies alles nicht ausreichen wird. Es besteht die große Gefahr, daß wieder einmal die sozial Schwachen in erster Linie dazu herhalten sollen, mit Einschränkungen leben zu müssen. Immer wieder wird über die Möglichkeiten eines Haushaltsstrukturgesetzes laut nachgedacht. Erst jüngst hat Bundeswirtschaftsmini-

ster Möllemann die Einschränkung von Leistungsgesetzen im Zuge weiterer Einsparungen für unumgänglich erklärt. Das alles bestätigt unsere Vermutung, daß in erster Linie der soziale Bereich wieder dazu herhalten soll, wenn es darum geht, Kürzungen und Einschränkungen hinzunehmen. Das aber kann keine vernünftige Politik sein!"[185)]

Dafür nannte Hirrlinger in seiner Rede zwei Beispiele. Zum einen erfolgt zum 1. Oktober eine Wohngelderhöhung, "die der VdK für richtig hält." Und zum anderen: "Die von der Bundesregierung im Rahmen des Subventionsabbaus beschlossene Kürzung bei den Arbeitsbeschaffungsmaßnahmen (ABM) mit jährlich 560 Millionen Mark wird vor allem Personengruppen treffen, die in der freien Wirtschaft kaum eine Chance auf einen Arbeitsplatz haben und ohne ABM größtenteils zur Arbeitslosigkeit verurteilt sind. Dies hat auch der Präsident der Bundesanstalt für Arbeit bestätigt. Es ist also zu befürchten, daß wieder mehr Arbeitslosigkeit finanziert werden muß. Dabei werden rund 85 Prozent aller ABM-Stellen an Langzeitarbeitslose, Schwerbehinderte, Personen ohne Berufsausbildung, an Menschen mit gesundheitlichen Einschränkungen oder aus sonstigen Gründen besonders schwer vermittelbare Arbeitnehmer vergeben. Wenn dann später wieder aufgestockt wird, wie jetzt gemeldet, dann wird die Verwirrung nur noch größer."[186)]

Und weiter: "Es werde immer gesagt: Geld sei genügend da. Wenn das aber so sei", so der Verbandspräsident, "dann rate ich den Verantwortlichen in den neuen Bundesländern dringend: Sorgen Sie dafür, daß es auch zu den Hilfesuchenden kommt, denn die merken bisher nichts davon!" Hirrlinger kritisierte ferner die unterschiedliche Behandlung der Kriegsopfer in Ost- und Westdeutschland bei den Grundrenten, denn "der Verlust eines Beines im Osten ist genauso schmerzhaft wie im Westen." Es dürfe hier keine unterschiedlichen Grundrenten geben. Der Schadenstatbestand müsse in Ost und West gleich gewertet werden."[187)]

Dann forderte er "den Bundesarbeitsminister erneut auf, dafür zu sorgen, daß endlich eine gleiche Bewertung gleicher Schadenstatbestände in Ost- und Westdeutschland herbeigeführt wird." Notfalls, so Hirrlinger, "könne dies durch einen kurzzeitigen Stufenplan geschehen. Aber es müsse ein sichtbarer Anfang gemacht werden. Es wäre auch wichtig, wenn die Landesregierungen der neuen Bundesländer sich dieser Forderung des VdK anschließen könnten und im Bundesrat initiativ würden."[188)]

In seinen Leitlinien zur Staats-, Sozial- und Gesellschaftspolitik bezeichnete der Sozialverband es als eine seiner wesentlichen Aufgaben, "mit allen demokratischen Mitteln für eine realistische, fortschrittliche Sozial- und Gesellschaftspolitik für die von ihm vertretenen Personenkreise und in entsprechender Konsequenz für große Teile unserer Bevölkerung einzutreten." Denn nach der Wiedervereinigung Deutschlands und den damit einhergehenden wirtschaftlichen Schwierigkeiten hat der Umfang der sozialpolitischen Aufgaben auf Grund der wirtschaftlichen und gesellschaftlichen Umbrüche in einem erheblichen Maße zugenommen. Nach wie vor stellt die Bekämpfung der in ungeahnte Höhen steigenden Massenarbeitslosigkeit Staat und Gesellschaft vor schwierige Aufgaben. Dabei wird die Sozialpolitik im wesentlichen von Sparmaßnahmen bestimmt.[189)]

Die in der Regierungserklärung angekündigte Reform zur Absicherung bei Pflegebedürftigkeit war weniger von sachlicher Notwendigkeit als vielmehr vom parteipolitischen Streit um die Kompensation der Arbeitgeberbelastung beherrscht. Erst im November 1993 legte das Bundesarbeitsministerium einen Referentenentwurf zu einem Sozialgesetzbuch IX – Eingliederung Behinderter – vor. Das Rentenreformgesetz trat 1992 in Kraft. Gravierend wirkte sich vor allem für chronisch Kranke und Behinderte das am 1. Januar 1992 in Kraft getretene Gesundheitsstrukturgesetz aus. Deutliche finanzielle Einbußen brachte das am 1. Januar 1994 in Kraft getretene Gesetz zur Umsetzung des Spar-, Konsolidierungs- und Wachstums-

programms mit sich. Konterkariert wurden nach Meinung der Sozialverbände die Bemühungen, das Bundessozialhilfegesetz zu novellieren – und zwar durch willkürliche Deckelungen des jährlichen Anpassungssatzes sowie durch Kürzungen bestimmter Leistungen.[190)]
Die sozialpolitische Arbeit des Deutschen Bundestages war in der 12. Legislaturperiode vorwiegend durch Sparmaßnahmen gekennzeichnet, mit denen Kürzungen im Sozialversicherungsrecht und in anderen Bereichen der Sozial- und Gesellschaftspolitik beschlossen wurden. Es wurden Gesetze verabschiedet, die das Vormundschafts- und Pflegerecht für alte Menschen, psychisch Kranke und Behinderte änderten. Wesentlich war nach Meinung der Sozialverbände, daß das Gesundheitsreformgesetz vom 1. Januar 1989 keine dauerhaften Wirkungen zur Konsolidierung gezeigt hatte, wohl aber Belastungen für die chronisch Kranken und behinderten Versicherten von jährlich rund 6 Milliarden Mark.[191)]
Die Massenarbeitslosigkeit und der technologische Wandel bestimmten weiterhin den Arbeitsmarkt. Um hier einen nachhaltigen Wandel zur Entspannung des Arbeitsmarktes herbeizuführen, fehlte es jedoch an klaren politischen Vorgaben, insbesondere beim Einsatz von Arbeitsbeschaffungsmaßnahmen. Dieses Instrument wurde in Bezug auf die neuen Bundesländer je nach wirtschaftlicher Lage zunächst ausgebaut und dann kontinuierlich Restriktionen unterworfen. Insbesondere im sozialen Bereich wurde dadurch ein flächendeckender Aufbau von entsprechenden Diensten erschwert. Durch die wirtschaftliche Rezession erschwerte sich die Situation des betroffenen Personenkreises im Wettbewerb um die wenigen Arbeitsplätze erheblich. Die sozial schwachen Bevölkerungskreise waren durch die steigende Inflation noch stärker betroffen. Dies konnte selbst durch die jährlichen Anpassungen verschiedener Sozialleistungen nicht aufgefangen werden.[192)]
Die Führungsgremien des VdK Deutschlands hatten schon auf ihrem 11. Ordentlichen Verbandstag in Frankfurt am Main betont, "daß im Hinblick auf die demographische Ent-

wicklung und durch die enormen Kosten, die durch die Wiedervereinigung Deutschlands entstehen würden, Reformen und Umbaumaßnahmen im sozialen Bereich notwendig seien." Hirrlinger erklärte die Bereitschaft, "an der Bewältigung dieser Entwicklung mitzuhelfen, damit die sozialen Sicherungssysteme auch über die Jahrtausendwende finanziell stabil bleiben." Unmißverständlich erklärte er aber auch, "daß diese Mitwirkungsbereitschaft mit der unabdingbaren Forderung verknüpft sei, daß die Lasten gerecht und sozial verträglich auf alle Bevölkerungsgruppen verteilt werden müßten."[193)]

Bei der Gestaltung der Reformen und der Weiterentwicklung des Sozialrechts auf die sich ändernden Verhältnisse ging es der Verbandsführung aber nicht nur um die Verwirklichung des Grundsatzes der sozialen Gerechtigkeit, sondern auch darum, zu verhindern, daß die Systeme der sozialen Sicherung infolge der demographischen Veränderung und der wirtschaftlichen Schwierigkeiten ihre Funktionsfähigkeit verlieren; daß die Prinzipien der Solidarität und Sachleistung ausgehölt werden; daß den Gruppierungen in der Bundesrepublik Deutschland, die sich gegen Eingriffe in ihre soziale Sicherheit und ihre Rechte sowie gegen die Beschneidung ihrer wirtschaftlichen Lebensbedingungen nicht wehrten können – also den Rentnern, Arbeitslosen, Kranken, Behinderten, Kriegs- und Wehrdienstopfern und anderen Versorgungsberechtigten und Sozialhilfeempfängern - unangemessen hohe Lasten aufgebürdet werden, die ihre soziale Sicherung nachhaltig beeinträchtigen; daß der Weg in eine Gesellschaft beschritten wird, in der es zwei Dritteln gut und einem Drittel schlecht geht; und daß mit Mißbrauchsdiskussionen und Diskriminierungen Abbau sozialer Leistungen für bestimmte Personengruppen betrieben wird.[194)]

Die Forderungen des Kampfverbandes zur Sozialpolitik standen unter der Prämisse, "daß wegen der Sparmaßnahmen, die im wesentlichen zu Lasten von Millionen von Rentnern, arbeitslosen Schwerbehinderten, Sozialhilfeempfängern, Kranken und Pflegebedürftigen gingen, die

Errungenschaften von vier Jahrzehnten Sozialpolitik in der Bundesrepublik Deutschland nicht durch finanzpolitische Umschichtungen und Außerachtlassung der Grundsätze sozialer Gerechtigkeit und sozialer Verträglichkeit aufgegeben werden dürfen. Bundesregierung, Bundestag und Bundesrat seien deshalb bei den derzeit herrschenden wirtschaftlichen Schwierigkeiten besonders in der Pflicht. Auch im Hinblick auf die deutsche Einheit und die Verwirklichung des europäischen Binnenmarktes zum 1. Januar 1993 erwartet der VdK deshalb vom Gesetzgeber, daß er der Sozialpolitik jene Bedeutung zumißt, die von der Verfassung her geboten ist. Das bedeutete auch, alle Maßnahmen so zu treffen, daß der soziale Friede in der Bundesrepublik Deutschland gewahrt werden könne."[195)]
Und um diesen sozialen Frieden ist es im wiedervereinigten Deutschland seit geraumer Zeit nicht allzu gut bestellt. Denn viele "Profipolitiker" haben die „Brücken zum normalen beruflichen Leben abgebrochen. Teils können sie nicht einfach ihre Ämter und Mandate niederlegen, selbst dann nicht, wenn die Rahmenbedingungen, unter denen sie diese ausüben, unwürdiger werden als die der meisten Beschäftigungsverhältnisse: Sie haben es vor Eintritt ins politische Leben versäumt, eine berufliche Existenz zu begründen. Teils lassen sie Selbstachtung sein und verzichten auf den lästig gewordenen Luxus eines eigenen Gewissens (sofern sie je eines mitbrachten), weil der erreichte Standard an Geld, Macht und Prestige ihnen mehr Wert ist. Profipolitiker sind darauf angewiesen, sich entweder durchzubeißen oder sich in den Schutz und die Abhängigkeit eines 'Paten' zu begeben, den sie nicht bloß ertragen, sondern nach außen hin aus Gründen der Parteiräson oft auch noch lobpreisen müssen. Den Arrivierten winkt eine großzügige Altersversorgung",[196)] und zwar zu Lasten des Sozialstaates.

10. Kapitel

BUNDESTAGSWAHL 1994: BITTERER SIEG FÜR KOHL

"'Politikverdrossenheit' ist nach Angaben der Duden-Redaktion d a s Wort des Jahres 1992. Politikverdrossenheit spiegelt sich nicht nur im Rückgang der Wahlbeteiligung, sondern auch im Mitgliederschwund der Parteien und darin, daß immer mehr Wähler extremen Parteien ihre Stimme geben – dies aber häufig nicht, weil diese Parteien ihrer Überzeugung entsprächen, sondern aus Protest; alle diese Symptome sind bei jüngeren Bevölkerungsgruppen besonders stark ausgeprägt."
HANS HERBERT VON ARNIM [197)]

Die Jahre nach der Wiedervereinigung Deutschlands hätten Jahre der Bewährung und der so oft propagierten geistig-moralischen Wende sein können, ja müssen – und zwar für all jene, "die das Volk vertreten und seine Geschicke leiten sollen. Aber dem Wähler bietet sich ein verwirrendes Bild. Politikern und Parteien, Regierenden wie der Opposition scheint nur mehr die eigene Wirklichkeit vor Augen zu stehen – geschäftig Beschäftigte in einer Art Selbstbedienungsladen. Internes Gezänk und Diätenskandale werden zu politischen Höhepunkten, und der sozialdemokratische Querdenker Oskar Lafontaine hat, wie so viele, nicht zuletzt an die eigene Versorgung gedacht."[198)]
Von einer Affäre in die andere taumelte auch Rita Süssmuth, die "Scheinheilige von Bonn".[199)] Sie verkauft sich als "Sauberfrau der Politik", aber Worte und Taten passen bei der Ex-Bundestagspräsidentin schon lange nicht mehr zusammen. So war sie zunächst im Frühjahr 1991 in eine peinliche Affäre um einen "Repräsentations-Mercedes" verwickelt. Der Wagen vom Typ 420 SEL im Wert von 100.000 Mark gehörte zum Fuhrpark der Bundestags-

Verwaltung. Seit zwei Jahren fuhr ihn ihr Mann Dr. Hans Süssmuth, ein Professor für neuere Geschichte an der Universität Düsseldorf. Nach einem Bericht des "Stern" soll er sogar die monatlichen Benzinrechnungen bei der Bundeskasse abgerechnet haben. Mit ihrem Gatten brachte Rita Süssmuth nach Schätzungen monatlich rund 50.000 Mark nach Hause. Dabei sind in vollem Umfang noch nicht einmal zahlreiche Zusatzleistungen aus der öffentlichen Kasse, wie zum Beispiel langfristig wirksam werdende Vergünstigungen, von denen der Normalverbraucher nur träumen kann, mitgerechnet.
Im Winter 1996 mußte sich der Bundeskanzler höchstpersönlich in die neue Affäre um die Schweizreisen seiner "Sauberfrau" einschalten, um ihren politischen Absturz zu verhindern, obwohl er sie einmal schon als ein "auslaufendes Modell" bezeichnet hatte.[200)] Durch seinen Regierungssprecher Peter Hausmann ließ Kohl am 19. Dezember 1996 erklären, er lege Wert auf die Feststellung, "daß es in der Führung der CDU keine Bestrebungen gibt, Bundestagspräsidentin Rita Süssmuth zu schaden." Unionsfraktionschef Wolfgang Schäuble erklärte, er habe keinen Grund, daran zu zweifeln, daß Frau Süssmuth Flugzeuge der Luftwaffe nur aus dienstlichen Gründen genutzt habe. Er habe ihr auch keine Frist zu Bereinigung der Affäre gesetzt.[201)] Was hatte diesen neuerlichen Bonner Skandal ausgelöst?
Die "Bild"-Zeitung hatte berichtet, Frau Süssmuth habe sich 1995 nach der Promotionsfeier ihrer Tochter Claudia von der Luftwaffe in Zürich abholen lassen, obwohl in einer nahezu zeitgleich fliegenden Lufthansa-Maschine noch 26 Plätze frei gewesen seien. "Wer sich von juristischen Verschwörungstheorien blenden läßt, kommt nicht umhin, drei der Süssmuth-Flüge in die Schweiz, die sie mit der Flugbereitschaft der Bundeswehr unternommen hat, als rein privat zu werten. Eine Einschätzung, die auch von den Experten des Bundes der Steuerzahler geteilt wird. Und wenn es nur eine einzige Reise wäre, dann", so Michael H. Spreng in

seinem "Bild"-Kommentar, "wäre es genau eine Reise zuviel, um Bundestagspräsidentin bleiben zu können."[202)]
"Für Politiker muß der Ehrenkodex anspruchsvoller sein als für andere Berufsgruppen", hatte Rita Süssmuth in einer ihrer vielen Äußerungen über die Moral in der Politik vollmundig erklärt. Und im Oktober 1996 schwadronierte die "heilige Rita": "Wir brauchen die geistig-moralische Wende wirklich."[203)] Doch die Ex-Bundestagspräsidentin "gehört zu denjenigen Politikern, die gern die allgemeine und politische Moral hochhalten, solange sie selbst nicht betroffen sind. Aber wehe, wenn das Fallbeil der eigenen Zitate droht, dann werden eigene Verfehlungen gern in bösartige Kampagnen finsterer Mächte umgemünzt – vornehmlich der Presse, denn die Opposition ist in der Flugaffäre Süssmuth ein Totalausfall. Die Opposition", so Spreng, "handelt nach dem Motto: Wir sitzen alle in einem Flugzeug. So kann Rita Süssmuth, unterstützt von ihrem alten Diäten-Co-Piloten Klose, erst einmal auf Zeitgewinn spielen."[204)]
Vier Wochen lang hatte der Bundestagsvizepräsident Klose das Dickicht um die Süssmuth-Flüge durchforstet. "Sein Bericht zu den Flügen nach Holland und in die Schweitz ist ein Sammelsurium von Widersprüchen, Halbwahrem und Ungereimtem. Er wirft mehr Fragen auf, als er beantwortet. Doch was soll auch herauskommen, wenn ein Stellvertreter den eigenen Chef überprüft?"[205)] Daher war das "Klose-Gutachten" zur Flug-Affäre der "scheinheiligen Rita" ungefähr so aussagekräftig wie die Zeugenaussage eines nahen Verwandten. Eine echte Alternative wäre der unabhängige Bundesrechnungshof gewesen, denn dessen Prüfer sind an keine Weisungen von oben gebunden – und an keine Politiker, die nur an ihre eigenen Pfründe denken.
"Was sich Frau Süssmuth erlaubt, übertrifft wohl alles bisher dagewesene", entrüstete sich Eberhard Linke aus Germering. "Nunmehr als Wiederholungstäterin (Dienstwagenaffäre) bekannt, hat sie auch noch die Unverfrorenheit, von einem Komplott gegen sie zu sprechen. Nun müßte aber auch den etwas geistig Zurückgebliebenen klar wer-

den, daß Frau Süssmuth nicht die ältere nette freundliche Dame ist, für die man sie schon jahrelang hält."[206)]

"Die Vorwürfe gegen Frau Süssmuth lassen nicht nur den Schluß auf einen Verlust an politischer Kultur zu, sondern vielleicht sogar an charakterlicher Eignung für ein so hohes Staatsamt", erregte sich Burkhard Beetz aus Braunschweig. "Um ein solches Amt auszuüben, reicht es eben nicht, nur des Kanzlers 'Quotenfrau' zu sein."[207)]

"Sie ist die Queen of Betroffenheit und immer zur Stelle, wenn es darum geht, Moral einzufordern", resümierte der "Stern". "Nur bei sich selbst drückt Rita Süssmuth beide Augen zu."[208)]

Unter Protest trat der Kölner Soziologie-Professor und Parteienkritiker Erwin K. Scheuch nach der Flug-Affäre aus der CDU aus. "Die Verschwendung von Millionen durch die Fliegerei von Frau Süsmuth" habe den letzten Anstoß zu diesem Schritt gegeben, so Scheuch gegenüber dem Nachrichtenmagazin "Focus". Parteichef Helmut Kohl habe Rita Süssmuth danach auch noch gelobt. Daher "verbietet es für mich die Selbstachtung, in der Partei zu bleiben, die einen solchen Vorsitzenden duldet", schrieb der Kritiker in seiner Austrittserklärung.[209)]

Nimmt es angesichts dieser Affären und Skandale sowie der immer offenkundiger zutage tretenden Wiedervereinigungskriminalität im Dunstkreis der Politik Wunder, daß der Vertrauensverlust zu den Politikern rapide abwärts geht? Nur zwei Jahre nach der ersten gesamtdeutschen Wahl vertraute nur noch ein Viertel aller Deutschen dem Homo politicus, 58 Prozent nur noch wenig, 16 Prozent überhaupt nicht. Von den Anhängern der Grünen und der rechtsradikalen Parteien hatten sogar 98 Prozent nur noch ein geringes oder gar kein Vertrauen in die Politik. Insgesamt lag das Sympathiepotential der Rechtsradikalen bei 12 Prozent. Zu den 6 Prozent, die seinerzeit schon die Republikaner oder die DVU gewählt hätten, kamen weitere 6 Prozent, die sich vorstellen konnten, bei einer der nächsten Wahlen auch einmal rechtsextrem zu wählen.[210)]

Nicht weniger erschreckend ist auch die Entfremdung zwischen den Politikern und den Wählern. 83 Prozent aller Deutschen wünschen sich jüngere, unverbrauchte Politiker mit neuen Ideen. Wähler der rechtsextremen Parteien haben ein besonders negatives Bild von den Politikern. 94 Prozent von ihnen (im Vergleich zu 77 Prozent aller Deutschen) meinen, Politiker erschöpfen sich in Partei- und Wahltaktik; 87 Prozent (im Vergleich 63 Prozent aller Deutschen) glauben Politikern nichts mehr; 73 Prozent (63 Prozent im Vergleich aller Deutschen) beklagen die hohlen Phrasen der Politiker; 74 Prozent (im Vergleich zu 54 Prozent aller Deutschen) sehen keinen Kontakt der Politiker mehr zu den Wählern; 59 Prozent (im Vergleich zu 41 Prozent aller Deutschen) meinen, die Politiker kümmerten sich nur um ihr eigenes Wohlergehen; 59 Prozent (im Vergleich 37 Prozent aller Deutschen) halten die Politiker für faul; 49 Prozent (im Vergleich zu 32 aller Deutschen) sogar für korrupt und bestechlich.[211)]
Welches sind nun die Gründe für diesen großen Vertrauensverlust in die Politiker und ihre Politik? "Nicht das Asylrecht, sondern Existenzsorgen sind schuld an dem Vertrauensverlust der großen Volksparteien. An der Spitze der Probleme, die nach Ansicht der Deutschen vordringlich gelöst werden müssen, stehen 1.) die Sorge um die Arbeitsplätze, 2.) die Wohnungsnot, 3.) die zunehmende Kriminalität, 4.) die Pflegeversicherung und 5.) die bessere Zusammenarbeit der Parteien. Erst an sechster Stelle folgt die Änderung des Asylrechts."[212)]
Diese Politik- und Staatsverdrossenheit löste bei den Bürgern eine Wahlmüdigkeit und ein Protestwahlverhalten von nie gekanntem Ausmaß aus. Richard von Weizsäcker, der im Mai 1984 die bisher bei Bundespräsidentenwahlen größte Mehrheit von 832 bei 1017 gültigen Stimmen gewonnen hatte, gab der deutschen Politik "in einer Zeit der Flachheit (...) wieder gedankliche Tiefenschärfe"[213)] und mahnte bei den Parteien die Pflichterfüllung an.[214)] "Er erntet Empörung, und am Ende taucht die gefährliche Frage auf, ob die Instrumente der Demokratie überhaupt noch

imstande sind, die großen Konflikte und die regionalen Problemlagen zu beherrschen: die Zerstörung der Umwelt oder den Streit um eine Pflegeversicherung",[215] um nur einige ungelöste Problemfelder zu nennen.

Weizsäcker kritisierte aber nicht nur die Parteien, sondern wenig später auch den Bundeskanzler, mit dem er als politischer Präsident konkurrierte, "Gemocht haben sie sich nie – nun aber herrscht offene Feindschaft", stellte Sönke Petersen fest. Ausgelöst wurde die "neue Eiszeit" durch ein "Spiegel"-Interview des Alt-Bundespräsidenten, in dem er der Bundesregierung – und damit auch Kohl – vorwarf, "sich mehr um den Machterhalt als um wichtige Probleme des Landes wie den Kampf gegen Arbeitslosigkeit zu kümmern. Von geistiger Führerschaft sei weit und breit nichts zu sehen."[216]

So nimmt die Staatsverdrossenheit immer mehr zu. Was jedoch keineswegs heißt, daß die Deutschen politikverdrossen sind. Denn "sie sind nur über die Politik, die heute gemacht wird, über die meisten Politiker und ihre Parteien verdrossen." Resümierte der Ex-Linke Klaus Rainer Röhl, einer der führenden Köpfe der 68er Bewegung.[217] "Stärkste Partei wird bei der nächsten Bundestagswahl im Herbst 1994 weder die CDU/CSU noch die SPD, sondern die ´Partei der Nichtwähler`", ergab eine "Spiegel"-Umfrage über die politische Situation im Frühjahr 1993.

Vor der Bundestagswahl von 1994 war der SPD-Chef Björn Engholm weit über die eigenen Reihen hinaus populär, während der CDU-Chef Helmut Kohl die Bundesbürger "in Freund und Feind polarisierte". Eine "wichtige Rolle" wünschten Engholm 96 Prozent der SPD-Wähler, aber auch 58 Prozent der anderen Deutschen. Kohl kam auf 89 Prozent der CDU/CSU-Wähler, aber nur auf 24 Prozent der anderen Deutschen.[218]

Den Vertrauensverlust des Volkes in die Politiker beklagte der ehemalige SPD-Hoffnungsträger mit den Worten: "Seit 21 Jahren bin ich Politiker von Beruf, ein ´Berufspolitiker`, wie es naserümpfend heißt. Als solcher komme ich viel herum, treffe unendlich viele Menschen, führe zahllose Ge-

spräche. Und wo immer ich hinkomme, sagen die Leute unverblümt, was sie von der Politik im allgemeinen und von den Politikern im besonderen halten: wenig, nichts. Das Bild, das sich der demokratische Souverän macht von denen, die er wählt, ist niederschmetternd. Dick, dumm, faul, gefräßig, profillos und jederzeit korrumpierbar – so seien die meisten Politiker. Und wenn es ein schmutziges Geschäft gäbe, dann sei das allemal die Politik."[219)]
Wenig später wurde der hochgelobte, jedoch hoffnungslos überforderte SPD-Shooting-Star selbst das Opfer einer politischen Lebenslüge, als er in den Sumpf der unrühmlichen Barschel-Pfeiffer-Affäre gezogen wurde und dort sang- und klanglos versank. In der Engholmnachfolge machte zunächst der rheinland-pfälzische Ministerpräsident Scharping das Rennen um den SPD-Parteivorsitz und schließlich auch um die Kanzlerkandidatur, nachdem er sich in der zerstrittenen Troika Oskar Lafontaine – Gerhard Schröder – Rudolf Scharping durchgesetzt hatte.
Sein Auftritt im Deutschen Bundestag "war besser als der Auftritt Engholms vor exakt einem Jahr", lobte die "Süddeutsche Zeitung" den neuen Heilsbringer der Sozialdemokraten im September 1993. "Scharping kann mehr als sein Vorgänger im Amt des SPD-Vorsitzenden, der in der Zeit seines Amtes Hoffnungsträger war und blieb. Enttäuschte Hoffnungen hinterlassen keine Lücke, darum fehlt Engholm der SPD nicht. (...) Kohl nahm seinen Landsmann aus Mainz in einer Weise an, wie er das noch nie mit einem Kandidaten der Opposition getan hat, er sagte einen Satz, den er als Kanzler noch nie gesagt hat: 'Wenn Sie einmal hier (und er meinte den Kanzlerstuhl) sitzen werden'..."[220)]
Aber dazu sollte es nicht kommen. Obwohl Rudolf Scharping bei der Bundestagswahl am 16. Oktober 1994 für die SPD 36,4 Prozent der Wahlstimmen erringen konnte, reichte es nicht zum Regierungswechsel, weil auch er während des Wahlkampfes – wie zuvor Rau und Lafontaine – von seiner Partei nicht optimal unterstützt worden war. Daher konnte die konservativ-liberale Regierungskoalition Kohl/Kinkel nach der Wahl auf eine hauchdünne Mehrheit

von 10 Stimmen im Bundestag bauen, weil die CDU/CSU 41,4 Prozent und die F.D.P. immerhin noch 6,9 Prozent der Wählerstimmen erhalten hatte.

"Erstaunlicherweise", so der Bonner Politikprofessor Hans-Peter Schwarz, "wurde dieser bereits vierte Sieg in einem Bundestagswahlkampf auch diesmal wieder nach einer vorhergehenden Phase hoffnungslosen Durchhängens in die Scheune gefahren." Denn "nichts ist so erfolgreich wie der Erfolg. Seit es dem Kanzler zudem noch gelingt, seine knappe Mehrheit eisern zusammmenzuhalten, läßt sich beobachten, wie nun selbst die größten Spötter, angeführt von Rudolf Augstein, respektvollst Haltung annehmen."[221)]

Dennoch: " Für Kohl wird es nun eine Zitterpartie", orakelte "Der Spiegel". "Er muß mit einem geschwächten Koalitionspartner gegen die Opposition regieren, die frecher ist denn je: Die SPD ist gestärkt, Joschka Fischers Grüne sind wieder dabei und Gregor Gysis PDS legte ebenfalls kräftig zu. (...) Am härtesten aber wird es für die schwache Koalition, gegen eine gestärkte SPD-Mehrheit im Bundesrat zu regieren. (...) Und damit können die sozialdemokratisch regierten Länder die Mehrzahl der Gesetzesinitiativen der Regierung blockieren."[222)]

So war es in der Tat, nachdem Oskar Lafontaine durch eine begeisternde Rede auf dem Mannheimer Parteitag 1995 den sprachlich biederen Scharping vom Sockel gestoßen und dann den SPD-Parteivorsitz übernommen hatte. Das Wort "Sonthofen" machte schon schnell die Runde. Denn im Allgäu gab seinerzeit bekanntlich der CSU-Vorsitzende Franz Josef Strauß die Parole aus: "Obstruktion statt Opposition", um wieder an die Macht zu kommen. Mit dieser Strategie führte der Saarländer seine Partei beharrlich aus dem langen Tal der Tränen und Wahlniederlagen zu neuen Höhen. Daß dabei wichtige sozial- und steuerpolitische Reformen vorerst verhindert wurden, störte weder ihn noch seine Mitstreiter um die Macht in Bonn/Berlin.

11. Kapitel

DER UMBAU DES SOZIALSTAATES

"Für die einen ist der Sozialstaat ein Klotz am Bein der deutschen Volkswirtschaft, für die anderen ein Stützpfeiler des Standortes Deutschland. Kein Zweifel, der Sozialstaat ist ins Gerede gekommen. Unumstritten war er nie. Diesmal allerdings rütteln die Zweifler an seinen Grundfesten."
NORBERT BLÜM [223)]

"Was ist sie nun eigentlich, die Sozialpolitik? Ist sie lediglich der Lazarettwagen, der hinter der wirtschaftlichen Entwicklung herfährt und die Verletzten aufsammelt? Also nur ein Anhängsel an die Wirtschaftspolitik?"
NORBERT BLÜM [224)]

Vor der Bundestagswahl 1983 hatte Helmut Kohl erklärt: "Die Wirtschaft wird für alle Jugendlichen, die ausbildungsfähig und ausbildungswillig sind, eine ausreichende Zahl von Ausbildungsplätzen anbieten". Er bekam für dieses Versprechen zwar ausreichend viele Stimmen, aber 50.000 Jugendliche waren wohl ausbildungswillig und blieben dennoch auf der Strecke, weil die Betriebe "mauerten".
Das gleiche Gauklerspiel wiederholte sich zehn Jahre später. Kohls "einziges Wahlversprechen" war, "das Geld dafür aufzubringen, daß alle Schulabgänger, die dies wollen und können, einen Ausbildungsplatz erhalten." 1994 waren es gar 100.000 Jugendliche, die zwar ausbildungsfähig und –willig, aber wieder einmal mehr arglistig getäuscht worden waren. Und ausgerechnet er, der wohlbeleibte und sichtlich übergewichtige Kanzler, sagte im französischen Fernsehen, die Deutschen müßten den Gürtel enger schnallen.
Doch Kohl setzte weiterhin auf das kurze Gedächtnis seiner Untertanen und er weiß sich in einer blumigen Sprache

auszudrücken. "Blühende Landschaften" hatte er den Bürgern der neuen Bundesländer versprochen. "In drei bis fünf Jahren", prophezeite er, "wird der Osten den Westen eingeholt haben." Aber stattdessen fand die Angleichung des Lebensstandards mit umgekehrten Vorzeichen statt. Denn denen im Westen geht es vielfach schlechter, denen im Osten nicht viel besser.

Im April 1997 schlug sogar der Bundesbildungsminister Jürgen Rüttgers Alarm, als es für junge Menschen immer schwieriger wurde, eine Lehrstelle zu bekommen. Bisher wurden den Arbeitsämtern nämlich nur 444.200 Ausbildungsplätze gemeldet; das waren 30.000 weniger als im Vorjahr. Gleichzeitig stieg die Zahl der Jugendlichen, die eine Lehrstelle suchten, auf 605.000 an. Ein besonderer Mangel herrschte in den neuen Bundesländern. Dort bewarben sich laut Statistik drei Jugendliche um einen vorhandenen Ausbildungsplatz. Bundesweit kamen rechnerisch vier Bewerber auf drei Lehrstellen.

"Von allen Seiten bedrängt – so fühlt sich Arbeitsminister Norbert Blüm am wohlsten", schrieb "Der Spiegel" 1995. "In den letzten Tagen vor der Sommerpause war es mal wieder so weit. Die Sparpläne des CDU-Mannes bei der Arbeitslosenhilfe ließen sich kaum in Umrissen erkennen, da droschen SPD, Gewerkschaften und sogar ein versprengtes Fähnlein von der CDU-Linken schon auf ihn ein. 'Ich bin in einer Abwehrschlacht', ächzte Kämpe Blüm lustvoll", als die Bonner Pläne zur Sanierung des Sozialetats publik wurden.[225)]

Millionen von Menschen werden durch den Umbau des Sozialstaates aus der Gesellschaft ausgegrenzt. "Anderswo begehren die Bürger auf, in Frankreich, in Belgien, in Italien. Das ist zum Teil Angst: Arbeitslosigkeit trifft in diesen Ländern ökonomisch härter als im Wohlfahrtsstaat Deutschland. Doch darüber hinaus gibt es in katholisch geprägten Ländern den viel intensiveren Wunsch nach einer Gesellschaft, die auch Gemeinschaft ist. Ausgrenzung wird dort als Makel der Gesellschaft empfunden."[226)] Nicht so in Deutschland, wo die christlich-liberale Regierungsko-

alition gerne wegschaute, wenn die Have-not-peoples auf der Strecke bleiben.
"Uns steht ein Orkan bevor"; überschrieb der "Spiegel" Anfang 1996 seine Titelgeschichte und fuhr dann fort: "Notprogramm für Deutschland: Kanzler Kohl bereitet den Befreiungsschlag in der Wirtschafts- und Finanzpolitik vor. Rekordarbeitslosigkeit, Rekordschulden und eine alles erdrückende Steuerlast zwingen die Regierung zum Handeln. Ohne Kurskorrektur prophezeihen Experten bald schon acht Millionen Arbeitslose."[227)]
Im Frühjahr 1996 hieß es dann: "Pleite im Paradies. Geburtenrückgang und Arbeitslosigkeit haben die sozialen Sicherungssysteme verwüstet – der Sozialstaat bisheriger Prägung ist am Ende. Die Rente ist unsicher, niemand weiß, womit Arbeitslosigkeit, Pflegehilfe und Krankengeld in Zukunft bezahlt werden sollen. Die Gewerkschaften befürchten das Schlimmste: Kapitalismus pur (...) Die finanzielle Bilanz des Sozialstaates, der heute rund ein Drittel seines Bruttosozialprodukts umverteilt, ist düster", resümierte "Der Spiegel".[228)]
Trotz dieser Hiobsbotschaften verkündete Helmut Kohl am Ende seiner Rede zum Etat im September 1997 vor dem Deutschen Bundestag selbstgefällig: "Wir sind guter Dinge." Doch "nichts kennzeichnet den Realitätsverlust der Regierung mehr als dieses selbstzufriedene Testat. 152.000 Jugendliche ohne Ausbildungsplatz, 530.000 Jugendliche ganz ohne Arbeit, 4,4 Millionen Menschen arbeitslos – sie alle sind gar nicht guter Dinge. Sie sind perspektiv– und damit hoffnungslos."[229)]
Denn das sind seit 1995 die nackten Daten und Fakten der Haushalts-, Sozial- und Arbeitsmarktpolitik im wiedervereinigten Deutschland:[230)] Am 10. November 1995 verabschiedete der Deutsche Bundestag in 3. Lesung den Bundeshaushalt 1996, der Ausgaben von 451,3 Milliarden DM vorsah. Angesichts eines drohenden Defizits im Etat verhängte Bundesfinanzminister Theo Waigel am 13. März 1996 eine Haushaltssperre mit Wirkung ab 15. März.[231)]

Am 29. Januar 1996 vereinbarten die Spitzen der Regierungskoalition den 1995 eingeführten Solidaritätszuschlag zur Finanzierung der deutschen Einheit auf die Einkommen- und Körperschaftssteuer vom 1. Juli 1997 an von 7,5 auf 5,5 Prozent zu senken. Nach dem geschlossenen Widerstand der Ministerpräsidenten aller Bundesländer sah der am 22. Mai im Kabinett verabschiedete Steuergesetzentwurf eine Reduzierung von 7,5 auf 6,5 Prozent vor.[232)]
Am 18. Oktober 1996 verständigte sich die Koalition darauf, die zum 1. Januar 1997 schon gesetzlich beschlossene Senkung des Solidaritätszuschlags auf die Einkommenssteuer von 7,5 auf 6,5 Prozent um ein Jahr zu verschieben. Dafür blieb es, wie von der SPD gefordert, beim Termin 1. Januar 1997 für die Erhöhung des Kindergeldes um 20 Mark. Am 18. Dezember verständigten sich die Koalitionsparteien darauf, den Solidaritätszuschlag ab dem 1. Januar 1998 auf 5,5 Prozent zu senken. Dennoch blieb er im Hinblick auf die Sanierung des Bundeshaushalts weiterhin in der Diskussion.[233)]
Am 30. Januar 1996 legte das Bundeskabinett ein 50 Punkte umfassendes "Aktionsprogramm für Investitionen und Arbeitsplätze" vor. In seinen wesentlichen Teilen firmierte es als Sparpaket, auf das sich die Bundestagsfraktionen der Regierungskoalition am 25. April einigten. Durch den Abbau zahlreicher Steuervergünstigungen im Volumen von jährlich rund 34 Milliarden Mark und die Verminderung sozialer Leistungen sollte es die öffentlichen Haushalte 1997 um insgesamt 50 Milliarden Mark entlasten.[234)]
Die steuerlich wirksamen Maßnahmen des Sparpakets gingen in den am 22. Mai vom Kabinett verabschiedeten Entwurf des Jahresteuergesetzes ein, in dessen Mittelpunkt darüber hinaus die Abschaffung der Vermögenssteuer ab dem 1. Januar 1997 und die Heraufsetzung der Eckwerte in der Erbschafts- und Schenkungssteuer rückwirkend zum 1. Januar 1996 stehen. In einigen Punkten abgeschwächt, in anderen vertagt, wurde das Sparpaket am 28. Juni vom Bundestag beschlossen. Die im Bundesrat nicht zustimmungspflichtigen Gesetze wurden vom Bundestag am 13.

September mit den 341 Stimmen der Regierungskoalition verabschiedet. Im Fall von zwei weiteren zustimmungsbedürftigen Gesetzesvorhaben rief der Bundestag erneut den Vermittlungsausschuß an.[235)]

Als wichtigste Neuerungen mit Wirkung zum 1. Oktober 1996 bzw. zum 1. Januar 1997 sind in dem "Programm für soziale Kälte" - wie sich die Opposition ausdrückte - zu nennen: Die Lohnfortzahlung im Krankheitsfall (ausgenommen Berufskrankheiten und Arbeitsunfälle) wird um 20 Prozent (oder alternativ Anrechnung eines Urlaubstages pro Krankheitswoche) und das nach sechs Wochen von der gesetzlichen Krankenversicherung fällige Krankengeld um 10 Prozent gekürzt. Die Inanspruchnahme und Dauer von Kuren wird eingeschränkt. Verschiedene Zuschüsse der Krankenversicherung sinken oder entfallen ganz; Eigenbeteiligung bei Zahnersatz und Arzneimitteln steigen. Die für 1996 eingefrorenen Beiträge zur gesetzlichen Krankenversicherung wurden zum 1. Januar 1997 um 0,4 Prozent gesenkt.[236)]

Für Betriebe mit höchstens 10 Mitarbeitern wird das Kündigungsschutzgesetz aufgehoben. Befristete Arbeitsverträge sind künftig bis zu einer Dauer von zwei Jahren erlaubt. Erhöhungen von Lohnersatzleistungen wie Arbeitslosengeld, Unterhaltsgeld und Altersübergangsgeld werden von der Lohnentwicklung abgekoppelt.[237)]

Das Rentenalter für Frauen wird von derzeit 60 Jahren ab dem Jahr 2000 stufenweise bis zum Jahr 2005 auf 65 Jahre angehoben; das der Männer von 63 bis zum Jahr 2002 auf 65 Jahre . Weil die Alten länger arbeiten müssen, gibt es für die Jüngeren weniger Jobs. Ein vorzeitiger Ruhestand führt pro Jahr zur Minderung des Rentenanspruchs um 3,6 Prozent. Ausbildungszeiten werden nur noch mit bis zu drei – bisher sieben – Jahren bei der Rentenbemessung berücksichtigt. Damit gerät die Altersplanung fast aller Rentner aus dem Gleichgewicht. Denn, so die "Süddeutsche Zeitung", "Blüms Rentenreform ebnet, auch wenn der Minister das leugnet, dem Sozialabbau den Weg. (...) Die

Bremse ist gelockert: Weitere Rentenkürzungen sind künftig nicht mehr zu verhindern."[238)]

Angesichts dieser und anderer drakonischer Eingriffe in das Rentensystem macht sich immer mehr Zorn der Beitragszahler breit. Daß die Renten sicher sind, glaubt nur mehr eine Minderheit. Denn wer heute Beiträge zahlt, kann in 20 Jahren nicht mit einer entsprechenden Gegenleistung rechnen. Dann droht ein Verteilungskampf zwischen Jung und Alt. Endlose Debatten um die Zukunft der Renten untergraben das Vertrauen in die Alterssicherung, Grundrente, private Vorsorge, Leistungen runter, Beiträge rauf, fünf Jahre länger arbeiten, Renten voll versteuern und anderes mehr – kaum jemand blickt da noch durch. Politiker, die seit Jahren Milliardenbeträge für ihre Haushaltslöcher aus den Rentenkassen nehmen, treiben den Sozialabbau munter voran. Der Widerstand gegen diese Art von Sozialpolitik war allerdings von Seiten der Arbeitnehmer bis zum sogenannten Sparpaket nicht sehr groß.

"Wenn die Beiträge nur für die Einzahler verwendet würden, bliebe die Rente sicher", stellte Manfred Zeius aus Wuppertal zu Recht fest. "Wie alt darf ein Rentner werden, um seine volle Rente zu behalten?" empörte sich Siegfried Adolph aus Frankfurt am Main. "Wann heißt es endlich einmal: Die Diäten sind nicht mehr sicher!" spottete Gunnar Knickel aus Monsheim.[239)]

"Der Arbeitsminister versucht sich als Renten-Retter. Norbert Blüm dreht an allen Rädchen des Systems, doch am entscheidenden Grund für die Finanzmisere der staatlichen Altersversorgung, dem Rückgang der Beschäftigung, kann er nicht viel ändern!", analysierte "Der Spiegel" die Rentenfalle. Doch "im Volk wächst die Rentenwut" auf den Sozialminister.[240)]

Am 13. September 1996 verabschiedete der Bundestag mit der sogenannten Kanzlermehrheit vier lange, umstrittene, im Bundesrat nicht zustimmungspflichtige Sozialgesetze aus dem sogenannten Sparpaket. Neben der Einschränkung der Lohnfortzahlung, der Lockerung des Kündigungsschutzes in Kleinbetrieben und der schrittweisen Anhebung des Renteneingangsalters gehört hierzu auch das Beitragsentlastungsgesetz im Rahmen der 3. Stufe der Gesundheitsreform. Dieses erhöht die Selbstbeteiligung des Patienten in einigen Positionen, senkt die Beiträge zu den gesetzlichen Krankenkassen um 0,4 Prozent und trat am 1. Januar 1997 in Kraft. Als zweites Gesetz der 3. Stufe beschloß der Bundestag am 15. November das 1. Neuordnungsgesetz (NOG) zur Reform der Gesetzlichen Krankenversicherung (GKV) mit wiederum erhöhten Selbstbeteiligungen. Am 20. März 1997 passierte das 2. NOG-GKV mit weiteren Belastungen für Kassenpatienten den Bundestag und trat am 1. Juli in Kraft.[241)]

Unglaublich, aber wahr: während die Krankenkassenbeiträge ständig steigen und die Leistungen gekürzt werden, kassieren die Chefs der Krankenkassen Millionensummen! Die Vorstände der Bundesvereinigungen der gesetzlichen Krankenkassen bewilligten sich nämlich Übergangsgelder, von denen selbst Bonner Minister nur träumen können. Hierzu ein Beispiel: Ein 50jähriges Vorstandsmitglied mit einem Jahresgehalt von 300.000 Mark wird nach sechsjähriger Amtszeit nicht wiedergewählt. Die Kasse zahlt mindestens 50 Prozent der letzten Bezüge weiter – und zwar Jahr für Jahr bis zum 65. Lebensjahr; insgesamt also 2,25 Millionen Mark. Einige Verbände sind noch großzügiger und zahlen ihren Ex-Vorständen das Übergangsgeld nach der Beamtenbesoldungsstufe B 6 von rund 181.000 Mark pro Jahr. Bei diesem Geldsegen ist es kein Wunder, daß erst jüngst die AOK Bayern die Zahl ihrer Vorstandsmitglieder von drei auf sieben erhöht hat, damit noch mehr "Blutsauger" auf Kosten der Solidargemeinschaft abzocken können.[242)]

Am 27. Januar 1997 stellte der Bundesminister für Arbeit und Sozialordnung den Bericht der von ihm geleiteten Regierungskommission zur Fortentwicklung der Rentenversicherung vor. Sie schlug vor, bis zum Jahre 2030 das Rentenniveau von gegenwärtig rund 70 auf etwa 64 Prozent der durchschnittlichen Nettolöhne und –gehälter zu senken und strebt dabei eine Beitragserhöhung von 20,3 auf 22,9

Prozent an. Neben der deutlichen Absenkung von Berufs- und Erwerbsunfähigkeitsrenten und weiteren Sparmaßnahmen durch die Anhebung der Zuschüsse des Bundes an die Rentenversicherung um rund 17 Milliarden Mark sowie durch die Einbeziehung von Neben- und arbeitnehmerähnlichen Tätigkeiten in die Rentenversicherung sollte dieses Vorhaben finanziell abgesichert werden.[243)] Mehr noch: Mit einer Mehrwertsteuererhöhung ab April 1998 wollen die Christdemokraten und Sozialdemokraten die marode Rentenkasse unter Inkaufnahme höherer Preise, noch mehr Firmenpleiten und Arbeitslosen, vorübergehend sanieren.

Denn, so Norbert Blüm, "das Verhältnis der Zahl der Beitragszahler zur Zahl der Rentenempfänger entscheidet auch über die Höhe des Beitrages, und dieser spielt für die Lohnzusatzkosten eine entscheidende Rolle. Die Rentenreform 1989 nahm erstmals demographische Elemente auf. Mit der Erhöhung des Beitrags sinkt in einem nettolohnorientierten System auch die Höhe der Rentenanpassung. Gleichzeitig wurde der Bundeszuschuß nicht mehr an die Einnahmen, sondern an die Ausgaben und Beiträge gekoppelt. Auf diese Weise schließt sich ein selbststeuernder Regelkreis."[244)]

Während der Bundesarbeitsminister mit Blick auf die Bundestagswahl 1998, aus der er die Rentenfrage mit allen Mitteln heraushalten wollte, der SPD Konsensgespräche für eine gemeinsame Rentenformel anbot, legten die Sozialdemokraten am 5. Mai 1997 die Vorstellungen ihrer Kommission zur Alterssicherung unter der Leitung ihres Sozialpolitikers Rudolf Dreßler vor und erteilten den Kompromißangeboten von Seiten der Regierungskoalition am 12. Mai eine Absage. Kern der SPD-Vorschläge, mit denen das bestehende Rentensystem erhalten werden soll, ist die Einführung einer umfassenden Versicherungspflicht aller Erwerbstätigen einschließlich der sogenannten "Scheinselbstständigen", Freiberufler und Beamten sowie eine bedarfsorientierte steuerfinanzierte soziale Grundsicherung im Alter und bei Invalidität. Ende August erklärte sich die

SPD bereit, das Koalitionkonzept zur Rentenreform zu akzeptieren; jedoch unter der Bedingung, daß es erst 1999 in Kraft tritt und daß versicherungsfremde Leistungen der Rentenversicherung aus Steuermitteln erstattet werden.[245]

Als Auslöser der Rentenmisere wird die steigende Lebenserwartung in den Industrieländern verantwortlich gemacht. "Die Vereinten Nationen prognostizieren, daß bis zum Jahr 2025 mehr Rentner als Arbeitnehmer hierzulande leben."[246]

1960 wurden die Männer in Deutschland im Durchschnitt 75,5 Jahre alt, 1993 waren es schon 78,3 Jahre. Bei den Frauen stieg die Lebenserwartung im gleichen Zeitraum von 78,5 auf 82,7 Jahre. "Rentnerschwemme" war das grauenhafte Unwort des Jahres 1996.

"Das gegenwärtige System der Rentenversicherung ist auf Dauer nicht finanzierbar", warnte der sächsische Ministerpräsident Kurt Biedenkopf.[247] "Unsere Rentenversicherung wird auch in Zukunft Sicherheit geben", behauptete hingegen weiterhin der Bundesarbeitsminister Norbert Blüm.[248]

Als weitere einschneidende sozial- und arbeitsmarktpolitische Maßnahmen wären zu nennen: Am 9. Februar 1996 beschloß der Bundestag die Kürzung der Arbeitslosenhilfe für Langzeitarbeitslose um 3 Prozent jährlich. Der Bundestag billigte am 1. März in 3. Lesung die Förderung von Teilnehmern beruflicher Weiterbildungsmaßnahmen, das sogenannte "Meister-Bafög". Am 14. Juni verabschiedete der Bundestag den Gesetzentwurf zur Ersetzung der Frührente durch ein System von Altersteilzeitregelungen. Kernpunkte des vom Bundestag am 20. Juni in 1. Lesung verabschiedeten Gesetzentwurfes zur Reform der Arbeitsförderung sind unter anderem verschärfte Zumutbarkeitskriterien beim Angebot von Arbeitsplätzen an Arbeitslose, ihre Verpflichtung, sich selbst um eine Stelle zu bemühen, die Anhebung der Altersgrenze für den über ein Jahr hinausgehenden Bezug von Arbeitslosengeld sowie die erweiterte Einbeziehung von Teilzeitbeschäftigten in die Arbeitslosenversicherung.[249]

Am 1. Juli trat das im Vermittlungsverfahren zustandegekommene neue Sozialhilfegesetz in Kraft. Das Bundessozialhilfegesetz gibt dem, der sich nicht selbst helfen kann und keine ausreichende Hilfe von anderer Seite erhält, grundsätzlich einen Rechtsanspruch auf Hilfe. Art, Form und Maß richten sich nach dem Einzelfall. Laufende Hilfe zum Lebensunterhalt außerhalb von Anstalten wird nach Regelsätzen bemessen, deren Höhe den Lebenshaltungskosten angepaßt wird.[250)] Die öffentliche Sozialhilfe "schließt die Lücken, die andere Sozialleistungssysteme offen lassen, sei es, daß diese Systeme Leistungen zur Beseitigung bestimmter Notlagen nicht vorsehen, bestimmte Personenkreise nicht erfassen oder im Einzelfall keine ausreichende Leistung erbringen."[251)]
Ebenfalls zum 1. Juli wurde die 2. Stufe der Pflegeversicherung eingeführt. Sie regelt die Pflegeleistungen bei stationärer Betreuung, denn 1997 lebten 375.000 Pflegebedürftige in Pflegeheimen und 286.000 Senioren in Altenheimen bzw. Altenwohnheimen. In den nächsten 25 Jahren wird die Zahl der Pflegebedürftigen um 43 Prozent ansteigen.[252)]
Bei derart gravierenden Einschnitten in das Sozialsystem blieben die entsprechenden Proteste natürlich nicht aus. Denn sowohl bei der Opposition und den Gewerkschaften als auch bei den Kirchen und den Sozialverbänden stieß das Kürzungsprogramm der konservativ-liberalen Regierungskoalition auf eine breite Ablehnungsfront, die sich am 7./8. Mai 1996 auf dem "Sozialgipfel" lautstark artikulierte. Einem Aufruf des Deutschen Gewerkschaftsbundes zur größten Protestdemonstration der Gewerkschaften in der Nachkriegszeit gegen die Sparpläne der Regierung Kohl/Kinkel folgten am 15. Juni rund 350.000 Menschen in die Bundeshauptstadt. Doch damit nicht genug der sozialen Konflikte und Demonstrationen. Unter dem Motto "Eine Mehrheit für Arbeit und soziale Gerechtigkeit" demonstrierten am 8. September 1996 in sechs Städten die Gewerkschaften mit rund 250.000 Menschen gegen das Bonner Sparpaket. Kritisiert wurde vor allem die Absicht der Regierung, die Lohnfortzahlung im Krankheitsfall zu kür-

zen, den Kündigungsschutz in Kleinbetrieben abzubauen und das Rentenalter für Frauen anzuheben.[253)]

Gegen die Lohnkürzung wegen Krankheit legten 80.000 Beschäftigte des Daimler-Benz-Konzerns ihre Arbeit nieder. Nach massiven Protesten der IG Metall und Arbeitsniederlegungen auch in anderen Metallbereichen erzielten die Tarifpartner im Bezirk Niedersachsen am 5. Oktober einen Pilotabschluß, der es bis zum Jahr 2001 bei der Auszahlung von 100 Prozent Lohn und Gehalt im Krankheitsfall beläßt. Der Arbeitgeberverband Gesamtmetall empfahl am 7. Oktober seinen Mitgliedern, auf die Kürzungen zunächst zu verzichten. Daimler-Benz nahm sie am 23. Oktober zurück. Auch in anderen Branchen scheiterten die Arbeitgeber damit, das heftig umstrittene Gesetz anzuwenden. Sie erreichten in Tarifverhandlungen jedoch meist Abstriche bei anderen tariflichen Leistungen - wie zum Beispiel Kürzungen beim Weihnachtsgeld.[254)]

Die Absicht der Bundesregierung, die Subventionen für den Steinkohlebergbau bis zum Jahr 2005 von derzeit jährlich rund 10 Milliarden Mark auf 3,8 Milliarden Mark zu reduzieren, brachte Anfang März 1997 die Bergarbeiter im Ruhrgebiet und im Saarland auf die Straße. Tausende demonstrierten in Bonn, wo sie die Parteizentrale der F.D.P. belagerten, weil sie in derem kraftlosen Wirtschaftsminister Günter Rexrodt den Hauptschuldigen sahen. Andere Kumpel besetzten Zechen und Autobahnabschnitte im Ruhrgebiet. Und das hatte seinen guten Grund. Denn die Bergleute befürchten die Schließung von Zechen und den Abbau von 60.000 der bestehenden 85.000 Arbeitsplätze. Um einen Flächenbrand an Rhein und Ruhr sowie an der Saar zu vermeiden, vereinbarte die IG Bergbau und Energie am 13. März 1997 mit der Bundesregierung und den Landesregierungen von Nordrhein-Westfalen und dem Saarland als Kompromiß die Kürzung der Subventionen auf 5,5 Milliarden Mark bis zum Jahr 2005 und den Abbau der Arbeitsplätze um rund die Hälfte ohne betriebsbedingte Kündigung.[255)]

Der IG Metall-Vorsitzende Klaus Zwickel schlug den Arbeitgebern und der Bundesregierung im Herbst 1995 auf dem Gewerkschaftstag seiner kampfstarken Einzelgewerkschaft ein "Bündnis für Arbeit" vor. Die Gewerkschaft, so ihr Boß, sei bereit, mit Tabus zu brechen und erhebliche Zugeständnisse zu machen: Er bietet an, im Tarifvertrag 1997 nur einen Inflationsausgleich und für Langzeitarbeitslose auch untertarifliche Einstiegslöhne zu akzeptieren. Im Gegenzug sollen die Metallarbeitgeber auf betriebsbedingte Kündigungen verzichten, in den nächsten drei Jahren 300.000 Arbeitsplätze schaffen, 30.000 Langzeitarbeitslose einstellen und die Zahl der Ausbildungsplätze um 5 Prozent erhöhen. Spitzengespräche darüber blieben jedoch ergebnislos, so daß der IG-Metall-Vorsitzende das Projekt am 14. Mai für beendet erklärte. Auf regionaler Ebene sowie in Teilen der Metallbranche kamen jedoch Beschäftigungsprogramme in Sinne des "Bündnisses für Arbeit" zustande. Denn, so der Präsident der Bundesvereinigung der Deutschen Arbeitgeberverbände (BDA) Dieter Hundt, "Bündnisse für Arbeit gehören in die Betriebe."[256)]
Vor dem Hintergrund dieser sozial- und tarifpolitischen Auseinandersetzungen sowie auf Grund einer rasant fortschreitenden technologischen Erneuerungs- und Rationalisierungswelle in den Betrieben ist die Lage auf dem bundesdeutschen Arbeitsmarkt zum einen weiterhin äußerst angespannt und zum anderen durch starke Unterschiede zwischen den alten und den neuen Bundesländern geprägt. Im Jahresdurchschnitt 1996 waren 3.965.100 Menschen in Deutschland arbeitslos. Die Arbeitslosenquote lag bei 10,4 Prozent. Im Juli 1997 waren in Deutschland schon 4.354.258 Personen arbeitslos. Die Arbeitslosenquote lag jetzt bei 11,4 Prozent, nachdem sie im Januar 1997 sogar schon bei 12,2 Prozent mit 4.658 Millionen Arbeitslosen gelegen hatte. Das heißt im Klartext: nie zuvor wurden in der Bundesrepublik Deutschland in so kurzer Zeit mehr Arbeitsplätze vernichtet als während der letzten Jahre der Ära Kohl.[257)] Damit ist bei den Langzeitarbeitslosen durch

das Abrutschen in die Sozialhilfe vielfach eine neue Armut vorprogrammiert.

"Die Regierung definiere Armut weg", sagte der SPD-Abgeordnete Wolfgang Spanier während einer scharfen Debatte im Deutschen Bundestag im September 1996 über die sozialen Probleme des Landes. Denn "mit 130 Einschnitten in das soziale Netz seit 1982 habe sie bewirkt, daß das System nicht mehr armutsfest sei. 2,5 Millionen Menschen, davon eine Million Kinder, bezögen Sozialhilfe zum Lebensunterhalt. 900.000 Menschen seien wohnungslos, und immer mehr Menschen verdienten weniger als das Existenzminimum. Die Regierung lehne es aber ab, Sozialhilfebezug mit Armut gleichzusetzen."[258)]

Nach Angaben der Bundesanstalt für Arbeit lag die durchschnittliche Arbeitslosenzahl in den alten Bundesländern tendenziell zunehmend über dem Vorjahrsniveau – und zwar 1996 (1995) bei 2,796 (2,565) Millionen. Die durchschnittliche Arbeitslosenzahl in den neuen Bundesländern stieg 1996 (1995) auf 1,169 (1,047 Millionen[259)]). "Arbeit für alle", so der Bundesarbeitsminister, "ist ein Gebot des Sozialstaates. Der Kampf gegen die Arbeitslosigkeit kann allerdings nicht mit den Bordmitteln der Sozialpolitik gewonnen werden. In einem Wettbewerbssystem liegt die Hauptverantwortung für die Schaffung von Arbeitsplätzen in der Wirtschaft selbst. Wobei der Staat nicht auf den Zuschauerbänken verharren darf, sondern jene Rahmenbindungen schaffen muß, die Initiative und Investitionen fördern. Dazu gehört auch – nicht nur – die Senkung von Steuer- und Abgabelasten."[260)]

Am 23. Januar 1997 stellte Bundesfinanzminister Waigel den Entwurf der Regierungskoalition zur Reform des Steuerrechts, die mehr Nachfrage und Wirtschaftswachstum erbringen, die Einkommen breiter Bevölkerungsschichten erfassen und mehr Steuergerechtigkeit gewährleisten soll, vor. Bei einem Gesamtvolumen von 82 Milliarden Mark will die Bundesregierung eine Nettoentlastung von 30 Milliarden Mark erreichen (zuzüglich 7,5 Milliarden Mark durch die Senkung des Solidaritätszuschlags). Der Finanzierungsbedarf von 15 Milliarden Mark soll durch eine Anhebung der Mehrwertsteuer gedeckt werden. Die SPD lehnte das Modell als sozial ungerecht ab und forderte stattdessen Maßnahmen zur sofortigen Senkung der Lohnnebenkosten und eine steuerliche Entlastung der Arbeitnehmer noch für 1997 um die Massenkaufkraft zu stärken. Nach dem Scheitern der Verhandlungen zwischen den Regierungsparteien und den Sozialdemokraten am 23. April legte die SPD Ende Mai ein eigenes Steuerkonzept, nach dem die Wirtschaft durch Steuersenkung investierte Gewinne, durch den Wegfall der Gewerbekapitalsteuer und den Abbau von Lohnnebenkosten um jährlich rund 30 Milliarden Mark entlastet werde soll, vor. Bei der Gegenfinanzierung setzt die SPD unter anderem auf die Schließung von illegalen Steuerschlupflöchern, den Wegfall von Unternehmensbegüngstigungen und die Wiedereinführung der Vermögenssteuer, ausgenommen des Betriebsvermögens.[261)]

"Und wenn ich wüßte, daß morgen die Welt untergeht, würde ich heute noch das Finanzamt bescheißen". Ein gallig-bitterer Spruch, der über dem Schreibtisch eines Finanzbeamten hängt. Steuern am Finanzamt vorbeizumogeln, ist auf Grund einer verfehlten Fiskalpolitik und einer zum Himmel schreienden Steuerungerechtigkeit in Deutschland zu einem regelrechten Volkssport geworden. Denn je größer das Einkommen, desto größer ist nämlich die Chance, durch Steuerlöcher zu schlüpfen. Experten schätzen, daß dem Fiskus dabei über 100 Milliarden Mark pro Jahr verloren gehen. „In diesem System sind die Reichsten die Hungrigsten, weil sie nur durch sehr große Portionen, Millionenhappen sozusagen, eine Art Zwischenbefriedigung finden."[262)] Frustkäufe sind daher in allzumenschlichen Konfliktsituationen nicht selten an der Tagesordnung. "Wohlstandsmüll" war das Unwort des Jahres 1997.

"Der Spiegel" hat recherchiert, daß ein Rechtsanwalt mit einem Gewinn (nach Abzug aller Kosten) von 550.000 Mark im Jahr keine einzige Mark Steuern zahlt. Und ein Architekt mit einem Immobilienbesitz von 900 Millionen

Mark überweist ebenfalls keinen Pfennig an das Finanzamt. Hamburgs Ex-Bürgermeister Henning Voscherau behauptete 1996 sogar, daß die Hälfte der Millionäre seiner Stadt keine Einkommenssteuer zahlen würden.
"Für die Großen gibt es Schlupflöcher so groß wie Scheunentore, durch die sie auch noch die höchsten Gewinne verschieben können", schimpfte Willibald Folz, der Präsident der Bayerischen Volks- und Raiffeisenbanken. Ob es die Beteiligung an einer maroden Reederei ist, das Bauherrenmodell für luxuriöse Wohnparks im Schwarzwald oder die Mitfinanzierung eines nutzlosen Gewerbegebietes in den neuen Bundesländern – überall lassen sich mit etwas Raffinesse geschickt Millionen an den Finanzämtern vorbeischleusen.
Werfen wir an dieser Stelle einen Blick in die Vermögenssteuer-Statistik des Statistischen Bundesamtes: Von 1989 bis 1993 erhöhte sich das bei den Finanzämtern angegebene Vermögen um 22 Prozent auf 833 Milliarden Mark. 1993 zahlten mehr als 1,1 Millionen Haushalte rund 3,3 Milliarden Mark Vermögenssteuer; ein Plus von 12 Prozent bei einer Steuer, die abgeschafft wurde. Deutschland hat danach 131.000 Millionärshaushalte; rund ein Fünftel mehr als 1989. Die meisten Millionäre leben in Baden-Baden. Dort kommen auf 10.000 Einwohner 77, im Kreis Starnberg 74, im Hochtaunus 56, in Hamburg 35 und in Berlin 27.
Doch "Millionär und Millionär sind zweierlei. Es gibt relativ arme Millionäre und steinreiche. (...) Der Abstand von Stufe zu Stufe ist so groß, daß sie einander beneiden und verachten können wie minderbemittelte Sterbliche. (...) Einige sind so uralten Adels, andere von so proletarischer Sippe, daß sie wie Karikaturen wirken. (...) Hochgebildete neben Beinahe-Analphabeten, Orgien feiernde Playboys neben mönchischen Asketen. Und vor allem gibt es Durchschnittsmenschen ohne besonders schillernde Merkmale."[263)]
Am 4. Juli lehnte der von den SPD regierten Ländern dominierte Bundesrat den am 26. Juni vom Bundestag mit der Regierungsmehrheit verabschiedeten Entwurf zur Reform

der Einkommens- und Körperschaftssteuer ab, so daß die Steuerreform scheiterte.. Wie volkswirtschaftlich notwendig eine große Steuerreform aus einem Guß jedoch ist, um die zahlreichen Arbeitsmarkt- und sozialpolitischen Probleme im wiedervereinigten Deutschland zu bewältigen, das belegen die folgenden Daten und Fakten:

1) Rund 4,5 Millionen Arbeitslosen stehen weniger als 400.000 offene Stellen gegenüber.
2) Das verfügbare Einkommen der breiten Masse der Bevölkerung ist trotz starker Zunahme der Wirtschaftskraft kaum gestiegen oder sogar gesunken. Daher fehlt die nötige Kaufkraft der großen Bevölkerungsschicht. Weniger Investitionen bedeuten mehr Arbeitslose.
3) Die immer höheren Unternehmensgewinne und Vermögenserträge der letzten Jahre wurden überwiegend in Finanzanlagen oder teilweise in arbeitsplatzvernichtende Rationalisierungsinvestitionen gesteckt statt in neue Produkte und Investitionen, die wiederum neue Arbeitsplätze schaffen würden.
4) Durch die knappen Kassen der öffentlichen Haushalte wird die Nachfragekrise verschärft, weil kaum noch Geld für Investitionen zur Verfügung steht. Ein Teil der Infrastruktur droht daher gar zu verfallen.

Eine große Steuerreform müßte somit folgendes beinhalten, um sozial gerecht und beschäftigungswirksam zu sein: Stärkung der Massenkaufkraft; Entlastung der Einkommensschwachen und Normalverdiener; Förderung der Investition von Gewinnen in produktiven Anlagen statt der Förderung privater Vermögen und unproduktiver Finanzanlagen; Stärkung der Finanzkraft der Kommunen und Länder sowie Förderung einer umweltverträglichen Volkswirtschaft.
"Waigel hat die Reform nicht gewollt. Das weiß jeder", ereiferte sich der SPD-Vorsitzende angesichts des unaufhaltsam näherrückenden Superwahljahres 1998. "Die Koalition ist in einem äußerst bedenklichen Zustand."[264)]

Wie man es auch drehen und wenden mag: Ob in der Steuer-, Renten- oder Gesundheitspolitik, die großen Reformen sind allemal gescheitert, weil sich Regierung und Opposition gegenseitig neutralisierten. Den Preis für die Blockadepolitik zahlen die Bürger durch noch mehr Arbeitslose und einen massiven Umbau des Sozialstaates von unten nach oben, von den Frauen zu den Männern, von den Familien zu den Kinderlosen, aber auch von den Jungen zu den Alten, womit sich neben der Zwei-Klassen-Gesellschaft von Armen und Reichen auch der Generationenkonflikt im kommenden Jahrhundert erheblich zuspitzen wird und die Gesellschaft zu spalten droht. Schlimmer noch: Bleibt unser Sozial- und Gesellschaftsystem auch nach der Jahrtausendwende noch so starr und verkrustet und setzt sich die soziale Kälte und der Werteverfall in unserer kapitalistischen Industrie- und Wohlstandsgesellschaft weiter fort, so wird sie sich zwangsläufig selbst zerstören.[265)]

Denn das soziale Netz beginnt schon stark zu reißen und steuert in den Offenbarungseid. Die sich jagenden "Reformen" sind nur die Tünche auf den offenen Wunden falscher Systeme. Wachsende Arbeitslosigkeit, ausufernde Staatsverschuldung, eine steigende Kriminalität, Staats- und Politikverdrossenheit sowie der Niedergang des Standortes Deutschland – "alles das sind nicht vorübergehende Auswüchse, sondern logische, unerbittliche Folgen der deutschen Sozial-Pathologie. Die Sozialpolitik heilt nicht den gesellschaftlichen, ökonomischen und ethischen Niedergang, sondern umgekehrt."[266)]

Deutlich wie nie zuvor hat Bundespräsident Roman Herzog daher die Politiker, die das zu verantworten haben, kritisiert, als er 1997 im Berliner Nobelhotel "Adlon" sagte: "Wer die großen Reformen verschiebt oder verhindern will, muß wissen, daß unser Volk insgesamt einen hohen Preis zahlen wird. (...) Ich warne alle, die es angeht, Reformen aus wahltaktischen Gründen zu verzögern oder gar scheitern zu lassen."[267)]

12. Kapitel

DIE SOZIALPOLITISCHE PROGRAMMATIK DES CHRISTLICH-LIBERALEN LAGERS

“Ziel unserer Sozialpolitik ist es, nach den Prinzipien Solidarität und Subsidiarität den einzelnen in den Stand zu setzen, aus eigener Kraft sein Leben in die Hand zu nehmen und über seinen Lebensweg in Freiheit und eigener Verantwortung zu bestimmen.”
CHRISTLICH DEMOKRATISCHE UNION [268)]

“Sozialpolitik muß den wirtschaftlichen und gesellschaftlichen Wandel nach den Prinzipien der Gerechtigkeit und Humanität gestalten. Die sozialen Verhältnisse in einem Staat sind Spiegelbild und Gradmesser für die Mitmenschlichkeit einer Gesellschaft.”
CHRISTLICH SOZIALE UNION [269)]

“Liberalität und Demokratie auch in der Sphäre der Gesellschaft (...) führt zu einer grundlegenden Veränderung des überkommenen unfreiheitlichen Ständestaates oder Klassenstaates hin auf einen freiheitlichen Sozialstaat.”
FREIE DEMOKRATISCHE PARTEI [270)]

Die Christlich Demokratische Union (CDU) entstand 1947 aus verschiedenen Landesorganisationen, die die beiden großen Konfessionen in Deutschland zu einer gemeinsamen Politik bewegen soll. Die bayerische Landesgruppe nennt sich aus traditionellen Gründen Christlich Soziale Union (CSU). Der Personenkreis, der zu diesen Parteineugründungen den Anstoß gegeben hat, entstammte einerseits der Widerstandsbewegung gegen Hitler und andererseits den Anhängern der Zentrumspartei der Weimarer Republik. Den letzteren wurde nachgesagt, daß sie in der CDU tonangebend seien und ihre Direktiven

aus Rom erhielten. Nicht umsonst steht in der "Kasseler Erklärung" zu lesen: "Unser Auftrag in der CDU/CSU ist unter dem Zeichen ´christlich` jenseits von Standes- und Klassengegensätzen zu einem verpflichtenden Miteinander der bewahrenden, der freiheitlichen und der sozialfortschrittlichen Kräfte geworden."
Aus dem letzten Teil dieses Zitates geht hervor, daß neben den konfessionellen Belangen innerhalb der CDU/CSU verschiedene Strömungen vorhanden sind. Die bewahrenden oder konservativen Kräfte streben eine gesellschaftliche Ordnung an, die durch das "Ständeprinzip" gekennzeichnet ist. Innerhalb der Gesellschaft soll eine Schichtung von in sich zufriedenen Standesgruppierungen vorhanden sein. Hierbei ist jedoch zu beachten, daß die Auf- und Abwärtsbewegungen zwischen den Ständen der Tüchtigkeit der Individuen anheimgestellt sein soll. Dieser Glaube, der der Bewegung eines organischen Wachstums entspricht, kam am sinnfälligsten in dem weitverbreiteten Schlagwort der Bundestagswahl von 1957 zum Ausdruck, als es hieß: "Keine Experimente". Mit diesem griffigen Slogan erzielte die Union dann unter Konrad Adenauer zum ersten und einzigen Male in der Bundesrepublik Deutschland die absolute Mehrheit.
Die freiheitliche Richtung innerhalb der CDU tendiert zu dem sogenannten Neo-Liberalismus. Ausdruck dieser Richtung ist die "Soziale Marktwirtschaft" Ludwig Erhards, nach der dem einzelnen unter Ausschaltung des schädlichen Einflusses wirtschaftlicher Macht und unter Berücksichtigung der sozialen Sicherheit zum eigenen Wohl und dem der Allgemeinheit ein Maximum an Aktionsfreiheit gelassen werden soll. Die sozialfortschrittlichen Kräfte des Arbeitnehmer-Flügels wollen in dem oben skizzierten Bild persönlicher Aktivität eine Verstärkung des "sozialen Schutzgürtels" des Individuums sehen. Erhards geflügeltes Schlagwort, mit dem sogar Wahlen gewonnen wurden, lautete: "Wohlstand für alle". Doch er vergaß, hinzuzufügen: "Für alle, die ihn sich leisten können."

Das "Ahlener Programm" vom 3. Februar 1947 gehört zu den herausragenden Dokumenten der programmatischen Orientierung der CDU, die die wirtschaftliche, gesellschaftliche und sozialpolitische Ordnung der Bundesrepublik Deutschland nachhaltig geprägt hat. "Das kapitalistische Wirtschaftssystem ist den staatlichen und sozialen Lebensinteressen des deutschen Volkes nicht gerecht geworden", lautete der berühmte erste Satz des historischen Programms. "Unter dem Eindruck eines totalen politischen, wirtschaftlichen und auch moralischen Niedergangs Deutschlands formuliert es die Absicht, eine von Grund auf neue, gemeinwirtschaftliche Ordnung zu schaffen", und zwar eine, "die dem Recht und der Würde des Menschen entspricht, dem geistigen und materiellen Aufbau unseres Volkes dient und den inneren und äußeren Frieden sichert."[271)]

Die Verwirklichung der Freiheit bedarf nach der Programmatik der CDU der sozialen Gerechtigkeit. Die Verhältnisse, unter denen der Mensch lebt, dürfen der Freiheit nicht im Wege stehen. Aufgabe der Politik ist es daher, der Not zu wehren, unzumutbare Abhängigkeiten zu beseitigen und die materiellen Bedingungen der Freiheit zu sichern. Persönliches Eigentum erweitert den Freiheitsraum des einzelnen für seine persönliche Lebensgestaltung.

Die Wiedervereinigung bot der CDU die Chance, ihre Wirtschafts- und Sozialordnung in ganz Deutschland zu erneuern und Fehlentwicklungen in den alten Bundesländern zu korrigieren. Denn "Wir wollen die Leistung und die Risikobereitschaft des einzelnen fördern, bürokratische Hemmnisse abbauen, wo immer möglich deregulieren und privatisieren sowie die Beteiligung breiter Volksschichten am Produktivkapital fördern. Wir wollen ökologische Erfordernisse stärker als bisher durch marktwirtschaftliche Mittel berücksichtigen. Wir wollen unseren Sozialstaat umbauen, um die Folgen der demographischen Veränderungen zu bewältigen und auch in Zukunft soziale Gerechtigkeit verwirklichen zu können."

"Wirtschafts- und Sozialordnung sind untrennbar miteinander verbunden", heißt es 1994 im "Grundsatzprogramm der Christlich Demokratischen Union Deutschlands". Denn "sie begrenzen und ergänzen sich gegenseitig. Eine Wirtschaftspolitik ohne soziale Gerechtigkeit gefährdet den sozialen Frieden und führt zugleich zu volkswirtschaftlichen Verlusten und gesellschaftlicher Instabilität. Unsere soziale Ordnungspolitik verbindet die Prinzipien der Humanität und Wirtschaftlichkeit sowie der Leistungs- und Verteilungsgerechtigkeit. Sie zielt auf die Stärkung der Eigenverantwortung, auf persönliche Hilfe und aktive Solidarität.
Wir gestalten unsere soziale Ordnungspolitik nach den Prinzipien der Solidarität und Subsidiarität. Wir wollen gemeinschaftlich die Risiken absichern, die der einzelne nicht allein und aus eigener Kraft tragen kann. Grundlegende Elemente unserer sozialen Ordnung bleiben Versicherungspflicht und Leistungsgerechtigkeit sowie Dezentralisierung und Selbstverwaltung in den Sozialversicherungen. Unsere Sozialordnung beruht zu einem erheblichen Teil auf der Solidarität zwischen den Generationen. Angesichts der tiefgreifenden demographischen Veränderungen dürfen wir diesen Generationenvertrag nicht überlasten. Es entspricht unserem Verständnis von Solidarität und Subsidiarität, angesichts des gewachsenen Wohlstandes die Absicherung von zumutbaren Risiken in die Eigenverantwortung des einzelnen zu übertragen.
(...) Zu den grundlegenden Elementen unserer sozialen Ordnung gehören ferner ein wirksamer Arbeitnehmerschutz, die Mitbestimmung und Vermögensbeteiligung der Arbeitnehmer und die soziale Partnerschaft ebenso wie die Gleichberechtigung von Frau und Mann."[272)]

Als wichtigste Aufgabe ihrer Sozialpolitik betrachtet die CDU den "Schutz vor Armut und Not, um allen ein menschenwürdiges Leben zu sichern; eine durch Solidargemeinschaften gesicherte Vorsorge und Absicherung von existentiellen Risiken, die der einzelne nicht tragen kann; die Stärkung der Eigenverantwortung und die Hilfe zur

Selbsthilfe; die Bewahrung des sozialen Friedens und die Förderung von Gerechtigkeit und sozialem Ausgleich."[273)]
Über Eigenverantwortung, Eigenvorsorge und Selbstbeteiligung lesen wir im Grundsatzprogramm der CDU: "Um die Funktionsfähigkeit unserer sozialen Leistungssysteme langfristig zu erhalten und die soziale Sicherung des einzelnen gewährleisten zu können, müssen wir grundlegende Korrekturen vornehmen. Nicht jedes Lebensrisiko kann gemeinschaftlich abgesichert werden. Nicht der Ausbau der sozialen Sicherungssysteme, sondern der Umbau muß daher unser Ziel sein. Neben der stärkeren Förderung und Forderung von Eigenverantwortung, Eigenvorsorge und Selbstbeteiligung wollen wir das Versicherungsprinzip stärken; unsere Sozialversicherung muß schrittweise von den Aufgaben finanziell befreit werden, die gesamtstaatlicher Natur sind und über Steuermittel finanziert werden müssen."[274)]
Wie der Umbau des Sozialstaates auszusehen hat, das kann man dem "Leipziger Manifest" der CDU aus dem Jahre 1997 entnehmen. So dient zum Beispiel das Stichwort "Flexibilität" als Vorwand, um den Leistungsabbau fortzusetzen: "Zur Flexibilität gehört auch, daß die Arbeitnehmer in Deutschland grundsätzlich bereit sein müssen, für gleichen Lohn mehr zu arbeiten", heißt es dort.
Die Idee einer Beteiligung der Arbeitnehmer am Betriebskapital ist zwar zu begrüßen, doch als Regierungspartei hat die Union diese Idee lange Zeit regelrecht verschlafen. Das "Leipziger Minifest" endet dann auch mit einer Klage darüber, daß immer mehr sozialversicherungspflichtige Arbeitsplätze in geringfügigen Beschäftigungsverhältnissen zum Abbau von Vollarbeitsplätzen geführt haben. Ein Patentrezept, um dieses Übel abzustellen, besitzt die CDU allerdings nicht.

Die Christlich Soziale Union (CSU) stellt ihre Kandidaten ausschließlich in Bayern auf, wo die Schwesterpartei wiederum nicht auftritt. Sie bildet mit der CDU im Deutschen Bundestag zwar eine gemeinsame Fraktionsgemeinschaft, aber in der Programmatik lassen sich mehr als nur Nuancen zwischen den Unionsparteien ausmachen. Die CSU legt zum Beispiel ein größeres Gewicht auf eine "entschieden-kompromißlose Auseinandersetzung mit dem politischen Gegenspieler. Alles in allem weist sie eine kräftigere Färbung als die CDU auf."[275)] Das Grundsatzprogramm von 1968 wurde 1976 in München durch ein neues ersetzt, in dem sich die CSU als eine "konservative", "liberale" und "soziale" Partei versteht.

Freiheit fordert nach der Programmatik der CSU immer auch Verantwortung. Nur eine Gesellschaft selbstverantwortlicher Bürger verhindert, daß der Staat durch umfassende Versorgung und Betreuung Menschen abhängig, passiv und egoistisch werden läßt. Die CSU will den Sozialstaat nicht als Vormund, sondern als Diener des Menschen. Sie fördert deshalb in der Sozialpolitik Selbstverantwortung und Eigeninitiative.[276)]

"Deutschland hat eines der leistungsfähigsten Sozialsysteme der Welt", heißt es im "Grundsatzprogramm des CSU" von 1993. "Für diese international vorbildliche, historisch unvergleichbar hohe soziale Sicherheit für alle hat die Christlich-Soziale Union in über vier Jahrzehnten Regierungsverantwortung die wesentlichen politischen Grundentscheidungen mit durchgesetzt. Die Einführung der dynamischen Rente, Einbeziehung der Familie mit Kindererziehungszeiten, Erziehungsgeld und –urlaub als weitere Säule unseres Sozialsystems waren Meilensteine der Sozialpolitik. Mit der solidarischen Pflegeversicherung will die CSU die letzte große Lücke im sozialen Netz schließen und die Partnerschaft zwischen jung und alt stärken. Die soziale Sicherung erreicht damit ein Niveau, das den Bürger ohne Ansehen seiner sozialen Stellung in hohem Maße gegen die Wechselfälle des Lebens sichert. Die Wiedervereinigung Deutschlands fordert eine vorausschauende Weiterentwicklung unserer gesellschafts- und sozialpolitischen Ordnung."[277)]

Und an anderer Stelle heißt es: "Die CSU weiß sich den Schwachen, Behinderten, Pflegebedürftigen, Kranken, sozial Benachteiligten sowie Kriegsopfern besonders verpflichtet. Das Leitbild unserer Sozialpolitik orientiert sich am selbstverantwortlichen Bürger. Im Mittelpunkt stehe der Mensch – mit Rechten und Pflichten. (...) Die CSU will den Sozialstaat nicht als Vormund, sondern als Diener des Menschen. Sie fördert deshalb in der Sozialpolitik Selbstverantwortung und Eigeninitiative. Wo der Bürger Wechselfälle des Lebens aus eigener Kraft meistern kann, muß er dieser Verantwortung auch gerecht werden. Soweit der einzelne überfordert ist, muß die Gemeinschaft im notwendigen Umfang mit solidarischer Hilfe eintreten. Sozialhilfe ist deshalb im Sozialstaat ein Gebot der Humanität. Damit soziale Hilfen wirkungsvoll bleiben, wird die CSU den Mißbrauch konsequent verhindern."[278)]

Nach Ansicht der CSU muß die soziale Sicherheit erarbeitet werden. Denn "sozialer Fortschritt kann nicht als reine Expansion verstanden werden, sonst würde das Gesamtsystem bewegungsunfähig und in seiner Stabilität gefährdet werden. Neue Gestaltungsspielräume gewinnt der Sozialstaat auf seinem heute hohen Leistungsniveau in erster Linie durch den Umbau des Sozialsystems. Für die Sozialpolitik der CSU ist deshalb n i c h t d e r A u s b a u, sondern d e r U m b a u die sozialpolitische Gestaltungsmaxime der Zukunft. Das erfordert klare Prioritäten und die Konzentration auf das Notwendige vor dem Wünschenswerten."[279)]

Als programmatische Partei des Fortschritts, der Sicherung von Arbeitsplätzen und von Zukunkftstechnologien bemüht sich die CSU als charakteristische bayerische Partei mit bundespolitischem Anspruch einerseits um einen sozialen Ausgleich zwischen den sogenannten "Kleine Leuten" und den Unternehmern sowie andererseits um einen Brückenschlag zwischen der traditionsbewußten Landbevölkerung mit ihrem noch weitgehend intaktem sozialen Gefüge und den immer mehr vereinsamenden Stadtbewohnern mit ihren Beziehungsängsten und sozialen Problemen.

Die Freie Demokratische Partei (F.D.P) ist 1948 aus verschiedenen Gruppen innerhalb der einzelnen Besatzungszonen in Westdeutschland entstanden. Die "freiheitlichen" Prinzipien, die diese Partei vertritt, knüpfen zwar an die Gedanken der früheren "Deutschen Volkspartei" an, sie sind jedoch vor allem im sozialpolitischen Bereich abgewandelt. Ideologisch ist die F.D.P. in die neoliberale Richtung einzubeziehen. Das heißt: Der Staat soll die gesellschaftliche Ordnung nicht beeinflussen, sondern nur gegen Angriffe schützen, wobei im Bereich der Staatsverwaltung das zentralistische Prinzip überwiegen sollte. In der Wirtschaft sollen die Produktionen und die Verteilung der Güter nach den Gesetzen von Angebot und Nachfrage bei freiem Wettbewerb erfolgen. Die Sozialpolitik des Staates soll der Bevölkerung einen Mindestlebensstandard gewährleisten.

Nicht zuletzt auf Grund der Rezession des Jahres 1966 stürzte der von der Union gestellte Bundeskanzler Ludwig Erhard. Daraufhin wurden neue Koalitionsverhandlungen aufgenommen, aus denen die Große Koalition aus CDU/CSU und SPD hervorging. Die F.D.P. ging in die Opposition und wählte nach dem Rücktritt von Erich Mende Walter Scheel zu ihrem neuen Parteivorsitzenden, unter dessen Führung die F.D.P. einen deutlichen Linksruck erfahren hat. Bei den Bundestagswahlen von 1969 mußte die F.D.P. daraufhin wieder starke Stimmenverluste hinnehmen (5,8 Prozent). Doch aufgrund des Linksrucks der neuen F.D.P.-Führung kam Ende 1969 die sozial-liberale Regierungskoalition aus SPD und F.D.P. im Deutschen Bundestag zustande – allerdings unter Ausklammerung wichtiger sozialpolitischer Fragen wie der Ausdehnung der Mitbestimmung der Arbeitnehmer in der Wirtschaft.

Als Partei der Freiheit und der Verantwortung setzt die F.D.P. auf die Eigeninitiative, die Kreativität und die Leistungsbereitschaft der Bürger. "Wir sind die Partei der Leistungsträger und der geistigen Eliten in der Gesellschaft", lautet ihr Credo. "Wir brauchen sie für die Zukunftssicherung und Zukunftsgestaltung Deutschlands. Dabei wollen wir die Kraft der Starken nicht nur zur Selbstverwirklichung, sondern gerade auch, um den Schwachen zu helfen."

Richtungweisend wurde 1971 das "Freiburger Programm" der Freien Demokraten zur Gesellschaftspolitik. Dort heißt es unter anderem: "Wir stehen heute am Anfang der zweiten Phase einer von der bürgerlichen Revolution ausgehenden Reformbewegung auch in der Gesellschaft, wie sie nicht zuletzt in den tiefgreifenden und nachhaltigen Bewußtseinsveränderungen der weltweiten Jugendrevolte sich ankündigt. (...) Diese neue Phase der Demokratisierung und Liberalisierung, im ursprünglichen und nicht dem heute oft mißbrauchten Sinne dieser Worte, entspringt aus einem gewandelten Verständnis der Freiheit, das dem modernen Liberalismus die neue politische Dimension eines nicht mehr nur Demokratischen, sondern zugleich Sozialen Liberalismus erschließt,."[280)]

Im "Freiburger Programm", das als Höhepunkt des "sozialen Liberalismus" und als Aufschwung der F.D.P. in der sozial-liberalen Regierungskoalition gilt, wird der Staat nicht mehr nur als ein Garant der individuellen Freiheit, sondern auch von Gerechtigkeit im Sinne eines freiheitlichen Sozialstaates verstanden. Die Liberalen bekräftigen die Grundposition der "Freiburger Thesen", den einzelnen nicht nur als Individuum, sondern zugleich auch in seiner sozialen Identität zu sehen.[281)]

"Die sozialen Strukturen verändern sich durch die schnelle Entwicklung der Produktions- und Informationstechniken und durch den Bewußtseinswandel", heißt es im "Saarbrückener Manifest" von 1985. "Die Systeme sozialer Sicherung konnten in den letzten Jahrzehnten entscheidend verbessert werden. Dabei sind aber auch die Gefahren der Vereinsamung, der Bevormundung und des Mißbrauchs größer geworden. (...) Arbeitslosigkeit bedroht die Freiheit des Einzelnen und die demokratische und soziale Stabilität; sie muß durch konsequente marktwirtschaftliche Politik bekämpft werden. Die Überwindung der Arbeitslosigkeit ist nicht allein ein individuelles Problem, sondern ein Problem der gesamten Gesellschaft."[282)]

Über den Einzelnen und sein soziales Umfeld lesen wir im "Saarbrückener Manifest": "Freiheit bedarf einer sozialen Grundsicherung. Wir bekennen uns zur gemeinschaftlichen Sicherung gegen individuelle Not. Der anonyme Versorgungsstaat aber lähmt die eigene Initiative und Bereitschaft, für sich und andere Verantwortung zu tragen. Wir wollen deshalb mehr Freiraum für Eigenvorsorge und Eigenverantwortung, Selbstbeteiligung und Stärkung des Versicherungsprinzips schaffen. Durch Beiträge finanzierte soziale Sicherung verdient Vertrauensschutz. Unser Gesundheitswesen droht unbezahlbar zu werden. Es muß deshalb wirtschaftlicher gestaltet werden. Drängende soziale Probleme wie Pflegefälle und Altenbetreuung werden besser durch die Stärkung kleiner sozialer Netze mit Aufwandsentschädigung und steuerlicher Begünstigung gelöst."[283)]

Die erfolgreichen Ansätze der 80er Jahre zu einer marktwirtschaftlichen Erneuerung müssen laut Programmatik der F.D.P. in einem neuen Aufbruch für ganz Deutschland fortgeführt werden. Denn "ordnungspolitische Reformen aus einem Guß müssen die Stärken des Wirtschaftsstandortes Deutschland wieder voll zur Geltung bringen. Ein Kernstück liberaler Politik für Investitionen und Arbeitsplätze ist eine Steuerreform. Diese Reform der Unternehmenssteuern, Einkommenssteuern, Gemeindefinanzen und Finanzausgleiche muß mit einer echten Reform der sozialen Sicherungssysteme und mit marktwirtschaftlichen Anreizen für bessere Umweltvorsorge zu einer zukunftsweisenden Standorterneuerung zusammengeführt werden."[284)]

P o s t s k r i p t u m: Das neue Wahlprogramm der Freien Demokratischen Partei für die 14. Legislaturperiode wurde auf dem 49. Ordentlichen Bundesparteitag vom 26. bis 28. Juni 1998 in Leipzig beschlossen. "Wir bitten um Ihr Verständnis", so das Antwortschreiben der Liberalen, "daß wir das gesamte Wahlprogramm erst nach dem Bundesparteitag in Leipzig veröffentlichen möchten. Das beugt Diskussionen über evt. überholte Formulierung und Mißver-

ständnissen vor. Wir möchten außerdem mit unserem Wahlprogramm so nah wie möglich am Wahltag selbst sein; im Gegensatz zur SPD und Grünen, die damit spekulieren, daß die Bürger bis zum Wahltag einen Großteil dieser Programme schon wieder vergessen haben."[285]
Am 20. August 1998 übersandte der Generalsekretär der Christlich-Sozialen Union in Bayern die „Wahlplattform von CDU und CSU 1998 – 2002". In seinem Begleitbrief schrieb Bernd R. Protzner unter anderem:

„Am 27. September steht die Zukunft Deutschlands auf dem Spiel. Die Bundestagswahl ist eine Richtungsentscheidung. Es geht darum, ob die Koalition der Mitte ihre erfolgreiche Politik mit Weitblick und Augenmaß fortsetzen kann oder ob eine Linksfront aus SPD und Grünen – mit der SED/PDS im Schlepptau – Deutschland von der Weltspitze in die Drittklassigkeit zurückwirft.
Nicht zuletzt dank unserer Mitwirkung zählt die Bundesrepublik Deutschland heute zu den politisch und sozial stabilsten Ländern der Erde. Mehr als ein halbes Jahrhundert nach dem Ende des Zweiten Weltkriegs ist das geeinte Deutschland ein verläßlicher, berechenbarer und von der gesamten internationalen Staatengemeinschaft geschätzer und anerkannter Partner.
Wer sich ernsthaft mit den Leistungen und Zielsetzungen der Koalition der Mitte auseinandersetzt und dem die Vorstellungen von SPD und Grünen gegenüberstellt, wird zu der Überzeugung gelangen, daß es zu unserer Politik keine verantwortbare Alternative gibt. Wir haben viel zu verlieren in Bayern und in Deutschland, auch an politischer Kultur. Wir können aber auch viel gewinnen.
Deutschland darf an der Schwelle zum 21. Jahrhundert, im Zeitalter der Globalisierung und des zusammenwachsenden Europa, nicht in die Hände rot-grüner Verweigerer, Blockierer und Systemüberwinder fallen. Die Vorstelltungen und Forderungen von SPD und Grünen", so der CSU-Generalsekretär abschließend, „wären nicht nur ein gewaltiger Rückschritt, sie würden auch alle unsere bisherigen

Anstrengungen zur Stärkung der Wettbewerbsfähigkeit unserer Heimat und unseres Vaterlandes zunichte machen."

13. Kapitel

DIE SOZIALPOLITISCHE PROGRAMMATIK DES ROT-GRÜNEN LAGERS

"Ziel des modernen Sozialstaates ist Ermutigung zu Eigenverantwortung und Eigeninitiative, nicht Bevormundung. Wir müssen das Verhältnis von Solidarität und Individualität ständig neu bestimmen. Neue Freiräume für die Menschen müssen das Ergebnis sein."
SOZIALDEMOKRATISCHE PARTEI DEUTSCHLANDS [286)]

"Der notwendige soziale Ausgleich als Weg zu sozialer Gerechtigkeit umfaßt nicht allein die Verteilung von Geld und Gütern, sondern auch von Lebenschancen, freier Zeit und des Zugangs zum kulturellen und sozialen Leben."
BÜNDNIS 90/DIE GRÜNEN [287)]

"Wir betrachten das Recht auf Arbeit, die soziale, humane und ökologische Umgestaltung des gesellschaftlichen Arbeitssystems wie auch das Recht auf soziale Grundsicherung als Schlüsselfragen sozialistischer Politik. (...) Letzten Endes muß dem Kampf zwischen Arbeit und Kapital neuer Inhalt gegeben und die kapitalistische Vergeudungswirtschaft selbst umgestaltet werden."
PARTEI DES DEMOKRATISCHEN SOZIALISMUS [288)]

Die Sozialdemokratische Partei Deutschlands (SPD) versuchte während der nationalsozialistischen Herrschaft die Idee der deutschen Sozialdemokratie von Prag und später von London aus zu bewahren und weiterzuentwickeln. Kurt Schumacher sammelte nach seiner Befreiung aus einem Konzentrationslager alte SPD-Mitglieder um sich und begann mit der Reorganisation der Partei. Er wandte sich schon damals gegen die These von der Kollektivschuld aller Deutschen am Zweiten Weltkrieg

als auch am Nationalsozialismus. Doch erlangte er insbesondere dadurch eine herausragende Bedeutung, daß er rechtzeitig die Gefahren eines Zusammenschlusses mit der KPD zur SED deutlich erkannte und seiner Partei einen eigenen Weg wies. Auf dem ersten Nachkriegsparteitag im Frühjahr 1946 wurde daher die ideologische Situation der SPD abgeklärt. Als "die Partei der wirtschaftlich Schwachen" forderte sie die Verstaatlichung der Schlüsselindustrien und eine verwaltungmäßig orientierte Wirtschaft; das heißt, der Staat sollte – im Gegensatz zur "Sozialen Marktwirtschaft" der Unionsparteien – auf den Ablauf der Wirtschaft einen starken Einfluß ausüben.
Durch die Erfolge der liberalen Wirtschaftspolitik der CDU/CSU trat jedoch in den nachfolgenden Jahren ein Sinneswandel in der SPD ein. Lediglich die Grundstoffindustrie sollte nunmehr verstaatlicht werden, während der Wirtschaftsablauf im großen und ganzen freiheitlich zu gestalten war, das heißt: die private Wirtschaftsmacht sollte durch eine strenge Monopol- und Kartellpolitik in Schranken gehalten werden. Das Schlagwort "Der Mensch soll nicht durch den Menschen ausgebeutet werden" kennzeichnet diese Haltung am besten. Neben einer Strukturpolitik – staatliche Kontrolle der Grundstoffindustrien – fordert die SPD auch eine Politik der Vollbeschäftigung sowie die Sicherung des Arbeitsplatzes. Durch die Veränderung der gesellschaftlichen Stellung des Arbeiters und die veränderte Situation des handwerklichen Mittelstandes, dessen Anliegen die SPD aufgeschlossen gegenübersteht, ist sie im wahrsten Sinne des Wortes eine "Volkspartei" geworden.
Richtungweisend – Kritiker warfen der SPD seinerzeit einen bloßen Anpassungskurs vor – wurde das vielzitierte "Godesberger Grundsatzprogramm", mit dem sich die Partei 1959 unter anderem auch eine neue Programmatik in der Sozialpolitik gegeben hat.Dort heißt es zum Beispiel:

"Sozialpolitik hat wesentliche Voraussetzungen dafür zu schaffen, daß sich der einzelne in der Gesellschaft frei

entfalten und sein Leben in eigener Verantwortung gestalten kann. Gesellschaftliche Zustände, die zu individuellen und sozialen Notständen führen, dürfen nicht als unvermeidlich und unabänderlich hingenommen werden. Das System sozialer Sicherung muß der Würde selbstverantwortlicher Menschen entsprechen.
Jeder Bürger hat im Alter, bei Berufs- oder Erwerbsunfähigkeit oder beim Tode des Ernährers Anspruch auf eine staatliche Mindestrente. Auf ihr bauen weitere, persönlich erworbene Rentenansprüche auf. (...)
Lebensbedingungen und Lebensformen sind so zu gestalten und die Gesundheitspolitik ist so auszubauen, daß ein Leben in Gesundheit möglich wird. Der öffentliche Gesundheitsschutz, vor allem der Arbeitsschutz, und wirksame Methoden der Gesundheitsvorsorge für den einzelnen sind zu entwickeln. (...) Die berufliche Entscheidungsfreiheit der Ärzte muß gesichert sein. Es ist eine öffentliche Aufgabe, die Krankenhausversorgung sicherzustellen. (...)
Zur Bewältigung besonderer Lebensschwierigkeiten und Notlagen sind die allgemeinen sozialen Leistungen durch individuelle fürsorgerische Dienste und Leistungen der Sozialhilfe zu ergänzen."[289)]

Unter dem Drängen des "Parteistrategen" Herbert Wehner trat die SPD trotz erheblicher innerparteilicher und linksintellektueller Widerstände 1966 in die "Große Koalition" mit der CDU/CSU ein. Ein entscheidendes Argument für den Eintritt der Sozialdemokraten in dieses Zweckbündnis mit den Unionsparteien, deren Politik man bisher scharf bekämpft hatte, mag wohl dieses gewesen sein: Dem deutschen Volke, also den breiten Wählerschichten, sollte endlich gezeigt werden, daß diese große Partei auch regierungsfähig ist, da ja in der Bundesrepublik Deutschland, anders als in den angelsächsischen Demokratien, die Oppositionsrolle immer noch unterbewertet wird. Auch sollte das scharfzüngige Wahlkampfwort Adenauers, daß mit dem Herankommen der SPD an die Macht der "Untergang Deutschlands" verbunden sei, widerlegt werden. Nach den

Bundestagswahlen von 1969 kam dann in der Tat mit dem Machtwechsel die sozial-liberale Regierungskoalition von SPD und F.D.P. unter Willy Brandt als Bundeskanzler und Walter Scheel als Bundesaußenminister zustande. Ihr Credo lautete:
"Wir wollen die Kräfte unserer Gesellschaft zu einer großen Gemeinschaftsanstrengung zusammenführen, um die Entwicklung unseres Landes auf eine neue dauerhafte Grundlage zu stellen. Die dauerhafte sozial- und umweltverträgliche Entwicklung von Wirtschaft und Technik ist das Ziel unserer Reformen. Diese Herausforderung wollen wir mit einem Neuanfang für soziale Gerechtigkeit, Arbeit für alle, Gleichstellung der Frauen in Beruf und Gesellschaft, ökologische Erneuerung und technischen Fortschritt bestehen."
1989 gab sich die SPD ein neues Grundsatzprogramm. Die Sozialpolitik wurde darin als verwirklichte Solidarität beschrieben; durch soziale Gerechtigkeit wollte man eine solidarische Gesellschaft erreichen. Doch lesen wir selbst, was dort unter anderem geschrieben steht:

"Sozialpolitik will Solidarität als Leitidee für die ganze Gesellschaft lebendig machen. Daher ist sie für uns Gesellschaftspolitik, eine Dimension des gesamten politischen Handelns. Solidarität ersetzt nicht Eigenverantwortung, erträgt nicht Bevormundung. Sie soll auch als Hilfe zur Selbsthilfe wirksam werden. Die Arbeiterbewegung hat über Generationen hinweg den Sozialstaat erkämpft. Wir werden ihn erhalten und ausbauen. In der Solidargemeinschaft stehen die Jungen für die Alten, die Gesunden für die Kranken, die Nichtbehinderten für die Behinderten, die Arbeitenden für die Arbeitslosen ein. Wir sind gegen eine Privatisierung der elementaren Lebensrisiken.
Sozialpolitik, die sich darauf beschränkt, eingetretene Schäden zu beheben, ist inhuman und überdies finanziell rasch überfordert. Der wirksamste Schutz geschieht durch Vorbeugung. Sozialpolitik will nicht nur reparieren und in Notfällen einspringen, sondern vorausschauend gestalten.

Sie soll Lebens- und Arbeitsbedingungen menschenwürdig machen. Ökologische Politik zum Schutze der Gesundheit, Humanisierung der Arbeit, Bekämpfung der Arbeitslosigkeit und gerechtere Einkommensverteilung sind zentrale Aufgaben vorbeugender Sozialpolitik. (...)
Soziale Sicherung muß verläßlich sein. Wirtschafts-, Finanz- und Sozialpolitik sind so aufeinander abzustimmen, daß die Gesamtpolitik am Sozialstaatsgebot orientiert ist. Auch für die Sozialpolitik gilt: Qualität vor Quantität. Wer Abbau verhindern will, muß Umbau betreiben. (...)
Wir werden dafür sorgen, daß die Renten sicher bleiben. Wenn auf immer mehr Rentner immer weniger Beitragszahler kommen, müssen zusätzliche Lasten auf Beitragszahler, Rentner und den Staat gerecht verteilt werden. (...)
Wir streben eine Gesundheitssicherung an, bei der die Interessen der Versicherten Vorrang vor den Interessen der Ärzte, der Zahnärzte, der Pharmaindustrie, der Heil- und Hilfsmittelanbieter und der Krankenhausträger haben. Die Krankenkassen müssen in den Stand gesetzt werden, die Rechte der Versicherten gegen die Interessen der Anbieter durchzusetzen und das Interesse der Versicherten an Vorbeugung und kostengünstigen, aber wirksamen Heilverfahren stärken."[290)]

Nach der Wiedervereinigung brachte die SPD ihre Sozialpolitik auf folgenden Nenner: "Ökologische Erneuerung, umweltverträgliches Wachstum, Aufbauprogramm Ost, Arbeit für alle, soziale und demokratische Stabilität. Wir brauchen eine umfassende Modernisierung von Wirtschaft, Staat und Gesellschaft. Wohlstand, Arbeitsplätze und soziale Sicherheit können nur dann dauerhaft gewährleistet werden, wenn die deutsche Wirtschaft leistungsfähig und international wettbewerbsfähig ist."
Den sozialpolitischen Teil des SPD-Programms für die Bundestagswahl 1998 hielten viele Kritiker für "unkonkret und unvollständig", denn die Experten vermißten darin zahlreiche versprochene Reformvorhaben. Sie "bezeichneten vor allem die vorgesehenen gesundheitspolitischen

Maßnahmen als zu wenig konkret und vor dem Hintergrund der Versprechen früherer Tage als unvollständig. Mit Ausnahme der Positivliste zur Ausgrenzung unwirksamer Arzneien fehlten in dem von Kanzlerkandidat Gerhard Schröder und Parteichef Oskar Lafontaine verfaßten Entwurf wichtige Reformschritte, die die SPD-Bundestagsfraktion wiederholt angekündigt hatte", konstatierte die "Süddeutsche Zeitung".[291)]
Nicht nur sozialpolitische Experten, sondern auch die Arbeitgeber lehnten den sozialpolitischen Teil des SPD-Programmentwurfs ab. So erklärte der Arbeitgeberpräsident Dieter Hundt, das Programm offenbare "in erschreckender Weise Rückschritt, altes Denken und mangelhafte wirtschaftspolitische Kompetenz."

Sowohl Die Grünen als auch das Bündnis 90 sind neuartige Phänomene in der Geschichte des Parteiensystems der Bundesrepublik Deutschland. Seit der Bundestagswahl 1961 gab es nur mehr drei Fraktionen im Deutschen Bundestag – und zwar die CDU/CSU, die SPD und die F.D.P. Die Partei der Grünen hat jedoch als "ein Produkt der Protestbewegungen, die seit der Studentenrevolte Ende der 60er Jahre einen festen Bestandteil der politischen Szenerie bilden",[292)] bewiesen, daß auch einer neugegründeten Wählervereinigung die Überwindung der Fünf-Prozent-Klausel auf Bundesebene gelingen kann. Denn bei der Bundestagswahl 1983 erzielte sie 5,6 Prozent der Stimmen und bildete nun eine vierte Fraktion, die sich seinerzeit noch überwiegend aus Bürgerinitiativen zum Schutz der Umwelt im allgemeinen und zur Verhinderung von Kernkraftwerken im besonderen zusammensetzte.
Die Grünen verstanden sich bis zu ihrer Annäherung an das etablierte Parteiensystem der Bundesrepublik und den politischen Zeitgeist der Bonner Republik sehr lange als eine grundlegende "Alternative" zu den Altparteien, "die sich einem Wachstumsfetischismus verschrieben hätten und die ökologischen Probleme stark vernachlässigten." In der Sozialpolitik wird den Grünen vorgeworfen, "es sei in-

konsequent, einerseits dem Wachstumsdenken eine Absage zu erteilen, andererseits zahlreiche – kostenintensive – Sozialleistungen zu fordern – finanzierbar nur durch eine Steigerung des Bruttosozialprodukts."[293)]

Nach der Wiedervereinigung schlossen sich die westdeutschen Grünen mit dem ostdeutschen Bündnis 90 zu einer Partei zusammen. Dieses Bündnis war zunächst ein Sammelbecken für Bürger der ehemaligen DDR, die zum einen ähnliche Zielsetzungen vertreten wie die Grünen in den westlichen Bundesländern, deren Kritik an den undemokratischen Verhältnissen in der DDR unter der SED-Herrschaft andererseits zu einem Engagement in Bürgerinitiativen für Bürger- und Menschenrechte führte und deren oppositionelles Verhalten bei den Demonstrationen den demokratischen und vor allem den gewaltfreien Umbruch in der DDR im Herbst und Winter 1989/90 maßgeblich vorangetrieben hat.[294)] 1993 verabschiedete das Bündnis 90/Die Grünen seine "Politischen Grundsätze". Darin heißt es unter anderem zur Sozialpolitik:

"Wir wollen eine neue Sozialpolitik. Alle Menschen müssen die Möglichkeit eines menschenwürdigen und selbstgestalteten Lebens haben. Die Erfüllung der grundlegenden Lebensbedürfnisse muß gesichert sein. Wohnungsnot, Arbeitslosigkeit und Armut für Millionen Bürgerinnen in Deutschland sind auch im marktwirtschaftlichen Rahmen nicht zwangsläufig unvermeidbar. Die Öffnung der Schere zwischen arm und reich muß auch durch Umverteilung der vorhandenen Mittel von oben nach unten verringert werden. Zu den unverzichtbaren Aspekten einer neuen Sozialpolitik gehört aber auch deren ökologische Dimension. Wir stehen für eine Sozialpolitik, die Leben in einer nicht vergifteten Umwelt und möglichst weitgehend selbstbestimmte Lebensgestaltungen ermöglicht. (...)

Das heutige Sozialstaatsmodell, das die sozialen Konflikte der Gesellschaft durch die Verteilung von Wachstumsgewinnen abzudämpfen sucht, wie auch die klassische sozialistische Utopie, welche durch eine ´Entfesselung der Pro-

duktivkräfte` neuen gesellschaftlichen Reichtum schaffen will, machen unter den Bedingungen eines notwendigen ökologischen Umbaus der Produktion und einer Beendigung des pauschalen Wachstumswahns keinen Sinn mehr. Die Sicherung einer menschenwürdigen Existenz muß auf der Grundlage eines naturverträglichen selektiven Schrumpfens und Wachsens geleistet werden. Die überfällige Reform des Sozialstaates darf nicht zu Lasten der sozial Schwachen gehen. (...)
Gerade Regionen mit hohem Entwicklungsbedarf können (...) nicht allein den Marktkräften überlassen bleiben, sondern benötigen eine aktive soziale und ökologische Strukturpolitik. Historisch entstandene soziale Ungleichheiten erfordern einen sozialen Ausgleich durch Umverteilung des erwirtschafteten Reichtums, in der Regel von oben nach unten, und die Voraussetzung, eigenen Reichtum zu schaffen. Nur durch eine gleichermaßen ökologische, soziale und demokratische Neubestimmung des Wirtschaftens und einen Umbau des Sozialstaates kann die ´soziale Frage` langfristig gelöst werden.
Soziale Gerechtigkeit muß es weltweit für alle Menschen geben. (...) Politische und moralische Kriterien verbieten es, den sozialpolitischen Blick auf die Bevölkerung des eigenen Landes zu verengen. Soziale Gerechtigkeit in unserem Land ist dauerhaft nur zu haben, wenn diese den Menschen in anderen Ländern der Welt nicht vorenthalten wird."[295)]

Angesichts des rapiden Vertrauensverlustes der Bevölkerung in die Sozialpolitik der konservativ-liberalen Regierungskoalition und einem Millionen-Heer von Arbeitslosen und Sozialhilfeempfängern ist das Parteiestablishment von Bündnis 90/Die Grünen fest entschlossen, in der Wirtschafts- und Sozialpolitik den Schulterschluß zwischen den verschiedenen Flügeln zu demonstrieren, nachdem die ehemalige Ökopartei ihr ursprüngliches "Markenzechen", nämlich die Umweltpolitik, verloren hat.

"Bewegen statt beharren", lautet die neue Parole. "Weg vom zermürbenden Links-realo-Gezänk, hin zur Mitte." Doch das ist leichter gesagt als getan, denn es fällt den Bündnisgrünen alles andere als leicht, "ein konkretes Wahlprogramm auf die Beine zu stellen. Wolkenreiche Erklärungen wie 1994 werden nicht ausreichen, darin sind sich alle einig."[296)]
Aber was will die Partei zum Beispiel in der Sozialpolitik? „Will sie ihr altes Grundsicherungskonzept beibehalten, das ein 'Recht auf Faulheit` und gleichzeitig finanzielle Sicherheit propagiert? Wer zahlte, kümmerte die Grünen nicht," schrieb das Nachrichtenmagazin "Focus" 1996. "Heute will Sozialexpertin Andrea Fischer ein Grundsicherungskonzept durchsetzen, das einerseits die Existenzsicherung garantiert, andererseits den Beitragszahler aber nicht überlastet".[297)]
Und der machtbewußte Sprecher der Bundestagsfraktion von Bündnis 90/Die Grünen ergänzte hinsichtlich der Rentenversicherung: "Ich fürchte, Biedenkopf hat recht, wenn er sagt, daß wir bei der Grundrente landen werden. Denn faktisch läuft der Plan von Blüm, wenn man ihn zu Ende denkt, darauf hinaus," gab Joschka Fischer zu bedenken. "Sinnvoll wäre eine zusätzliche Alterssicherung über Aktienfonds, finanziert durch aktiengestützte Lohnanteile. Das hieße im Klartext den Übergang von der Mitbestimmung zur Mitbeteiligung."[298)]
Auf der Suche nach dem dritten Weg propagierte das Bündnis 90/Die Grünen im Frühjahr 1998 in ihrem Entwurf zum Wahlprogramm den "fürsorgenden Staat". Dieser müsse nicht alles machen. "Doch einen armen Staat können sich nur Reiche leisten. Nicht Menschen, sondern Kilowattstunden sollen arbeitslos werden," heißt es zu ihrem Plan, die Steuern auf Energie zu erhöhen, damit die Soziallasten der Arbeitnehmer gemindert werden können. Und "zahlen alle, zahlen viele weniger", so skizzierten sie kurz und bündig die Richtung, die ihr Konzept einer Einkommensteuer-Reform einschlägt. "Das soziale Netz so eng zu knüpfen, daß jedermann ein menschenwürdiges Leben

gesichert wird, gleichgültig, ob er mit eigener Leistung dazu beitragen kann oder nicht, das sei des Staates erste Pflicht. Dieses "Ziel", so die "Süddeutsche Zeitung", „verfolgen die Grünen so geradlinig, daß 'ein Lohnabstandsgebot entfällt'. Das 'Grundsicherungsniveau', das der Staat garantiert, heben sie so weit an, daß es sich nicht immer lohnt zu arbeiten, anstatt Sozialhilfe zu beziehen."[299)]

Auf Grund einer sich immer mehr abzeichnenden "ideologischen Front " zwischen den konservativ-liberalen Parteien einerseits und den rot-grünen Parteien andererseits, müssen wir auch die Partei des Demokratischen Sozialismus (PDS) zum rot-grünen Lager hinzurechnen. Denn ähnlich wie bei der Bundestagsabstimmung zum Lauschangriff im Frühjahr 1998 wird es nach dem Regierungswechsel im Herbst 1998 nicht nur zu einer Duldung einer rot-grün geführten Regierungskoalition unter Gerhard Schröder mit Billigung der kommunistisch unterwanderten PDS und damit zu einer Art Neubelebung der "Volksfront" kommen, sondern das rot-grüne Lager wird der Versuchung nicht widerstehen können, die PDS als "stille Machtreserve" in ihre politischen Strategien miteinzubeziehen.

Nicht umsonst bekannte schon vor Jahren die ehemalige Bundestagsabgeordnete und Parteisprecherin der Grünen Verena Krieger: "Es ist wichtig, daß die PDS in den Bundestag gelangt ist, weil diese Partei keineswegs nur die Interessen sesselkleberischer Altstalinisten vertritt, sondern zunehmend zum Sprachrohr des unzufriedenen Proletariats in der DDR geworden ist. (...) Dies (...) macht es notwendig, (...) mit der PDS ebenso pragmatisch von außen zusammenzuarbeiten wie mit der grünen Partei."[300)]

Doch zunächst kurz zur Entstehungsgeschichte der PDS. Im Zuge der demokratischen Revolution in der DDR im Herbst/Winter 1989/90 versuchte die Sozialistische Einheitspartei Deutschlands einen Neuanfang – und zwar zunächst unter dem neuen Parteinamen SED/PDS (Partei des Demokratischen Sozialismus). Seit dem 4. Februar

1990 führte sie nur noch den Namen Partei des Demokratischen Sozialismus. Bei der DDR-Volkskammerwahl vom März 1990 erreichte sie 16,4 Prozent der Stimmen. Bei der Bundestagswahl 1990 kandidierte die PDS im ganzen Bundesgebiet als Linke Liste/PDS. Seitdem ist die "nur oberflächlich reformierte ehemalige Diktaturpartei drauf und dran, sich in ihrem früheren Herrschaftsbereich erneut eine starke politische Stellung zu erobern."[301)]
Dabei setzt die SED-Nachfolgeorganisation insbesondere in den neuen Bundesländern auf "ein im Volk (...) vorhandenes allgemeines Unbehagen gegenüber den sozialen, ökonomischen und politischen Verhältnissen nach der Vereinigung (...) Eine das System grundlegend verändernde sozialistische Politik, die sich auf 'neue' Männer aus dem 'Volk' stützt, wird von der PDS als Heilmittel gegen alle wirtschaftlichen, sozialen und politischen Probleme propagiert."[302)]
Welche programmatischen Aussagen die PDS nun zur Sozialpolitik macht, das entnehmen wir dem "Programm der Partei des Demokratischen Sozialismus". Darin heißt es unter anderem über deren Ziele und Inhalte:

"Wir setzen uns für eine gesellschaftsgestaltende Sozialpolitik ein, die zur Emanzipation der Menschen beiträgt und ihren Sinn nicht aus wirtschaftspolitischer Erwägung ableitet. Sie muß die Entwicklung sozialer Beziehungen fördern, die Gesellschaft demokratisieren und die soziale Integration ihrer Mitglieder bewirken. (...)
Wir kämpfen um eine bedarfsorientierte Grundsicherung für Menschen aller Altersgruppen, die sich am gesellschaftlichen Durchschnittseinkommen orientiert. Die soziale Grundsicherung soll nicht die herkömmlichen sozialen Leistungen ersetzen, die auf Versicherungsleistungen basieren, sondern sie durch steuergünstige Leistungen ergänzen. (...)
Die medizinische Betreuung wird in der BRD immer mehr zur Ware und vom Geldbeutel der einzelnen abhängig. Wir setzen dem unsere Forderung entgegen, medizinische

Versorgung zur Aufgabe der Allgemeinheit und des Staates zu machen und die Kommerzialisierung zu stoppen. Wir unterstützen alle Initiativen

- zur Durchsetzung eines einheitlichen Versicherungssystems mit gleichen Rechten und Pflichten für alle;
- zur Beseitigung des Pflegenotstandes (...)"[303)]

Einen breiten Raum nimmt die Sozialpolitik im "Programm der PDS zur Bundestagswahl 1998" ein. Unter der Schlagzeile "Für den politischen Richtungswechsel! – Für eine gerechte Republik!" lesen wir dort:

"Sieben Millionen Arbeitslose, Zehntausende fehlende Ausbildungsplätze, Millionen Menschen in ungesicherten Arbeitsverhältnissen, schwer angeschlagene Renten- und Krankenversicherungen, desolate öffentliche Haushalte, eine tiefe Kluft zwischen Ost- und Westdeutschland – das ist die Bilanz der Regierung Kohl. (...) Die Chance zur umfassenden gesellschaftlichen Erneuerung in Ost und West, die der Umbruch der Jahre 1989/90 eröffnet hatte, wurde wissentlich verspielt. Weder eine höhere Macht noch der Beitritt der DDR zur BRD haben zu dieser Misere geführt, sondern die neoliberale Politik von CDU/CSU und F.D.P. (...)
Eine lebenswerte Zukunft braucht eine soziale, ökologische, ökonomische und geistige Erneuerung der Gesellschaft. (...) Steigende Arbeitsproduktivität mehrt in der heutigen Gesellschaft in bisher ungeahnter Dimension den Reichtum. Zugleich nehmen Armut, Ungerechtigkeit, Massenarbeitslosigkeit und Ausgrenzung zu. Die sozialen Probleme nehmen bedrohlich zu und müssen mit gesellschaftlicher Gestaltungskraft angepackt werden,"[304)] und zwar nach den Wunschvorstellungen des Parteivorstandes der PDS vom 15. Dezember 1997 wie folgt:
"Existenzsichernde Arbeit muß her. Die soziale Ungerechtigkeit muß überwunden werden. Der sozial verträgliche ökologische Umbau von Wirtschaft und Gesellschaft muß endlich beginnen und eine zukunftsfähige, nachhaltige

Entwicklung eröffnen. Reale Gleichstellung der Geschlechter muß zu einem übergreifenden Prinzip einer neuen Wirtschafts- und Sozialpolitik werden. Die Zukunftschancen der jungen Generation müssen wiederhergestellt werden. Arbeitsplätze sind Lebensplätze." Das Ziel ist nur zu erreichen, wenn eine "beschäftigungsorientierte Wirtschafts- und Strukturpolitik" betrieben, die "Arbeit gerechter verteilt" und "ein öffentlich geförderter Beschäftigungssektor geschaffen" wird. Als nächstes wird eine "soziale Sicherheit" und eine "gesellschaftliche Solidarität" gefordert, denn das "Alter darf nicht arm machen", die "Gesundheit darf keine Ware sein, niemand darf sozial ungesichert sein", das heißt eintreten "für eine soziale Grundsicherung" sowie "bezahlbar und sicher wohnen." Ferner fordert die PDS "den ökologisch-sozialen Umbau steuern und finanzieren" und "ein Wirtschaftskonzept für Ostdeutschland erneuern", denn "die neuen Bundesländer gehören gegenwärtig zu den Regionen mit der geringsten Wirtschaftsdynamik in der Europäischen Union."[305)]

P o s t s k r i p t u m: Am 22. März 1998 übersandte der Parteivorstand der PDS den Entwurf seines Wahlprogramms mit dem Hinweis: "Die Beschlußfassung erfolgt auf dem Parteitag im April."[306)] Die Bundesgeschäftsstelle von Bündnis 90/Die Grünen teilte am 25. März 1998 mit, "daß die endgültige Fassung des neuen Bundestagswahlprogramms (...) nicht wie vorgesehen Ende März, sondern frühestens Ende April 98 in gedruckter Form erscheint."[307)]

14. Kapitel

RICHTUNGSWAHL 1998

"Ich finde es für mich unheimlich motivierend, daß man mich abschreibt. Deshalb bleibe ich erst recht da..."
BUNDESKANZLER HELMUT KOHL

"Helmut Kohl hat seinen Platz in den Geschichtsbüchern. Ich werde seine Verdienste nicht schmälern. Aber ich sage ganz offen: Seine Zeit im Amt ist abgelaufen."
SPD-KANZLERKANDIDAT GERHARD SCHRÖDER

"Das Phänomen Gerhard Schröder ist das Phänomen Guildo Horn."
F.D.P.-Generalsekretär GUIDO WESTERWELLE

Es war an seinem 67. Geburtstag, als Helmut Kohl in seinem österreichischen Urlaubsort Bad Hofgastein alle Spekulationen um eine erneute Kanzlerkandidatur mit einem "ganz klaren Ja" beantwortete. Denn in einem Interview mit der ARD antwortete er auf die Frage, ob er 1998 noch einmal antreten wolle:
"Ich trete an, weil ich glaube, daß ich eine Verpflichtung habe, dies in der jetzigen Situation zu tun – unter der Voraussetzung, daß meine eigene Partei, meine politischen Freunde dies wollen. Das ist ja keine Einzelentscheidung auf dem Olymp. Ich habe das mit meiner Familie natürlich abgesprochen. Ich habe mir das sehr sorgfältig überlegt – meinen Weg in diesen Jahren, die Belastung und auch die Herausforderung."
Mit dieser deutlichen Aussage hatte Kohl Freund und Feind gleichermaßen überrascht, obwohl er in den Monaten zuvor immer mehr aus den eigenen Reihen gedrängt worden war, die konservativ-liberale Regierungskoalition 1998 erneut in den Wahlkampf zu führen. Und das hatte seinen guten

Grund. Denn andere CDU-Hoffnungstäger wie die streitbaren Sozialpolitiker Heiner Geißler und Norbert Blüm sowie der einstige Kronprinz Gerhard Stoltenberg waren zuvor schon politisch demontiert worden oder klammerten sich nur noch als Minister von Kohls Gnaden an ihre Ministersessel. Frühere Politstars der Union wie die Ministerpräsidenten Ernst Albrecht in Niedersachsen und Walter Wallmann in Hessen waren von den Wählern zum Rückzug aus der Politik gezwungen worden, und der baden-württembergische Ministerpräsident Lothar Späth war über seine "Traumschiff-Affäre" endgültig gestolpert, während der ehemalige CDU-Generalsekretär Kurt Biedenkopf nach einem Zerwürfnis mit Kohl als "König von Sachsen" Bonn den Rücken gekehrt hatte. Er ist, auch was die Sozialpolitik anbelangt, "einer der wenigen deutschen Politiker, die seriöse Lösungsvorschläge gemacht haben (...) Nur fand er in der von Kohl beherrschten CDU kein Gehör."[308)] Und Wolfgang Schäuble, der einzige noch verbliebene Hoffnungsträger der CDU, hat sich spätestens mit seinem Plädoyer für die Ökosteuer selbst schwer geschädigt und gleichzeitig "sein Ansehen als Stratege ruiniert." Selbst Helmut Kohl war "fassungslos" über den Fauxpas seines Kronprinzen.[309)]

Angesichts dieses personellen Aderlasses in der CDU wurde die Entscheidung des "Kanzlers der deutschen Einheit", noch einmal anzutreten, in der Union mit Erleichterung aufgenommen. Nicht zuletzt auch deshalb, weil weit und breit niemand zu sehen war, der Kohls Standfestigkeit in schwerer politischer See besaß. Schon vor Jahren befand sein ehemaliger Innenminister Fritz Zimmermann: "Wenn der mit dem Rücken zur Wand steht und es Scheiße regnet, hat er ein Stehvermögen, wie ich es bei keinem in der deutschen Politik je erlebt habe."

Darüber hinaus hatte Kohl "aus dem Scheitern des unglücklichen Erhard 1966, des düpierten Kiesinger 1969 sowie des Amtsvorgängers Helmut Schmidt 1982 seine Lehren gezogen. Letztlich", so der Bonner Politikprofessor Hans-Peter Schwarz, "hat er bis heute überlebt, weil er der

Erhaltung des Bündnisses mit der F.D.P. alle anderen Gesichtspunkte unterordnet."[310)]
Freimütig bekannte der CSU-Vorsitzende Theo Waigel: "Die richtige Entscheidung für die Koalition der Mitte und unser Land," daß Kohl nochmals kandidiert. Und der CDU/CSU-Fraktionsvorsitzende Wofgang Schäuble betonte: "Dies ist eine gute Entscheidung für Deutschland. Deutschland braucht gerade angesichts der derzeitigen wirtschaftlichen, innen- und außenpolitischen Herausforderungen einen Kanzler mit großer Durchsetzungskraft und Autorität."
Aber auch der liberale Koalitionspartner war erleichtert. So sprach Bundesaußenminister Klaus Kinkel von "einer wichtigen Entscheidung zur richtigen Zeit." Und der F.D.P.-Vorsitzende Wolfgang Gerhardt bemerkte ironisch: "Eine Aufforderung an die SPD-Opposition, jetzt auch bei sich selbst in Personen und Sachen Klarheit zu schaffen."
Doch auf Grund eigener Personalquerelen äußerte sich der SPD-Bundesgeschäftsführer Franz Müntefering zunächst nur in der Sache, als er sagte: "Es ist richtig, daß der Kanzler sich noch einmal dem Votum der Wähler stellt. Er hat die höchste Arbeitslosigkeit in der Geschichte der Bundesrepublik zu verantworten und auf wichtigen Politikfeldern versagt."
Die Grünen-Sprecherin Kerstin Müller kommentierte Kohls abermalige Kandidatur mit den Worten: "Er hat die Gelegenheit verpaßt, als Kanzler der deutschen Einheit in Ehren abzutreten. 1998 wird Kohl als Kanzler der Arbeitslosigkeit abgewählt."
Mit seinem vorzeitigen "Ja" hatte Kohl das rot-grüne Lager zweifellos in eine gefährliche Zwickmühle gebracht. Denn während die Unionswähler jetzt wußten, woran sie waren, war bei der SPD weiterhin offen, ob sie mit dem niedersächsischen Ministerpräsidenten Gerhard Schröder oder mit dem saarländischen Ministerpräsidenten Oskar Lafontaine in den Richtungswahlkampf 1998 gehen sollten.
Ein breites Echo fand die Ankündigung von Helmut Kohl, ein weiteres Mal für das Amt des Bundeskanzlers zu kan-

didieren, auch in der internationalen Presse. So kommentierte unter anderem die französische Zeitung “Liberation”: “Er ist den Sozialdemokraten vorausgeeilt. (...) Aber reicht es, einer Regierung wieder Atem einzuhauchen, die gelähmt ist durch eine Rekordarbeitslosigkeit von 4,7 Millionen?”
Der Schweizer “Tages-Anzeiger” schrieb: “Häuptling Kohl hat gesprochen (...) Entscheidend für seinen Sinneswandel dürften außenpolitische Aspekte gewesen sein.” Und die britische “Financial Times” orakelte: “Vielleicht wird er die Entscheidung noch bereuen. (...)”
In der Tat geriet Kohls Regierungsschiff viel schneller als allgemein erwartet worden war, in eine gefährliche Schieflage, nachdem der Streit zwischen seiner Regierung und der Deutschen Bundesbank um die Neubewertung der Goldreserven im Frühjahr 1997 eine handfeste Koalitionskrise ausgelöst hatte. So warnten auch die Banken und der Chef des Bundesverbandes der Industrie vor dem Goldplan des Bundesfinanzministers. Doch damit nicht genug.
Die Aufwertung der deutschen Goldreserven kritisierte der sächsische Ministerpräsident Kurt Biedenkopf mit den Worten: “Der jetzt entstandene Konflikt ist höchst unerfreulich. Es ist problematisch, wenn nicht gar gefährlich, wenn jetzt der Eindruck entsteht, daß die Unabhängigkeit der Bundesbank gefährdet ist.”
Und der SPD-Haushaltsexperte Karl Diller gab zu bedenken: “Waigel macht die Bundesbank zur Marionette. Ein weltweiter Flurschaden in der Finanzpolitik ist zu erwarten.”
So war es tatsächlich. Denn harsche Kritik erntete der Bundesfinanzminister mit seinem “Gold-Gesetz” auch in der internationalen Presse. So schrieb die angesehene italienische Zeitung “Corriere della Sera”: “In dem Führungsland der europäischen Union tut sich ein äußerst schwerer (...) Konflikt auf. Die Folgen für die internationale Glaubwürdigkeit Deutschlands, für die europäische Einheitswährung sowie für den gesamten Prozeß der europäischen Integration sind unkalkulierbar.”

Die französische "La Tribune" gab zu bedenken: "Der Wille Bonns, seinen Vorrat an Gold und nationalen Devisen neuzubewerten, und die von der Bundesbank gestern dazu vorgebrachte Weigerung, bedeuten eine neue und schwere Gefahr für den Euro."
Und der britische "Guardian" kritisierte: "Ein Euro, der auf buchhalterischen Tricks aufgebaut ist, nur um die Kriterien von Maastricht erfüllen zu können, wäre eine weiche Währung, die fünf Jahrzehnte Arbeit der Bundesbank zur Eindämmung der Inflation zunichte machen würde."
Angesichts der massiven nationalen und internationalen Kritik an der höchst umstrittenen Neubewertung der deutschen Goldreserven trat die konservativ-liberale Regierungskoalition den Rückzug an. Am 3. Juni 1997 verabredeten Bundesfinanzminister Waigel und Bundesbankpräsident Tietmeyer eine Entspannung. Zwei Wochen später vereinbarten sie eine Grundsatzvereinbarung, deren Kernpunkt lautete: Keine automatische Ausschüttung von Bewertungsgewinnen.
"Helmut Kohl geht einen schweren Gang," kommentierte Sönke Petersen die Krise in Bonn. "Nur zwei Monate nach seiner Selbstnominierung zum Unions-Kanzlerkandidaten erweist sich Biedenkopfs Warnung, Kohl könnte statt für Aufbruch und Zukunft für Abbruch und Vergangenheit stehen, von seherischer Qualität. Denn wenn es eine Botschaft in diesen Tagen gibt, dann die: Die Wähler wollen den Wechsel."[311)]
Doch "selbst bei der Wahl seiner Vertreter, dem Königsrecht des Bürgers in der repräsentativen Demokratie, hat er in Wahrheit keine Auswahl; er darf lediglich die von den Parteien längst Gewählten noch formal bestätigen und fungiert so tatsächlich bloß als 'Stimmvieh'."[312)] Bei der Bundestagswahl im September 1998 war es wiederum nicht anders gewesen.
Ein gutes Jahr vor dieser Richtungswahl zeigte sich Kohls Regierungsmannschaft in einem desolaten Zustand. Die Reformen waren fast ausnahmslos gescheitert und die Macht des konservativ-liberalen Lagers war ernsthaft in

Gefahr, nachdem es nicht gelungen war, den Reformstau aufzulösen und Kampfeswillen zu demonstrieren.
"Führung ist gefordert," klagte der saarländische CDU-Chef Peter Müller über den Zustand der Union und sprach das aus, was viele nur hinter vorgehaltener Hand zu äußern wagten: Kohls Autorität war schwer beschädigt worden. "Kohl's Crisis of Confidence", lautete der Titel des US-Nachrichtenmagazins "Time".
Auf Grund der anhaltenden Bonner Regierungskrise liefen den Unionsparteien nun die potentiellen Wähler scharenweise davon. Noch nie war seit 1982 die Gefahr so groß, daß die konservativ-liberale Koalition ihre Mehrheit im Deutschen Bundestag und die CDU/CSU sogar ihre Rolle als stärkste Fraktion verliert. "Nach heutigen Maßstäben", so ein hochkarätiger Spitzenpolitiker der Union, "können wir 1998 nicht mehr gewinnen." Und im Bundeskanzleramt registrierte man entsetzt, "daß die Umfragen noch schlechter sind als 1993." Kohl gewann die Bundestagswahl gegen den biederen SPD-Kanzlerkandidaten Rudolf Scharping ein Jahr später dennoch – wenn auch nur ganz knapp, weil er nach einem politischen Kraftakt noch einmal zu einer großen Form aufgelaufen war und seine bereits demoralisierten Parteisoldaten mitgerissen hatte.[313)]
Doch im Superwahljahr 1998 würde es für die Union verdammt schwer, noch einmal die Mehrheit zu erringen. Schon höhnte der SPD-Vorsitzende Oskar Lafontaine, in der CDU werde es bald eine Debatte um ihren Kandidaten geben, nachdem bereits im April 1997 Kurt Biedenkopf Kohls erneute Bewerbung um die Kanzlerschaft als "ein besonderes Risiko für die Partei" bezeichnet hatte.
"Ich rechne mit Oskar Lafontaine", so der Bundeskanzler voller Zuversicht bei einem Pfälzer Essen mit Journalisten im Herbst 1997. Nachdem der Saarländer mit seiner mitreißenden Rede auf dem Mannheimer SPD-Parteitag den glücklos agierenden Parteivorsitzenden Scharping beerbt hatte, war Kohl klar, daß Lafontaine auf Biegen und Brechen an die Macht strebt. Also spekulierte er auch fest mit einer Kanzlerkandidatur des saarländischen Ministerpräsi-

denten, der sich ohnehin "für den besseren Koordinator, also für einen Teamchef, der widerspenstige Gruppen zusammenführen kann", hält. "Zum Beispiel verstand er es, seine Partei ohne Sommertheater über die Runden zu bringen. Für einen besseren Ministerpräsidenten als Schröder hält er sich allemal." Doch Kohls engste Berater wollten sich noch nicht allzu voreilig auf den SPD-Vorsitzenden festlegen, denn ihrer Meinung nach könnte, "der sich verbindlich gebende, Charme versprühende, nicht linksverbohrte, bei Teilen der Wirtschaft wohlgelittene Gerhard Schröder (...) für bürgerliche Wähler, die Kohlmüde sind, eine Alternative bedeuten."[314)]
Das hatte einen guten Grund. Denn der niedersächsische Ministerpräsident hatte bereits 1997 einen griffigen Slogan parat, mit dem er den um 14 Jahren älteren Kohl aus dem Amt drängen will. "Respektvoll wegloben" – und zwar nach dem Motto: "Danke, Helmut, jetzt reicht's." Schlimmer noch: Vor allem Schröders Spruch, Kohl sei wie ein alter Boxer, der die Fäuste nicht mehr hochkriegt, hatte den Kanzler tief getroffen. Gegen Schröders Haken sei Kohl hilflos, fürchteten sogar dessen engste Vertraute und Wahlkampfmanager.[315)]
In den Umfragen zur SPD-Kanzlerkandidatur hatte der Niedersachse ohnehin die Nase stets vorne. So waren im Januar 1998 satte 64 Prozent der Deutschen der Meinung, daß Gerhard Schröder der geeignete SPD-Kanzlerkandidat sei. 28 Prozent hielten dagegen den SPD-Vorsitzenden Oskar Lafontaine für den besseren Herausforderer von Bundeskanzler Helmut Kohl. 8 Prozent glaubten, weder Schröder noch Lafontaine seien geeignet. Das ermittelte das Meinungsforschungs-Institut "dimap" unter 1108 Befragten.[316)]
Doch damit nicht genug der Hiobsbotschaften für die konservativ-liberale Regierungskoalition. Bei der aktuellen Sonntagsfrage, die "Emnid" im Auftrag des "Spiegel" stellte, kamen die SPD und das Bündnis 90/Die Grünen zusammen auf 48 Prozent. Für die Regierungskoalition aus CDU/CSU und F.D.P. votierten im Januar 1998 nur 42 Pro-

zent. Doch "die Sache ist nach wie vor eine Wackelpartie. Rund 40 Prozent der Wähler wissen noch gar nicht", so "Der Spiegel", "welcher Partei sie ihre Stimme geben wollen, 47 Prozent bezeichnen sich selbst als Wechselwähler."[317)]
Zunächst konnte der niedersächsische Ministerpräsident Schröder die Landtagswahl am 1. März 1998 klar für sich entscheiden. CDU und das Bündnis 90/Die Grünen konnten ihre Stimmenanteile nicht halten. Die F.D.P. wird auch im nächsten Landtag von Niedersachsen nicht vertreten sein. Auf Grund dieses überwältigenden Vertrauens teilte der SPD-Bundesgeschäftsführer Franz Müntefering noch am Wahlabend mit, Parteichef Oskar Lafontaine habe Schröder aufgefordert, die SPD als Kanzlerkandidat in den Bundestagswahlkampf zu führen. "Schröder (...) ist Kohls Angstgegner", konstatierte "Die Zeit". "Wie hatte sich die CDU ein Jahr lang in den Gedanken verliebt, ein unstillbar ehrgeiziger, aber chancenloser Oskar Lafontaine werde dem Kanzler noch einmal den Gefallen tun und antreten."[318)]

"Schröder, Schröder, Schröder. Der Sonntag ist der Tag seines Triumphes", kommentierte Heribert Prantl den Erfolg des SPD-Kanzlerkandidaten in der "Süddeutschen Zeitung". "Man mag immer wieder fragen, w o f ü r dieser Mann eigentlich steht. Sicher ist, d a ß er steht. Er hat Stehvermögen und Durchsetzungskraft wie gegenwärtig kein anderer in der deutschen Politik – Helmut Kohl ausgenommen. Schröder hat einen Machtinstinkt wie kein zweiter – Helmut Kohl ausgenommen. Und deswegen hat der derzeitige Kanzler allen Grund, diesen Mann zu fürchten, nach dem gestrigen Wahlsonntag in Niedersachsen mehr denn je. Wie nervös die Bonner Koalition schon ist, hat sich drastisch gezeigt, als ihre Vertreter die B o n n e r R u n d e mitten in der Fernsehsendung platzen ließen.
Schröder hat in Niedersachsen glanzvoll, ja spektakulär gewonnen – und damit hat er auch seine Partei überzeugt. (...) Schröders Geschmack ist nämlich der Geschmack

desjenigen Publikums, das er gerade braucht. Dabei ist er höchst treffsicher, und damit hat er Erfolg. So ist Schröder der Mann der Stunde geworden, der Mann der nächsten Monate und, möglicherweise, der Mann der deutschen Politik der nächsten Jahre."[319)]

Nach dem niedersächsischen Wahldebakel schrieb Kohls jahrelanger Kritiker Rudolf Augstein im "Spiegel" einen Nekrolog auf den Bundeskanzler, der sich nicht weniger als neunmal zwischen Weser und Elbe in die Wahlschlacht geworfen hatte, um das Blatt doch noch zu wenden und damit seinen Angstgegner zu verhindern:
"Jede Götterdämmerung verlangt einen Gott. Hier ist aber kein Gott, sondern nur Dämmerung. Natürlich hat Kohl die Wahlen in Niedersachsen nicht allein verloren. Sie werden nur seinem allgemeinen Verlustkonto zugerechnet. (...) Inzwischen mag der Kanzler es überhaupt bedauern, noch einmal angetreten zu sein. Er kann nicht zurück, das Gewisper aber hört nicht auf. (Heiner Geißler: 'Er muß mit sich selbst zu Rate gehen.') Es bleibt ihm wenig anderes, als seine Niederlage gefaßt einzukalkulieren. Die Aura ist weg, und der großmächtige Herr Kohl fällt unter die Sterblichen zurück."[320)]
Nach Schröders Wahlsieg in Niedersachsen hatte sich die politische Stimmung in Deutschland noch mehr gedreht. Die Union fiel auf 34 Prozent in der Gunst der Deutschen, die SPD befand sich dagegen mit 43 Prozent in einem Stimmungshoch. Wie die neueste Deutschland-Trend-Umfrage von "Infratest-Dimap" im März 1998 ergab, lag das Bündnis 90/Die Grünen bei 9 Prozent, die F.D.P. bei 5 Prozent. Erstmals seit Oktober 1997 wurde eine von der SPD geführte Bundesregierung von der Mehrheit der Bundesbürger als eine positive Alternative zur Regierung Kohl/Kinkel wahrgenommen. 44 Prozent waren nämlich der Meinung, die SPD würde mit den anstehenden Aufgaben besser fertig werden als die Konservativen und Liberalen. Nur noch 34 Prozent gingen davon aus, die SPD sei dazu nicht in der Lage. Die Kritik an der Regierung konzentrierte

sich dabei zunehmend auf die Person des Kanzlers. Mit der politischen Arbeit Kohls waren nur noch 26 Prozent zufrieden, 72 Prozent übten daran Kritik. Das Ansehen des Regierungschefs war damit weiterhin gesunken. Sein Kontrahent Schröder verzeichnete im selben Zeitraum dagegen einen deutlichen Sympathiesprung. Mit seiner Arbeit waren 60 Prozent der Bundesbürger zufrieden und nur 23 Prozent unzufrieden.[321)]

Doch für welche Politik steht der neue Hoffnungsträger der SPD, dem nicht wenige häufig wechselnde Positionen vorwerfen, eigentlich? Auf dem sozialpolitischen Sektor tritt er zum Beispiel für ein neues Bündnis für Arbeit, die Schaffung neuer Jobs vor allem im Dienstleistungsbereich, für flexiblere Arbeitszeiten und Tarifverträge mit niedrigeren Einstiegslöhnen ein. Bei der Rente ist er für die Beibehaltung des derzeitigen beitragsbezogenen Systems. Aber langfristig soll die Alterssicherung durch Betriebsrenten und private Vorsorge – wie z. B. Lebensversicherungen – ergänzt werden. Bei der Steuerreform will Schröder in erster Linie die Unternehmen und erst dann die Privateinkommen entlasten. Denn, so sein Credo, nur über mehr Investitionen komme die Wirtschaft wieder in Fahrt.

Beim "Angstmacher" Euro hatte er sich 1997 noch "im Zweifel für eine Verschiebung" der Währungsunion eingesetzt. Dann erfolgte Schröders Kurswechsel: Wenn Deutschland die Maastricht-Kriterien erfülle, stehe der Einführung des ungeliebten Euro "nichts im Wege". Doch, so der renomierte Wirtschaftsjournalist Bruno Bandulet, "zur Debatte steht nichts anderes als die sinnlose Liquidation der D-Mark – ohne Aussicht, einen gleichwertigen Ersatz zu erhalten. Deutschland wird unter dem Strich der große Verlierer sein."[322)] Denn den Bundesbürgern wird nach Überzeugung von Bundesbankpräsident Hans Tietmeyer in Sachen Sozialabbau und Lohnverzicht der Wind noch viel schärfer ins Gesicht wehen, wenn erst einmal der Euro eingeführt ist.

Um an die Macht zu kommen, hält es Gerhard Schröder wie Konrad Adenauer. Der wurde bekanntlich mit nur einer

Stimme Mehrheit – und zwar seiner eigenen – 1949 zum ersten Kanzler der Bundesrepublik Deutschland gewählt. Auch der SPD-Kanzlerkandidat würde notfalls mit nur einer Stimme Mehrheit im Bundestag eine Regierungskoalition mit dem Bündnis 90/Die Grünen bilden. Denn, so der niedersächsische Ministerpräsident in einem Interview mit der "Woche" auf eine entsprechende Frage: "Mir geht es um einen Machtwechsel und um einen Politikwechsel in Bonn. Und das mit aller Kraft, ohne jeden Vorbehalt."

Zugleich bescheinigte Schröder dem Fraktionssprecher von Bündnis 90/Die Grünen, daß der das Zeug zum Außenminister habe, indem er schwärmte: "Ich möchte jetzt nicht über konkrete Zuweisungen sprechen, aber daß Joschka Fischer große Fähigkeiten hat, auch auf außenpolitischem Gebiet, ist gar keine Frage." Niemand könne bestreiten, daß Fischer "ein strategisch denkender Kopf ist."

Umso größer war Schröders erste Enttäuschung nach den weltfremden Beschlüssen von Bündnis 90/Die Grünen auf deren Magdeburger Parteitag. Um regierungsfähig zu werden, erwartete er daher vom zukünftigen Koalitionspartner bis zur Bundestagswahl noch erhebliche innere Veränderungen. Denn "ich finde, daß die Grünen sehr an sich arbeiten müssen, wenn sie so ernst genommen werden wollen, wie sie es gern möchten." Vor allem die Linie der Grünen beim Benzinpreis von 5 Mark pro Liter "ist mit der SPD nicht zu machen. Das weiß aber auch jeder," betonte Schröder. Im übrigen, wiegelte er ab, solle man die Magdeburger Beschlüsse nicht überbewerten.

Nach Kohls Ansicht hatte der Parteitag von Bündnis 90/Die Grünen jedoch "das wahre Gesicht von Rot-Grün" enthüllt. Für jedermann sei jetzt erkennbar, "was auf Deutschland und seine Bürger im Falle eines Wahlsieges von Herrn Schröder und Rot-Grün bei der Bundestagswahl zukäme", erklärte der Kanzler. Die Bundesrepublik würde ihr internationales Vertrauenskapital verspielen "und wirtschaftlich und sozial massiv zurückgeworfen, wenn Rot-Grün auch nur einen Teil der Vorstellung verwirklichen könnte, zu denen sich die Grünen in Magdeburg bekannt haben."

“Für alle, die genügend Geld haben oder denen die Firma das Benzin im Dienstwagen zahlt, brechen durch die Wucher-Idee herrliche Zeiten an,” schrieb das Nachrichtenmagazin “Focus”. “Die Grünen verschaffen ihnen endlich freie Straßen, jede Menge Parkplätze und beseitigen ärgerliche Staus, denn die vielen Schlechterverdiener werden sich Benzin und Autos nicht mehr leisten können. Die müssen nach der Strategie der Grünen Bus fahren, Straßenbahn oder Fahrrad und überlassen die Straßen, Autobahnen und Parkplätze denjenigen, die ein Fünfmarkstück nicht dreimal umdrehen müssen.”[323)]
Wie sehr die 5-Mark-Benzinpreis-Forderung der Grünen mitten ins Herz der Autofahrernation Deutschland getroffen hatte, das veranschaulicht uns des Volkes Stimme: “Grün sollte eigentlich die Hoffnung sein. Aber in diesem Fall wäre es der Untergang Deutschlands,” äußerte sich Berthold Ziegert aus Rheinland-Pfalz. “Deutschland steht am Abgrund, mit den Grünen sind wir einen Schritt weiter!” Konstatierte Nils Kohlhaas aus Hessen. “Die geistige Umnachtung greift um sich,” entrüstete sich Werner Meyer aus Nienburg. “Hoffentlich wacht der deutsche Wähler auf und bestraft die Grünen bis auf 0 Prozent. Das ist sonst der Untergang der Arbeiterschaft und des Mittelstandes,” schimpfte Horst Kempke aus Kiel. “Die Grünen-Politiker lassen sich im Dienstwagen chauffieren. Dann kann ich auch für 5 Mark pro Liter Benzin sein,” empörte sich Anna Schmalz aus Hannover.[324)]
In Anbetracht dieser einhelligen Ablehnung war die Frage erlaubt, ob die realitätsfernen Bündnis-Grünen noch einmal den amtierenden Bundeskanzler retten wollten? Denn nach den rot-grünen Jubelfeiern im niedersächsischen Landtag warfen die Grünen in Magdeburg Sprengbomben, die das rot-grüne Lager schwer erschütterten. Der schon fast sicher geglaubte Sieg bei der Bundestagswahl im September war auf einmal wieder fraglich geworden; der Kampf um die Macht an Rhein und Spree nach dem nahtlosen Übergang von Johannes Rau zu Wolfgang Clement im SPD-Traditionsland Nordrhein-Westfalen wieder etwas offener,

denn das sozialdemokratische Erfolgsduo Schröder/Clement schwächte neben der Union auch die Grünen. Nicht umsonst schrieb die "Frankfurter Allgemeine Zeitung": "Grün ist die Hoffnung, auch die des Kanzlers", nachdem die linken Fundis um den ergrauten 68er Hans-Christian Ströbele auf dem Magdeburger Parteitag einen wahren Horror-Katalog mit nur einer Stimme Mehrheit (275 : 274) als Wahlprogramm durchgedrückt hatten.

Daher folgte schon sehr rasch beim Bündnis 90/Die Grünen die Ernüchterung. Denn nach ihrer schweren Schlappe bei den Kommunalwahlen in Schleswig-Holstein Mitte März 1998, wo die Grünen rund ein Drittel ihrer Stimmen verloren haben, war ihre Wahlkampfnervosität sichtlich gestiegen. Die Wähler waren nämlich weder bereit, einen Benzinpreis von 5 Mark pro Liter noch eine Verteuerung von Kerosin und damit von Flugreisen lautlos zu schlucken. Verärgert sagte Joschka Fischer: "Nicht die anderen schaden uns, sondern wir uns selbst."

Als "großen Schwachsinn", mit dem man nur Bürger verschrecke und dem politischen Gegner Munition liefere, wertete dann auch der Bundesvorstandssprecher der Grünen Jürgen Trittin die Äußerungen der Abgeordneten Halo Saibold, auf Flugbenzin eine Steuer einzuführen. Fast einhellig fielen auch die Kommentare in den Medien aus: "Jetzt wollen die Grünen uns nicht nur das Autofahren, sondern auch noch den Urlaub vermiesen," hieß der Tenor. Fischer wurde noch deutlicher: "Man muß den Verstand einschalten, bevor man redet." Es gehe den Grünen ja nur – wie es übrigens auch die Position der Regierungskoalition und der SPD ist – um die europaweite Einführung einer Kerosinsteuer, wurde abgewiegelt. Doch: Diese Steuer steht schwarz auf weiß in einem Antrag, den die Fraktion von Bündnis 90/Die Grünen im Deutschen Bundestag eingebracht hatte.

Von der SPD, mit der die Grünen koalieren wollten, war keine Hilfe zu erwarten. Ihr Parteivorsitzender kommentierte den erbitterten Richtungsstreit der Realos und Fundis lediglich mit den Worten: "Das ist deren Sache!"

Lafontaine war jetzt vielmehr damit beschäftigt, den Leipziger Sonderparteitag am 17. April 1998 zu einer gigantischen Parteishow nach US-amerikanischem Wahlkampfstil für Kohls Herausforderer Gerhard Schröder pathetisch zu inszenieren. Dieser wurde dann auch auf der perfekten Mega-Wahl-Party offiziell zum Kanzlerkandidaten für die Bundestagswahl am 27. September 1998 "gekrönt" und wie ein neuer Messias in Anwesenheit des letzten SPD-Kanzlers Helmut Schmidt, der erstmals seit vielen Jahren wieder auf einem SPD-Parteitag zu Gast war, umjubelt. Das hatte seinen guten Grund, denn "viel hat sich Schröder bei Schmidt abgeschaut. Die Gestik des Redens, die eigenen Führungsansprüche, auch die Zumutung, auf einer Parteiveranstaltung eine Regierungserklärung vorzutragen, dokumentieren, wen sich Schröder zum Vorbild genommen hat."[325)] Der Alt-Bundeskanzler redete dann auch gleich von Schröders zweiter Amtszeit, weil "nach 16 Jahren Schlendrian vier Jahre nicht reichen, um das deutsche Schiff wieder auf klaren Kurs zu trimmen."
Der niedersächsische Ministerpräsident bekam 479 Stimmen bei zehn Enthaltungen und 24 Gegenstimmen. Das entsprach einer Zustimmung von 93,4 Prozent der Delegierten. In seiner staatsmännisch vorgetragenen Parteitagsrede nannte Schröder die "neue Mitte" der Handwerker und des Mittelstandes als Zielgruppe im Bundestagswahlkampf. Sie erwarte von einer Regierung pragmatische Problemlösungen. Er warf der Bundesregierung vor, für den Stillstand des Landes verantwortlich zu sein. Kohl sei der Kanzler der ungerechten Verteilung, der die soziale Marktwirtschaft zerrissen habe.
Schröder attackierte die Sozial- und Wirtschaftspolitik der Bundesregierung – insbesondere die Schwächung des Kündigungsschutzes und die Kürzung der Lohnfortzahlung im Krankheitsfall. "Wir wollen Unfug, den die jetzige Regierung beschlossen hat, korrigieren," sagte er. Dann warf er dem Kabinett Kohl vor, Innovationsblockaden verursacht zu haben, das geistige Kapital des Landes brachliegen zu lassen und die soziale Wirklichkeit nicht mehr zu erfassen.

Beim Thema der Steuerreform deutete Schröder an, daß er sich eine Senkung des Spitzensteuersatzes auch unter die im Wahlprogramm festgelegten 49 Prozent vorstellen könne.
Dieses Wahlprogramm hatte der Parteitag dann nach einer sehr kurzen Diskussion mit geringfügigen Änderungen gegenüber dem Entwurf des Bundesvorstandes verabschiedet. Die SPD verpflichtet sich ausdrücklich, die beschäftigungsfördernden Maßnahmen in Ostdeutschland so lange fortzusetzen, bis sich die Lage auf dem Arbeitsmarkt entspannt hat. Der Abbau der Arbeitslosigkeit soll "das oberste Ziel einer SPD-geführten Bundesregierung" werden. Gesetzliche Lohnnebenkosten und Unternehmenssteuersätze sollen gesenkt werden, Teilzeitarbeit und neue Arbeitszeitmodelle Arbeitsplätze sichern.
Nach gelegentlichen Avancen Schröders an die Liberalen schien es kurzzeitig nicht völlig ausgeschlossen zu sein, daß die F.D.P. mit der SPD in die Regierung geht – und zwar dann, wenn das Wahlergebnis das rechnerisch wie 1969 unter Brandt und Scheel möglich machen sollte. Die Freien Demokraten, die zwar offiziell mit der Union weiterregieren wollten, hätten dann sagen können: Wir müssen das machen, um Rot-Grün zu verhindern. Und dieses "Rot-Grün", so der SPD-Kanzlerkandidat, "funktioniert nur, wenn es gelingt, CDU und F.D.P. in der Mitte Wähler abzujagen."[326)]
Nicht ganz abwägig war aber auch eine Große Koalition wie 1966 unter Kiesinger und Brandt gewesen, wenn andere Mehrheiten auf Grund des Wahlergebnisses nicht zustande gekommen wären. Auch in diesem Falle schloß Schröder eine Regierungszusammenarbeit mit der Union nicht kategorisch aus: „Eine Große Koalition ist keine strategische Option für die SPD. Es sei denn, das Wahlergebnis ließe keine andere Lösung zu," betonte er. Schließlich braucht Deutschland als größte Wirtschaftsmacht Europas eine klare Regierungsmehrheit. Denn bisher haben sich die Parteien oft auch aus wahltaktischen Gründen bei den

wichtigen Problemen wie der Steuerreform und dem Umbau des Sozialstaates blockiert.[327)]

Denkbar war aber auch noch ein weiteres Bündnis – und zwar das der sogenannten "Volksfront". Nach Meinung des aufgeschreckten F.D.P.-Parteivorsitzenden würde sich Gerhard Schröder "mit den Stimmen der PDS zum Bundeskanzler wählen lassen, wenn (er) die Gelegenheit dazu bekäme." Denn, so Wolfgang Gerhardt, "die PDS ist die stille Machtreserve von SPD und Grünen."[328)]

Daher entscheidet seiner Meinung nach "die Stärke der F.D.P. 1998 (...) über die politische Richtung Deutschlands nach dem Tag der Bundestagswahl. An diesem Tag wählt Deutschland zwischen Stillstand und Rückschritt, zwischen Bewegung und Fortschritt, zwischen Zukunft und Vergangenheit, zwischen Reform oder Stagnation."[329)]

Und wie das Bündnis 90/Die Grünen, so hatten auch die Liberalen eine panische Angst davor, am Ende des Richtungswahljahres 1998 mit leeren Händen dazustehen – entweder weil sie an der Fünf-Prozent-Klausel gescheitert sind oder weil die Union nicht mehr genügend Wahlstimmen für eine erneute konservativ-liberale Regierungskoalition auf sich vereinigen konnte. "Oft schon sind die Totenglocken für den organisierten Liberalismus in Deutschland geläutet worden, immer verfrüht, nach 1969, als sich die F.D.P. linksliberal, und nach 1982, als sie sich bürgerlich-liberal häutete. Heute, in Zeiten des Siechtums ohne vorangegangene Wende, sei alles anders," schreiben die beiden Göttinger Politologen Peter Lösche und Franz Walter. Dieses Mal sei die Partei strukturell schwer beschädigt:[330)]

"Die F.D.P. hat fast alles verloren, ihre Milieus, ihre Honoratioren, ihre kommunale und regionale Verankerung, ihre parlamentarische Präsenz und Regierungsmacht in den Ländern, ihre intellektuelle und personelle Kapazität, ihren bevorzugten Ort im Parteiensystem, ihre einflußsichernde Position für die Koalitionenbildung in der Bundesrepublik."[331)]

Nicht weniger aufgeschreckt wie die Liberalen war die jahrzehntelange bayerische Regierungspartei mit ihren abso-

luten Mehrheiten. "Einer der skurrilsten Aspekte des deutschen Mammut-Wahlkampfes ist der wilde Rundumschlag der CSU, der auch vor ihren Regierungspartnern in Bonn nicht haltmacht: nicht vor der 'Schwesterpartei' CDU und nicht vor der abstiegsgefährdeten F.D.P. Der CSU-'Amoklauf' ist mehr als bayerische 'Rauflust'. Er ist das politische Kalkül der Bayernpartei, die seit Franz Josef Straußens Zeiten ein legendär untrügliches Ohr am Volk hat," kommentierte der österreichische Publizist Kurt Seinitz scharfsinnig die politische Lage in Deutschland im Vorfeld der schicksalhaften Bundestagswahl 1998. Und er fuhr dann fort: "Die Stimmungslage signalisiert, daß sich die Langzeit-Ära Helmut Kohls dem Ende zuneigt. Die CSU-Politiker sind viel zu ausgefuchste Polit-Profis, um sich mit langer Abschiedstrauer aufzuhalten. Für sie gilt es jetzt, erstens die 'eigenen' bayerischen Landtagswahlen zu 'retten' und zweitens bei der Weichenstellung für die innerparteiliche Kohl-Nachfolge ein entscheidendes Wort mitzureden. Und hier möchten die Bayern den Kohl-'Kronprinzen' Wolfgang Schäuble und seine Gesinnungsgenossen in der CDU verhindern, die für sie einen möglichen 'Linksrutsch' darstellen".[332)]
Unter diesen Gesichtspunkten war dann auch „Das Programm für Bayerns Zukunft" im Hinblick auf die Landtagswahl am 13. September 1998 abgefaßt worden, um nicht in den Abwärtssog der sanft- und kraftlosen Bonner Regierungskoalition zu geraten. Nach den Worten des stellvertretenden Generalsekretärs der Christlich-Sozialen Union enthält es „Ziele für den Start ins nächste Jahrhundert."[333)]
Dort heißt es unter anderem:

1. Solide Finanzen sind mit das wichtigste Erbe, das wir unseren Kindern und Enkeln überlassen werden. Wir dürfen unseren Kindern keine Schuldenberge und erdrückende Alterslasten aufhalsen. (...)
2. Wir werden Bayern zu einer der innovativsten Wachstumsregionen der Welt machen. Politik ist nur dann sozial, wenn sie Arbeit schafft! Vor allem neue Ideen und

neue Technologien sind Garant für Wohlstand, Beschäftigung und soziale Sicherheit. (...)

3. Wir wollen einen flexiblen und offenen Arbeitsmarkt, der allen Arbeitssuchenden eine Beschäftigung bietet. Arbeit ist mehr als Existenzsicherung, sie ist auch persönliche Entfaltung. (...)
6. Wir werden die Menschlichkeit in unserer Gesellschaft auch im globalen Wettbewerb bewahren, indem wir Leistung fordern, aber auch Solidarität und Hilfe gewährleisten. (...)
10. Wir wollen einen starken Freistaat Bayern in einem föderalen Europa der Regionen. Die Europäische Union schafft Frieden und Wohlstand. Wir wollen ein Europa, das von unten demokratisch wächst und nicht von oben bürokratisch wuchert. (...) Wir wollen soziale Mindeststandards, weil auch und gerade in einem grenzenlosen Binnenmarkt ein Minimum an vergleichbaren Arbeitnehmerrechten gesichert sein muß.“[334)]

Mit dieser programmatischen Abgrenzung zu ihrer Schwesterpartei CDU und einem eigens auf den erfolgreichen Bayerischen Ministerpräsident Edmund Stoiber und nicht auf den angeschlagenen Bundeskanzler Helmut Kohl ausgerichteten Wahlkampf gelang es den Christlich-Sozialen dann in der Tat, in ihrer „Alpenfestung“ Bayern ein Traumergebnis zu erzielen, indem sie im letzten Test vor der Bundestagswahl ihre absolute Mehrheit verteidigten, während die bayerische SPD mit ihrer leidenschaftlichen Verfechterin der Frauenquote trotz ihrer Prognose von „30 plus XXL Prozent“ eine herbe Niederlage einstecken mußte. Die CSU kam gegen eine stattliche Konkurrenz von nicht weniger als 18 Parteien auf satte 52,9 Prozent der Wählerstimmen. Für die Sozialdemokraten votierten dagegen noch nicht einmal 30 Prozent. Die Grünen büßten ebenfalls Stimmen ein; verblieben aber mit etwas mehr als 5 Prozent noch im Bayerischen Landtag, während die rechtslastigen Republikaner ebenso an der Sperrklausel scheiterten wie der Bonner Koalitionspartner F.D.P.

Stoiber, den „Der Spiegel" als eine „verschärfte Ausgabe des bayrisch-katholischen Preußen" bezeichnete, nämlich „pflichbewußt, fleißig, diszipliniert bis zum Exzeß",[335)] und der nun auch für die nächsten fünf Jahre alleine regieren kann, bewertete das Wahlergebnis als einen „außerordentlichen Vertrauensbeweis" für die CSU und die Staatsregierung. Denn die Wähler hätten sich für ein starkes Bayern und gegen die radikalen Parteien entschieden. Darauf sei er besonders stolz.

Die wiederum gescheiterte bayerische SPD-Spitzenkandidatin Renate Schmidt bilanzierte tief enttäuscht und trotzig zugleich: „Wir haben uns nicht nur tapfer, sondern gut geschlagen. Es war eine Stoiber-Wahl und sonst gar nichts." Denn ihm sei es gelungen, die Bonner Politik von der bayerischen zu trennen.

Das bayerische Ergebnis, so der CDU-Generalsekretär Peter Hintze, zeige, „daß die Kombination rot/grün auf niedrigstem Niveau stagniert." In der Union spüre man nach der Bayern-Wahl einen starken Rückenwind für Bonn. Der Kanzler und CDU-Vorsitzende Helmut Kohl werde nun mit Kraft und Optimismus in die letzten Tage des Bundestagswahlkampfes gehen, sagte er weiter und bezeichnete die neuerliche absolute Mehrheit der CSU als wichtiges Signal 14 Tage vor der Bundestagswahl. Denn „die Wähler kommen in großen Zahlen zur Union zurück."

Der SPD-Kanzlerkandidat Gerhard Schröder erklärte in Hannover, das Ergebnis in Bayern entspreche seinen Erwartungen, nicht aber seinen Hoffnungen. „Zur Wahl stand der Kollege Stoiber, dem ich hiermit herzlich gratuliere. Zur Wahl stand nicht Helmut Kohl, das wird bei der Bundestagswahl anders sein", so der niedersächsische Ministerpräsident.

Wahlforscher wollten die bayerischen Ergebnisse ebenfalls noch nicht als Trendwende für einen Sieg der Bonner Regierungskoalition bei der bevorstehenden Bundestagswahl bewerten. Nach Ansicht des Hamburger Politikwissenschaftlers Joachim Raschke wird Bayern keinen Schub für die Union auf Bundesebene bringen. Der CSU sei es viel-

mehr in Bayern gelungen, die Partei mit dem Land zu identifizieren.
Dennoch waren sich die meisten Kommentatoren darin einig, daß dieses mit klar über 50 Prozent der Wählerstimmen in dieser Deutlichkeit nicht erwartete CSU-Ergebnis den Kampf um die Macht in Bonn über Nacht wieder spannend gemacht hatte. Denn die Bayern und die Christlich-Sozialen hatten die versprochene Steilvorlage für die angeschlagene Schwesterpartei CDU und den Bundeskanzler tatsächlich von der Isar an den Rhein eindrucksvoll vorgelegt, so daß Kohl, mit dem der Bayerische Ministerpräsident in den zurückliegenden Jahren gar manches Mal aneinandergeraten war, Stoiber jetzt als eine „herausragende Persönlichkeit der deutschen Politik" bezeichnete und ihn erstmals „für alle politischen Ämter qualifiziert" hält.[336)]

15. Kapitel

DAS ENDE DER ÄRA KOHL

„Es ist klar, daß ich die Verantwortung für die Wahlniederlage übernehme – ohne Wenn und Aber."
BUNDESKANZLER HELMUT KOHL (am 27. September 1998)

„Nach 16 Jahren ist heute die Ära Kohl zu Ende gegangen. Ich möchte Helmut Kohl Respekt bezeugen für das, was er für dieses Land geleistet hat."
BUNDESKANZLER GERHARD SCHRÖDER (am 27. September 1998)

„Schröders Machtwille ist sicherlich eindrucksvoll. Aber mehr und mehr stellt sich die Frage, wofür er die Macht, um die er kämpft, gebrauchen will."
HANS-JOCHEN VOGEL[337)]

Die bayerische CSU und ihr Ministerpräsident hatten die Landtagswahl im Freistaat also eindrucksvoll gewonnen und damit der Schwesterpartei die ersehnte Steilvorlage geliefert. Gerhard Schröder, der plötzlich nichts mehr von einer Signalwirkung aus Bayern für Bonn wissen wollte, hatte damit nach der Landtagswahl in Sachsen-Anhalt nun die zweite schwere Schlappe in seiner Zeit als Kanzlerkandidat der SPD hinnehmen müssen. Jetzt zeigte sich, daß die von den sozialdemokratischen Wahlkampfmanagern so perfekt beherrschte Inszenierung des Wahlkampfes auf ihren Spitzenmann nicht mehr ausreichte, um die immer mehr zutage tretenden Defizite Schröders zu kaschieren, nämlich eine verwaschene Programmatik, ein zu geringe-Vertrauen bei den Wählern und zu wenig Rückhalt in der eigenen Partei.

Nun schlug wieder die Stunde des siegessicheren Bundeskanzlers. Denn Kohl, fest davon überzeugt, daß er es auch dieses Mal wieder schaffen würde, zeigte Stehvermögen. Beflügelt von seinem unerschütterlichen Optimismus, rüstete seine Truppe zur dramatischen Aufholjagd. Die Union werde einen „Wahlkampf al dente" führen, versprach der CDU-Generalsekretär Peter Hintze. Am 27. September werde sie „den Stimmungshöhepunkt erreichen und Rot-Grün weichgekocht haben." Voller Zuversicht warb der Regierungschef und CDU-Vorsitzende in ganzseitigen Zeitungsanzeigen noch einmal für seine Politik:

Dr. Helmut Kohl
Bundeskanzler

Bonn, im September 1998

Liebe Mitbürgerinnen und Mitbürger!

Bei der Bundestagswahl am 27. September entscheiden Sie mit Ihrer Stimme über die Zukunft unseres Landes. Es steht viel auf dem Spiel. Der nächste Deutsche Bundestag stellt die Weichen für unseren gemeinsamen Weg im 21. Jahrhundert.

Deutschland hat eine gute Ausgangsposition. Wir alle haben sie uns hart erarbeitet.

Der Aufschwung ist da. Unsere Reformen haben die deutsche Wirtschaft gestärkt. Die Trendwende am Arbeitsmarkt ist erreicht. Es entstehen viele neue Arbeitsplätze. Die Preise sind stabil, die Zinsen so niedrig wie schon lange nicht mehr.
Das alles sind beste Voraussetzungen für mehr Investitionen und neue Arbeitsplätze.

Wir leben in Frieden und Freiheit. Unsere gemeinsamen Erfolge beim Aufbau Ost finden weltweit Anerkennung. Überall achtet man uns Deutsche als verläßliche Freunde und Partner. Wir leisten unseren Beitrag für das gemeinsame Haus Europa, um auch für unser Land Sicherheit, Stabilität und Wohlstand zu erhalten.

Am 27. September geht es darum, ob unser Land auch künftig diesen klaren und sichern Weg weiter geht. Rot-Grün würde Deutschland in die Krise führen. Mit einem Wort: Es geht um die Wahl zwischen Sicherheit und Risiko!

Die SPD will die Koalition mit den Grünen. Notfalls wird sie dazu auch die Unterstützung der PDS zu Hilfe nehmen.
Das macht sie bereits in den neuen Ländern. Sie wird nicht davor zurückschrecken, es im Bund ebenso zu tun.

SPD und Grüne wollen alle Reformen zurückdrehen, die den Aufschwung mit herbeigeführt haben. Das wäre das Ende des Aufschwungs. Es wäre wie ein Frosteinbruch, der die Früchte unserer Arbeit zerstört.

Nur die CDU steht für eine Politik, die den Aufschwung stärkt und die notwendigen Reformen durchsetzt. Nur so entstehen in großer Zahl neue Arbeitsplätze.

Wir wollen daß Deutschland Weltklasse bleibt. Wir wollen gemeinsam ein menschliches und gerechtes, modernes und wettbewerbsfähiges Deutschland gestalten, das auf neue Technologien und Innovation setzt, das unserer Jugend die beste Bildung und Ausbildung bietet und gute Zukunftschancen für alle eröffnet.

Wir wollen ein vereintes Europa, das auch künftigen Generationen ein Leben in Frieden und Freiheit ermöglicht.

Nur die CDU steht für Zukunft und Sicherheit.

Deshalb bitte ich Sie um Ihr Vertrauen - für die Kandidaten der CDU und für mich persönlich. Ich bitte Sie um **beide Stimmen** für die CDU bei der Bundestagswahl am 27. September.

Mit freundlichen Grüßen
(gez.:) Helmut Kohl

Zweitstimme ist Kanzlerstimme

CDU

Doch dann machte ausgerechnet Kohls ostdeutsche Lieblingsschülerin und Quotenfrau Claudia Nolte den Wahl-

kampfstrategen der Union einen gewaltigen Strich durch deren Konzept. „Während einer Podiumsdiskussion im thüringischen Suhl versicherte die Familienministerin am Tage nach der Bayern-Wahl treuherzig, die Regierung Kohl wolle nach der gewonnenen Bundestagswahl die Mehrwertsteuer um einen weiteren Punkt anheben – von 16 auf 17 Prozent". Denn, so ihr Bekenntnis, „wir müssen im Wahlkampf ehrlich sein." Eine Nachfrage beantwortete sie mit einem klaren „Ja", weil eine Mehrwertsteuererhöhung von der Regierung geplant sei und schließlich im Reformkonzept von Finanzminister Theo Waigel stehe. „Das Unwort war gefallen", konstatierte „Der Spiegel": „Steuererhöhung."[338)]
Bei den Parteistrategen im Bonner Konrad-Adenauer-Haus sowie im Bundeskanzleramt herrschte blankes Entsetzen. Wütend stellte Helmut Kohl beim Verbandstag der Volks- und Raiffeisenbanken klar: „Was immer Sie in den vergangenen Tagen an Torheiten gehört haben, vergessen Sie es. Das kommt nicht. Das verspreche ich Ihnen."
Trotz dieses Dementis bohrte der SPD-Bundesgeschäftsführer Franz Müntefering weiter in der Wunde: „Die neueste Behauptung der Koalition, sie wolle keine Mehrwertsteuererhöhung, ist der Versuch einer neuen Steuerlüge", ereiferte er sich, denn „CDU, CSU und F.D.P. wollen die Mehrwertsteuer erhöhen. Das aber soll vertuscht werden." Für ihre Wahrhaftigkeit müßte man der Frau Nolte „einen Orden verleihen", höhnte der SPD-Vorsitzende Lafontaine. Und die SPD-Wahlkampfzeitung „Kampa", Abteilung Gegnerbeobachtung, ernannte die Ministerin gar zu „unserer Mitarbeiterin der Woche"[339)]
Während die „F.D.P.-Granden" sich die Haare ausrauften, erklärte ihr Fraktionsvorsitzender Hermann-Otto Solms: „Eine Mehrwertsteuererhöhung ist nicht geplant, und die F.D.P. tut alles, um so etwas zu verhindern!"
Trotz ihrer Äußerungen zur Erhöhung der Mehrwertsteuer, eine „Dummheit (...), die jedem von uns passieren kann", so der Bundeskanzler später gnädig gestimmt über seine Familienministerin, gab sich der CDU-Vorsitzende angesichts aktueller Umfrageergebnisse, wonach die Unions-

parteien bei den Meinungsforschern aufgeholt hätten, eine Woche vor dem Urnengang optimistisch. Denn SPD und Union lägen jetzt ganz nahe beieinander. Kohl zeigte sich überzeugt, daß die Wahlbeteiligung bei der Bundestagswahl am 27. September hoch sein werde.
In der Tat wurde der Abstand zwischen der SPD und der Union immer enger. Das Meinungsforschungsinstitut „Dimap" ermittelte acht Tage vor der Wahl: Der Vorsprung der SPD gegenüber der Union beträgt nur noch 2,5%. Die Union käme auf 38%, die SPD auf 40,5%. In der neuesten Umfrage des „ZDF-Barometers" war der Abstand sogar auf 2% geschmolzen. Dazu der Kanzler: „Jetzt sind wir ungefähr gleich!"[340)] Denn „Wahlkampf ist das beste Doping."[341)] Die F.D.P. und die Grünen kamen den Prognosen zufolge knapp über die gefürchtete Fünf-Prozent-Hürde. Auf Grund dieser brisanten Ausgangslage rechneten die Wahlforscher mit einer hohen Wahlbeteiligung, zumal die Briefwahl neue Rekordwerte mit Steigerungsraten von 20 Prozent gegenüber der letzten Bundestagswahl erreichte.[342)]

Noch nie war eine Wahl so spannend und offen wie am 27. September 1998, als 60,5 Millionen Wahlberechtigte beim dritten gesamtdeutschen Urnengang über den neuen Deutschen Bundestag – und damit auch über den Bundeskanzler – abstimmten. „Schafft es die Union-F.D.P.-Koalition unter Helmut Kohl nach 16 Jahren noch einmal? Oder gelingt es mit Gerhard Schröder (SPD) erstmals einem Kanzlerkandidaten, aus der Opposition heraus die Regierung abzulösen? Reicht es vielleicht nur für eine große Koalition? Wenn ja, wer stellt dann den Kanzler? Selbst wenn es die Union ist, dann wird es nicht Helmut Kohl – für ein rot-schwarzes Bündnis, hat er hundertmal versichert, stehe er nicht zur Verfügung. Dann käme vermutlich Wolfgang Schäuble, und Schröder bliebe Ministerpräsident in Niedersachsen. Er hat erklärt, er komme nur als Kanzler nach Bonn, mit welchem Regierungspartner auch immer. Oder reicht es doch für Rot-Grün?" orakelte die Münchner „Abendzeitung".[343)]

Doch selten war der Ausgang einer Bundestagswahl so klar und eindeutig wie an jenem 27. September 1998. Denn nur eine halbe Stunde nach Schließung der Wahllokale bestätigten sowohl die ARD als auch das ZDF mit einer Hochrechnung, daß die Ära Kohl an diesem Abend zu Ende ging und daß Deutschland nach links gerückt ist, weil SPD, Grüne und die PDS zusammen deutlich mehr als die Hälfte der Mandate im neuen Deutschen Bundestag auf sich vereinigen konnten. „Jubel, wohin man schaltet. Die Sozialdemokraten jubeln, weil sie die Stärksten sind, die Grünen jubeln trotz Rückgang über den Kanzlersturz, die Liberalen jubeln, weil sie wieder einmal überlebt haben, und die SED-Erben jubeln, weil sie wahrscheinlich Fraktionsstärke erreichen. Jubeln ist leicht, aber wie präsentieren sich Verlierer? Wie wird Helmut Kohl, am Freitag noch so siegessicher, die Niederlage verkraften?"[344)]
Schneller als man im allgemeinen nach derartigen Niederlagen von Politikern gewohnt ist, trat der soeben abgewählte Bundeskanzler vor die Presse. Es war Punkt 18.59 Uhr, als er ohne Umschweife sagte: „Die Sozialdemokraten haben die Wahl gewonnen. – Selbstverständlich übernehme ich die Verantwortung für die Wahlniederlage", fügte der Mann hinzu, der als Kanzler 16 Jahre lang Deutschland regiert und ein Vierteljahrhundert seine Partei geführt hat. Nun will er am Montag dem Präsidium das mitteilen, was er für den Fall einer Niederlage schon verkündet hatte: Er wird den CDU-Vorsitz niederlegen. „Helmut Kohl", so die „Süddeutsche Zeitung", „hat Regierung und Partei an diesem Abend verloren."[345)]
Doch nicht nur er. In den Strudel der größten Niederlage der Union wurde auch der unglückselige Bundesfinanzminister und CSU-Vorsitzende Theo Waigel gerissen, der wenige Tage später sein Parteiamt für seinen Erzrivalen „König Edi" zur Verfügung stellte. Nicht anders erging es dem pastoralen CDU-Generalsekretär Peter Hintze und dem „glücklosen Tiefflieger" Bernd Protzner als Generalsekretär der CSU sowie vielen weiteren Spitzenpolitikern der Union, die nun wie Dominosteine niederpurzelten. „Die Ära

Kohl", klagte der niedersächsische CDU-Vorsitzende Christian Wulff, „wurde wie mit der Guillotine beendet."[346)]
„In dieser historischen Bundestags-Wahlnacht von 1998 kommt einem ein Bild aus dem Geschichtsbuch in den Sinn", kommentierte Heribert Prantl den Wechsel in der „Süddeutschen Zeitung": „die Karikatur von John Teniel aus dem britischen satirischen Wochenblatt 'Punch' vom März 1890. Da steigt der alte Reichskanzler Bismarck müde und enttäuscht die Trittleiter hinunter, hält sich mit der rechten Hand am wackligen Geländer fest und stützt sich mit der linken an der Außenwand des Schiffes ab. Und darunter stehen die berühmten Worte: Der Lotse verläßt das Schiff. Es ist das Schicksal, das jetzt den Bundeskanzler Helmut Kohl erwartet. Die Ära Kohl ist zu Ende, die SPD unter Gerhard Schröder hat einen triumphalen Sieg errungen, im fünften Anlauf ist gelungen, was vier SPD-Kandidaten vergebens versucht haben."[347)]
Aber es wurde weniger der medienwirksame Ex-Juso-Vorsitzende gewählt, als vielmehr der verbrauchte Langzeitkanzler gestürzt. „Der Sieg des SPD-Kanzlerkandidaten gründet nicht auf einem mitreißenden Regierungsprogramm, sondern auf der Ermüdung der Deutschen, die Helmut Kohl als Bundeskanzler nicht mehr sehen konnten", resümierte die „Junge Freiheit". „Wenn nicht die Wiedervereinigung 1990 dazwischengekommen wäre, hätten sie ihn wohl schon bei den regulär 1991 anstehenden Bundestagswahlen abgewählt. So katapultierte die Geschichte den Kanzler noch einmal für zwei weitere Legislaturperioden an die Spitze des Landes."[348)]
Und weiter heißt es dann: „Die bürgerlichen Parteien holen ihre strategischen Fehler der vergangenen Jahrzehnte nun mit aller Macht ein."[349)] Die bereits kurz nach dem Machtwechsel von 1982 abgesagte, ehemals so viel beschworene „Geistig-moralische Wende" hätte die politische Landschaft in der Bundesrepublik Deutschland gewiß über Jahrzehnte hinweg nachhaltig verändern können. Doch statt dessen setzte Helmut Kohl auf eine reine Machtsicherung um den Preis der Aufgabe von elementaren Grund-

sätzen der Union – und zwar sowohl in der sozial- als auch in der Steuerpolitik, denn für eine Steuerreform aus einem Guß hätte man während der ersten Regierungsjahre sehr wohl eine satte Mehrheit zusammenbekommen. Ebenso verfehlt war die Arbeitsmarktpolitik, die zu sehr von den Interessen des Großkapitals bestimmt wurde und damit gegen den „Kleinen Mann" ausgerichtet war. Kurzum: „Kohl ließ Deutschland treiben. Seine Kunst des Aussitzens ließ Probleme auflaufen",[350)] konnte sie aber nicht lösen.

„Daß die Union die führende Rolle in der deutschen Politik verloren hat, liegt ausgerechnet an jenem Mann, der sie als Adenauers Enkel in die höchsten Höhen geführt hat", kommentierte die Münchner „Abendzeitung" den Machtwechsel in Deutschland. „Kein Zweifel: Helmut Kohl wird in die Geschichtsbücher eingehen. Er hat die für unmöglich gehaltene deutsche Wiedervereinigung erreicht, er hat die Bundesrepublik reif gemacht für eine führende Rolle in der Europäischen Union. Er wird als großer Staatsmann in Erinnerung bleiben.
Aber nicht als ein großer Mann. Denn er hat eines nicht erkannt. Seine Zeit war mit dem Wahlsieg vor vier Jahren abgelaufen. Das hatte er zunächst auch selbst so gesehen und ein Wiederantreten als Spitzenkandidat für 1998 ausgeschlossen. Theo Waigel, der sich im Wahlkampf rühmte, Kohl umgestimmt zu haben, wird jetzt zurecht an der Weisheit dieser Bemühungen zweifeln. Kohls Niederlage ist damit auch die des bayerischen CSU-Vorsitzenden.
Der Sieger der Bundestagswahl heißt Gerhard Schröder. Es ist sein Triumph, an dem die Sozialdemokraten noch zu knacken haben werden. Denn der nächste Kanzler steht nicht für die Werte der ehemaligen Arbeiterpartei. Er ist ein smarter Pragmatiker, dem die Zuneigung des ehemaligen SPD-Kanzlers Helmut Schmidt schmeichelt, weil er sich in einer ähnlichen Rolle sieht: als Macher gegen die Ideologen in der eigenen Partei. Und manche Beobachter werden sich daran erinnern, daß Schmidt diesen Konflikt gerade mal zwei Legislaturperioden überlebt hat."[351)]

Überdies steht dem neuen Kanzler, der 40,9 Prozent der Wählerstimmen auf sich vereinigen konnte – die CDU/CSU kam auf 35,1%, das Bündnis 90/Die Grünen auf 6,7%, die F.D.P. auf 6,2% und die PDS auf 5,1% - ein anderes Problem ins Haus, nämlich sein grüner Koalitionspartner. Denn Schröders Erfolg wird auch davon abhängen, ob den Bündnis-Grünen der Spagat gelingt, „ihr Profil zu wahren und gleichzeitig für eine stabile Regierung zu sorgen."[352)]
Es kann wohl nicht sein, „daß eine Partei, die gerade einmal 6,7 Prozent Wirrköpfe hinter sich scharen konnte, Richtlinien einer Politik bestimmen will, die ein ganzes Land betreffen."[353)]
Die von vielen erhoffte, aber von den meisten Wählern befürchtete Regierungskoalition Schröder/Fischer war also über Nacht Wirklichkeit geworden, nachdem es der Generation der 68er[354)] exakt dreißig Jahre nach der Studentenrevolte von 1968 endlich gelungen war, wichtige Schaltstellen der Bundesrepublik Deutschland auf ihrem langen Marsch durch die Institutionen und etablierten Parteien (zumeist in der SPD und F.D.P., später auch bei den Grünen) zu erobern. So konnte ein Joseph Martin Fischer, besser bekannt unter seinem APO-Namen Joschka, schließlich Außenminister werden, weil er den Job auf Teufel-komm-Raus haben wollte, da „dem Ressort ein Prestige anhaftet, das der Realo braucht, um die eigenen Reihen in dieser Koalition bei der Stange zu halten. So jedenfalls die – beileibe nicht unbegründete – Lesart all jener Kritikerinnen und Kritiker im eigenen Lager."[355)]
Jetzt, nachdem er zum Leidwesen seiner ehemaligen proletarischen Gesinnungsgenossen an Status und Symbolen, an dunklen Anzügen, Weste und Schlips gefallen gefunden hat, mag der einstige Jeansträger und Turnschuh-Minister von Hessen „kein Alternativer im traditionell-grünen Wortsinn mehr sein. Gleichwohl bewegt er sich in einem Milieu, das davon lebt, aus Alternativen politisches Kapital zu schlagen. Und er entstammt einer Sozialisation, die vorhandene Strukturen nicht als ´gottgegebene Ord-

nung`hinzunehmen bereit ist."[356] An dieser Stelle lohnt es sich allemal, einmal eine Blick in die Vergangenheit des neuen deutschen Außenministers zu werfen, die dieser aus verständlichen Gründen so gerne verdrängt und verschweigt. Ein Gewährsmann berichtet hierzu unter anderem:

„Joschka trainierte mit seiner Spezialeinheit hart. Sonntags fuhr die Gruppe im geschlossenen Konvoi zu regelrechten Manövern in den Taunus, wo Fischer mit bis zu vierzig Leuten Steineschmeißen in Formation (eine Reihe tief, die nächste hoch), einen Keil bilden oder Gefangenenbefreiung in Dreiergruppen übte. Um das Ganze realistischer zu gestalten, wurde ein Teil der Truppe, der bei der Nahkampfausbildung die bösen Bullen spielen mußte, mit bereits im Kampf erbeuteten Schilden und Schlagstöcken ausgerüstet. Ab und zu fiel dieses Revolutionär-und-Gendarm-Spiel allerdings wirklichkeitsnah aus: dann blieben echte Verletzte oder Ohnmächtige auf dem Waldboden liegen und konnten für die nächsten Wochen beim noch echteren Straßenkampf nicht mitmachen. (...) Fischer sollte das recht sein, denn er wollte wie die anderen dieser Truppe, die nach den ersten erfolgreich geschlagenen Schlachten den neckischen Szene-Spitznamen ´Proletarische Union für Terror und Zerstörung`erhielten, nur ausgesuchte harte Männer um sich sehen."[357]

In seinem Enthüllungsbuch „Wir sind die Wahnsinnigen" hat Christian Schmidt genügend Belege zusammengetragen, die das einstmals militante Tun und Treiben des neuen deutschen Außenministers schlaglichtartig erhellen. „Ich habe alles durchlebt und durchlitten", zitiert der Autor Fischer. „Das Erlebnis der Entwicklung des Terrorismus, der Schuld, die man dort auf sich geladen hat (...) wie Ideologie, wie die besten Ideale und Absichten, wenn man sich in der Form nicht mehr vermittelt und zurücknimmt, abkippen bis in das Verbrechen, das ist für mich eine prägende Erfahrung."[358] Eine lehrreiche Erfahrung, wie es den Anschein hat, denn sie hat den ehemaligen militanten Straßenkämpfer immerhin bis in das Auswärtige Amt getragen.

Doch Fischer ist beileibe nicht Schröders einziger Minister mit militanter Vergangenheit. Nicht weniger umtriebig gebärdete sich der frühere K-Gruppen-Führer und spätere Parteisprecher der Grünen, Jürgen Trittin. Er zählt zum linken Flügel seiner Partei. Überdies sitzt mit dem bereits vor Jahren von den Grünen zur SPD gewechselten einstigen Terroristenanwalt Otto Schily ein weiterer Gesinnungsgenosse auf der Regierungsbank. Dieser ist ausgerechnet für die innere Sicherheit des Staates verantwortlich.
Argwöhnisch beobachtet wird diese Ministerriege der rot-grünen Regierungskoalition in Zukunft nicht nur von den linken Fundamentalisten, sondern insbesondere vom Rechtsanwalt Hans-Christian Ströbele. Er verteidigte in den 70er Jahren den RAF-Terroroisten Andreas Baader. Mit seinem Wiedereinzug in den Deutschen Bundestag stärkt er den linken Flügel seiner Fraktion in einem entscheidenden Maße. Nicht umsonst forderte Schröder die Grünen auf, sie müßten nun „binnen 24 Tagen von der Bewegungspartei zu einer Regierungspartei mutieren."[359]
Doch die grünen Regierungsmitglieder dürften sich, von den Fundamentalisten dazu angetrieben, eines Tages nicht zu den einzigen potentiellen Störenfrieden in Schröders Kabinett entwickeln. Viel mehr Sorgen könnte dem Kanzler mit der Zeit der übermächtige Bundesfinanzminister und SPD-Vorsitzende als „roter Nebenkanzler", ja sogar als „Überkanzler"[360] bereiten. Die „Machtmaschine"[361] aus dem Saarland schaffte sich schon im Vorfeld der Regierungsbildung ein Superministerium für Finanzen und Steuern, für Geld und Währung sowie für Grundsatzfragen der Wirtschafts- und Europapolitik.
„Das Verhalten des Duos Schröder/Lafontaine verheißt keine neue Mitte, sondern eine neue Mittelmäßigkeit", urteilte der Spiegel-Leser Hans Schalück. „Ein neidvoller Oskar raubt allen Spielkameraden Schüppchen und Förmchen und wird dem ´Macher` Gerhard bei passender Gelegenheit auch seine Strandburg zertreten."[362]

Denn „soviel Einfluß hatte der Mann aus dem Saarland noch nie", konstatierte der „Stern". „Als Finanzminister bestimmt er das wirtschaftliche Schicksal der Republik. Als SPD-Chef kontrolliert er wichtige Schaltstellen im Staat. (...) Der Dominator, der kaum diskursfähig ist, weil er sowieso alles besser weiß - selbst wenn er heute das Gegenteil von gestern richtig nennt. Und der sich für mächtiger hält als jeden anderen. Beispiel Bundespräsident. Weshalb es denn der bereits 67jährige Ex-Ministerpräsident Johannes Rau werde?" Darauf Lafontains barsche Antwort: „Weil ich ihn durchsetzen werde. Ich. Ich. Ich."[363)] Daß er doch nicht mächtiger war als der Kanzler, wurde spätestens am 11. März 1999 sichtbar, als er nach nur wenigen Regierungsmonaten mit einem wahren Paukenschlag ganz überraschend nicht nur als Finanzminister sondern auch als SPD-Vorsitzender zurücktrat. Darüber hinaus legte er auch sein Bundesmandat nieder und kehrte Bonn tief enttäuscht den Rücken.

Wenn der 1987 von Kohl geschlagene ehemalige SPD-Kanzlerkandidat im Jahre 1999 nach seinem jahrelangen Drängeln als „Polit-Opa" mit Oskars Parteisegen dann doch noch im Rentenalter in sein heißersehntes Austragshäuschen, die Dienstvilla des Bundespräsidenten, mit ihrem hochdotierten Versorgungsposten einziehen darf, werden vier der fünf protokollarisch höchsten Ämter Deutschlands in der Hand von Sozialdemokraten sein – und zwar: Neben dem Bundeskanzler Gerhard Schröder amtiert dessen Ost-Genosse Wolfgang Thierse als neuer Präsident des Deutschen Bundestages. Im Bundesrat präsidierte seit Anfang November 1998 mit dem hessischen Ministerpräsidenten Hans Eichel ebenfalls ein Sozialdemokrat, der jedoch mit der Niederlage seiner rot-grünen Regierungskoalition bei der Hessenwahl am 7. Februar 1999 den Bundesratsvorsitz an den neuen CDU-Ministerpräsidenten Roland Koch verloren hat. Mit Jutta Limbach steht schon seit geraumer Zeit ein SPD-Mitglied an der Spitze des Bundesverfassungsgerichts in Karlsruhe.

Damit haben „die Sozialdemokraten fast so etwas wie einen Monopolanspruch auf alle staatlichen Ämter von Rang, auf alle Schalthebel der Macht gewonnen. Sie können souveräner, uneingeschränkter regieren als irgendeine andere Regierung der Nachkriegszeit, die Hoch-Zeiten Adenauers inklusive."[364)] Daß bei dem unwürdigen Postengerangel ausgerechnet der profilierte SPD-Sozialpolitiker Rudolf Dreßler unter die Räder gekommen ist, wirft nicht gerade ein gutes Licht auf die in Angriff zu nehmende Reform des Sozialstaates. Als das wichtige Arbeitsministerium vergeben wurde, zog er nämlich gegenüber dem Gewerkschaftsfunktionär Walter Riester den kürzeren, nachdem er scharfe Kritik an der Gesellschaftsvision des Kanzler-Beraters Bodo Hombach geübt hatte. [365)] Enttäuscht hatte Dreßler daraufhin die Angebote, Bauminister oder Botschafter in Israel zu werden, abgelehnt. Nun soll er mit dem „Ent- und Versorgungsposten" des Präsidenten der Nürnberger Bundesanstalt für Arbeit entschädigt werden.

Diese sozialdemokratische Ämterpatronage und Machtfülle hat Kohls Befürchtungen schon sehr schnell bestätigt. Denn der „totale SPD-Staat" hat das wiedervereinigte Deutschland über Nacht in eine „Rote Republik" verwandelt. „Der Machtwechsel in Bonn vollzieht sich in atemberaubendem Tempo: Die SPD-Wahlsieger Schröder, Lafontaine und ihre grünen Partner Fischer und Trittin gestalten durch kräftige Umverteilungen eine rot-grüne Republik. Die Öffentlichkeit beschäftigt sich mit den Fragen: Wer bekommt mehr Geld vom Staat? Wer muß dafür mehr an den Staat abgeben? (...) Fast unbemerkt färben unterdessen vom Bundesland Mecklenburg-Vorpommern aus die SPD und die kommunistische PDS die Bundesrepublik rot-tiefrot ein."[366)]

Postskriptum: 50. Frankfurter Buchmesse. Es war am Nachmittag des 8. Oktober 1998. Blitzlichtgewitter in der Halle 6, wo die großen Verlage ihre diesjährigen Publikationen mit Schwerpunkt Literatur und Sachbuch ausgestellt hatten. Im Mittelgang schob sich eine Menschenkarawane im Schneckentempo von Stand zu Stand. Und plötzlich war der Autor dieses Buches mittendrin und stand vor ihm, dem noch amtierenden deutschen Bundeskanzler. Er überragte unübersehbar wie ein politisches Urgestein, wie ein Stück lebendiger Zeit-, ja Weltgeschichte die Menge. Helmut Kohl war völlig gelöst und entspannt, als wäre ihm mit der Wahlniederlage eine zentnerschwere Last von seinen Schultern genommen worden. Er machte den Eindruck wie ein mit sich, der Welt und seinem Lebenswerk, das ihm niemand streitig machen kann, zufriedener Monarch, der nun im Begriff gewesen war, gelassen von seinem Thron herabzusteigen.

„Es war eine großartige Zeit, in der wir vieles leisten konnten", lautete seine positve Bilanz. Jetzt, da alle Verantwortung von ihm abzufallen schien, wirkte er schon fast wie ein genießerischer Politpensionär, der die heraufziehenden Diadochenkämpfe in der Union, die brutalen Fehden des rot-grünen Regierungslagers sowie das Bonner Polittheater mit seinen wichtigtuerischen Akteuren und Strippenziehern, den Intrigen und Karrierefallen, mit einem lachenden und einem weinenden Auge zu verfolgen schien. Und die Zeichen standen wenig später in der Tat auf Sturm. „Es brodelt in Bonn. (...) Kampf der Lager in der SPD", lauteten die Schlagzeilen.[367]

Dem Kanzler focht all das nicht mehr an. Er zeigte sich an den Buchneuerscheinungen interessiert, stellte gezielte Fragen und lauschte aufmerksam den gegebenen Antworten. Er lachte, plauderte und scherzte mit den Verlegern und Lektoren, den Schriftstellern und Journalisten, und zwischendurch gab er einige Autogramme – die letzten der Ära Kohl...

ANMERKUNGEN

"Die Schriftsteller eines Volkes sagen, was ist. Sie können das Denken eines Volkes in Bewegung bringen durch Wahrhaftigkeit. Sie können den Willen zur politischen Freiheit heller und entschiedener werden lassen. Aber sie reden in den Wind, wenn das Volk, die Politiker, die Regierungen sie nicht beachten."
KARL JASPERS: Wohin treibt die Bundesrepublik? S. 179.

Prolog

1) Machiavelli. Auswahl und Einleitung von Carlo Schmid. Frankfurt am Main, Hamburg 1956. S. 47.
2) Am 9. 3. 1989 kam es zu einer weiteren Begegnung zwischen Weishäupl und dem Autor im Müchener VdK-Büro, wobei er sich wiederholt "hochzufrieden" über den Fortschritt der Arbeit zeigte.
3) Wie z. B. dem Bürgermeister der Verbandsgemeinde Emmelshausen, der am 19. April 1988 u. a. schrieb: "Es ist selbstverständlich legitim, daß der Präsident eines großen Verbandes seine politische Meinung äußert. Zuhörern, die eine andere Auffassung vertreten, muß dann aber Gelegenheit gegeben sein, ihre Meinung ebenfalls zu artikulieren".
4) Die gleiche Regsamkeit praktizierte Weishäupl bei seinen Begegnungen und Briefwechseln mit den Repräsentanten der Katholischen und der Evangelischen Kirche. Daher finden wir in seinem gewaltigen Nachlaß auch Schriftstücke an Papst Johannes Paul II., den Apostolischen Nuntius, den Erzbischof Dr. Guido Del Mestri, an Julius Kardinal Döpfner, Augustin Kardinal Mayer OSB., Joseph Kardinal Ratzinger, Friedrich Kardinal Wetter, Weihbischof Matthias De-

fregger, Weihbischof Ernst Tewes und den Landesbischof Johannes Hanselmann.

5) Jaspers, Karl: Wohin treibt die Bundesrepublik? Tatsachen, Gefahren, Chancen. München 1966. S. 6.
6) Ebenda, S. 112.
7) Ebenda, S. 112.
8) Ebenda, S. 112.
9) Franz Josef Strauß. Erkenntnisse, Standpunkte, Ausblicke. Hrsg. von Karl Carstens, Alfons Goppel u. a. München 1985. S. 370.
10) Frederik, Hans: Gezeichnet vom Zwielicht seiner Zeit. 11. Aufl. München 1972. S. 587.
11) Ebenda, S. 587 f.
12) Christ und Welt. 24. 4. 1979, a.a.O.
13) Leinemann, Jürgen: Macht. Psychogramme von Politikern. Frankfurt a. M. 1983. S. 115.
14) Deutschland-Handbuch. Eine doppelte Bilanz 1949-1989. Hrsg. Werner Weidenfeld, Hartmut Zimmermann. Bonn 1989. S. 502. (=Studien zur Geschichte und Politik. Bd. 275.)
15) Ebenda, S. 502.
16) Ebenda, S. 502.
17) Ebenda, S. 502.
18) Ebenda, S. 502.
19) Bild-Zeitung. 30. 04. 1992, a.a.O.
20) Ebenda, 6. 5. 1992, S. 2.
21) Ebenda, 4. 1. 1993, S. 1.
22) Der Spiegel. 1992, Nr. 53, S. 22.
23) Bild-Zeitung. 11. 1. 1993, S. 1.
24) Leinemann: Macht. S. 136.
25) Vgl. Opfer der Macht. Müssen Politiker ehrlich sein? Hrsg. Peter Kemper. Frankfurt am Main 1993.
26) Liedtke, Rüdiger: Die neue Skandal-Chronik. 40 Jahre Affären und Skandale in der Bundesrepublik. Frankfurt am Main 1989. S. 225.
27) Verantwortung für die Freiheit. 40 Jahre F.D.P. Hrsg. von Wolfgang Mischnick. Stuttgart 1989. S. 13.

28) Noack, Paul: Korruption – die andere Seite der Macht. München 1985. S. 137.
29) Baring, Arnulf: Machtwechsel. Die Ära Brandt – Scheel. In Zusammenarbeit mit Manfred Görtemaker. 3. Aufl. Stuttgart 1982. S. 421 ff.
30) Willy Brandt. Gestern und Heute. S. 11.
31) Liedtke: Die neue Skandal-Chronik. S. 204.
32) Ebenda, S. 206.
33) Ebenda, S. 206.
34) Auf Engholm und seinesgleichen trifft Friedrich Naumanns Ausspruch zu: "Da die Guten nicht in die Politik gehen, kommen die Schlechten zum Zuge."
35) Bayernkurier. Nr. 19, 15. 5. 1993, S. 1.
36) Focus. 1993, Nr. 19, S. 3.
37) Vgl. Burchardt, Rainer und Werner Knobbe: Björn Engholm. Die Geschichte einer gescheiterten Hoffnung. Stuttgart 1993.
38) Der Spiegel. 1993, Nr. 19, S. 36.
39) Bild-Zeitung. 18. 1. 1993, S. 1.
40) Ebenda, 26. 1. 1993, S. 11.
41) Rennstich, Karl: Korruption. Eine Herausforderung für Gesellschaft und Kirche. Stuttgart.
42) Noack: Korruption – die andere Seite der Macht. A.a.O.
43) Ebenda, S. 11.
44) Süddeutsche Zeitung. 9.7. 1992, S. 9.
45) Die aufgeklärte Republik. Eine kritische Bilanz. Hrsg. im Auftrag der Theodor-Heuss-Stiftung von Hildegard Hamm-Brücher und Norbert Schreiber. München 1989. S. 85.
46) Focus. 1993. Nr. 5, S. 38.
47) Ebenda, S. 38.
48) Der Spiegel. 1993, Nr. 21, S. 18.
49) tz-München. 26. 5. 1993, S. 1.
50) Jaspers: Wohin treibt die Bundesrepublik? S. 127.
51) Deutschland-Handbuch. S. 23.
52) Jaspers: Wohin treibt die Bundesrepublik? S. 182.
53) Deutschland-Handbuch. S. 494.

54) Maier, Hans: Die Deutschen und die Freiheit. Perspektiven der Nachkriegszeit. Stuttgart 1985. S. 104.
55) Ebenda, S. 104.
56) Stollreither, Konrad: Die Verwaltung. München 1968. S. 44. (=Bayerische Landeszentrale für politische Bildungsarbeit. H. 27.)
57) Maier, Hans: Verteidigung der Politik. Recht, Moral, Verantwortung. Zürich 1990. S. 7.
58) Ebenda, S. 8.
59) Jaspers: Wohin treibt die Bundesrepublik? S. 194.
60) Focus. 1993, Nr. 5, S. 34.
61) Deutschland-Handbuch. S. 494.
62) Bild-Zeitung. 5. 4. 1993, S. 4.
63) Süddeutsche Zeitung. 1. 3. 1993, S. 2.
64) Bayernkurier. 1. 5. 1993, S. 20.
65) Sallust: Die Verschwörung des Catilina. 16.-20. Tsd. Reinbek bei Hamburg 1967. S. 9.
66) Politik im 20. Jahrhundert. Hrsg. Von Hans-Hermann Hartwich. Braunschweig 1985. S. 29.
67) Russel, Bertrand: Macht. Wien 1973. S. 9.
68) Der Spiegel. 1989, Nr. 22, S. 28 ff.
69) Deutschland-Handbuch. S. 493.
70) Ebenda, S. 493.
71) Friedrich, Hans und Winfried Zehetmeier: Parteien. Funktion, Rechtsstellung und Organisation der politischen Parteien. 4. überarb. Aufl. München 1970. S. 138. (=Bayerische Landeszentrale für politische Bildungsarbeit. H. 12.)
72) Rausch, Heinz: Der Abgeordnete. Idee und Wirklichkeit. 3. Aufl. München 1973. S. 125. (=Bayerische Landeszentrale für politische Bildungsarbeit H. A 17.)
73) Friedrich / Zehetmeier: Parteien. S. 140.
74) Galbraith, John Kenneth: Anatomie der Macht. München 1987. S. 67.
75) Zauzich, Maria-Christine: Parteien im Wandel. Von der Weltanschauungspartei zur Volkspartei. München 1976. S. 20. (=Bayerische Landeszentrale für politische Bildungsarbeit H. A 48.)

76) Kunz, Rainer und Herbert Maier, Theo Stammen: Programme der politischen Parteien in der Bundesrepublik. München 1975. S. 40. (=Bayerische Landeszentrale für politische Bildungsarbeit H. A 44.)
77) Kaltenegger, Roland: Die Stammdivision der deutschen Gebirgstruppe. Weg und Kampf der 1. Gebirgs-Division 1935-1945. Graz, Stuttgart 1981. S. 77 ff. Kaltenegger, Roland: Die deutsche Gebirgstruppe 1935-1945. München 1989. S. 110 ff.
78) Kaltenegger: Die deutsche Gebirgstruppe 1935-1945. S. 123.
79) Kaltenegger, Roland: Ludwig Kübler. General der Gebirgstruppe. Stuttgart 1998. S. 110 ff.
80) Weishäupl-Brief vom 31. 8. 1987 an den Verfasser.
81) Kaltenegger, Roland: Operationszone "Adriatisches Küstenland". Der Kampf um Triest, Istrien und Fiume 1944/45. Graz, Stuttgart 1993.
82) Auf Grund zahlreicher negativer Erfahrungen während des Zweiten Weltkrieges blieb Weishäupls Verhältnis zum Münchner Kameradenkreis der Gebirgstruppe, in dem sich Angehörige der Reichswehr und Wehrmacht, der Waffen-SS und Bundeswehr zusammengeschlossen haben, äußerst zwiespältig. Mit Heldenverehrungen und anschließendem Wirtshausbesuch konnte er in der Tat nichts anfangen.
83) Weishäupl-Brief vom 19. 8. 1987 an den Verfasser sowie persönliche Mitteilung zum Fall Bachl, der Weishäupl Zeit seines Lebens tief bewegt hat.
84) Vlg. u.a. Mehringer, Hartmut: Waldemar von Knoeringen. Eine politische Biographie. Der Weg vom revolutionären Sozialismus zur sozialen Demokratie. München, London, New York, Paris 1989. (=Schriftenreihe der Georg-von-Vollmar-Akademie. Bd. 2.)
85) Deutsches Allgemeines Sonntagsblatt. 1.5.1992, S.4.
86) Ebenda, S. 4.

87) Unter anderem in seiner Schlußansprache auf dem 9. Ordentlichen Bundesverbandstag des VdK Deutschlands in Dortmund 1982.
88) Galbraith: Anatomie der Macht. S. 65.
89) Weishäupl, Karl: Schlußansprache auf dem 7. Ordentlichen Verbandstag des VdK Deutschlands 1974 in München. (i. Ms.)

Die sozial-liberale Ära Schmidt

1) Regierungserklärung vom 24. Januar 1974 vor dem Deutschen Bundestag. In: Jahresbericht der Bundesregierung 1973. Hrsg. vom Presse- und Informationsamt der Bundesregierung. Bonn 1974 S. 9.
2) Brandt, Willy: Über den Tag hinaus. Eine Zwischenbilanz. Hamburg 1974. S. 261.
3) Baring: Machtwechsel. S. 47.
4) Goyke, Ernst: Die 100 von Bonn. Zwischen Barzel und Wehner. Bergisch Gladbach 1971. S. 42.
5) Deutschland-Handbuch. S. 60.
6) Ebenda, S. 60.
7) Ebenda, S. 60.
8) Lompe, Klaus: Sozialstaat und Krise. Bundesrepublikanische Politikmuster der 70er und 80er Jahre. Frankfurt am Main, Bern, New York 1987. S. 11.
9) Ebenda , S. 11.
10) Badura, Bernhard und Peter Gross: Sozialpolitische Perspektiven. Eine Einführung in Grundlagen und Probleme sozialer Dienstleistungen. Unter Mitarbeit von Ilona Kickbusch u. a. München 1976. S. 26. (=Piper Sozialwissenschaft. Bd. 26.)
11) Die großen Regierungserklärungen der deutschen Bundeskanzler von Adenauer bis Schmidt. Eingeleitet und kommentiert von Klaus von Beyme. München 1979. S. 254.
12) Deutschland-Handbuch. S. 61.

13) Vgl. hierzu Baring: Machtwechsel. S. 722 ff.
14) Ebenda, S. 755.
15) Ebenda, S. 760.
16) Deutschland-Handbuch. S. 62.
17) Ebenda, S. 62.
18) Liedtke: Die neue Skandal-Chronik. S. 88.
19) Ebenda, S. 88.
20) Ebenda, S. 88 f.
21) Jahresbericht der Bundesregierung 1973. S. 153.
22) Gedächtnisprotokoll über die Besprechung Weishäupl/Franke am 9. Mai 1974 in Bad Godesberg. S.3.
23) Lagebericht des VdK-Präsidenten Weishäupl über Sozialpolitik und den organisatorischen Bereich; gegeben am 25. Oktober 1974 in München. S. 14 f.
24) Goyke: Die 100 von Bonn. S. 12.
25) Weishäupl-Brief vom 9. 5. 1974 an Schmidt.
26) Ebenda, a.a.O.
27) Rausch, Heinz: Parlament und Regierung in der Bundesrepublik Deutschland. München 1967. S. 156. (=Bayerische Landeszentrale für politische Bildungsarbeit. H.25.)
28) Der Fischer Weltalmanach. 1974 ff. Hrsg. und verfaßt von Gustav Fochler-Hauke. Frankfurt a. M. 1973 ff.
29) Goyke: Die 100 von Bonn. S. 12.
30) Weishäupl-Brief vom 15. 5. 1974 an Arendt.
31) Jahresbericht der Bundesregierung 1973. S. 275.
32) Goyke: Die 100 von Bonn. S. 148.
33) Ebenda, S. 85.
34) Chronologie. Deutsche Geschichte im 20. Jahrhundert. Hrsg. von Waldemar Schütz. Rosenheim 1990. S. 386 f.
35) Deutschland-Handbuch S. 63.
36) Ebenda, S. 62.
37) VdK-Pressedienst. Nr. 22 vom 17. Mai 1974.
38) Weishäupl-Brief vom 4. 11. 1975 an Schmidt.
39) Jaspers: Wohin treibt die Bundesrepublik? S. 197 f.
40) Goyke: Die 100 von Bonn. S. 215.

41) Rausch, Heinz: Der Bundespräsident. Zugleich eine Darstellung des Staatsoberhauptes in Deutschland seit 1919. München 1979.S. 69. (=Bayerische Landeszentrale für politische Bildungsarbeit. H. A 64.)
42) Weishäupl-Brief vom 15. 5. 1974 an Scheel.
43) Goyke: Die 100 von Bonn. S. 201.
44) Ebenda, S. 177.
45) Ebenda, S. 125 f.
46) Goyke: Die 100 von Bonn. S. 10.
47) Als die beiden größten Sozialverbände stehen Reichsbund und VdK seit Jahrzehnten in einer harten Auseinandersetzung um Macht und Einfluß bei den Herrschenden.
48) Goyke: Die 100 von Bonn. S. 205 f.
49) Ebenda, S. 207.
50) Ebenda, S. 203.
51) Ebenda, S. 204.
52) Renger-Brief vom 14. 4. 1975 an Weishäupl.
53) Goyke: Die 100 von Bonn. S. 73.
54) Weishäupl-Brief vom 5. 10. 1979 an Renger.
55) Weishäupl-Protokoll vom 15. Mai 1974 in Bad Godesberg.
56) Heinemann, Gustav W.: Reden und Interviews. Hrsg. vom Presse- und Informationsamt der Bundesregierung. Bd. 1. Bonn 1970. S. 11.
57) Koch, Diether: Heinemann und die Deutschlandfrage.
58) Goyke: Die 100 von Bonn. S. 105.
59) Lindemann, Helmut: Heinemann. Ein Leben für die Demokratie. Kempten. A.a.O.
60) Baring: Machtwechsel. S. 65.
61) Süddeutsche Zeitung. 2. 7. 1971.
62) Weishäupl-Brief vom 1. 7. 1974 an Heinemann.
63) Heinemann-Brief vom 9. 7. 1974 an Weishäupl.
64) Weizsäcker-Brief vom 22. 7. 1974 an Weishäupl.
65) Franke-Brief vom 1. 8. 1974 an Weishäupl.
66) Ebenda, S. 2.
67) Goyke: Die 100 von Bonn. S. 227 f.

68) Maier, Hans: Kleine Reise durch die Zeit. Freiburg i. Br. 1991. S. 75.
69) Franke-Brief vom 22. 8. 1974 an Mann.
70) Maier: Kleine Reise durch die Zeit. S. 76.
71) Scheel, Walter: Reden und Interviews. Hrsg. vom Presse- und Informationsamt der Bundesregierung. Bd. 1. Bonn. S. 204 ff.
72) Franke-Brief vom 17. 3. 1975 an Präsidium, Hauptvorstand und Verbandsausschuß.
73) Scheel-Brief vom 15. 9. 1976 an Weishäupl.
74) Auftrag, Leistung, Erfolg. Hrsg. Vom VdK-Landesverband Bayern e. V. München 1979. S. 162.
75) Deutschland-Handbuch. S. 147 ff.
76) Ebenda, S. 145.
77) Ebenda, S. 146 f.
78) Ebenda, S. 147.
79) Ebenda, S. 147.
80) Ebenda, S. 148.
81) Ebenda, S. 149.
82) Sozialpolitischer Presse- und Informations-Dienst. Nr. 31/74 vom 16. 5. 1974.
83) Weishäupl-Brief vom 21. 5. 1974 an Kubel.
84) Weishäupl-Brief vom 4. 10. 1974 an Franke.
85) Bonner Stadtanzeiger. 13. 2. 1975, S. 5.
86) Franke-Brief vom 17. 2. 1975 an Weishäupl.
87) Weishäupl-Brief vom 23. 10 .1974 an Focke.
88) Kurzbericht über das Gespräch zwischen VdK-Präsident Karl Weishäupl und dem geschäftsführenden Präsidenten des Heimkehrerverbandes Werner Kießling am 21. Oktober 1974 in Bad Godesberg. S. 2. (i. Ms.)
89) Betrifft: Eingliederung der Vertriebenen, Flüchtlinge und Kriegsgeschädigten in der Bundesrepublik Deutschland. Hrsg. Der Bundesminister des Innern. Bonn 1982. S. 7.
90) Kießling-Brief vom 6. 3. 1975 an den VdK.
91) Ebenda, a.a.O.

92) Ordensverleihungen gehören zum unumstößlichen Ritual der Interessenverbände, um ihre Wichtigkeit besonders herauszustreichen.
93) Weishäupl-Brief vom 4. 4. 1975 an Heimeshoff.
94) Heimeshoff-Brief vom 10. 4. 1975 an Weishäupl.
95) Frankfurter Rundschau. 23. 3. 1981.
96) Weishäupl-Brief vom 24. 3. 1981 an Faustmann.
97) Der Spiegel. 1989, Nr. 37, S. 45 ff.
98) Flensburger Tageblatt. 28. 6. 1989.
99) Freudenhammer, Alfred und Karlheinz Vater: Herbert Wehner. Ein Leben mit der Deutschen Frage. Gütersloh. A.a.O.
100) Goyke: Die 100 von Bonn. S. 272.
101) Der Spiegel. 1990, Nr. 4, S. 25 ff.
102) Bundestags-Handbuch. Bonn 1949.
103) Der Hamburger Historiker Reinhard Müller dokumentierte Wehners Rolle als Akteur und Opfer in dem tödlichen Zusammenspiel zwischen Stalins Geheimdienst und der Partei in seinem Buch "Die Akte Wehner. Moskau 1937 bis 1941." Reinbek bei Hamburg 1993. Vgl. hierzu auch Fritjof Meyer: Einsamer Wolf unter Wölfen. Die Intrigen des Kommunisten Herbert Wehner im Moskauer Exil. In: Der Spiegel. 1993, Nr. 12, S. 188 ff.
104) Baring: Machtwechsel. S. 605.
105) Grundsatzprogramm der Sozialdemokratischen Partei Deutschlands. Beschlossen vom Außerordentlichen Parteitag der SPD in Bad Godesberg vom 13. bis 15. November 1959.
106) Wehner-Brief vom 2. 5. 1974 an den VdK.
107) Franke-Brief vom 21. 4. 1975 an Weishäupl.
108) Weishäupl-Brief vom 5. 6. 1979 an Wehner.
109) Weishäupl-Brief vom 19. 11. 1981 an Wehner.
110) Wehner-Brief vom 23. 11. 1981 an Weishäupl.
111) Vgl.: Der Sozialpolitiker Rudolf Dreßler. In: Die Woche. 3. 5. 1996, S. 6.
112) Weishäupl-Brief vom 25. 6. 1987 an Dreßler.
113) Dreßler-Brief vom 6. 7. 1987 an Weishäupl.

114) Weishäupl-Brief vom 22. 9. 1981 an Dreßler.
115) Deutsches Allgemeines Sonntagsblatt. 1.5.1992,S. 4.
116) Maier: Kleine Reise durch die Zeit. S. 58.
117) Goyke: Die 100 von Bonn. S. 137 ff.
118) Weishäupl-Brief vom 26. 6. 1975 an Kohl.
119) Goyke: Die 100 von Bonn. S. 252.
120) Kohl-Brief vom 3. 10. 1979 an Weishäupl.
121) Mischnick-Brief vom 4. 10. 1979 an den VdK.
122) Weishäupl-Brief vom 1. 4. 1980 an Kohl.
123) Goyke: Die 100 von Bonn. S. 85.
124) Genscher-Brief vom 16. 10. 1975 an Weishäupl.
125) Weishäupl-Brief vom 21. 3. 1977 an Genscher.
126) Weishäupl-Brief vom 27. 2. 1976 an Albrecht.
127) Carstens-Brief vom 16. 3. 1976 an den VdK.
128) Schmidt, Helmut: Politik mit Augenmaß. Drei Reden. Bonn 1978. S. 9.
129) Weishäupl-Brief vom 13. 7. 1976 an Schmidt.
130) Schlei-Brief vom 2. 8. 1976 an Weishäupl.
131) Deutschland-Handbuch. S. 62.
132) Goyke: Die 100 von Bonn. S. 98.
133) Apel, Hans: Der Abstieg. Politisches Tagebuch 1978-1988. Stuttgart 1990. S. 23.
134) Weishäupl-Telegramm vom 9. 12. 1976 an Arendt.
135) Weishäupl-Telegramm an Wehner.
136) Weishäupl-Brief vom 20.12.1976 an Schmidt.
137) Schmidt-Brief vom 24. 1. 1977 an Weishäupl.
138) VdK-Fernschreiben vom 7. und 8. 3. 1977.
139) Filbinger-Brief vom 18. 3. 1977 an den VdK.
140) Vertrauliches Protokoll des VdK-Hauptgeschäftsführers anläßlich der 24. Sitzung des VdK-Präsidiums in Kassel. (i. Ms.)
141) Ebenda, a.a.O.
142) Ebenda, a.a.O.
143) Weishäupl-Brief vom 3. 1. 1978 an Schmidt.
144) Fuchs-Brief vom Mai 1982 an Weishäupl.
145) Fuchs-Brief vom 4. 1. 1978 an Weishäupl.
146) Schüler-Brief vom 22. 2. 1978 an Weishäupl.
147) Weishäupl-Brief vom 6. 3. 1978 an Schmidt.

148) Aktenvermerk über das Kanzler-Gespräch am 13. März 1978.
149) Ebenda, a.a.O.
150) Ebenda, a.a.O.
151) Ebenda, a.a.O.
152) Übersicht über die soziale Sicherung. Hrsg. Der Bundesminister für Arbeit und Sozialordnung. Bonn 1977. S. 5.
153) Bayernkurier. 27. 2. 1993, S. 11.
154) Bild-Zeitung. 26. 3. 1993, S. 1 f.
155) Lampert, Heinz: Lehrbuch der Sozialpolitik. Berlin, Heidelberg, New York, Tokyo 1985. S. 4.
156) Neumann, Lothar F. und Klaus Schaper: Die Sozialordnung der Bundesrepublik Deutschland. Frankfurt/M., New York 1982. S. 10.
157) Über Sozialpolitik. Hrsg. von der Arbeitsgemeinschaft zur Förderung der wirtschaftlichen und sozialen Bildung e. V. 4. Aufl. Wiesbaden 1979. S. 6.
158) Friedl, Gerhard A.: Sozialpolitik gestern, heute, morgen. München 1967. S. 9 ff. (=Bayerische Landeszentrale für politische Bildungsarbeit. H. 26.)
159) Schüler-Brief vom 4. 9. 1979 an Weishäupl.
160) Sobald er sich einen Vorteil davon versprach, scheute sich der ehemalige SPD-Staatssekretär Weishäupl nicht, den CSU-Vorsitzenden zu loben – jedoch wiederum nicht so, daß es ins Bewußtsein der breiten Öffentlichkeit trat.
161) Die Welt. 29. 10. 1979.
162) Brandt-Brief vom 13. 11. 1979 an Weishäupl.
163) Brandt-Brief vom 13. 12. 1979 an Weishäupl.
164) Goyke: Die 100 von Bonn. S. 290.
165) Jaspers: Wohin treibt die Bundesrepublik? S. 261.
166) Telex Weishäupls vom 16. 5. 1980 an Kohl.
167) Kohl-Brief vom 30. 6. 1980 an Weishäupl.
168) "Ich bin ebenfalls bei ARD und ZDF wegen der Übertragung der Feierstunde des Volksbundes Deutsche Kriegsgräberfürsorge in diesem Jahr vorstellig ge-

worden", teilte Kohl Weishäupl u. a. am 30. 6. 1980 mit.

169) Weishäupl-Telegramm vom 20. 6. 1980 an Strauß.

170) Weishäupl-Brief vom 22. 5. 1980 an Rau.

171) Rau-Brief vom 29. 5. 1980 an Weishäupl.

172) Protokoll über das Gespräch des SPD-Fraktionschefs Herbert Wehner mit dem VdK-Präsidium. S. 3. (i. Ms.)

173) Ebenda, S. 3.

174) Brandt-Brief vom 3. 9. 1980 an Weishäupl.

175) Programm zur zukunftsgerechten Weiterentwicklung der Alterssicherung. Entwurf des Vorstandes der SPD. Essen 1980. S. 1 f.

176) Strauß, Franz Josef: Deutschland Deine Zukunft. Stuttgart-Degerloch 1975. S. 95.

177) Liedtke: Die neue Skandal-Chronik. S. 93.

178) Stauß: Deutschland Deine Zukunft. S. 109.

179) Brandt, Willy: Erinnerungen. Berlin, Zürich 1989. S. 292.

180) Strauß: Die Erinnerungen. 2. Aufl. Berlin 1989. S. 511.

181) Wolf, Werner: Eine tröstliche Niederlage? CDU/CSU nach der Bundestagswahl 1980. In: Politische Studien. München 1980. H. 254, S. 591.

182) Deutschland-Handbuch. S. 65 f.

183) Weishäupl-Briefe vom 3. 11. 1980 an Kohl und Wehner.

184) Jahresbericht der Bundesregierung 1973. S. 276.

185) Weishäupl-Brief vom 4. 12. 1980 an Schmidt.

186) Schmidt-Brief vom 9. 1. 1981 an Weishäupl.

187) Weishäupl-Brief vom 17. 7. 1980 an Strauß.

188) Strauß-Brief vom 23. 8. 1980 an Weishäupl.

189) Weishäupl-Brief vom 1. 9. 1980 an den VdK-Landesverband Bayern.

190) Weishäupl-Brief vom 14. 3. 1980 an Wischnewski.

191) Franke, Lothar: VdK. Die große Gemeinschaft. Hrsg. vom VdK Deutschlands. 3. Ergänzte und erweiterte Aufl. Bonn 1974. S. 24.

192) Roth-Brief vom 16. 5. 1981 an den VdK Deutschlands.
193) Roth, Ernst: Bericht aus dem Organisationsleben. S. 1. (i. Ms.)
194) Der VdK-Präsident wurde von Roth über diese Vorgänge mit Schreiben vom 30. 4. 1979 unterrichtet. Ein weiteres Schreiben vom 16. 8. 1979 mit zahlreichen Vorschlägen blieb unbeantwortet.
195) Roth, Ernst: Bericht aus dem Organisationsleben S. 2.
196) Ebenda, S. 3.
197) Roth-Brief vom 25. 3. 1981 an Glombig.
198) Weishäupl-Brief vom 2. 4. 1981 an Roth.
199) Roth-Brief vom 16. 4. 1981 an Weishäupl.
200) Roth-Brief vom 25. 5. 1985 an den VdK Deutschlands.
201) Maier: Kleine Reise durch die Zeit. S. 90.
202) Brief des Bayerischen Sparkassen- und Giroverbandes vom 2. 7. 1981 an Weishäupl.
203) Weishäupl-Brief vom 29. 7. 1981 an Merk.
204) Weishäupl-Brief vom 25. 4 1979 an Strauß.
205) Brief der Bayerischen Staatskanzlei vom 5. 6. 1979 an Weishäupl.
206) Brief des Volksbundes Deutsche Kriegsgräberfürsorge vom 11. 3. 1977 an Weishäupl.
207) Scheel-Brief vom 31. 10. 1978 an Weishäupl.
208) Brief der Deutschen Krebshilfe vom 14. 11. 1978 an Weishäupl.
209) Vertrauliche Hausmitteilung des VdK-Landesverbandes Bayern vom 29. 8. 1985.
210) Weißhäupl-Vermerk vom 2. 9. 1985.
211) Strauß-Brief vom 12. 11. 1985 an Weishäupl.
212) Vertrauliche Niederschrift über die Beschlüsse des Präsidiums in der 33. Sitzung am 8. 4. 1986 in Mainz.
213) Vertrauliche Niederschrift über die Beschlüsse des Präsidiums in der 31. Sitzung am 24. 2. 1986 in Bonn Bad-Godesberg.

214) Vertrauliche Niederschrift über die Beschlüsse des Präsidiums am 14. 1. 1988 in Lahnstein.
215) Beschlußfassung in der 24. Sitzung des Präsidiums am 26. 6. 1981 in Leverkusen.
216) Bericht über die vom 10. bis 12. März 1982 bei der Hauptgeschäftsstelle des VdK Deutschlands in Bad Godesberg durchgeführte Revision.
217) Ebenda, a.a.O.
218) Müller-Koelbl-Brief vom 22. 11. 1982 an Weishäupl.
219) VdK Deutschland. Geschäftsbericht 1986 bis 1990. Hrsg. VdK Deutschland. Bonn 1990. S. 303 f.
220) VdK Deutschland. Geschäftsbericht 1986 bis 1990. S. 305.
221) Ebenda, S. 305.
222) VdK Deutschland. Geschäftsbericht 1990 bis 1994. Bonn–Bad Godesberg 1994. S. 110.
223) Jaspers: Wohin treibt die Bundesrepublik? S. 280.
224) VdK-Presseerklärung vom 14. 5. 1981.
225) Stellungnahme des VdK Präsidiums.
226) Kohl-Brief vom 10. 8. 1981 an Weishäupl. S. 1.
227) Ebenda, S. 2.
228) Mischnick-Brief vom 8. 7. 1981 an Weishäupl.
229) Börner-Brief vom 27. 8. 1981 an Weishäupl.
230) Goyke: Die 100 von Bonn. S. 254.
231) Brief des Chefs der Staatskanzlei des Landes Schleswig-Holstein vom 25. 11. 1981 an Weishäupl. S. 1 f.
232) Weizsäcker-Brief vom 31. 8. 1981 an Weishäupl.
233) Goyke: Die 100 von Bonn. S. 52.
234) Dohnanyi-Brief vom 14. 9. 1981 an Weishäupl.
235) Apel: Der Abstieg. S. 183 f.
236) Verantwortung für die Freiheit. 40 Jahre F.D.P. Hrsg. Wolfgang Mischnick. Stuttgart 1989. S. 475.
237) Brandt: Erinnerungen. S. 354.

1) Japers: Wohin treibt die Bundesrepublik? S. 263.
2) Leinemann: Macht. S. 42.
3) Ebenda, S. 146.
4) Ebenda, S. 62.
5) Strauß: Die Erinnerungen. S. 504 f.
6) Deutschland-Handbuch. S. 66.
7) Thies, Jochen: Helmut Schmidt's Rückzug von der Macht. Das Ende der Ära Schmidt aus nächster Nähe. 2. Aufl. Bonn 1988. S. 174.
8) Chronologie. Deutsche Geschichte im 20. Jahrhundert. S. 408 ff.
9) Weishäupl, Karl: Eröffnung und Begrüßung auf dem 9. Ordentlichen Bundesverbandstag des VdK Deutschland. S. 3. (i. Ms.)
10) Deutschland-Handbuch. S. 67.
11) Ebenda, S. 67.
12) Liedtke: Die neue Skandal-Chronik. S. 133.
13) Ebenda, S. 133.
14) Ebenda, S. 134.
15) Der Spiegel. 1986, Nr. 44, S. 22.
16) Ebenda, S. 22 f.
17) Noack, Paul: Korruption – die andere Seite der Macht. München 1985. S. 151.
18) Liedtke: Skandal-Chronik. S. 129.
19) Ebenda, S. 126 f.
20) Ebenda, S. 125 f.
21) Ebenda, S. 20 f.
22) Ebenda, S. 21.
23) Ebenda, S. 21.
24) Ebenda, S. 21.
25) Maier: Kleine Reise durch die Zeit. S. 66.
26) Lompe: Sozialstaat und Krise. S. 291.
27) Niederschrift über die Sitzung des VdK-Präsidiums mit den Landesvorsitzenden am 13. 10. 1982 in Bonn–Bad Godesberg. (i. Ms.)

28) Gesprächsnotiz des VdK-Präsidiums vom 17. 1. 1983 mit Bundeskanzler Helmut Kohl. (i. Ms.)
29) Chronologie Deutsche Geschichte im 20. Jahrhundert. S. 411.
30) Bölling, Klaus: Bonn von außen betrachtet – Briefe an einen alten Freund. Stuttgart 1986. A.a.O.
31) Chronologie. Deutsche Geschichte im 20. Jahrhundert. S. 412.
32) Ebenda, S. 412.
33) Landeszeitung Lüneburg. 16. 5. 1983.
34) Ebenda, a.a.O.
35) Stellungnahme des Kleinen Verbandstages des VdK Deutschlands zur Sparpolitik der Bundesregierung. (i. Ms.)
36) Goyke: Die 100 von Bonn. S. 21.
37) Weishäupl-Telegramm vom 2. 10. 1983 an Blüm.
38) Jahresbericht der Bundesregierung 1984. Hrsg. vom Presse- und Infomationsamt der Bundesregierung. Bonn 1984. S. 6.
39) Gespräch des VdK-Präsidiums mit dem Bundeskanzler am 24. 1. 1985. (i. Ms.)
40) Ebenda, S. 2 f.
41) Ebenda, S. 3.
42) Ebenda, S. 4.
43) Jahresbericht der Bundesregierung 1985. Hrsg. vom Presse- und Informationsdienst der Bundesregierung. Bonn 1985. S. 8.
44) Looser. Selbsthilfezeitung gegen Armut und Obdachlosigkeit für die Bundesrepublik Deutschland. 1997. Nr. 6, S. 3.
45) Badura, Bernhard und Peter Gross: Sozialpolitische Perspektiven. S. 185.
46) Lompe, Klaus: Sozialstaat und Krise. S. 242.
47) Holzarbeiter-Zeitung. 1997. Nr. 6, S. 11.
48) Ebenda, S. 11.
49) Lompe, Klaus: Sozialstaat und Krise. S. 242.
50) Ebenda, S. 251.
51) Süddeutsche Zeitung. 1996. Nr. 32, S. 40.

52) Vgl. Adams, Ursula: Soziale Dienste für Obdachlose. Bonn 1976. (=Studien zur Kommunalpolitik. Bd. 11.)

53) Am 15. 1. 1992 teilte der Oberbürgermeister der Landeshauptstadt München dem Autor mit: "Wie Sie sicher der Presse inzwischen entnommen haben, wurde im Rahmen der im Dezember 1991 erfolgten Haushaltsberatungen durch Einbringung von 60.000.—DM in den Haushalt 1992 auf Anregung der SPD-Stadtratsfraktion ein weiteres Offenhalten von zumindest fünf Wärmestuben gewährleistet. – Auch ich persönlich", so Georg Kronawitter, „halte weiterhin daran fest, daß es nötig ist, mit den zur Verfügung stehenden Mitteln auf alte Menschen, die sonst eher isoliert leben, zuzugehen."

54) tz-München. 11./12. 1. 1992. S. 4.

55) Ebenda, S. 4.

56) Brief des Erzbischöflichen Oridinariats München vom 10. 1. 1992 an den Autor.

57) Bild-Zeitung. 27. 11. 1996. S. 3.

58) Ebenda, S. 3.

59) Der Spiegel. 1992. H. 6, S. 78.

60) Ebenda, S. 78.

61) Vgl. Politik der Armut und die Spaltung des Sozialstaats. Hrsg. von Stephan Leibfried und Florian Tennstedt. Frankfurt a. M. 1985.

62) Brief des Bayerischen Staatsministers für Arbeit, Familie und Sozialordnung vom 24. 1. 1992 an den Autor. S. 2.

63) Brief der Bayerischen Staatskanzlei vom 30. 12. 1991 an den Autor. S. 1f.

64) Lompe: Sozialstaat und Krise. S. 280.

65) Ebenda, S. 280 f.

66) "Ende gut – alles gut," frohlockte Norbert Blüm im Frühjahr 1994 erleichtert, als er nach fast 20jährigen Diskussionen, drei Jahren parlamentarischen Ringens und zwei Vermittlungsverfahren die Pflegeversicherung endlich unter Dach und Fach bekommen

hatte. Die Einführung der neuen Sozialversicherung gilt ab 1. 1. 1995.

67) Bild-Zeitung. 19. 3. 1992. S. 4.

68) Ebenda, S. 4.

69) Vgl. Hauser, Erich und Harald Hotze: Der Abzocker-Staat. Düsseldorf 1997 sowie Bräuninger, Friedrich und Manfred Hasenbeck: Die Abzocker. Düsseldorf 1994.

70) Maier: Verteidigung der Politik. S. 60.

71) Sallust: Die Verschwörung des Catilina. S. 19.

72) Bild am Sonntag. 27. 10. 1991. S. 38.

73) Stubbe-da Luz, Helmut: Parteiendiktatur. Die Lüge von der "innerparteilichen Demokratie". Frankfurt/M., Berlin 1994. S. 67 f.

74) Bild am Sonntag. 27. 10. 1991. S. 38.

75) Der Spiegel. 1991. H. 2, S. 16.

76) Vgl. Neue Wege in der Sozialpolitik. Dokumentation des Zukunftsforums Soziale Sicherungssysteme. Am 5./6. September 1996 in Bonn. S. 14 ff.

77) tz-München. 8./9.5. 1993. S. 2.

78) Süddeutsche Zeitung. 29. 3. 1993. S. 5.

79) Der Spiegel. 1993. H. 12, S. 16.

80) tz-München. 8./9. 5. 1993. S. 2.

81) Süddeutsche Zeitung. 8./9. 5. 1993, S. 6 sowie Münchner Merkur. 8./9. 5. 1993. S. 3.

82) Bild-Zeitung. 23. 7. 1992. S. 2.

83) Die Wochenzeitung "Die Zeit" nennt Hans Herbert von Arnim eine "Einmann-Instanz" gegen die Auswüchse des Parteienstaates, die mehr Gesetze aus den Angeln gehoben habe als jeder andere außer dem Bundesverfassungsgericht.

84) Kölner Stadt-Anzeiger. 1997. Nr. 46, S. 4.

85) Ebenda, S. 4.

86) Ebenda, S. 4.

87) Bild-Zeitung. 4. 6. 1992. S. 1 u. 9.

88) tz-München. 20./21. 6. 1992.

89) Ebenda, a.a.O.

90) Der Spiegel. 1992. H. 22, a.a.O.

91) Ebenda, a.a.O.
92) Ebenda, a.a.O.
93) Ebenda, a.a.O.
94) Ebenda, a.a.O.
95) Ebenda, a.a.O.
96) Arnim, Hans Herbert von: Staat ohne Diener. Was schert die Politiker das Wohl des Volkes? München 1995. S. 181.
97) Ebenda, S. 225.
98) Der Spiegel. 1992. H. 47, S. 22.
99) Süddeutsche Zeitung. 9. 7. 1992. S. 9.
100) Der Spiegel. 1992. H. 47, S. 22.
101) Rausch: Der Abgeordnete. S. 63.
102) Vgl. Was verdienen Abgeordnete, Minister und Ministerpräsidenten in den Bundesländern. In: Süddeutsche Zeitung. 9. 7. 1992. S. 9.
103) Bild-Zeitung. 10. 9. 1991. S. 2.
104) Krieger, Verena: Was bleibt von den Grünen? Hamburg 1991. S. 47.
105) 1997/98 sorgten die "Sextelefonate" aus dem Landtagsbüro des CSU-Politikers Hans Wallner monatelang für Aufsehen. Hierzu stand in der Münchner „Abendzeitung" Mitte 1998 zu lesen: „Seit über einem Jahr laufen die Ermittlungen, immer wieder wurde der Prozeß aufgeschoben. (...) Der 48jährige CSU-Abgeordnete ist angeklagt, von seinem Dienstapparat im Landtag für 26.000 DM Telefon-Sex-Nummern angerufen zu haben. Er selber fühlt sich als verfolgte Unschuld, die CSU versucht, sich angesichts des laufenden Landtagswahlkampfes von ihm zu distanzieren." Denn, so der CSU-Fraktionsvorsitzende Alois Glück: „Der Mann ist eine Katastrophe. Ich schäme mich für so ein Mitglied in den eigenen Reihen." (Abendzeitung. 1998. Nr. 147/27, S. 2.)
106) Abendzeitung. 1995. Nr. 71/72, S. 1.
107) Bild-Zeitung. 29. 3. 1995. S. 3.
108) Ebenda, S. 3.

109) Engelmann, Berndt: Das eigene Nest. Ein Panorame bundesdeutscher Gegenwart. Darmstadt 1965. S. 179 f.
110) Der Spiegel. 1995. H. 40, S. 7.
111) Ebenda, S. 7.
112) Ebenda, S. 7.
113) Der Fischer Weltalmanach 1997. Frankfurt am Main 1996. Sp. 177.
114) Der Spiegel. 1996. H. 24, S. 22.
115) Ebenda, 1992. H. 49, S. 51.
116) Ebenda, S. 51 ff.
117) Bild-Zeitung. 18. 8. 1992. S. 2.
118) Bild-Zeitung. 25. 10. 1991. S. 2.
119) Ebenda, S. 2.
120) Die Welt. 26. 4. 1993. S. 1.
121) In einem Volksentscheid entschieden die Bayern: Der Senat, ein deutschlandweit einmaliges Verfassungsorgan des Freistaates, wird im Jahr 2000 abgeschafft; Regierung und Parlament werden verkleinert; die Legislaturperiode wird von vier auf fünf Jahre verlängert; die Verfassung wird behutsam modernisiert.
122) Leinemann: Macht. S. 5.
123) Bölling: Bonn von außen betrachtet. A.a.O.
124) Ebenda, a.a.O.
125) Ebenda, a.a.O.
126) Strauß-Brief vom 2. 12. 1987 an den Autor. S. 1 f.
127) Jahresbericht der Bundesregierung 1987. Hrsg. vom Presse- und Informationsamt der Bundesregierung. Bonn 1987. S. 8 f.
128) Arnim: Staat ohne Diener. S. 263.
129) Arentz-Brief vom 30. 4. 1987 an Weishäupl.
130) Weishäupl-Brief vom 7. 5. 1987 an Brümmendorf.
131) Weishäupl-Brief vom 21. 5. 1987 an Bundeskanzler Kohl.
132) Thielen-Brief vom 19. 4. 1988 an Weishäupl.

133) Vgl. Sozialpolitik in der Bundesrepublik. Hrsg. von Bernhard Schäfers. Opladen 1983. (=Gegenwartskunde. Sonderheft 4.)
134) Weser-Kurier. 11. 4. 1988.
135) Arnim: Staat ohne Diener. S. 265
136) Weishäupl in seiner Schlußansprache auf dem 9. Ordentlichen Bundesverbandstag des VdK 1982 in Dortmund.
137) Brümmendorf-Brief vom 22. 12. 1983 an Weishäupl.
138) Laschet-Brief vom 9. 1. 1989 an Weishäupl.
139) Arnim: Staat ohne Diener. S. 135 ff.
140) VdK Deutschland. Geschäftsbericht 1990 bis 1994. S. 33 ff.
141) Weishäupl-Brief vom 4. 7. 1989 an den Autor. In ihm schrieb er unter anderem noch: "Ich freue mich, daß Sie mit der Arbeit (...) gut vorankommen."
142) Weishäupl-Brief vom 19. 7. 1989 an den Autor. In ihm bedankte er sich wiederum für die "bisherigen Bemühungen zur Herstellung der Schrift (...) womit Sie mir ganz sicherlich einen großen Dienst erweisen."
143) Blüm, Norbert: Rede des Bundesarbeitsministers anläßlich des Todes von VdK-Präsident Karl Weishäupl. (i. Ms.)
144) Süddeutsche Zeitung. 10. 4. 1990. S. 4.
145) Hirrlinger-Brief vom 22. 5. 1982 an Weishäupl.
146) Nicht umsonst war der VdK Deutschland am 15. 2. 1990 in einem Schreiben bereit, dem Autor ein Schweigegeld zu zahlen, damit die von Karl Weishäupl in Auftrag gegebene Schrift nicht publiziert wird!
147) Hirrlinger-Brief vom 12. 11. 1989 an den Verfasser.
148) 1944 wurde Hirrlinger als Unteroffizier in Ungarn ein Rückenwirbel von einer sowjetischen Kugel derart schwer verletzt, daß es zu einer Querschnittslähmung gekommen ist, die erst nach jahrelanger Behandlung teilweise behoben werden konnte.
149) Weishäupl: Laudatio zum 60. Geburtstag von Walter Hirrlinger am 24. 6. 1986. (i. Ms.)

150) Die Fackel. 1986. Nr. 6.

151) Vgl. hierzu auch: Die Organisationsreform der Krankenkassen. In: VdK-Forum in der Evangelischen Akademie Tutzing am 17./18. 2. 1993.

152) VdK Deutschland. Geschäftsbericht 1986 bis 1990. S. 294.

153) Während der Vorbereitungsphase war der Hauptgeschäftsführer auch damit beschäftigt, die von Weishäupl in Auftrag gegebene Schrift mit allen Mitteln zu verhindern, indem er am 15. 2. 1990 "nach eingehender interner Beratung der Führungsgremien des VdK mitteilte, daß der VdK ohne Anerkennung einer Rechtspflicht bereit ist, Ihnen einen Einmalbetrag mit der Maßgabe zu zahlen, daß Ihrerseits rechtsverbindlich auf die Veröffentlichung des Buches verzichtet wird."

154) Hierzu berichtete "Der Spiegel" 1990 in seiner Nr. 4 auf S. 37 u. a.: "Als besonders teures Ärgernis gilt das sogenannte Fremdrentenrecht, nach dem die Renten der Aus- und Übersiedler berechnet werden. Danach gelten alle Versicherungszeiten der Zuzügler so, als ob sie in der Bundesrepublik erworben worden seien. Ohne eine Mark Beitrag wird volle Rente bezogen. (...) Zieht ein Rentner von Dresden nach Darmstadt, werden ihm seine 40 Arbeitsjahre in der DDR hierzulande voll angerechnet. Anspruch auf Rente hätten ehemalige Stasi-Mitarbeiter, selbst Erich Honecker nebst Gemahlin Margot. (...) Da kommt Sozialneid auf bei jenen Bundesbürgern, die 40 Jahre lang ihre Beiträge bezahlt haben und dennoch mit einer vergleichsweise kargen Rente auskommen müssen."

155) Die Fackel. 1990. Nr. 5, S. 3.

156) VdK Deutschland. Geschäftsbericht 1990 bis 1994. S. 186.

157) Hier besteht eine unheilige Allianz zwischen dem VdK und den ins Gerede gekommenen Hamburg-Mannheimer Versicherungen mit ihren Skandalen,

Mißmanagement und dem Frust bei den Kunden. Vgl. hierzu auch: Capital. 1994, Nr. 6. S. 173 ff.
158) Stern-Magazin. 1989. Nr. 21. Leserbriefe.
159) VdK Deutschland. Geschäftsbericht 1990 bis 1994. S. 328.
160) VdK Bayern. Geschäftsbericht 1991 – 1994. München 1995. S. 59.
161) Bölling: Bonn von außen betrachtet. A.a.O.
162) Maier: Kleine Reise durch die Zeit. S. 59.
163) Vgl. Neues Forum Leipzig. Jetzt oder nie – Demokratie. Leipziger Herbst ´89. Gütersloh 1990.
164) Vgl. Helmut Kohl: Ich wollte Deutschlands Einheit. Dargestellt von Kai Diekmann und Ralf Georg Reuth. Frankfurt/M., Berlin 1996.
165) Vgl. Hans-Dietrich Genscher: Erinnerungen. Berlin 1995.
166) Klein, Hans: Es begann im Kaukasus. München a.a.O.
167) Freundl, Otto / Fritz Blumöhr/ Peter März: Die politische Ordnung in Deutschland. 2. Aufl. München 1991. S. 58.
168) Bentfeld, Jo: Politik am Ende des Wirtschaftswachstums. Delbrück 1997. S. 78.
169) Vgl. Teure Einheit. In: Spiegel Spezial. 1990. Nr. 2, S. 106 ff.
170) Focus. 1995. Nr. 47, S. 25.
171) Bentfeld: Politik am Ende des Wirtschaftswachstums. S. 55.
172) Stubbe-da Luz: Parteiendiktatur. S. 70.
173) tz-München. 23./24. 2. 1991. S. 5.
174) Oberbayerisches Volksblatt. 16./17. 3. 1991. S. 1.
175) Vgl. Michael Jürgs: Die Treuhändler. Wie Helden und Halunken die DDR verkauften. München 1997.
176) Stubbe-da Luz: Parteiendiktatur. S. 52.
177) Gottschalch, Wilfried / Friedrich Karrenberg / Franz Josef Stegmann: Geschichte der sozialen Ideen in Deutschland. Hrsg. von Helga Grebing. München,

Wien 1969. S. 3. (=Deutsches Handbuch der Politik. Bd. 3.)

178) Freundl, Otto / Fritz Blumöhr / Peter März: Die politische Ordnung in Deutschland. S. 25.

179) Ebenda, S. 25.

180) Bonner Almanach 1984/85. Hrsg. Presse- und Informationsamt der Bundesregierung. Bonn 1985. S. 266.

181) Freundl, Otto (u. a.): Die politische Ordnung in Deutschland. S. 25.

182) VdK Deutschland. Geschäftsbericht 1990 bis 1994. S. 75.

183) Ebenda, S. 75.

184) Ebenda, S. 132.

185) Ebenda, S. 133.

186) Ebenda, S. 134.

187) Ebenda, S. 135.

188) Ebenda, S. 135 f.

189) Ebenda, S. 37.

190) Ebenda, S. 37 f.

191) Ebenda, S. 38.

192) Ebenda, S. 38.

193) Ebenda, S. 38 f.

194) Ebenda, S. 39.

195) Ebenda, S. 41.

196) Stubbe-da Luz: Parteiendiktatur. S. 105.

197) Arnim: Staat ohne Diener. S. 15.

198) Der Spiegel. 1992. H. 53, S. 94.

199) Stern. 1997. H. 1, S. 124.

200) Vgl. Klaus Rainer Röhl: Deutscher Narrenspiegel. Hypochonder und Schutzheilige. München 1997. S. 203 ff.

201) Die Welt. 20. 12.1996. S. 1.

202) Bild am Sonntag. 22. 12. 1996. S. 5.

203) Stern. 1997. H. 1, S. 126.

204) Bild am Sonntag. 22. 12.1996. S. 5.

205) Bild-Zeitung. 18. 1. 1997. S. 2.

206) tz-München. 4./5./6. 1. 1997. S. 8.

207) Stern. 1997. H. 52, S. 9.
208) Ebenda. H. 50, S. 214.
209) Focus. 1997. Nr. 10, S. 12.
210) Bild am Sonntag. 12. 4. 1992. S. 2.
211) Ebenda, S. 2.
212) Ebenda, S. 2.
213) Die Bundespräsidenten. S. 94. (= Zeit-Punkte. 1994. Nr. 2.)
214) Vgl. Richard von Weizsäcker: Vier Zeiten. Erinnerungen. Berlin 1997.
215) Der Spiegel. 1992. H. 53, S. 94.
216) Abendzeitung. 11. 9. 1997. S. 2.
217) Röhl: Deutscher Narrenspiegel. S. 213.
218) Der Spiegel. 1993. H. 9. S. 28.
219) Engholm, Björn: Vom öffentlichen Gebrauch der Vernunft. 1990. S. 13.
220) Süddeutsche Zeitung. 1993. Nr. 208, S. 4.
221) Focus. 1996. Nr. 43, S. 30.
222) Der Spiegel. 1994. H. 42, S. 7.
223) Blüm: Ungeeignet für Tabula rasa. In: Die Zeit. 1996. Nr. 39, S. 24.
224) Blüm: Sozialpolitik ist mehr als ein Lazarettwagen. In: Focus. 1998. Nr. 4, S. 62.
225) Der Spiegel. 1995. H. 30, S. 30.
226) Wochenpost. 1996. Nr. 47, S. 3.
227) Der Spiegel. 1996. H. 4, S. 82.
228) Ebenda, H. 20, S. 26.
229) Abendzeitung. 11. 9. 1997. S. 3.
230) Vgl. Umbau des Sozialstaats. Hrsg. von Michael Opielka und Ilona Ostner. Essen 1987. (= Perspektiven der Sozialpolitik. Bd. 2.)
231) Der Fischer Weltalmanach 1997. Frankfurt am Main 1996. Sp. 176 f.
232) Ebenda, Sp. 177.
233) Der Fischer Weltalmanach 1998. Frankfurt am Main 1997. Sp. 217.
234) Der Fischer Weltalmanach 1997. Sp. 177.
235) Ebenda, Sp. 177 f.

236) Ebenda, Sp. 178.
237) Ebenda, Sp. 178.
238) Süddeutsche Zeitung. 1997. Nr. 56, S. 4.
239) Bild-Zeitung. 27. 11. 1996. S. 2.
240) Der Spiegel. 1996. H. 6, S. 22.
241) Der Fischer Weltalmanach 1998. Sp. 218.
242) Bild-Zeitung. 25. 3. 1997. S. 1.
243) Der Fischer Weltalmanach 1998. Sp. 219.
244) Blüm: Ungeeignet für Tabala rasa. In: Die Zeit. 1996. Nr. 39, S. 24.
245) Der Fischer Weltalmanach 1998. Sp. 219.
246) Focus. 1996. Nr 23, S. 194.
247) Ebenda, S. 194.
248) Ebenda, S. 195.
249) Der Fischer Weltalmanach 1997. Sp. 178 f.
250) Vgl. Sozialfibel für Bürger. Ein Lexikon über soziale Hilfen, Leistungen und Rechte. Hrsg. Bayerisches Staatsministerium für Arbeit, Familie und Sozialordnung. München 1991 ff.
251) Übersicht über die soziale Sicherung von Dieter Schewe u. a. 10. Aufl. Bonn 1977. S. 347.
252) Focus. 1997. Nr. 20, S. 48.
253) Der Fischer Weltalmanach 1998. Sp. 224.
254) Ebenda, Sp. 224.
255) Ebenda, Sp. 224 f.
256) Süddeutsche Zeitung. 1998. Nr. 50, S. 26.
257) Engelmann, Bernt. Schwarzbuch. oder: wie man einen Staat ruiniert. Göttingen 1994.
258) Nürnberger Nachrichten. 28./29. 9. 1996. S. 5.
259) Der Fischer Weltalmanach 1998. Sp. 245 f.
260) Blüm: Ungeeignet für Tabula rasa. In: Die Zeit. 1996, Nr. 39, S. 24.
261) Der Fischer Weltalmanach 1998. Sp. 217 f.
262) Sloterdijk: Die Reichsten sind die Neidischsten. In : Stern. 1996. H. 35, S. 165.
263) Engelmann, Bert: Meine Freunde – die Millionäre. Ein Beitrag zur Soziologie der Wohlstandsgesellschaft (...) 6. Aufl. Darmstadt 1969. S. 1 ff.

264) Focus. 1997. Nr. 5, S. 22.
265) Vgl. Die Zukunft des Sozialstaats. Materialien zur sozialpolitischen Diskussion der Grünen. Hrsg. von Michael Opielka, Martin Schmollinger u. a. Bd. 1 ff. Stuttgart 1984 ff.
266) Baader, Roland: Fauler Zauber. Schein und Wirklichkeit des Sozialstaats. Resch-Verl. A.a.O.
267) Stern. 1997. H. 19, S. 24.
268) Freiheit in Verantwortung. Grundsatzprogramm der Christlich Demokratischen Union Deutschlands. Beschlossen vom 5. Parteitag. Hamburg 1994. S. 63.
269) Grundsatzprogramm der Christlich-Sozialen Union in Bayern. Hrsg. CSU-Landesleitung. München 1993. S. 39.
270) Freiburger Thesen der F.D.P. zur Gesellschaftspolitik. Hrsg. Bundesvorstand der F.D.P. Bonn. 1971. S. 7.
271) Focus. 1997. Nr. 6, S. 50.
272) Freiheit in Verantwortung. S. 42 f.
273) Ebenda, S. 63.
274) Ebenda, S. 69.
275) Parteiendemokratie. Hrsg. Bundeszentrale für politische Bildung. Bonn 1985. S. 11. (= Informationen zur politischen Bildung. H. 207.)
276) Vgl. Geschichte einer Volkspartei. 50 Jahre CSU 1945-1995. Hrsg. Hanns-Seidel-Stiftung e. V. München 1996.
277) Grundsatzprogramm der Christlich-Sozialen Union in Bayern. S. 39 f.
278) Ebenda, S. 40 f.
279) Ebenda, S. 42.
280) Freiburger Thesen der F.D.P. zur Gesellschaftspolitik. S. 6.
281) Liberales Manifest für eine Gesellschaft im Umbruch. Saarbrücken 1985. S. 6.
282) Ebenda, S. 7. ff.
283) Ebenda, S. 15.

284) Vgl. Beschluß 45. ord. Bundesparteitag der F.D.P. in Rostock. 3./5. 6. 1994.
285) Brief der F.D.P.-Bundesgeschäftsstelle vom 26. 3. 1998 an den Autor.
286) "Arbeit, Innovation und Gerechtigkeit". SPD-Programm für die Bundestagswahl 1998. Antrag des SPD-Parteivorstandes an den außerordentlichen Parteitag am 17. April 1998 in Leipzig. S. 18.
287) Politische Grundsätze. Hrsg. Bündnis 90/Die Grünen. Köln 1993. S. 29.
288) Programm der Partei des Demokratischen Sozialismus. 1993. S. 42 f.
289) Grundsatzprogramm der Sozialdemokratischen Partei Deutschlands. Hrsg. Vorstand der Sozialdemokratischen Partei Deutschlands. Bonn – Bad Godesberg 1959. S. 18 f.
290) Grundsatzprogramm der Sozialdemokratischen Partei Deutschlands. Beschlossen vom Programm-Parteitag der Sozialdemokratischen Partei Deutschlands am 20. Dezember 1989 in Berlin. Hrsg. Vorstand der SPD. Bonn. 1989. S. 31 ff.
291) Süddeutsche Zeitung. 1998. Nr. 53, S. 8.
292) Parteidemokratie. S. 11 f.
293) Ebenda, S. 11.
294) Vgl. Parteien in der Kritik. Hrsg. Jochen Buchholz. 2. Aufl. Bonn 1993.
295) Politische Grundsätze. S. 20 ff.
296) Focus. 1996. Nr. 43, S. 57.
297) Ebenda, S. 57.
298) Ebenda, 1997. Nr. 15, S. 48.
299) Süddeutsche Zeitung. 1998. Nr. 55, S. 25.
300) Krieger: Was bleibt von den Grünen? S. 167.
301) Politische Studien. Hrsg. Hanns-Seidel-Stiftung. 45. Jg. München 1994. Sonderdruck 1/94, S. 7.
302) Ebenda, S. 7 f.
303) Programm der Partei des Demokratischen Sozialismus. S. 42 f.

304) Programm der PDS zur Bundestagswahl 1998. Pressedienst PDS. S. 1.
305) Ebenda, S. 3 ff.
306) Schreiben des Parteivorstandes der PDS vom 26. 3. 1998 an den Autor.
307) Schreiben der Bundesgeschäftsstelle von Bündnis 90/Die Grünen vom 25. 3. 1998 an den Autor.
308) Bandulet, Bruno: Was wird aus unserem Geld? München 1997. S. 215.
309) Der Spiegel. 1998. H. 16, S. 22.
310) Focus. 1996. Nr. 43, S. 32.
311) Abendzeitung. 3. 6. 1997. S. 3.
312) Arnim: Staat ohne Diener. S. 357.
313) Stern. 1997. H. 36, S. 128.
314) Bild-Zeitung. 17. 9. 1997. S. 2.
315) Stern. 1997. H. 36, S. 129.
316) Bild-Zeitung. 24. 1. 1998. S. 2.
317) Der Spiegel. 1998. H. 5, S. 49.
318) Die Zeit. 1998. Nr. 11, S. 4.
319) Süddeutsche Zeitung. 1998. Nr. 50, S. 4.
320) Der Spiegel. 1998. H. 11, S. 22.
321) Oberbayerisches Volksblatt. 7./8. 3. 1998. S. 1.
322) Bandulet: Was wird aus unserem Geld? S. 31.
323) Focus. 1998. Nr. 12, S. 3.
324) Bild-Zeitung. 10. 3. 1998. S. 2.
325) Süddeutsche Zeitung. 18./19. 4. 1998. S. 3.
326) Stern. 1998. H. 11, S. 30.
327) Eine Mehrheit von 35 Prozent der Deutschen war dafür, daß die SPD im Falle eines Wahlsieges im September 1998 eine Große Koalition mit der CDU/CSU bildet, das ermittelte das Meinungsforschungs-Institut "dimap" unter 1113 Befragten.
328) Rede von Wolfgang Gerhardt anläßlich der F.D.P.-Strategiekonferenz mit den Kreisvorsitzenden und Kandidaten am 8. 2. 1998 in Hannover. S. 5.
329) Ebenda, S. 6.
330) Die Zeit. 1996. Nr. 4, S. 19.

331) Vgl. Peter Lösche / Franz Walter: Die F.D.P. Richtungsstreit und Zukunftszweifel. Darmstadt 1996.
332) Neue Kronen-Zeitung. 18. 4. 1998. S. 6.
333) Brief des stellvertretenden Generalsekretärs der CSU vom 11. 8. 1998 an den Autor.
334) Das Programm für Bayerns Zukunft. Hrsg. Christlich-Soziale Union in Bayern. München 1998. S. 6 ff.
335) Der Spiegel. 1997. H. 7, S. 26.
336) Ebenda, 1998. H. 39, S. 53.
337) Der frühere SPD-Vorsitzende am 3. März 1998 auf der S. 3 der "Frankfurter Allgemeinen Zeitung". Vgl. hierzu auch die aktuelle Biographie von Volker Herres, Klaus Waller: Der Weg nach oben. Gerhard Schröder. Düsseldorf 1998.
338) Der Spiegel. 1998. H. 39, S. 23.
339) Ebenda, S. 25.
340) Bild-Zeitung. 19. 9. 1998. S. 1.
341) Stern. 1998. H. 30, S. 32.
342) Vgl. Süddeutsche Zeitung. 1998. Nr. 216, S. 11.
343) Abendzeitung. 26./27. 9. 1998. S. 2.
344) Focus. Wahl-Spezial. 1998. S. 3.
345) Süddeutsche Zeitung. 28. 9. 1998. S. 3.
346) Stern. 1998. H. 42, S. 50.
347) Süddeutsche Zeitung. 1998. Nr. 223, S. 4.
348) Junge Freiheit. 2. 10. 1998. S. 1.
349) Ebenda, S. 1.
350) Ebenda, S. 1.
351) Abendzeitung. 28. 9. 1998. S. 3.
352) Der Spiegel. 1998. H. 41, S. 8.
353) Ebenda, S. 8.
354) Vgl. Bye-bye ´68... Renegaten der Linken, APO-Abweichler und allerlei Querdenker berichten. Hrsg. Claus M. Wolfschlag. Graz, Stuttgart 1998.
355) Freitag 42. Die Ost-West-Wochenzeitung. 9. 10. 1998. S. 1.
356) Ebenda, S. 1.
357) Bei diesem Gewährsmann handelt es sich um den Journalisten und Autor Christian Schmidt, der für sein

Buch „Wir sind die Wahnsinnigen. Joschka Fischer und seine Frankfurter Gang", das 1998 im Econ Verlag erschien, Fischers linksradikale Revoluzzer-Vergangenheit sowie die seiner Mitstreiter – unter ihnen der heutige Europaabgeordnete der Grünen Daniel Cohn-Bendit – minutiös recherchiert hat und versichert, daß alle darin wiedergegebenen Details „von mehreren Personen unabhängig voneinander bestätigt wurden und beweisbar sind, wenn sich Fischer sein Verdrängen gerichtlich bestätigen lassen will". Bisher hat der Grünen-Außenminister jedoch kein Verlangen danach gespürt. Schlimmer noch: „So muß auch weiterhin konsequent schweigen, wer in der neuen rot-grünen Republik zu Ministerehren kommen will." In: Freitag 42. 2. 10. 1998. S. 15.

358) Ebenda, S. 15.
359) Der Spiegel. 1998. H. 41, S. 29.
360) Focus. 1998. Nr. 44, S. 20 f.
361) Die Woche. 9. 10. 1998. S. 3.
362) Der Spiegel. 1998. H. 46, S. 12.
363) Stern. 1998. H. 45, S. 42 ff.
364) Ebenda, H. 42, S. 3.
365) Focus. 1998. Nr. 44, S. 122.
366) Münchner Merkur, Oberbayerisches Volksblatt, Mangfall-Bote. 14. 10. 1998. S. 2.
367) Focus. 1998. Nr. 47, S. 20 ff.

Postskriptum: Mitte Januar 1990 teilte Weishäupls langjährige Chefsekretärin Ursula Schulze dem Autor mit, daß nach dem Tode des ehemaligen SPD-Staatssekretärs in seinem verwaisten VdK-Büro in der Münchner Schellingsstraße 31 offensichtlich Tabula rasa gemacht wurde. Denn in den dortigen Kellerräumen wurden auf Grund ihrer Brisanz fast ausnahmslos sowohl die Präsidialakten des VdK Deutschlands als auch die des 1. Vorsitzenden des VdK-Landesverbandes Bayern vernichtet. Umso bedeutungsvoller erweisen sich nun die zuvor tausendfach angefertigten Kopien des Autors als unschätzbares sozialpolitisches Quellenmaterial von hohem zeitgeschichtlichen Wert, das nicht weniger als zehn randvolle Aktenordner füllt. Auf Grund dieser umfangreichen Archivalien ist zu ersehen, daß die in diesem Buch verarbeiteten Dokumente nur einen begrenzten Ausschnitt aus der geballten Information des Autors über die deutsche Soziallobby und ihrer unheilvollen Allianzen darstellt. Während bei den enttarnten Verbänden nach dem Erscheinen der ersten Auflage Nervosität ausgebrochen war und die Funktionäre in den hochdotierten Chefetagen beim Sektfrühstück die Hände über dem Kopf zusammengeschlagen haben und um Schadensbegrenzung bemüht waren; währenddessen waren die in diesem Buch ans Tageslicht gezerrten Enthüllungen anderen Lesern noch immer nicht genug, so daß sie weiterhin darauf drängen, daß noch mehr als „streng vertraulich" abgestempelte Protokolle und Dossiers aus den Führungszirkeln der Sozialverbände publik gemacht werden.

Hinsichtlich einer weiteren Auflage ist der Autor zur Vervollständigung seiner hieb- und stichfesten Recherchen jederzeit für ergänzende Anregungen, Hinweise und Hintergrundgespräche aus dem Dunstkreis der deutschen Sozialverbände dankbar. Alle Informationen werden absolut vertraulich behandelt und unterliegen der journalistischen Verschwiegenheitspflicht. Zuschriften werden erbeten an:
Roland Kaltenegger, Schließfach 35, A-6332 Kufstein/Tirol.